Böhlau

Schriftenreihe des Forschungsinstitutes
für politisch-historische Studien der Dr.-Wilfried-Haslauer-Bibliothek, Salzburg

Herausgegeben von
Robert Kriechbaumer · Franz Schausberger · Hubert Weinberger
Band 32

Dr.-Wilfried-
Haslauer-
Bibliothek

Richard Voithofer

Politische Eliten in Salzburg

Ein biografisches Handbuch 1918 bis zur Gegenwart

Böhlau Verlag Wien · Köln · Weimar

Bibliografische Information der Deutschen Nationalbibliothek:

Die Deutsche Nationalbibliothek verzeichnet diese Publikation in der Deutschen Nationalbibliografie; detaillierte bibliografische Daten sind im Internet über http://dnb.d-nb.de abrufbar.

ISBN 978-3-205-77680-2

http://www.boehlau.at
http://www.boehlau.de

Umschlagfotos:
Vorderseite: Provisorische Landesversammlung 1918/19 und Landtag und Landesregierung 2007
Rückseite: Landtag und Landesregierung 1945

Gedruckt auf umweltfreundlichem, chlor- und säurefreiem Papier.

Druck: prime rate, 1047 Budapest

Gedruckt in Ungarn

Inhalt

Vorwort und Einleitung

Die Idee, ein Gesamtverzeichnis der Salzburger Politiker im Zeitraum von 1918 bis zur Gegenwart zu erarbeiten, entstand aus einer Lücke heraus. Im Zuge der Arbeit an meiner Dissertation habe ich mich auch mit den Biografien einiger Landtagsabgeordneter beschäftigt und festgestellt, dass sich die Literatur nur auf einige wenige Politiker beschränkt, die einer eingehenden biografischen Bearbeitung unterzogen worden waren. Es hat sich bei der Recherche auch gezeigt, dass die bisher existierenden Verzeichnisse der Mitglieder der Landesregierung, der Landtagsabgeordneten sowie der National- und Bundesräte zum Teil fehler- und lückenhaft waren.

Die ursprüngliche Idee ging davon aus, ein biografisches Handbuch aller auf Grund des allgemeinen Wahlrechtes gewählten Salzburger Parlamentarier zu erstellen. Es zeigte sich jedoch bald, dass unter Zugrundelegung dieses Rahmens die Abgeordneten der provisorischen Landesversammlung des Jahres 1918 nicht berücksichtigt hätten werden können. Die Gründerväter der Ersten Republik wären von einer Bearbeitung ausgeschlossen gewesen. Gleiches hätte für die provisorische Landesregierung des Jahres 1945 gegolten, die sich auf keine formale Legitimation durch die Bevölkerung stützen konnte, sondern ihre Tätigkeit von der Genehmigung der Alliierten ableitete. Auch die Gründerväter der Zweiten Republik wären somit unbearbeitet geblieben. Es wurde deshalb der Bearbeitungsrahmen insoweit erweitert, als dass alle Parlamentarier und Regierungsmitglieder von 1918 bis zur Gegenwart erfasst wurden. Dies gilt auch für die Mitglieder des ständischen Landtages und der Landesregierung von 1934 bis 1938. Die nationalsozialistische Landesregierung ab dem 12. März 1938 wurde ebenfalls aufgenommen, weil sie ihre formale Legitimation von der Landesverfassung 1934 ableitete und die Grundstrukturen der Landesverwaltung aufrecht hielt. So übte der Gauleiter auch die Funktion des Landeshauptmannes aus. Erst mit dem 1. April 1940 wurden die Reste des ehemaligen Salzburger Regierungssystems beseitigt. Unter diesen Vorgaben ist nunmehr ein Verzeichnis von 468 Damen und Herren entstanden, die seit 1918 die Politik des Landes Salzburg wesentlich prägten.

Das vorliegende Handbuch soll diese Lücke in der regionalen Geschichtsschreibung des Landes Salzburg schließen und ein vollständiges Verzeichnis aller Salzburger Parlamentarier bieten. Die Kurzbiografien sind bewusst schlagwortartig gehalten und sollen als Grundlage für die eine oder andere einzelbiografische Forschung dienen. Dieses Handbuch ist auch ein Spiegelbild unserer jüngeren Geschichte mit all ihren Erfolgen und Höhepunkten aber ebenso mit ihren Enttäuschungen, menschlichen Schwächen und persönlichen Schicksalen. Es wurde deshalb darauf verzichtet, Wertungen und Beurteilungen in die Biografien einfließen, sondern ausschließlich die Fakten sprechen zu lassen.

Auf Quellenzitate bei den einzelnen Personen wurde bewusst verzichtet, weil auf Grund der Abertausenden Ver- und Hinweise Lesbarkeit und Übersichtlichkeit des Werkes wohl erheblich gelitten hätten. Die detaillierte Angabe aller Quellen hätte darüber hinaus den Umfang des Handbuches wesentlich vergrößert. Bei den Personen finden sich jedoch Literaturhinweise. Zusätzlich ist am Ende des Handbuches noch eine allgemeine Auswahl von Literatur angeschlossen, die biografische Hinweise enthält und als Ergänzung zu den weiterführenden Literaturangaben bei den Einzelpersonen dienen soll.

Die Erstellung dieses Werkes war nur unter der Mithilfe nahezu unzähliger engagierter Personen und Institutionen möglich. Sie alle aufzuzählen, würde wohl den Rahmen eines Dankeswortes sprengen. Trotzdem ist es mir ein Anliegen, denjenigen, die wesentlich zum Gelingen dieser Arbeit beigetragen haben, meinen Dank auszusprechen. Dies gilt insbesondere Herrn Landtagsdirektor Hofrat Dr. Karl Edtstadler und den Mitarbeiterinnen und Mitarbeitern der Landtagskanzlei, die die Arbeiten an diesem Handbuch maßgeblich unterstützt haben. Eine wichtige Datenquelle waren die Archive. Sowohl im Salzburger Landesarchiv, im Archiv der Stadt Salzburg, dem Erzbischöflichen Konsistorialarchiv, dem Parlamentsarchiv und nicht zuletzt im Archiv der Republik in Wien konnte ich wertvolle Informationen erheben, wofür ich allen daran beteiligten Mitarbeiterinnen und Mitarbeitern herzlich danken möchte. Seitens der Interessensvertretungen sei das Entgegenkommen der Salzburger Wirtschaftskammer und der Salzburger Landwirtschaftskammer besonders hervorgehoben. Nicht unerwähnt bleiben soll auch die bereitwillige Mithilfe der diversen Universitätsarchive, die mir hinsichtlich der Studienverläufe wichtige Informationen zur Verfügung gestellt haben. Ohne die Mithilfe vieler Gemeinden und der Unterstützung durch zahlreiche Privatpersonen und Freunde, wäre diese Arbeit nur ein Fragment geblieben. Ihnen sei an dieser Stelle ausdrücklich gedankt. Ebenfalls zu Dank verpflichtet bin ich den politischen Parteien, ihren Vorfeldorganisationen und Bildungseinrichtungen, die mir Einblick in ihre Unterlagen gewährt haben. Besonderer Dank gilt der Salzburger SPÖ, die speziell für dieses Projekt die vorhandenen Daten ihrer Abgeordneten und Regierungsmitglieder aufbereitet hat. Danken möchte ich ebenfalls den Dienststellen des Amtes der Salzburger Landesregierung sowie des Magistrates Salzburg, die mir immer wieder bereitwillig zur Auskunft und zur Klärung schwieriger Fragen zur Seite standen. Schlussendlich möchte ich mich sowohl bei den Mandataren selbst beziehungsweise deren Nachkommen bedanken. Allesamt haben sie sich vorbehaltslos in den Dienst dieses Projektes gestellt.

Salzburg, im Juni 2007

Verzeichnis der Mandatare

Ackerer Peter CSP
Bezirksförster, St. Johann im Pongau
* 14. 4. 1884, Mühlbach am Hochkönig
† 17. 3. 1957, Salzburg

Volks- und Bürgerschule, 1902/03 Försterschule in Hall in Tirol, 1903 Eintritt in den Dienst des Landes Salzburg, bis 1914 Forstgehilfe in Tamsweg, 1914 bis 1931 Bezirksförster und 1931 bis 1937 Bezirksoberförster in St. Johann im Pongau, 1937 bis 1948 Bezirksoberförster der Bezirksforstinspektion Salzburg und ab 1948 der Landes- beziehungsweise Bezirksforstinspektion Salzburg; 1932/33 Vorsitzender der Salzburger Landeskommission Christlicher Gewerkschaften.

Abg. zum Landtag (3. WP) CSP 4. 5. 1927–18. 5. 1932

Aichinger Walter WdU, FPÖ
Direktor, Salzburg
* 26. 8. 1916, Linz
† 12. 9. 1994, Salzburg

Volksschule in Gmunden (Oberösterreich), Mittelschule in Linz und Gmunden (Oberösterreich), 1935 Matura in Linz, Studium der Rechtswissenschaften, 1938 bis 1945 Militär- und Kriegsdienst, 1945 Eintritt in die Bausparkasse Wüstenrot in Salzburg, ab 1946 Leiter der Hypothekarabteilung, 1963 Vorstandsmitglied mit dem Titel »Direktor«, 1968 bis 1986 Vorstandsvorsitzender beziehungsweise ab 1972 Generaldirektor und 1986 bis 1994 Aufsichtsratsvorsitzender der Bausparkasse Wüstenrot; 1950 Obmann der Salzburger Turngemeinde, 1953 bis 1964 Obmann des Salzburger Turnvereines, 1960 bis 1973 Präsident des ASVÖ Salzburg, 1963 bis 1980 Landessportrat; 1972 Kommerzialrat, 1976 Ehrenbürger und 1983 Ehrensenator der Universität Salzburg, 1977 Goldenes Ehrenzeichen der Republik Österreich, 1981 Goldenes Ehrenzeichen des Landes Salzburg sowie Träger zahlreicher weiterer Auszeichnungen.

Abg. zum Landtag (3.–4. GP) WdU, FPÖ 27. 1. 1955–17. 2. 1964

ANGELBERGER Bartholomäus CSP
Großfuhrwerksinhaber und Holzhändler, Salzburg
* 22. 11. 1859, Salzburg
† 27. 7. 1924, Fusch an der Großglocknerstraße

Volksschule, 1871 bis 1877 k.k. Staatsgymnasium in Salzburg, 1889 Militärdienst, Großfuhrwerksinhaber sowie Holz- und Kohlenhändler in Salzburg, ab 1892 Poststallmeister in Salzburg.

Mitglied der Provisorischen Landesversammlung	CSP	3. 11. 1918–21. 4. 1919
Landesrat	CSP	7. 11. 1918–29. 11. 1918

APELTAUER Martin, Mag. SPÖ
Landesparteigeschäftsführer, Salzburg
* 26. 3. 1965, Linz
† 15. 11. 2006, Salzburg

1971 bis 1975 Volksschule in Linz, 1975 bis 1983 Bundesgymnasium Khevenhüllerstraße in Linz, 1983 Matura, 1983 bis 1992 Studium der Germanistik, Philosophie, Psychologie und Pädagogik an der Universität Salzburg, 1992 Mag. phil., 1991 bis 1995 Geschäftsführer der Wissenschaftsagentur in Salzburg, 1995 bis 2001 Pressesprecher von Landeshauptmann-Stellvertreter Gerhard Buchleitner, 2001 bis 2006 Landesgeschäftsführer der Salzburger SPÖ; 1987 bis 1989 Vorsitzender der Österreichischen Hochschülerschaft an der Universität Salzburg; 1998 bis 2006 Vorsitzender des BSA Salzburg.

Abg. zum Landtag (13. GP)	SPÖ	28. 4. 2004–15. 11. 2006

ASCHAUER-LICHTENTHURN Erich StL
Finanzbeamter, St. Johann im Pongau
* 27. 4. 1897, Wien
† 22. 7. 1965, Biel (Schweiz)

1903 bis 1908 Volksschule in Wien, 1908 bis 1915 k.k. Staatsrealschule in Wien VI, 1915 Matura, 1915 bis 1917 k.k. Franz-Joseph-Militärakademie in Wien (Landwehrakademie), 1917/18 Kriegsdienst, 1918 bis 1920 aktiver Fliegeroffizier in Wiener Neustadt (Niederösterreich), 1920 Finanzprüfung in Innsbruck und Übernahme in den Zivildienst, 1920 bis 1925 Steueroffizial bzw. Steuerverwalter bei der Bezirkssteuerbehörde in Feldkirch (Vorarlberg), 1925 bis 1936 Steuerverwalter bei der Bezirkssteuerbehörde bzw. Steueradministration in St. Johann im Pongau, 1936 bis 1947 Finanzoberrevident der Steueradministration in Salzburg, 1939 bis 1945 Militär- und Kriegsdienst; ab 1929 stellvertretender Gauführer der Heimwehr im Pongau; Silbernes Verdienstzeichen der Republik Österreich.

Mitglied des Ständischen Landtages (Landstand) 22. 11. 1934–12. 3. 1938
(Vertreter des öffentlichen Dienstes)

Aspöck Robert, Dr. FPÖ
Rechtsanwalt, Salzburg
* 23. 6. 1943, Salzburg

Volksschule und Akademisches Gymnasium in Salzburg, Tätigkeit in unterschiedlichen Berufen, 1965 bis 1967 Bundesrealgymnasium für Berufstätige in Salzburg, 1967 Matura, 1967 bis 1973 Studium der Rechtswissenschaften an der Universität Salzburg, 1973 Dr. iur., 1971/72 Präsenzdienst, 1974/75 Assistent am Institut für Völkerrecht an der Universität Salzburg, 1975 bis 1979 Rechtsanwaltskonzipient und seit 1979 selbstständiger Rechtsanwalt in Salzburg; 1977 bis 1980 Mitglied des Gemeinderates der Stadt Salzburg; 1980 bis 1983 Vizepräsident des Salzburger Zivilschutzverbandes; 1978 bis 1981 Obmann des Freiheitlichen Akademikerverbandes Salzburg, 1978 Vorsitzender der Arbeitsgemeinschaft freiheitlicher Akademikerverbände Österreichs, 2005/06 Vorsitzender des Bundesparteigerichtes der FPÖ, 2006/07 geschäftsführender und seit 2007 stellvertretender Bezirksparteiobmann der FPÖ Salzburg-Stadt, seit 2006 Ortsparteiobmann der FPÖ Altstadt-Aigen-Parsch.

Abg. zum Landtag (8. GP)	FPÖ	21. 5. 1980–18. 10. 1983
Abg. zum Nationalrat (XXIII. GP–)	FPÖ	30. 10. 2006–lfd.
Mitglied des Bundesrates	FPÖ	10. 11. 1999–27. 4. 2004

Auer Thomas CSP
Unterzehenthofbauer, Abtenau
* 5. 8. 1865, Abtenau
† 25. 10. 1942, Abtenau

Volksschule, 1885 bis 1888 Militärdienst, bis 1902 Holzknecht in Rußbach, ab 1902 Unterzehenthofbauer in Abtenau; bis 1928 Obmann des Ortsbauernrates des Katholischen Bauernbundes in Abtenau; 1912 bis 1929 Mitglied des Gemeinderates und 1929 bis 1935 Bürgermeister von Abtenau; 1924 bis 1936 Obmann der land- und forstwirtschaftlichen Bezirksgenossenschaft in Abtenau.

Abg. zum Konstituierenden Landtag (1. WP)	CSP	23. 4. 1919–3. 5. 1922

Ausweger Josef ÖVP
Kaufmann, Salzburg
* 21. 5. 1900, Althofen (Oberösterreich)
† 4. 4. 1978, Salzburg

1905 bis 1913 Volks- und Bürgerschule in Gmunden (Oberösterreich), 1913 bis 1916 Lehre beim Elektrizitätswerk Stern & Hafferl in Gmunden (Oberösterreich), 1916 bis 1918 Monteur beim Elektrizitätswerk in Innsbruck, 1918 Kriegsdienst, 1919 bis 1921 Elektrizitätswerk Stern & Hafferl in Gmunden, ab 1921 selbstständiger Kaufmann in Salzburg, 1938 bis 1940 Verhaftung und Inhaftierung im KZ Dachau, 1944/45 Kriegsdienst; 1933 bis 1938 Bezirksführer der Vaterländischen Front, 1945 bis 1958 Landesobmann des Österreichischen Wirtschaftsbundes in Salzburg; 1945/46 Mitglied des provisorischen Gemeinderates der Stadt Salzburg; 1946 bis 1960 Präsident der Salzburger Handelskammer, ab 1945 Landesinnungsmeister des Elektrohandels, 1957 bis 1963 stellvertretender Obmann der Salzburger Gebietskrankenkasse, 1960 bis 1970 Kurator des Salzburger Wirtschaftsförderungsinstitutes, Präsident des überparteilichen KZ-Verbandes (1945); 1948 Kommerzialrat, 1957 Silbernes Ehrenzeichen für Verdienste um die Republik Österreich, 1970 Goldenes Verdienstzeichen des Landes Salzburg.

Abg. zum Landtag (1. GP)	ÖVP	12. 12. 1945–30. 11. 1949
Zweiter Landtagspräsident-Stellvertreter		12. 12. 1945–30. 11. 1949

Bacher Franz CSP
Wimmerbauer, Hollersbach im Pinzgau
* 29. 7. 1878, Bramberg am Wildkogel
† 14. 8. 1962, Hollersbach im Pinzgau

Volksschule in Bramberg am Wildkogel, 1899 bis 1902 Militärdienst, 1911 Kauf des Wimmergutes in Hollersbach im Pinzgau, 1915/16 Kriegsdienst als Freiwilliger; 1919 bis 1936 Mitglied des Gemeinderates und 1922 bis 1925 Bürgermeister von Hollersbach im Pinzgau.

Abg. zum Landtag (3. WP) CSP 4. 5. 1927–18. 5. 1932

BACHINGER Josef CSP
Arbeitersekretär, Salzburg
* 8. 2. 1880, Steinhaus (Oberösterreich)
† 21. 1. 1952, Salzburg

Schuhmacherlehre, Schuhmachermeister, Obmann des Katholischen Arbeitervereines (1907), 1908 Übernahme der Leitung des Arbeitersekretariates, Obmann des Gehilfenausschusses der Schuhmacher (1909), ab 1912 Obmann des Christlichsozialen Arbeitervereines und Landesvertrauensmann der Landarbeiter, 1915 bis 1918 Kriegsdienst; 1918 bis 1934 Mitglied des Gemeinderates der Stadt Salzburg; 1919/20 Mitglied des Sparkassenausschusses der Salzburger Sparkasse.

Abg. zum Landtag (2.–4. WP) CSP 4. 5. 1922–31. 10. 1934

Literatur: *Klieber, Rupert J.: Politischer Katholizismus in der Provinz. Salzburgs Christlichsoziale in der Parteienlandschaft Alt-Österreichs, Wien-Salzburg 1994 (= Publikationen des Instituts für Kirchliche Zeitgeschichte, Band 28)*

BACHMANN Hans FPÖ
Molkereifacharbeiter, Mittersill
* 26. 1. 1927, Bischofshofen
† 12. 8. 1988, Mittersill

Volks- und Hauptschule, 1942 bis 1945 Lehre als Molkereifacharbeiter, Molkereifacharbeiter; 1964 Beitritt zur FPÖ, 1966 bis 1983 FPÖ-Ortsparteiobmann von Mittersill, 1973 bis 1985 Bezirksparteiobmann der FPÖ Pinzgau, 1975 bis 1985 Landesparteiobmann-Stellvertreter der FPÖ Salzburg, ab 1967 Mitglied der Landesparteileitung der FPÖ Salzburg; 1970 bis 1986 Mitglied der Gemeindevertretung und 1986/87 Mitglied des Gemeinderates von Mittersill; 1969 bis 1984 Kammerrat der Arbeiterkammer Salzburg; 1988 Goldenes Ehrenzeichen der Marktgemeinde Mittersill.

Abg. zum Landtag (8. GP) FPÖ 16. 5. 1979–15. 5. 1984

BÄCK Alfred SPÖ
Sparkassendirektor, Salzburg
* 21. 11. 1903, Saalfelden am Steinernen Meer
† 3. 11. 1974, Salzburg

Volksschule in Saalfelden am Steinernen Meer, 1913 Übersiedlung nach Salzburg, Gymnasium bis zur 6. Klasse in Salzburg, Tätigkeit als Torfstecher, 1922 bis 1927 Militärdienst beim Österreichischen Bundesheer als Pionier, 1927 Eintritt in den Dienst der Salzburger Volkskreditbank und dort von 1930 bis 1937 leitender Beamter, ab 1937 Angestellter bei der Salzburger Sparkasse, 1943 politische Haft, 1944/45 Kriegsdienst, ab 1945 Direktor-Stellvertreter und ab 1954 Direktor bei der Salzburger Sparkasse, 1964/65 Leitender Sparkassendirektor; 1923 Beitritt zur SDAP, 1954 bis 1972 Mitglied des Landesparteivorstandes Salzburger SPÖ, 1958 bis 1965 stellvertretender Landesobmann der »Arbeitsgemeinschaft sozialistischer Gemeindevertreter«, 1952 bis 1959 stellvertretender Landesobmann des Freien Wirtschaftsverbandes; 1946 bis 1952 Mitglied des Gemeinderates der Stadt Salzburg, 1952 bis 1957 Stadtrat, 1957 bis 1970 Bürgermeister der Stadt Salzburg; 1945 bis 1955 Vizepräsident des Hauptverbandes der österreichischen Sparkassen und Sektionsobmann des Geld-, Kredit- und Versicherungswesens, 1955 bis 1974 stellvertretender Obmann der Sektion Geld-, Kredit- und Versicherungswesens, 1957 bis 1970 Präsident der Salzburger Volkshochschule, 1965 bis 1974 Mitglied des Sparkassenausschusses der Salzburger Sparkasse; 1957 Kommerzialrat, 1968 Ehrensenator der Universität Salzburg, 1968 Ehrenbürger der Stadt Salzburg, 1970 Goldenes Verdienstzeichen des Landes Salzburg sowie Träger zahlreicher in- und ausländischer Auszeichnungen, 1983 Straßenbenennung in Salzburg.

Abg. zum Landtag (3.–4. GP) SPÖ 11. 12. 1954–18. 6. 1964

Literatur: *Zaisberger, Friederike/Heinisch, Reinhard R.: Leben über den Tod hinaus … Prominente im Salzburger Kommunalfriedhof, Salzburg 2006 (= Mitteilungen der Gesellschaft für Salzburger Landeskunde, 23. Ergänzungsband)*

BAUMGARTNER Eduard SDAP
Bürgerschuldirektor, Salzburg
* 10. 3. 1870, Hallein
† 4. 11. 1948, Salzburg

Sieben Klassen Volksschule in Hallein, 1885 bis 1890 k.k. Oberrealschule in Salzburg, 1890 Matura an der k.k. Staatslehrerbildungsanstalt in Salzburg, 1890 bis 1894 Lehrer in Saalfelden am Steinernen Meer, 1892 Lehrbefähigungsprüfung für Volksschulen, 1894 Lehrbefähigungsprüfung für Bürgerschulen, 1894 bis 1896 Lehrer in Rauris, 1896 bis 1904 Lehrer in Hallein, 1904 bis 1922 Lehrer an der Bürgerschule in Salzburg (Haydnstraße), 1915 bis 1918 Kriegsfreiwilliger in Italien und Galizien, 1922/23 Bürgerschuldirektor in Hallein, 1918 bis 1934 Redakteur der »Salzburger Wacht«, 1934 mehrmonatige politische Haft; 1918/19 Mitglied der Landesparteivertretung der Salzburger Sozialdemokraten; 1921 bis 1923 Mitglied des Gemeinderates der Stadt Salzburg; Obmann der Salzburger Lehrergewerkschaft (1898), 1903 Gründer des Halleiner Volksbildungsvereines, Vorstandsmitglied des Salzburger Volksbildungsvereines (1904), 1908 Gründer des »Antiklerikalen Kartells«; 1955 Straßenbenennung in Salzburg.

Mitglied der Provisorischen Landesversammlung	SDAP	7. 11. 1918–21. 4. 1919
Abg. zum Konstituierenden Landtag (1. WP)	SDAP	23. 4. 1919–3. 5. 1922
Abg. zum Landtag (2.–4. WP)	SDAP	4. 5. 1922–16. 2. 1934

Eigene Werke (Auswahl): *Der Bauer im Mittelalter. Vorträge im Salzburger »Antiklerikalen Kartell«, Salzburg 1909; Sittlichkeit und Religiosität in der »guten alten Zeit«. Vorträge im Salzburger »Antiklerikalen Kartell«, Salzburg 1911; Vergeudete Millionen. Eine Kritik der österreichischen Staatsbahnverwaltung (1912); Die österreichische Kulturschande, Salzburg 1913; Wie die Kirche Landbesitz erwarb. Die Entstehung der großen geistlichen Grundherrschaften in Österreich, Wien 1928; Salzburg. Ein Führer durch die Geschichte der Stadt und ihrer Bewohner, Salzburg 1921 (= Salzburger Heimatbücher, Band 1); Urgeschichte des freien deutschen Dorfes (1925); Der große Bauernkrieg. Das gewaltige Kämpfen und Sterben der Bauern Deutschlands vor vierhundert Jahren, Wien 1924; St. Johann im Pongau. Eine geschichtliche Skizze (1926); Wie Salzburg katholisch gemacht wurde. Die Austreibung der Protestanten im Jahre 1731/32, Wien 1931 (gemeinsam mit Emil Fuchs); Der Zaubererjackl. Die Anfänge des großen Salzburger Zauberprozesses nach den Akten des Pfleggerichtes Golling dargestellt, Salzburg 1930; Die Arbeit der Sozialdemokratie in den Gemeinden Salzburgs und die Hemmnisse dieser Arbeit, Salzburg 1931; Die Arbeit der Sozialdemokraten im Salzburger Landtag, Salzburg 1932*

Baumgartner Georg, Dr. StP
Universitätsprofessor, Salzburg
* 2. 9. 1884, Kufstein (Tirol)
† 1. 2. 1941, Salzburg

Volksschule, 1895 bis 1903 Franziskanergymnasium in Hall in Tirol, 1903 Matura und Eintritt in das Priesterseminar in Salzburg, 1903 bis 1906 Studium der Theologie in

Salzburg, 1907 Priesterweihe, 1907 bis 1910 Kooperator in Mayrhofen im Zillertal (Tirol) und 1910/11 in Oberau in Tirol, 1913 Dr. theol., 1911 bis 1915 Studienadjunkt an der theologischen Fakultät in Salzburg, 1914 bis 1919 Subdirektor des Salzburger Priesterseminars, 1919 bis 1925 Religionslehrer am Staatsgymnasium in Salzburg, 1926 Habilitation als Privatdozent für Moraltheologie an der theologischen Fakultät in Salzburg, 1926 Ernennung zum außerordentlichen und 1928 zum ordentlichen Professor für Moraltheologie, 1930/31 und 1934/35 Dekan der theologischen Fakultät, 1937 Synodal-Examinator, 1938 Versetzung in den Ruhestand, 1938/39 Moraltheologe an der Diözesanlehranstalt in Salzburg, 1939/40 Synodalrichter; 1932 Geistlicher Rat.

Mitglied des Bundeskulturrates 1. 11. 1934–12. 3. 1938

Literatur: *Enderle-Burcel, Gertrude: Christlich-Ständisch-Autoritär. Mandatare im Ständestaat 1934 bis 1938, Wien 1991*
Eigene Werke: *Arbeit und Erwerb. Eine sozialethische Studie, Salzburg 1926*

BAUMGARTNER Ingo SPÖ
Hauptschullehrer, Abtenau
* 12. 2. 1944, Oberndorf bei Salzburg

1950 bis 1954 Volksschule in Holzhausen, 1954 bis 1958 Hauptschule in Oberndorf bei Salzburg, 1958 bis 1963 Bundeslehrerbildungsanstalt in Salzburg, 1963/64 Volksschullehrer in Piesendorf, 1964 bis 1982 Hauptschullehrer und 1982 bis 1989 Volksschullehrer in Abtenau, 1989 bis 1992 Volksschullehrer in Golling an der Salzach, 1992 bis 1995 Volksschullehrer in Puch bei Hallein, 1995 bis 2003 Direktor der Volksschule Hallein-Neualm; 1966 Beitritt zur SPÖ, 1976 bis 1989 SPÖ-Ortsparteiobmann von Abtenau, 1988 stellvertretender Bezirksparteivorsitzender der SPÖ Tennengau, 1986 bis 1989 Mitglied des Landesparteivorstandes der SPÖ Salzburg; 1974 bis 1979 Mitglied der Gemeindevertretung und 1979 bis 1989 Vizebürgermeister von Abtenau, 1974 bis 1989 Obmann der SPÖ-Gemeinderatsfraktion in Abtenau, 2001 Mitglied der Gemeindevertretung von Puch bei Hallein; 1989 Ehrenring der Marktgemeinde Abtenau.

Abg. zum Landtag (9. GP) SPÖ 4. 2. 1987–2. 5. 1989

BAUMGARTNER Sepp, Dr. FPÖ
Professor an der Pädagogischen Akademie, Salzburg
* 18. 7. 1922, Salzburg

1928 bis 1936 Volks- und Hauptschule in Salzburg, 1936 bis 1941 Lehrerbildungsanstalt in Salzburg, 1941 Matura, 1941 bis 1945 Kriegsdienst, 1945 bis 1948 Volksschullehrer in Altenmarkt und Filzmoos, 1948 bis 1950 Direktor der einklassigen Volksschule Wegscheid bei Abtenau, ab 1950 Leiter der Schulversuchsklasse an der Lehrerbildungsanstalt Salzburg, 1963 bis 1968 Studium der Pädagogik, Psychologie, Philosophie und Politikwissenschaften an der Universität Salzburg, 1968 Dr. phil., 1972 bis 1978 Abteilungsvorstand für die Haupt- und Sonderschullehrerausbildung an der Pädagogischen Akademie in Salzburg; 1972 bis 1981 Obmann des Freiheitlichen Salzburger Landes-Lehrervereines, Obmann des Freiheitlichen Bildungswerkes Salzburg (1974), 1975 bis 1983 Mitglied des Landesparteivorstandes der FPÖ Salzburg, Fraktionsobmann der FPÖ im Landesschulrat, 1978 bis 1980 Mitglied der FPÖ-Bundesparteileitung; 1971 Silbernes Ehrenzeichen für Verdienste um die Republik Österreich, 1978 Goldenes Ehrenzeichen des Landes Salzburg, 1982 Hofrat.

Landesrat	FPÖ	25. 1. 1978–15. 3. 1983

Literatur: *Landesrat Dr. Sepp Baumgartner. Fremdenverkehr, Heimatpflege, Straßenbau, Salzburg 1983 (= Salzburg Dokumentationen Nr. 70)*

Bayr Alfred StL
Bankbeamter, Salzburg
* 1. 10. 1904, St. Peter am Hart (Oberösterreich)
† 29. 1. 1970, Linz

1910 bis 1914 Volksschule in St. Peter am Hart (Oberösterreich), 1914 bis 1918 Hauptschule in Braunau am Inn (Oberösterreich), 1918 bis 1922 Handelsakademie in Linz, 1922 Matura, Beamter der Bank für Oberösterreich und Salzburg, 1924 bis 1929 nebenberufliches Studium der Rechtswissenschaften an der Universität Wien, 1938/39 mehrmonatige politische Haft, 1945 bis 1963 Beamter und später Filialdirektor der Länderbank in Linz; 1937/38 Landessekretär und Landesfinanzreferent der Vaterländischen Front in Salzburg; 1936 bis 1938 Mitglied des Vorstandes der Salzburger Angestelltenversicherungskasse; Landesobmann der FCG in Oberösterreich und Mitglied der Landesexekutive des ÖGB Oberösterreich; 1960 Goldenes Ehrenzeichen für Verdienste um die Republik Österreich.

Mitglied des Ständischen Landtages (Landstand) (Vertreter des Geld-, Kredit- und Versicherungswesens)	22. 11. 1934–12. 3. 1938

Bieringer Ludwig ÖVP
Bundesheerbediensteter i. R., Wals-Siezenheim
* 25. 11. 1943, Attnang-Puchheim (Oberösterreich)

1949 bis 1957 Pflichtschulen, 1957 bis 1960 kaufmännische Berufsschule, 1960 bis 1962 Kaufmannsgehilfe, 1963 Präsenzdienst, 1964 bis 2007 Beamter des Österreichischen Bundesheeres (Vizeleutnant); 1970 bis 1980 Ortsparteiobmann der ÖVP in Walserfeld und 1980 bis 2003 Ortsparteiobmann der ÖVP in Wals-Siezenheim, 1987 bis 2005 Obmann der Landesgruppe Salzburg des ÖAAB, seit 1997 Obmann der Bundesratsfraktion der ÖVP; seit 1974 Mitglied der Gemeindevertretung, 1979 bis 1982 Vizebürgermeister und seit 1982 Bürgermeister von Wals-Siezenheim; 1991 bis 2005 Obmann des Wasserverbandes Salzburger Becken, seit 1992 Aufsichtsratsvorsitzender der Salzburger Abfallbeseitigungs GesmbH, seit 2004 Präsident des Österreichischen Kameradschaftsbundes; 2003 Großes Silbernes Ehrenzeichen am Bande für Verdienste um die Republik Österreich, 2003 Großes Ehrenzeichen des Landes Salzburg, 2003 Ehrenbürger der Gemeinde Wals-Siezenheim, Großes Verdienstkreuz mit Stern und Schulterband der Bundesrepublik Deutschland sowie Inhaber zahlreicher weiterer Auszeichnungen.

Abg. zum Landtag (10. GP)	ÖVP	3. 5. 1989–19. 3. 1991
Mitglied des Bundesrates	ÖVP	16. 5. 1984–2. 5. 1989
Mitglied des Bundesrates	ÖVP	20. 3. 1991–lfd.
Präsident des Bundesrates		20. 10. 1993–31. 12. 1993
Präsident des Bundesrates		1. 1. 1998–30. 6. 1998
Präsident des Bundesrates		1. 7. 2002–31. 12. 2002

Blachfellner Walter SPÖ
ÖGB-Vorsitzender, Werfen
* 18. 5. 1952, Werfen

1958 bis 1962 Volksschule in Werfen, 1962 bis 1970 Erzbischöfliches Privatgymnasium »Borromäum« in Salzburg, Privathauptschule Michaelbeuern und Musisch-Pädagogisches Realgymnasium in St. Johann im Pongau, 1970 bis 1974 Vertragsbediensteter bei der Österreichischen Post- und Telegrafenverwaltung, 1974 bis 1979 Tätigkeit in der Gastronomie in Berchtesgaden (Bayern), 1979 Wiedereintritt in den Postdienst und ab 1980 Beamter der Österreichischen Post- und Telegrafenverwaltung; 1971 Beitritt zur SPÖ, 1982 bis 1986 Bezirksvorsitzender der FSG der Postbediensteten im Flachgau, 1986 bis 1989 stellvertretender Vorsitzender und 1989 bis 2001 Vorsitzender der Gewerkschaft der Post- und Fernmeldebediensteten in Salzburg, 1996 bis 2001 Vorsitzender der Landesexekutive Salzburg des ÖGB; Mitglied des Landesparteivorstandes sowie des Landesparteipräsidiums der SPÖ Salzburg.

Landesrat	SPÖ	25. 4. 2001–lfd.

Blattl Rosemarie FPÖ
Gastwirtin, Maria Alm am Steinernen Meer
* 27. 1. 1941, Klagenfurt

1947 bis 1951 Volksschule in St. Georgen am Längsee (Kärnten), 1951 bis 1955 Hauptschule in Treibach-Althofen (Kärnten), 1955/56 Haushaltungsschule in St. Veit an der Glan (Kärnten), 1956 bis 1959 Lehre als Hotel- und Gaststättenassistentin in Bad Gastein und Gastgewerbeschule in Salzburg, 1959 bis 1966 Praxisjahre im In- und Ausland, 1966 bis 1971 Chefstewardess in Südafrika, seit 1971 Hotelierin in Maria Alm am Steinernen Meer; seit 1989 Ortsparteiobfrau der FPÖ in Maria Alm am Steinernen Meer, seit 1998 Bezirksparteiobfrau der FPÖ Pinzgau, Mitglied des Landesparteivorstandes und Landesfinanzreferentin der FPÖ Salzburg, 1991 bis 2000 Landesobmann-Stellvertreterin des RFW Salzburg, seit 2004 Klubobmann-Stellvertreterin der FPÖ im Landtag; 1989 bis 1999 Mitglied der Gemeindevertretung von Maria Alm am Steinernen Meer; 1990 bis 2000 Kammerrätin der Wirtschaftskammer Salzburg, Sektion Tourismus und Freizeitwirtschaft; 2000 Kommerzialrätin.

Abg. zum Landtag (11. GP–)	FPÖ	2. 5. 1994–lfd.

Bogner Ludwig SPÖ
Bundesbahnbediensteter, Salzburg
* 2. 6. 1898, Lichtenegg bei Munderfing (Oberösterreich)
† 29. 6. 1949, Salzburg

Volksschule, bis 1914 Schlosserlehre, 1915 Eintritt in den Dienst der k.k. Staatsbahnen in der Hauptwerkstätte in Salzburg, 1915 bis 1918 Kriegsdienst und Gefangenschaft in Italien, Oberbahnmeister der Österreichischen Bundesbahnen in Salzburg (Zugförderdienst); 1917 Beitritt zur Freien Gewerkschaft der SDAP, 1925 Teilnehmer der 1. Arbeiterolympiade in Frankfurt am Main, Bezirksjugendleiter der Arbeiterturner (1928), 1934 bis 1938 Landesobmann der Arbeiterturner und illegaler Leiter des Arbeitersports für Salzburg, Tirol und Vorarlberg, 1945 bis 1949 Bezirksparteivorsitzender der SPÖ Salzburg-Stadt, 1946 bis 1949 Mitglied des Landesparteivorstandes der SPÖ Salzburg, 1945 bis 1947 stellvertretender Landesparteivorsitzender der SPÖ Salzburg; 1946 Mitglied des provisorischen Gemeinderates und 1946 bis 1948 Stadtrat der Stadt Salzburg; 1945 bis 1948 Präsident der ASKÖ Salzburg, 1946 bis 1948 Mitglied des Sparkassenausschusses der Salzburger Sparkasse.

Landesrat	SPÖ	5. 5. 1948–29. 6. 1949

Böhacker Hermann FPÖ
Steuerberater, Bergheim bei Salzburg
* 30. 9. 1941, Salzburg

1947 bis 1951 Volksschule und 1951 bis 1955 Hauptschule in Salzburg, 1955 bis 1959 Bundeshandelsakademie in Salzburg, 1959 Matura und in der Folge Präsenzdienst, 1959/60 selbstständiger Kaufmann und Buchhalter, Bundesfinanzschule mit Betriebsprüferprüfung, 1960 bis 1969 Finanzbeamter (Betriebsprüfer bei Großbetriebsprüfungen), 1968 Präsenzdienst, 1969 bis 1971 Revisionsassistent (Berufsanwärter) in einem Steuerbüro, 1971 Steuerberaterprüfung, seit 1971 selbstständiger Wirtschaftstreuhänder-Steuerberater in Salzburg; 1971 bis 1998 Ortsparteiobmann der FPÖ Bergheim bei Salzburg, 1984 bis 1995 Bezirksparteiobmann-Stellvertreter der FPÖ Flachgau, 1984 bis 2005 Mitglied der Landesparteileitung der FPÖ Salzburg, 1984 bis 1995 Mitglied des Landesparteivorstandes der FPÖ Salzburg, 1992 bis 1994 Landesparteisekretär der FPÖ Salzburg, 1986 bis 1999 Mitglied des Landesvorstandes des RFW Salzburg und Mitglied des Bundesvorstandes des RFW, seit 2006 Finanzreferent des BZÖ Salzburg; 1974 bis 1984 Mitglied der Gemeindevertretung und 1984 bis 2004 Mitglied des Gemeinderates von Bergheim bei Salzburg; 2000 Großes Goldenes Ehrenzeichen für Verdienste um die Republik Österreich, 2003 Goldenes Ehrenzeichen des Landes Salzburg, 2005 Goldenes Ehrenzeichen der Gemeinde Bergheim bei Salzburg.

Abg. zum Nationalrat (XVIII.–XXI. GP)	FPÖ	5. 11. 1990–19. 12. 2002

Böhm Alexander SPÖ
Angestellter, Kaprun
* 15. 11. 1942, Wien

1948 bis 1952 Volksschule in Wien, 1952 bis 1956 Realgymnasium in Wien, 1956 bis 1960 Elektrikerlehre in Wien, 1961/62 Präsenzdienst, 1962 bis 1968 Monteur bei der Firma Elin, 1968 bis 1998 Betriebselektriker bei der Tauernkraftwerke AG in Kaprun,

1981/82 Sozialakademie der Arbeiterkammer Wien in Mödling, 1978 bis 1989 Betriebsrat, 1989 bis 1991 stellvertretender Betriebsratsvorsitzender und 1991 bis 1998 Betriebsratsvorsitzender der Tauernkraftwerke AG, 1978 bis 1998 Aufsichtsratsmitglied bei der Tauernkraftwerke AG, 1991 bis 1998 Betriebsausschuss-Vorsitzender des Leitungsausschusses des Verbundkonzerns, 1998 bis 2003 Präsident der Kammer für Arbeiter und Angestellte in Salzburg; 1988 bis 1991 Ortsparteivorsitzender der SPÖ in Kaprun; 1975 bis 1996 Mitglied des Gemeinderates von Kaprun; 1990 bis 1998 Vorsitzender der Landesexekutive Salzburg des ÖGB-Pinzgau, 1994 bis 1998 Vorsitzender der FSG im Pinzgau, seit 2007 Bezirksobmann der ÖGB-Pensionisten Pinzgau; 2000 bis 2006 Vizepräsident der ASKÖ Salzburg, seit 2005 Vizepräsident des Roten Kreuzes Salzburg; 2003 Goldenes Ehrenzeichen des Landes Salzburg, 2002 Stadtsiegel in Silber der Stadt Salzburg.

Abg. zum Landtag (10.–11. GP) SPÖ 3. 5. 1989–8. 12. 1998

Böhm Franz Xaver ÖVP
Unternehmer, Salzburg
* 7. 10. 1960, Salzburg

1967 bis 1971 Volksschule und 1971 bis 1979 Bundesrealgymnasium in Salzburg, 1979 Matura, 1979/80 Wirtschaftskolleg an der Handelsakademie in Salzburg, 1980/81 Präsenzdienst, 1981 bis 1984 Prokurist im elterlichen Betrieb, seit 1985 selbstständiger Unternehmer (Fa. Böhm Schweißtechnik) in Salzburg, Geschäftsführer der Firma Böhm Handels GesmbH in Salzburg, 1992 bis 1998 Geschäftsführer der Fa. FRO in Verona; seit 1997 Obmann des Österreichischen Wirtschaftsbundes in Salzburg-Schallmoos, seit 2001 Bezirksobmann-Stellvertreter des Österreichischen Wirtschaftsbundes Salzburg-Stadt; 2000 bis 2005 Mitglied der Bezirksleitung der Wirtschaftskammer Salzburg-Stadt, seit 2000 Kammerrat der Wirtschaftskammer Salzburg (Sparte Handel), seit 2000 stellvertretender Gremialvorsteher des Maschinenhandels in der Wirtschaftskammer Salzburg, seit 2000 Mitglied des Bundesgremiums Maschinenhandel in der Wirtschaftskammer Österreich, seit 2001 Laienrichter am Oberlandesgericht Linz, seit 2001 Mitglied des Beirates der Salzburger Gebietskrankenkasse, seit 2006 Aufsichtsrat und seit 2007 Vizepräsident der CELIMO (Comité Européen de Liaison des Importateurs de Machines-Outils), seit 2007 Vizepräsident des Salzburger Handballverbandes; 2001 Kommerzialrat.

Abg. zum Nationalrat (XXII. GP) ÖVP 20. 12. 2002–29. 10. 2006

Bommer Maria SPÖ
Angestellte, St. Johann im Pongau
* 6. 1. 1942, St. Johann im Pongau

1948 bis 1956 Volks- und Hauptschule in St. Johann im Pongau, 1956 bis 1959 Tätigkeit in der Vorarlberger Textilindustrie, 1959 bis 1961 Lohnbuchhalterin in St. Johann im Pongau; 1964 Beitritt zur SPÖ, 1984 bis 2003 Bezirksfrauenvorsitzende und stellvertretende Bezirksparteivorsitzende der SPÖ im Pongau, 1984 bis 2004 Mitglied des Landesfrauenkomitees, des Landesparteivorstandes der SPÖ und 1994 bis 2004 Mitglied des Landesparteipräsidiums der SPÖ; 1979 bis 1984 Mitglied der Gemeindevertretung und 1984 bis 1988 Mitglied des Gemeinderates sowie 1988 bis 2000 Vizebürgermeisterin von St. Johann im Pongau; 1994 bis 2004 Mitglied im Kuratorium für Landeshilfe und des Familienpolitischen Beirates; 2000 Ehrenring der Stadtgemeinde St. Johann im Pongau, 2004 Goldenes Ehrenzeichen des Landes Salzburg.

Abg. zum Landtag (11.–12. GP)	SPÖ	2. 5. 1994–27. 4. 2004
Dritte Präsidentin des Landtages		27. 4. 1999–27. 4. 2004

Bonimaier Anton, Dipl.-Ing. ÖVP
Direktor der Landwirtschaftsschule Kleßheim, Wals-Siezenheim
* 19. 9. 1924, Altenmarkt im Pongau

Volksschule in Altenmarkt im Pongau, 1936 bis 1938 Mittelschule in Unterpremstätten bei Graz, 1938 bis 1943 Deutsche Heimschule Kreuzberg in Bischofshofen (heute: Privatgymnasium St. Rupert in Bischofshofen-Kreuzberg), 1943 bis 1945 Kriegsdienst, 1945/46 Landwirtschaftliche Fachschule Winklhof in Oberalm, 1946 Matura, 1946 bis 1949 Studium an der Hochschule für Bodenkultur in Wien (Fachrichtung Landwirtschaft), 1949 Dipl.-Ing., 1948 Eintritt in den Landesdienst als Fachlehrer an der Landwirtschaftsschule Winklhof in Oberalm, 1949/50 Lehrer an der Landwirtschaftsschule in Bruck an der Großglocknerstraße, 1950 bis 1955 verantwortlich für die fachliche Betreuung der landwirtschaftlichen Berufsschule in St. Johann im Pongau, 1955 Dienstzuteilung an die Expositur der Landwirtschaftsschule Winklhof nach Kleßheim, 1959 bis 1977 sowie 1983/84 Direktor der Landwirtschaftsschule Kleßheim und Verwalter des Landesgutes Kleßheim (1977 Karenzierung); 1974 bis 1977 Klubobmann der ÖVP im Landtag, 1964 bis 1980 Bezirksparteiobmann der ÖVP im Flachgau; 1963 bis 1977 Obmann der Salzburger Viehverwertung, 1968 bis 1977 Aufsichtsratsvorsitzender des Österreichischen Viehverbandes; 1974 Goldenes Ehrenzeichen für Verdienste um die Republik Österreich, 1984 Großes Ehrenzeichen des Landes Salzburg.

Abg. zum Landtag (5.–7. GP)	ÖVP	30. 6. 1964–19. 4. 1977
Zweiter Landtagspräsident-Stellvertreter		7. 2. 1968–13. 5. 1969
Landesrat	ÖVP	20. 4. 1977–15. 3. 1983

Literatur: *Landesrat Dipl.-Ing. Anton Bonimaier. Agrar- und Finanzpolitik für Salzburg, hrsg. von Eberhard Zwink, Salzburg 1983 (= Salzburg Dokumentationen Nr. 69)*

Brandauer Josef SPÖ
Gemeindebeamter, Hallein
* 11. 8. 1921, Hallein
† 17. 11. 1988, Hallein

Volks- und Hauptschule in Hallein, Handelsschule in Salzburg, kaufmännische Berufsschule in Salzburg, 1938 bis 1940 Tätigkeit in einer Baustoffe- und Werkzeuggroßhandlung in Salzburg, 1940 bis 1945 Reichsarbeits- und Kriegsdienst, 1945 russische Kriegsgefangenschaft, ab 1945 Beamter der Stadt Hallein als Stadtkassier; 1945 Beitritt zur SPÖ, SPÖ-Stadtparteiobmann von Hallein (1950), Bezirksparteivorsitzender der SPÖ Tennengau (1950), 1945 bis 1954 Obmann der provisorischen Personalvertretung der Stadtgemeinde Hallein, Obmann der Ortsgruppe Hallein der Naturfreunde (1949), 1959 Bezirksobmann der »Arbeitsgemeinschaft sozialistischer Gemeindevertreter« im Tennengau, 1959 bis 1965 Landesvorstandsmitglied der »Arbeitsgemeinschaft sozialistischer Gemeindevertreter«, 1952 bis 1974 Mitglied der Landesparteivertretung der SPÖ Salzburg; 1952 bis 1954 Mitglied der Gemeindevertretung von Hallein und Klubvorsitzender der SPÖ-Gemeinderatsfraktion, 1954 bis 1958 Vizebürgermeister und 1958 bis 1976 Bürgermeister von Hallein; 1976 Ehrenbürger von Hallein, 1971 Großes Goldenes Ehrenzeichen mit dem Stern für Verdienste um die Republik Österreich, 1974 Großes Ehrenzeichen des Landes Salzburg sowie und Träger zahlreicher weiterer Auszeichnungen.

Abg. zum Landtag (4.–6. GP)	SPÖ	2. 7. 1959–21. 5. 1974
Präsident des Landtages		14. 5. 1969–21. 5. 1974

Brandner Josef CSP
Wagnermeister, Bad Hofgastein
* 14. 2. 1878, Bad Hofgastein
† 6. 2. 1957, Schwarzach im Pongau

Volksschule, Wagnerlehre, 1905 bis 1926 Wagnermeister und 1925 bis 1956 Inhaber des Kurhauses »Edelweiß« in Bad Hofgastein.

Abg. zum Konstituierenden Landtag (1. WP) CSP 23. 4. 1919–3. 5. 1922

BRAUMÜLLER-TANNBRUCK Erich StP
Prokurist, Salzburg
* 7. 6. 1894, Kapfenberg (Steiermark)
† 27. 2. 1967, Salzburg

Volksschule, ein Jahr Kadettenschule in der Steiermark, 1907 bis 1913 Stiftsgymnasium in Kremsmünster (Oberösterreich), 1913 Matura, einjährige Lehre als Kaufmann in Hamburg, 1914 bis 1918 Kriegsdienst, 1920 bis 1925 Beamter der Brauerei Kaltenhausen in Hallein, 1925 bis 1939 Prokurist der Feigenkaffeefabrik »Andre Hofer« in Salzburg, 1939 bis 1945 Kriegsdienst und Kriegsgefangenschaft, 1945 bis 1959 Beamter der Salzburger Landesregierung; ab 1929 aktives Mitglied und Kompanieführer des Salzburger Heimatschutzes, 1933/34 Gauwehrführer des Stadtgaues Salzburg und kurzzeitig Landesstabsleiter sowie Landeskonsulent des Bundeskommissärs für Propaganda, 1934 Regierungskommissär des Salzburger Turnvereines.

Mitglied des Staatsrates 1. 11. 1934–12. 3. 1938

Literatur: *Enderle-Burcel, Gertrude: Christlich-Ständisch-Autoritär. Mandatare im Ständestaat 1934 bis 1938, Wien 1991*
Eigene Werke: *Salzburg im Wandel der Jahrtausende, Salzburg 1927; Ostarrichi. Die deutsche Ostmark, Salzburg 1930; Tauriskia. Die Entstehungsgeschichte der österreichischen Alpenländer, Salzburg 1931; Austria. Von der Mark zum Weltreich, Salzburg 1933 (alle Bücher gemeinsam mit Franz Jung-Ilsenheim)*

BRAUNEIS Rudolf, Ing. CSP
Direktor der Landwirtschaftsschule, Oberalm
* 24. 11. 1880, Herzogenburg (Niederösterreich)
† 22. 5. 1961, Salzburg

Volksschule, Untergymnasium in St. Pölten, 1898 bis 1901 Höhere landwirtschaftliche Lehranstalt »Francisco-Josephinum« in Mödling (Niederösterreich), Tätigkeit als Ökonomieadjunkt in verschiedenen landwirtschaftlichen Betrieben und als Landwirtschaftslehrer in Tulln (Niederösterreich) und Kleingmain, Spezialvorlesungen an der Hochschule für Bodenkultur in Wien, 1908 Lehramtsprüfung für Ackerbauschulen, Lehrtätigkeit an der niederösterreichischen Landesackerbauschule »Edelhof« in Zwettl

(Niederösterreich) und von 1909 bis 1920 an der Landwirtschaftlichen Lehranstalt in Rotholz (Tirol), 1919 bis 1938 Direktor der Landwirtschaftlichen Fachschule Winklhof in Oberalm; 1927 bis 1932 Mitglied des Landesschulrates für Salzburg; 1920 Verleihung der Standesbezeichnung »Ingenieur«, 1926 Ökonomierat, 1931 Silbernes Ehrenzeichen für Verdienste um die Republik Österreich, 1936 Regierungsrat.

Landesrat	CSP	4. 5. 1922–27. 5. 1932

Breitenfelder Josef SDAP
Werkmeister, Salzburg
* 15. 3. 1884, Riegersburg bei Retz (Niederösterreich)
† 13. 12. 1928, Salzburg

Volksschule in Retz (Niederösterreich), Schlosserlehre, Gewerbeschule in Wien, 1904 Übersiedlung nach Salzburg und Eintritt in den Dienst der k.k. Staatsbahnen, Werkmeister (1914/15), 1918 bis 1920 Leiter des Ernährungsamtes in Salzburg, 1920 bis 1926 Direktor der Lebensmittelwerke »Union« in Salzburg, Aufsichtsrat des Lebensmittelmagazins der k.k. Staatsbahnen (1913), bis 1924 Obmann des Lebensmittelmagazins der k.k. Staatsbahnen (Österreichischen Bundesbahnen) in Salzburg; 1904 Beitritt zur SDAP Itzling, Obmann der SDAP Itzling, Gründer der SDAP-Bezirksorganisation Itzling 2, 1909 bis 1928 Mitglied der Landesparteivertretung der SDAP in Salzburg, 1922 bis 1927 Klubobmann und 1927/28 stellvertretender Klubobmann im Landtag; 1921 bis 1928 Landesobmann der Salzburger Kinderfreunde, Mitglied des Reichsvorstandes der Kinderfreunde; 1955 Straßenbenennung in Salzburg

Mitglied der Provisorischen Landesversammlung	SDAP	3. 11. 1918–21. 4. 1919
Präsident-Stellvertreter der Provisorischen Landesversammlung		7. 11. 1918–29. 11. 1918
Abg. zum Konstituierenden Landtag (1. WP)	SDAP	23. 4. 1919–3. 5. 1922
Abg. zum Landtag (2.–3. WP)	SDAP	4. 5. 1922–13. 12. 1928
Erster Landtagspräsident-Stellvertreter		18. 5. 1921–3. 5. 1922
Präsident des Landtages		4. 5. 1922–13. 12. 1928
Landesrat	SDAP	23. 4. 1919–4. 5. 1922

Breitfuss Ilse ÖVP
Geschäftsfrau, Mittersill
* 1. 12. 1944, Stuhlfelden

1950 bis 1954 Volksschule in Stuhlfelden, 1954 bis 1958 Hauptschule in Mittersill und St. Johann im Pongau, 1958 bis 1960 Handelsschule in St. Johann im Pongau, bis 1965 Tätigkeit im elterlichen Betrieb in der Land- und Forstwirtschaft sowie im Sägewerk in Stuhlfelden, in Anschluss daran Aufbau eines Schuh- und Sportfachgeschäftes in Mittersill; 1993 bis 1999 Fraktions- und Ortsparteiobfrau der ÖVP in Mittersill, seit 1993 Mitglied des Bezirksparteivorstandes der ÖVP Pinzgau; seit 1989 Mitglied der Gemeindevertretung, seit 1994 Mitglied des Gemeinderates und seit 2003 Vizebürgermeisterin von Mittersill.

Abg. zum Landtag (12. GP) ÖVP 27. 4. 1999–27. 4. 2004

Brenner David, Mag. SPÖ
Klubvorsitzender, Salzburg
* 31. 3. 1971, Salzburg

1977 bis 1981 Volksschule in Salzburg-Parsch, 1981/82 zwei Klassen musisches Gymnasium in Salzburg, 1983 Übersiedlung nach Linz, Besuch des Gymnasiums »Auhof« und »Stefan Fadinger« in Linz, 1990 Matura, 1990/91 Präsenzdienst in Linz-Hörsching, 1991 bis 2000 Studium der Politikwissenschaften, Publizistik und Rechtswissenschaften an der Universität Salzburg, 2000 Mag. phil. mit Auszeichnung, 1998 bis 2004 Landesstellenleiter des Dr.-Karl-Renner-Institutes in Salzburg und Landesbildungssekretär der SPÖ; 1993 Beitritt zur SPÖ, 1993 bis 1999 Landesvorsitzender der Sozialistischen Jugend Salzburg, seit 1994 Mitglied des Landesparteivorstandes der Salzburger SPÖ und Mitglied des Bezirksvorstandes der SPÖ Salzburg-Stadt, seit 2004 Klubvorsitzender der SPÖ im Landtag, seit 2005 Vorsitzender der Landesbildungsorganisation sowie stellvertretender Landesparteivorsitzender der SPÖ Salzburg, 1999 und 2004 Leiter des Wahlkampfbüros der SPÖ Salzburg für die Landtags- und Gemeinderatswahlen sowie die EU- und Nationalratswahlen, seit 1999 Ehrenvorsitzender der JUSOS Salzburg; 2001 bis 2004 Vizepräsident und seit 2004 Präsident der Salzburger Jugendhilfe.

Abg. zum Landtag (12. GP–) SPÖ 27. 4. 1999–lfd.

BRENNSTEINER Anton SPÖ
Hauptschuldirektor, Uttendorf im Pinzgau
* 1. 10. 1930, Piesendorf

1936 bis 1940 Volksschule in Piesendorf, 1940 bis 1944 Hauptschule im Zell am See, 1944 bis 1949 Lehrerbildungsanstalt in Salzburg, 1949 Matura, 1949/50 Volksschullehrer und 1950 bis 1963 Hauptschullehrer in Mittersill, 1951 Lehramt für Volksschulen, 1954 Lehramt für Hauptschulen (Deutsch, Geschichte, Geografie), 1963 bis 1988 Hauptschuldirektor in Uttendorf im Pinzgau (ab 1982 dienstfrei gestellt), 1951 bis 1971 nebenamtlich Berufsschullehrer in Mittersill, 1972 bis 1974 Vertragslehrer am BORG Mittersill, 1980 Oberschulrat; 1955 Beitritt zur SPÖ, 1954 bis 1981 Personalvertreter, 1963 bis 1982 Mitglied des Bezirksvorstandes des ÖGB Zell am See, 1964 bis 1988 Bezirksobmann des Sozialistischen Lehrervereines Österreich im Pinzgau und seit 1988 dessen Ehrenvorsitzender, 1967 bis 1982 Ortsparteivorsitzender der SPÖ Uttendorf im Pinzgau, 1982 bis 1992 Bezirksparteivorsitzender der SPÖ Pinzgau, 1982 bis 1992 Mitglied des Landesparteivorstandes und des Landesparteipräsidiums der Salzburger SPÖ; 1961 bis 1964 Mitglied der Gemeindevertretung und 1964/65 Mitglied des Gemeinderates von Mittersill, 1969 bis 1989 Mitglied des Gemeinderates, 1969 bis 1979 Vizebürgermeister und 1989 bis 1995 Mitglied der Gemeindevertretung von Uttendorf im Pinzgau; 1968 bis 1979 Zweigstellenleiter der Salzburger Volkshochschule in Uttendorf, 1964 bis 1969 Mitglied des Bezirksschulrates Zell am See, 1969 bis 1984 Mitglied des Landesschulrates für Salzburg; 1998 Silbernes Ehrenzeichen des Landes Salzburg, 1990 Großes Silbernes Ehrenzeichen für Verdienste um die Republik Österreich.

Abg. zum Nationalrat (XV.–XVIII. GP) SPÖ 27. 4. 1982–31. 3. 1992

BRUCKNER Leopold SDAP
Werkmeister, Schwarzach im Pongau
* 30. 10. 1881, Steinakirchen am Forst (Niederösterreich)
† 10. 1. 1921, Innsbruck

Volksschule, Lehre als Hufschmied, 1903 Militärdienst, 1914/15 Kriegsdienst, Werkmeister der k.k. Staatsbahnen beziehungsweise der Österreichischen Bundesbahnen; Vertrauensmann der Eisenbahnergewerkschaft in Schwarzach im Pongau sowie der Salzburger Sozialdemokraten im Pongau; 1918 bis 1921 Bürgermeister von Schwarzach im Pongau; Straßenbenennung in Schwarzach im Pongau.

Abg. zum Konstituierenden Landtag
(1. WP) SDAP 23. 4. 1919–10. 1. 1921

Brunauer Johann SPÖ
Schuhmachermeister, Salzburg
* 6. 9. 1895, Lohnsburg bei Ried (Oberösterreich)
† 16. 9. 1958, Salzburg

Volks- und Bürgerschule, 1909 bis 1912 Lehre als Orthopädieschuhmacher, bis 1915 Wanderjahre in der Schweiz, Frankreich und Deutschland, 1915 bis 1918 Kriegsdienst, Werkmeister in der staatlichen Prothesenwerkstätte (1924), 1926 Meisterprüfung, ab 1927 selbstständiger Orthopädie-Schuhmachermeister in Salzburg; 1919 Beitritt zur SDAP und zur Gewerkschaft der Textil- und Lederarbeiter, 1947 bis 1958 Mitglied des Landesparteivorstandes der SPÖ, ab 1947 Vorsitzender des Berufsschulrates, 1952 bis 1958 Landesobmann des Freien Wirtschaftsverbandes, Ehrenobmann des Freien Wirtschaftsverbandes; 1937/38 Zunftmeister der Schuhmacher in Salzburg, 1945 bis 1955 Landesinnungsmeister der Schuhmacher, 1946 bis 1954 Vizepräsident der Salzburger Handelskammer, Vorstandsmitglied der Bundeshandelskammer, stellvertretender Obmann der Meisterkrankenkasse; 1956 Großes Ehrenzeichen für Verdienste um die Republik Österreich, 1968 Straßenbenennung in Salzburg.

Abg. zum Landtag (1.–3. GP) SPÖ 12. 12. 1945–16. 9. 1958

Brunauer Josef SPÖ
Postbeamter, Salzburg
* 7. 5. 1898, Kuchl
† 12. 3. 1967, Salzburg

Volksschule, 1912 Eintritt in den Postdienst, 1917/18 Kriegsdienst, bis 1918 Postadjunkt in Bad Gastein, ab 1919 Postadjunkt in Salzburg, 1934 Verhaftung und Zwangspensionierung, 1936 Wiedereinstellung beim Postamt Hallein, Postbeamter in Salzburg; 1913 Beitritt zur SDAP; 1921 bis 1934 Schriftführer und später Obmann des Landesgruppenvorstandes der Postgewerkschaft, 1921 bis 1934 Mitglied des Vertrauensmännerausschusses des Postamtes Salzburg II, 1945 bis 1954 Landesgruppenobmann der Gewerkschaft der Post- und Telegrafenbediensteten Salzburg, Vorsitzender der Personalvertretung beim Post- und Telegrafeninspektorat Salzburg, 1945 bis 1954 Kammerrat der Arbeiterkammer Salzburg; 1964 Bürger der Stadt Salzburg, Silbernes Ehrenzeichen für Verdienste um die Republik Österreich.

Mitglied des Bundesrates SPÖ 18. 6. 1953–31. 5. 1957

BRUNAUER Josef jun. SPÖ
Arbeiterkammerpräsident, Salzburg
* 4. 8. 1921, Salzburg
† 9. 9. 1999, Salzburg

Volks- und Hauptschule in Salzburg, gewerbliche Fortbildungsschule, ab 1937 Tischlerlehre, Tischlergeselle, 1941 bis 1944 Kriegsdienst, 1942 zweimonatige politische Haft, 1944 bis 1947 russische Kriegsgefangenschaft, ab 1948 Sekretär der Bau- und Holzarbeitergewerkschaft, 1967 bis 1984 Vorsitzender der Landesexekutive Salzburg des ÖGB, 1966 bis 1982 Präsident der Salzburger Arbeiterkammer; 1937 bis 1939 Mitglied der illegalen Jugend der Revolutionären Sozialisten, 1939 bis 1941 Mitglied der Roten Einheitsjugend, 1948 Beitritt zur SPÖ, 1966 bis 1984 Mitglied des Landesparteivorstandes der Salzburger SPÖ, 1970 bis 1976 und 1978 bis 1984 Mitglied des Landesparteipräsidiums der Salzburger SPÖ; 1954 bis 1984 Kammerrat der Salzburger Arbeiterkammer, Obmann der Fraktion Sozialistischer Gewerkschafter (1959); 1978 bis 1999 Vizepräsident der Salzburger Roten Kreuzes, 1975 bis 1979 Mitglied des Sparkassenausschusses der Salzburger Sparkasse; 1974 Großes Silbernes Ehrenzeichen für Verdienste um die Republik Österreich, 1983 Großes Ehrenzeichen des Landes Salzburg sowie Träger zahlreicher weiterer Auszeichnungen.

Abg. zum Landtag (3.–8. GP) SPÖ 4. 7. 1956–18. 10. 1983

Literatur: *Die Arbeitnehmervertretung im Bundesland Salzburg. Festschrift für Josef Brunauer, hrsg. von Eberhard Zwink, Salzburg 1981 (= Salzburg Dokumentationen Nr. 55)*

BRUNNER Johann ÖVP
Lagerhausangestellter, Maishofen
* 12. 6. 1919, Zell am See
† 8. 7. 1996, Maishofen

Volksschule in Piesendorf, Thumersbach und Maishofen, Tätigkeit auf dem elterlichen Hof, 1939 bis 1943 Kriegsdienst (schwere Verwundung und Amputation eines Beines), ab 1943 Buchhalter der Lagerhausgenossenschaft in Maishofen; 1959 bis 1974 Bezirksobmann des ÖAAB im Pinzgau; 1945/46 Mitglied des erweiterten Gemeindeausschusses von Maishofen, 1949 bis 1959 und 1964 bis 1983 Mitglied der Gemeindevertretung, 1964 bis 1969 Mitglied des Gemeinderates und 1969 bis 1983 Bürgermeister von Maishofen; Vorstandsmitglied der Salzburger Gebietskrankenkasse; 1974 Goldenes Ehrenzeichen für Verdienste um die Republik Österreich.

Abg. zum Landtag (5. GP)	ÖVP	30. 6. 1964–13. 5. 1969
Abg. zum Landtag (6. GP)	ÖVP	4. 6. 1969–21. 5. 1974

Brunner Othmar SPÖ
Sonderschuldirektor, Tamsweg
* 12. 6. 1924, Tamsweg

1930 bis 1934 Volksschule in Unternberg, 1934/35 Hauptschule in Tamsweg, 1935 bis 1942 Erzbischöfliches Privatgymnasium »Borromäum« und Staatsgymnasium in Salzburg, 1942 Matura am Privatgymnasium St. Rupert in Bischofshofen-Kreuzberg, 1942 bis 1945 Kriegsdienst und Kriegsgefangenschaft, 1945/46 Tätigkeit in der Landwirtschaft, 1946/47 Abiturientenlehrgang an der Bundeslehrerbildungsanstalt Salzburg, 1947 bis 1953 Volksschullehrer in Zell am See, Uttendorf im Pinzgau und Saalfelden am Steinernen Meer, 1953 bis 1969 Lehrer an der Sonderschule Tamsweg, 1966 bis 1984 Direktor der Allgemeinen Sonderschule Tamsweg; 1960 Beitritt zur SPÖ, 1967 bis 1978 Ortsparteivorsitzender der SPÖ Tamsweg, 1969 bis 1981 Bezirksparteivorsitzender der SPÖ Lungau, Bezirksobmann des Sozialistischen Lehrervereines im Lungau (1980), Mitglied des ÖGB-Bezirksausschusses, 1969 bis 1981 Mitglied des Landesparteivorstandes und 1978 bis 1981 Mitglied des Landesparteipräsidiums der SPÖ Salzburg, 1984 bis 1996 Ortsvorsitzender des Pensionistenverbandes in Tamsweg; 1960 bis 1974 Mitglied der Gemeindevertretung und 1974 bis 1981 Vizebürgermeister von Tamsweg; 1979 Großes Silbernes Ehrenzeichen für Verdienste um die Republik Österreich, 1984 Goldener Ehrenring der Marktgemeinde Tamsweg sowie Inhaber zahlreicher weiterer Auszeichnungen.

Abg. zum Landtag (6.–8. GP)	SPÖ	14. 5. 1969–7. 7. 1981

Buchinger Erwin, Dr. SPÖ
AMS-Landesgeschäftsführer, Salzburg
* 25. 12. 1955, Mauthausen (Oberösterreich)

1961 bis 1965 Volksschule und 1965 bis 1973 Bundesrealgymnasium in Rohrbach (Oberösterreich), 1973 Matura, Präsenzdienst in Klagenfurt und Wien, 1975 bis 1981 Studium der Rechtswissenschaften und der Volkswirtschaft an der Universität Linz, 1981 Dr. iur., 1981 bis 1991 Jurist beim Landesarbeitsamt Oberösterreich, 1991 bis 1994 Leiter des Landesarbeitsamtes Salzburg, 1994 bis 2004 Landesgeschäftsführer des Arbeitsmarktservice Salzburg (AMS).

Landesrat	SPÖ	28. 4. 2004–10. 1. 2007
Bundesminister für Soziales und Konsumentenschutz	SPÖ	11. 1. 2007–lfd.

BUCHINGER Franz, Dipl.-Vwt. WdU
Buchhalter, Zell am See
* 16. 12. 1921, Großschönau (Niederösterreich)
† 18. 4. 1954, Zell am See

Volksschule, Realgymnasium, 1940 Matura, 1939 bis 1944 Kriegsdienst (schwere Verwundung und Amputation eines Armes), Studium der Volkswirtschaft an der Universität Innsbruck, 1948 Dipl.-Vwt., 1946/47 Bediensteter des Amtes der Salzburger Landesregierung, ab 1948 Buchhalter bei der Tauernkraftwerke AG; Obmann des Angestelltentriebsrates der Tauernkraftwerke AG (1949), Mitglied des Vorstandes der Salzburger Arbeiterkammer (1949).

Abg. zum Landtag (2. GP)	WdU	1. 12. 1949–18. 4. 1954

BUCHLEITNER Gerhard SPÖ
Gewerkschaftssekretär, Salzburg
* 8. 11. 1942, Klagenfurt

1948 bis 1952 Volksschule, 1952 bis 1956 Hauptschule, 1956 bis 1958 Handelsschule, 1958 bis 1962 kaufmännischer Angestellter in Klagenfurt, 1961/62 Präsenzdienst, 1962 bis 1966 Sekretär der Landesexekutive Kärnten des ÖGB, 1966 bis 1980 Landessekretär der Tourismusgewerkschaft in Salzburg; 1961 Beitritt zur SPÖ, 1963 bis 1966 stellvertretender Landesobmann der ÖGB-Jugend Kärnten, 1983 bis 1989 Bezirksparteivorsitzender der SPÖ Salzburg-Stadt, 1980 bis 2001 Mitglied des Landesparteivorstandes und 1982 bis 2001 Mitglied des Landesparteipräsidiums der SPÖ Salzburg, 1990 bis 2001 Landesparteivorsitzender der SPÖ Salzburg; 1973 bis 1989 Mitglied des Gemeinderates der Stadt Salzburg, 1977 bis 1980 stellvertretender Klubvorsitzender der SPÖ-Gemeinderatsfraktion, 1980 bis 1982 Stadtrat und 1982 bis 1989 Vizebürgermeister der Stadt Salzburg; 1969 bis 1980 Mitglied der Vollversammlung der Salzburger Arbeiterkammer; 1997 Großes Ehrenzeichen des Landes Salzburg, 2001 Ring des Landes Salzburg.

Landeshauptmann-Stellvertreter	SPÖ	13. 9. 1989–25. 4. 2001

Literatur: *Thaler, Walter (Hrsg.): Gerhard Buchleitner. Ein politisches Leben, Salzburg-Linz 2000*

BUCHNER Johann, Dr. FPÖ
Landesbediensteter, Salzburg
* 18. 9. 1950, Niedernsill

1957 bis 1961 Volksschule in Niedernsill, 1961 bis 1965 Hauptschule in Mittersill, 1965 bis 1968 Handelsschule in Zell am See, 1968 bis 1971 Abendschule zur Vorbereitung auf die Matura für Handelsakademien, 1971 Externistenmatura an der Handelsakademie Salzburg, 1971 bis 1977 Studium der Politikwissenschaften und Nationalökonomie an der Universität Salzburg, 1977 Dr. phil., 1976/77 Berufspädagogische Akademie in Innsbruck und Ablegung der Lehramtsprüfung für Berufsschulen, 1968 bis 1973 kaufmännischer Angestellter und Buchhalter in Niedernsill und Zell am See, 1973 bis 1984 Berufsschullehrer in Salzburg, 1977 bis 1983 Sekretär des FPÖ-Landtagsklubs, 1983/84 Sekretär von Landesrat Sepp Wiesner, 1980 bis 1983 Politischer Referent und 1984 Medienreferent der FPÖ Salzburg, 1984 bis 1992 Klubobmann der FPÖ im Landtag, 1992/93 Beamter beim Amt der Salzburger Landesregierung; 1977 Beitritt zur FPÖ, 1987 bis 1992 Landesparteiobmann-Stellvertreter der FPÖ Salzburg, Mitglied der Landes- und Bundesparteileitung sowie des Landesparteivorstandes der FPÖ Salzburg; 2000 Hofrat.

Abg. zum Landtag (9.–10. GP)	FPÖ	16. 5. 1984–18. 5. 1993
Direktor des Landesrechnungshofes		1. 7. 1993–31. 1. 2005

BURGSTALLER Gabi, Mag. SPÖ
Arbeiterkammerangestellte, Hallein
* 23. 5. 1963, Penetzdorf bei Schwanenstadt (Oberösterreich)

1969 bis 1973 Volksschule in Niederthalheim (Oberösterreich), 1973 bis 1981 Wirtschaftskundliches Realgymnasium in Gmunden (Höhere Internatsschule des Bundes), 1981 Matura, einjähriger Auslandsaufenthalt mit Collegebesuch in Großbritannien, 1982 bis 1987 Studium der Rechtswissenschaften an der Universität Salzburg, 1987 Mag. iur., 1987 bis 1989 Assistentin am Institut für Verfassungs- und Verwaltungsrecht bzw. am Institut für Rechtssoziologie an der Universität Salzburg, 1989 bis 1999 Konsumentenberaterin der Kammer für Arbeiter und Angestellte für Salzburg und als solche 1989 Mitaufdeckerin des WEB-Bautreuhand-IMMAG-Skandals; seit 1994 Mitglied des Landesfrauenkomitees, seit 1997 Mitglied des Landesparteivorstandes und des Landesparteipräsidiums sowie bis 2001 stellvertretende Landesparteivorsitzende der SPÖ Salzburg, seit 2001 Landesparteivorsitzende der SPÖ Salzburg, seit 2000 stellvertretende Bundesparteivorsitzende der SPÖ, 1994 bis 1999 Klubvorsitzende der SPÖ im Landtag.

Abg. zum Landtag (11. GP)	SPÖ	2. 5. 1994–26. 4. 1999
Landesrätin	SPÖ	27. 4. 1999–25. 4. 2001
Landeshauptmann-Stellvertreterin	SPÖ	25. 4. 2001–28. 4. 2004
Landeshauptfrau	SPÖ	28. 4. 2004–lfd.

Literatur: *Fürweger, Wolfgang: Gabi Burgstaller – Eine Frau erobert Salzburg. Der Versuch einer Biografie, Aspach 2005*

BURTSCHER Christian, Dr. Bürgerliste
Lehrer, St. Leonhard bei Grödig
* 6. 3. 1950, Nofels am Rhein (Vorarlberg)

Volksschule, Bundesgymnasium in Feldkirch (Vorarlberg), 1968 Matura, Studium der Rechtswissenschaften an den Universitäten Innsbruck und Salzburg, 1972 Dr. iur., Lehrer an der HTL in Hallein; 1986 bis 1989 und 1994 bis 1999 Landessprecher der Bürgerliste Salzburg-Land, 1987 bis 1989 Bundesobmann der Grünen Bildungswerkstatt, 1994 bis 1999 Klubobmann der Bürgerliste im Landtag; 1984 bis 1999 mit mehreren Unterbrechungen Mitglied der Gemeindevertretung von Grödig.

Abg. zum Landtag (10.–11. GP)	Bürgerliste	3. 5. 1989–26. 4. 1999

CHRISTOPH Anton DF, GDVP
Notar, Salzburg
* 21. 10. 1867, Plan im Egerland (Böhmen) – Plana (Tschechien)
† 19. 11. 1924, Salzburg

Volksschule, k.k. Staatsgymnasium in Eger/Cheb (Böhmen/Tschechien), 1886 bis 1895 mit mehreren Unterbrechungen Studium der Rechtswissenschaften an der Universität Wien, 1896 Absolutorium, 1908 bis 1920 Notar in Werfen, 1915 bis 1918 Substitut in Radstadt, 1920 bis 1924 Notar in Salzburg; 1919 bis 1924 Klubobmann der Großdeutschen im Landtag, 1923 Obmann der Verbandsleitung der Großdeutschen Volkspartei und des Landbundes in Salzburg; 1909 bis 1918 Bürgermeister von Werfen; 1921 bis 1924 Landesführer der Salzburger Heimwehr.

Mitglied der Provisorischen Landesversammlung	DF	3. 11. 1918–21. 4. 1919
Abg. zum Konstituierenden Landtag (1. WP)	GDVP	23. 4. 1919–3. 5. 1922
Abg. zum Landtag (2. WP)	GDVP	4. 5. 1922–19. 11. 1924
Landesrat	GDVP	23. 6. 1919–3. 5. 1922

Literatur: *Voithofer, Richard: »Drum schließt Euch frisch an Deutschland an …« Die Geschichte der Großdeutschen Volkspartei in Salzburg 1920–1936, Wien 2000 (= Schriftenreihe des Forschungsinstitutes für politisch-historische Studien der Dr.-Wilfried-Haslauer-Bibliothek, Band 9)*

Clessin Heinrich DF, GDVP
Magistratsbeamter, Salzburg
* 6. 5. 1880, Salzburg
† 1. 5. 1950, Salzburg

Volksschule und 1890 bis 1898 k.k. Staatsgymnasium in Salzburg, 1898 Matura, 1898 bis 1902 Studium der Rechtswissenschaften an der Universität Innsbruck, 1903 Eintritt in den Dienst des Magistrates Salzburg, 1917 Ernennung zum Magistratsrat, 1933 Bestellung zum Magistratsdirektor, 1938 Versetzung in den Ruhestand unter Kürzung der Bezüge, 1945 Wiedereinstellung, 1948 Pensionierung; 1923 bis 1931 Landesparteiobmann der Großdeutschen Volkspartei in Salzburg, 1932 Austritt aus der Großdeutschen Volkspartei; 1923 bis 1927 Mitglied des Gemeinderates der Stadt Salzburg.

Mitglied der Konstituierenden Nationalversammlung	DF	4. 3. 1919–9. 11. 1920
Abg. zum Nationalrat (I.–III. GP)	GDVP	10. 11. 1920–1. 10. 1930

Literatur: *Voithofer, Richard: »Drum schließt Euch frisch an Deutschland an …« Die Geschichte der Großdeutschen Volkspartei in Salzburg 1920–1936, Wien 2000 (= Schriftenreihe des Forschungsinstitutes für politisch-historische Studien der Dr.-Wilfried-Haslauer-Bibliothek, Band 9)*

Daghofer Fritz ÖVP
Fleischhauermeister, Salzburg
* 5. 6. 1897, Salzburg
† 23. 9. 1976, Salzburg

Volksschule und 1908 bis 1915 Realschule in Salzburg, 1915 Matura, 1915 bis 1918 Kriegsdienst, 1918 bis 1921 Studium an der Hochschule für Welthandel in Wien, 1921 bis 1924 Lehre des Fleischhauer- und Selchergewerbes im elterlichen Betrieb, 1924 bis 1932 Tätigkeit als Fleischergeselle, 1932 Meisterprüfung, 1935 bis 1955 Teilhaber und ab 1955 Alleineigentümer der Fa. Franz Daghofer's Nachfolger OHG in Salzburg; 1950 bis 1954 stellvertretender und ab 1954 Landesinnungsmeister der Fleischer und Selcher, 1952 bis 1958 Obmann und ab 1958 Ehrenobmann des Landesverbandes der Österreichischen Fleischerjugend; 1962 Kommerzialrat, 1970 Silbernes Verdienstzeichen des Landes Salzburg.

Abg. zum Landtag (3.–4. GP) ÖVP 11. 12. 1954–18. 6. 1964

Dengg Annemarie ÖVP
Hausfrau, St. Johann im Pongau
* 11. 2. 1920, Prag

Volksschule und Höhere Mädchenschule in Zittau (Deutschland), Lehre in einer Rechtsanwaltskanzlei, 1939 bis 1945 Reichsarbeitsdienst in Ostpreußen, ab 1940 Fernsprechbeamtin in Dresden, Leipzig und Wien sowie Sekretärin in Salzburg, 1945 bis 1956 Diözesan- und Zentralsekretärin der Katholischen Arbeiterjugend sowie Redakteurin der Mädchenzeitschrift »Unser Leben«, ab 1958 Lehrerin für Stenografie und Maschinschreiben an der Handelsschule in St. Johann im Pongau; 1965 bis 1981 Bezirksleiterin der Österreichischen Frauenbewegung im Pongau, 1969 bis 1984 stellvertretende Landesleiterin der Österreichischen Frauenbewegung in Salzburg; 1964 bis 1974 Mitglied der Gemeindevertretung von St. Johann im Pongau; 1985 Silbernes Ehrenzeichen des Landes Salzburg.

Abg. zum Landtag (6.–8. GP) ÖVP 14. 5. 1969–15. 5. 1984

Dick Alois StL
Kaufmann, Saalfelden am Steinernen Meer
* 18. 9. 1898, Saalfelden am Steinernen Meer
† 17. 8. 1987, Zell am See

1904 bis 1909 Volksschule und 1909 bis 1912 Bürgerschule in Saalfelden am Steinernen Meer, 1912 Eintritt in den elterlichen Betrieb (Gemischtwaren- und Landproduktenhandel) in Saalfelden am Steinernen Meer, 1938 Übernahme des Betriebes; 1926 bis 1938 und 1945 bis 1964 Mitglied der Gemeindevertretung (Gemeindetag) sowie 1954 bis 1959 Vizebürgermeister von Saalfelden am Steinernen Meer; 1936 bis 1938 stellvertretender Ältester der Salzburger Kaufmannschaft, 1936 bis 1938 Bezirksvorsteher der Salzburger

Kaufmannschaft im Pinzgau, 1934 bis 1938 Mitglied des Landesgewerberates, ab 1945 Mitglied der Gremien des Landproduktenhandels, 1950 bis 1975 Gremialvorsteher des Salzburger Landproduktenhandels, 1945 bis 1964 Landesobmann-Stellvertreter des Österreichischen Wirtschaftsbundes in Salzburg, Mitglied des Agrarpolitischen Beirates der Bundessektion Handel (1966); 1965 Ehrenbürger von Saalfelden am Steinernen Meer, 1967 Goldenes Ehrenzeichen für Verdienste um die Republik Österreich, 1972 Silbernes Ehrenzeichen des Landes Salzburg, 1958 Kommerzialrat.

Mitglied des Ständischen Landtages (Landstand) 22. 11. 1934–12. 3. 1938
(Vertreter des Handels und Verkehrs)

DILLER Margarethe DNSAP
Postoberoffizial, Salzburg
* 4. 10. 1876, Linz
† 31. 10. 1951, Salzburg

Volks- und Bürgerschule, 1898 Eintritt in den Postdienst, bis 1920 Postoffiziantin und 1920 bis 1935 Postoberoffizialin in Salzburg.

Abg. zum Konstituierenden Landtag
(1. WP) DNSAP 28. 4. 1921–3. 5. 1922

Literatur: *Voithofer, Richard: »Drum schließt Euch frisch an Deutschland an …« Die Geschichte der Großdeutschen Volkspartei in Salzburg 1920–1936, Wien 2000 (= Schriftenreihe des Forschungsinstitutes für politisch-historische Studien der Dr.-Wilfried-Haslauer-Bibliothek, Band 9)*

DOPPLER Rupert FPÖ
Betriebsratsvorsitzender, St. Veit im Pongau
* 23. 2. 1958, Schwarzach im Pongau

Volks- und Hauptschule, Mechanikerlehre, Gesellenprüfung, Eintritt in den Dienst des Kardinal Schwarzenberg'schen Krankenhauses in Schwarzach im Pongau und dort seit 1993 Betriebsratsvorsitzender der Angestellten; seit 1994 Mitglied der Gemeindevertretung von St. Veit im Pongau; seit 1996 Bezirksparteiobmann der FPÖ Pongau und Mitglied des Landesparteivorstandes sowie seit 2005 Landesparteiobmann-Stellvertreter der FPÖ Salzburg; 1999 bis 2004 Kammerrat der Arbeiterkammer Salzburg; 2004 Goldenes Verdienstzeichen des Landes Salzburg.

Abg. zum Landtag (12. GP) FPÖ 27. 4. 1999–27. 4. 2004

Dürlinger Franz StL
Stallmeister, Oberalm
* 9. 10. 1898, Piesendorf
† 5. 1. 1981, Piesendorf

Volksschule in Piesendorf, 1917/18 Kriegsdienst, 1923 bis 1925 Landwirtschaftsschule Winklhof in Oberalm, bis 1932 Landarbeiter in Piesendorf, 1932 bis 1939 Stallmeister in der Landwirtschaftsschule Winklhof in Oberalm, 1939/40 Kriegsdienst, 1939 Kauf des Hansenhausgutes (Rabenlehen) in Piesendorf und dort Bauer bis 1962, 1944 Verhaftung, 1939 bis 1958 Zuchtwart des Rinderzuchtverbandes Maishofen; 1945 bis 1960 Ortsparteiobmann der ÖVP Piesendorf; 1945 bis 1949 Mitglied der Gemeindevertretung von Piesendorf; 1952 bis 1971 Obmann der Raiffeisenkasse Piesendorf.

Mitglied des Ständischen Landtages (Landstand) 1. 3. 1938–12. 3. 1938
(Vertreter der Land- und Forstwirtschaft)

Eberle Doraja ÖVP
Dipl. Sozialarbeiterin, Grödig
* 2. 8. 1954, Salzburg

1960 bis 1964 Volksschule in Grödig, 1964 bis 1970 LEH (Landerziehungsheim) Schloss Reichersbeuern (Deutschland), 1970 Mittlere Reife, 1970 bis 1972 Institute de jeunes filles in Prealpina (Schweiz), 1972 bis 1976 Akademie für Sozialarbeit in Wien, 1976 Diplomierte Sozialarbeiterin, 1976/77 Stationsgehilfin im Landeskrankenhaus Salzburg, 1977/78 »Gap year« in Brasilien und Chile, 1978 bis 1989 Sozialarbeiterin beim Amt der Salzburger Landesregierung, 1991 Gründerin des Vereines »Bauern helfen Bauern« und seitdem dessen Präsidentin; 1995 bis 1999 Ortsleiterin der ÖVP-Frauenbewegung in Grödig, seit 2004 Landesleiterin der Österreichischen Frauenbewegung in Salzburg; 1984 bis 1986 Mitglied des Vorstandes von »Rettet das Kind«; 1983 bis 1989 Mitglied der Gemeindevertretung von Grödig; 1989 Ehrenring der Gemeinde Grödig, 1996 Goldenes Verdienstzeichen des Landes Salzburg, 1999 Salzburgerin des Jahres (Salzburg Krone und Salzburger Fenster) sowie Inhaberin zahlreicher weiterer Auszeichnungen und Preise.

Landesrätin ÖVP 28. 4. 2004–lfd.

EBNER Hannes SPÖ
Werkmeister der Salzburg AG, Koppl
* 18. 10. 1958, Salzburg

Volks- und Hauptschule bis 1974, 1974 bis 1978 Lehre als Starkstrommonteur bei den Salzburger Stadtwerken (E-Werk), 1978 Präsenzdienst, 1979 Wechsel vom E-Werk zu den Wasserwerken, 1982 Wassermeisterschulung in Wien, 1985/86 Werkmeisterschulung für Elektrotechnik, seit 1987 als Werkmeister zuständig für die Grundwasserwerke in Grödig und die Steuerungsanlagen der Wasserwerke; 1976 Beitritt zur SPÖ, seit 1990 Ortsparteivorsitzender der SPÖ Koppl; seit 1989 Mitglied der Gemeindevertretung und seit 2004 Vizebürgermeister von Koppl.

Abg. zum Landtag (13. GP–) SPÖ 14. 12. 2005–lfd.

EBNER Waltraud ÖVP
Landesbedienstete, Faistenau
* 12. 4. 1980, Faistenau

1986 bis 1990 Volks- und 1990 bis 1994 Hauptschule in Faistenau, 1994 bis 1996 Land- und Hauswirtschaftliche Fachschule Heffterhof in Salzburg, 1996 bis 1999 Lehre als Bürokauffrau beim Amt der Salzburger Landesregierung, 1999 bis 2007 Sekretärin bei der Bezirkshauptmannschaft Salzburg-Umgebung (Gruppe Gewerbe und Baurecht), 2005 Matura, 2006 Dienstprüfung B, seit 2007 Sachbearbeiterin bei der Bezirkshauptmannschaft Salzburg-Umgebung (Gruppe Umwelt und Forst); 1996 Beitritt, 1996 bis 2003 Mitglied des Vorstandes und 1998 bis 2000 Obfrau der JVP Faistenau, seit 2006 erste Landesobfrau der Jungen Volkspartei (JVP) in Salzburg, Mitglied des Bezirksparteivorstandes der ÖVP Flachgau sowie des Landesparteivorstandes der ÖVP Salzburg; seit 2004 Mitglied der Gemeindevertretung von Faistenau.

Abg. zum Landtag (13. GP–) ÖVP 18. 10. 2006–lfd.

EDER Bruno SPÖ
Hausstallbauer, Lofer
* 14. 1. 1891, St. Martin bei Lofer
† 23. 11. 1973, Lofer

Volksschule in Lofer, Landarbeiter bei den Bayerischen Saalforsten, 1914 bis 1918 Kriegsdienst, 1919 bis 1964 Hausstallbauer in Scheffsnoth (Gemeinde Lofer), Geschäftsführer der Gemeindekrankenkasse St. Martin bei Lofer (1925); 1948/49 stellvertretender Landesobmann und 1949 bis 1959 Landesobmann des Arbeitsbauernbundes, Bezirksobmann des Arbeitsbauernbundes im Pinzgau (1948), 1960 bis 1970 Obmann des Pensionistenverbandes in Lofer; 1927 bis 1932 Mitglied des Gemeinderates und 1934 bis 1938 als Regierungskommissär Bürgermeister von St. Martin bei Lofer, 1945 bis 1959 Mitglied der Gemeindevertretung von Lofer; 1956 Initiator des Salzburger Landmaschinenfonds; Silbernes Verdienstzeichen des Landes Salzburg, 1958 Ökonomierat.

Abg. zum Landtag (2.–3. GP) SPÖ 1. 12. 1949–1. 7. 1959

EDER Johann ÖVP
Ederbauer, Lamprechtshausen
* 13. 1. 1923, Lamprechtshausen
† 1. 2. 1999, Oberndorf bei Salzburg

Volksschule in Lamprechtshausen, Landarbeiter, 1942 bis 1945 Kriegsdienst, 1950 bis 1993 Ederbauer in Lamprechtshausen; 1955 bis 1970 Ortsbauernobmann in Lamprechtshausen, 1966 bis 1989 Bezirksobmann des Salzburger Bauernbundes im Flachgau; 1960 bis 1965 Obmann-Stellvertreter und 1965 bis 1990 Obmann der Bezirksbauernkammer Salzburg-Umgebung; 1967 bis 1979 Mitglied der Gemeindevertretung von Lamprechtshausen; 1962 bis 1967 Aufsichtsratsvorsitzender der Salzburger Viehverwertung; 1973 Ökonomierat.

Abg. zum Landtag (7. GP) ÖVP 20. 4. 1977–15. 5. 1979

EDER Rudolf ÖVP
Landwirt, Lofer
* 23. 1. 1934, Lofer

1940 bis 1948 Volksschule in Lofer, 1948 bis 1957 Lehre als Zimmerer mit Gesellenprüfung, 1957 Landwirtschaftsschule in St. Wolfgang im Salzkammergut (Oberösterreich), 1964 Übernahme des elterlichen Hofes in Lofer; 1971 bis 1986 ÖVP-Ortsparteiobmann und 1967 bis 1971 Bauernbundobmann von Lofer, 1988 bis 1996 Bezirksobmann des Salzburger Bauernbundes im Pinzgau; 1969 bis 1974 Mitglied der Gemeindevertretung und der Gemeindevorstehung sowie 1974 bis 1998 Bürgermeister von Lofer; 1984 bis 1998 Vorstandsmitglied des Regionalverbandes Saalachtal, 1979 bis 1998 Vizepräsident des Salzburger Gemeindeverbandes, 1987 bis 1989 Kammerrat der Salzburger Landwirtschaftskammer, 1993 bis 1997 Bezirksobmann-Stellvertreter des Salzburger Blasmusikverbandes; 1995 Ökonomierat, 1999 Goldenes Verdienstzeichen des Landes Salzburg, Ehrenbürger von Lofer sowie Inhaber zahlreicher weiterer Bundes- und Landesauszeichnungen.

Abg. zum Landtag (9.–10. GP) ÖVP 16. 5. 1984–1. 5. 1994

EDER-GITSCHTHALER Andrea, Dr. ÖVP
Versicherungsangestellte, Wals-Siezenheim
* 13. 9. 1961, Vöcklabruck (Oberösterreich)

1968 bis 1972 Volksschule in Vöcklamarkt (Oberösterreich), 1972 bis 1980 Neusprachliches Gymnasium in Gmunden (Oberösterreich), 1980 Matura, 1980 bis 1984 Studium der Rechtswissenschaften an der Universität Salzburg, 1984 Dr. iur., 1984/85 Gerichtspraxis am Landesgericht Salzburg, 1985/86 Konzipiententätigkeit bei Rechtsanwalt Dr. Zimmermann/Dr. Topitsch, 1986 bis 1988 Verein für Vermögensberatung, 1990/91 Werbeagentur Dworschak & Partner in Salzburg, seit 1991 Austria Collegialität Versicherung beziehungsweise UNIQA Versicherung; seit 2006 Mitglied des Landesparteivorstandes der ÖVP Salzburg, seit 2003 Mitglied des Bezirksparteivorstandes und seit 2006 Mitglied des Bezirksparteipräsidiums der ÖVP Flachau, seit 1999 Mitglied des Ortsparteivorstandes der ÖVP sowie der ÖVP Frauen in Wals-Siezenheim, seit 1999 Ortsgruppenobfrau des ÖAAB Wals-Siezenheim, seit 2003 Landesobmann-Stellvertreterin des ÖAAB Salzburg; seit 1999 Mitglied des Gemeinderates von Wals-Siezenheim; seit 1998 Mitglied des Vorstandes des Salzburger Bildungswerkes und seit 2004 Mitglied des Vorstandes von »Rettet das Kind«.

Abg. zum Nationalrat (XXIII. GP–) ÖVP 30. 10. 2006–lfd.

EIBÖCK Johann CSP
Sattlermeister, Saalfelden am Steinernen Meer
* 26. 7. 1879, Lofer
† 17. 1. 1945, Saalfelden am Steinernen Meer

1876 bis 1884 Volksschule in Lofer, 1884 Beginn der Lehre als Sattler und Tapezierer im elterlichen Betrieb, 1898 Übersiedlung nach Saalfelden am Steinernen Meer und Aufbau eines eigenen Sattler- und Tapeziererbetriebes, nach Übergabe des Betriebes an seinen Sohn Sägewerksbesitzer in Saalfelden am Steinernen Meer; 1912 bis 1919 Bürgermeister von Saalfelden-Markt und 1934 bis 1936 als Regierungskommissar Bürgermeister von Saalfelden am Steinernen Meer; 1936 bis 1938 Mitglied des Vorstandes des Bezirksgewerbeverbandes im Pinzgau.

Abg. zum Konstituierenden Landtag (1. WP)	CSP	23. 4. 1919–3. 5. 1922

Eisl Andreas FPÖ
Landwirt, St. Georgen bei Salzburg
* 27. 3. 1940, Oberndorf bei Salzburg

Pflichtschulen, Ausbildung zum landwirtschaftlichen Meister, 1966 Meisterprüfung, 1972 bis 1995 Landwirt und seit 1969 auch Handelsvertreter (Landmaschinenhandel); 1968 bis 1982 stellvertretender Bezirksparteiobmann und 1982 bis 1995 Bezirksparteiobmann der FPÖ Flachgau, 1995 bis 1999 Landesobmann des Freiheitlichen Seniorenringes; 1972 bis 1989 Mitglied der Gemeindevertretung von St. Georgen bei Salzburg; 1975 bis 1995 Kammerrat der Kammer für Land- und Forstwirtschaft in Salzburg; 1998 Großes Silbernes Ehrenzeichen für Verdienste um die Republik Österreich.

Abg. zum Landtag (8.–10. GP)	FPÖ	16. 3. 1983–1. 5. 1994
Mitglied des Bundesrates	FPÖ	2. 5. 1994–26. 4. 1999

Eisl Hilde, Mag. SPÖ
Abteilungsleiterin, Henndorf am Wallersee
* 15. 9. 1955, Hintersee

1962 bis 1966 Volksschule in Hintersee, 1966 bis 1970 Hauptschule in Faistenau, 1970 bis 1975 Handelsakademie in Salzburg, 1975 Matura, 1976 bis 1978 Tätigkeit im Rechnungswesen (Buchhaltung, Lohnverrechnung), 1978 bis 1982 Kinderpause, 1982 bis 1989 Bankenausbildung und anschließend Kundenberaterin in Henndorf am Wallersee, 1989 bis 1994 Studium der Rechtswissenschaften an der Universität Salzburg, 1994 Mag. iur., 1994/95 Gerichtsjahr in Salzburg, seit 1995 juristische Beraterin für Soziales, Wohn- und Mietrecht, seit 2001 Abteilungsleiterin; seit 2003 Bezirksvorsitzende der SPÖ Frauen im Flachgau, seit 2007 Ortsparteivorsitzende der SPÖ Henndorf am Wallersee; seit 1994 Mitglied der Gemeindevertretung, seit 2004 Mitglied des Gemeinderates und seit 2007 Vizebürgermeisterin von Henndorf am Wallersee.

Abg. zum Landtag (13. GP–)	SPÖ	28. 4. 2004–lfd.

Eisl Josef ÖVP
Buchbergbauer, St. Gilgen
* 25. 2. 1914, St. Gilgen
† 19. 1. 1968, Salzburg

Volksschule, 1929 bis 1931 Landwirtschaftsschule Winklhof in Oberalm, 1931 Übernahme des elterlichen Hofes in St. Gilgen; 1946 bis 1953 Bezirksparteiobmann der ÖVP im Flachgau, 1965 bis 1968 Klubobmann der ÖVP im Landtag; 1945/46 und 1957 bis 1959 Mitglied des Gemeinderates, 1959 bis 1964 Mitglied der Gemeindevertretung sowie 1946 bis 1954 Bürgermeister von St. Gilgen; 1964 bis 1968 Vizepräsident der Salzburger Landwirtschaftskammer; 1967 Ökonomierat.

Abg. zum Landtag (2.–5. GP)	ÖVP	1. 12. 1949–19. 1. 1968
Zweiter Landtagspräsident-Stellvertreter		6. 10. 1965–19. 1. 1968

Eisl Josef ÖVP
Landwirt, St. Gilgen-Abersee
* 27. 3. 1964, St. Gilgen-Abersee

1970 bis 1974 Volksschule in Abersee, 1974 bis 1978 Hauptschule in St. Gilgen, 1978 bis 1981 Landwirtschaftsschule Kleßheim, 1981 landwirtschaftliche Facharbeiterprüfung, 1985 Prüfung als Landwirtschafts- und 1989 als Forstwirtschaftsmeister, 1986 Facharbeiterprüfung für das Molkerei- und Käsergewerbe, seit 1990 Bauer am Stoffengut in Abersee; seit 1998 Landesobmann-Stellvertreter des Salzburger Bauernbundes; 1989 bis 1999 Mitglied der Gemeindevertretung und 1994 bis 1997 Mitglied des Gemeinderates von St. Gilgen; seit 2006 Präsident der Gesellschaft »Rettet das Kind« in Salzburg, seit 2004 Vizepräsident des Ökosozialen Forums Salzburg.

Landesrat	ÖVP	23. 4. 1997–lfd.

Eisl Wolfgang ÖVP
Steuerberater, St. Gilgen
* 29. 10. 1954, St. Gilgen

1961 bis 1965 Volksschule in Zinkenbach, 1965 bis 1969 Hauptschule in Strobl, 1969 bis 1974 Handelsakademie in Salzburg, 1974 Matura, 1974/75 Präsenzdienst in Salzburg, 1975 Angestellter des Fremdenverkehrsvereines St. Gilgen, 1976 bis 1980 Angestellter in verschiedenen Steuerberatungskanzleien in Salzburg, 1980 Steuerberaterprüfung und Eröffnung einer Steuerberatungskanzlei in St. Gilgen, 1981 Verlegung der Steuerberatungskanzlei nach Salzburg und dort bis 2000 tätig, seit 2004 wieder Geschäftsführer einer Wirtschaftsprüfungskanzlei in Salzburg und zudem als Beeideter Wirtschaftsprüfer auch selbstständig beratend tätig; seit 1992 stellvertretender Obmann des Österreichischen Wirtschaftsbundes im Flachgau und seit 1995 Obmann des Österreichischen Wirtschaftsbundes in St. Gilgen; 1999 bis 2001 Mitglied der Gemeindevertretung von St. Gilgen; 1990 bis 2000 Vorsitzender der Kontrollversammlung (Überwachungsausschuss) der Salzburger Gebietskrankenkasse.

Landeshauptmann-Stellvertreter ÖVP 9. 2. 2000–28. 4. 2004

Elshuber August HB
Postinspektor, Bischofshofen
* 1. 7. 1890, Heinrichsbrunn (Oberösterreich)
† 2. 11. 1956, Salzburg

Volks- und Bürgerschule in Mauthausen (Oberösterreich), Gymnasium in Wels (Oberösterreich), 1907 Eintritt in den Postdienst, Postoberinspektor in Bischofshofen, Kriegsdienst (1916/17), 1931 Beteiligung am Pfrimer-Putsch und in der Folge mehrwöchige Haft, 1931/32 Suspendierung, 1938 Entlassung aus dem Postdienst in Salzburg, 1940 Verhaftung und in der Folge Vertretertätigkeit in Schwerin (Deutschland), 1945 Wiedereinstellung in den Postdienst in Salzburg; 1920 Mitbegründer der Salzburger Heimwehr und ab 1929 Gauführer im Pongau, 1934 bis 1936 Landesstabsleiter der Salzburger Heimwehr; 1934 bis 1936 Obmann und 1936 bis 1938 Mitglied des Vorstandes der Salzburger Arbeiterkrankenversicherungskasse, 1936 bis 1938 Vizepräsident der Salzburger Beamtenkammer.

Abg. zum Nationalrat (IV. GP) HB 1. 8. 1932–2. 5. 1934

Emberger Bertl ÖVP
Land- und Gastwirt, Wagrain
* 23. 11. 1941, Wagrain

1948 bis 1955 Pflichtschule in Wagrain, 1959 bis 1961 Landwirtschaftsschule in Kleßheim, 1967 Übernahme des elterlichen Hofes und seit 1973 Betreiber eines Jugendgästehauses in Wagrain; 1970 bis 2001 ÖVP-Ortsparteiobmann von Wagrain, 1976 bis 1996 Bezirksparteiobmann der ÖVP im Pongau; 1969 bis 1974 Mitglied der Gemeindevertretung, 1984 bis 1989 Mitglied des Gemeinderates und 1994 bis 1998 Vizebürgermeister von Wagrain; 1970 bis 1975 Bezirksbauernkammerrat; seit 1994 Honorarkonsul der Republik Slowenien in Salzburg; 1994 Großes Goldenes Ehrenzeichen des Landes Salzburg.

Abg. zum Landtag (8.–11. GP)	ÖVP	16. 5. 1979–1. 5. 1994
Dritter Präsident des Landtages		3. 5. 1989–1. 5. 1994

Emhart Maria SPÖ
Hausfrau, Bischofshofen
* 27. 5. 1901, St. Pölten
† 9. 10. 1981, Bischofshofen

Fünf Klassen Volksschule, drei Klassen Bürgerschule, ab 1915 Arbeit in der Glanzstofffabrik in St. Pölten, erlernter Beruf: Textilarbeiterin, 1917 Beitritt zur Jugendfront, Parteischule in Wien, 1932 bis 1934 Mitglied des Gemeinderates von St. Pölten, 1933 Mitglied des Parteirates der SDAP, Landesleiterin der Revolutionären Sozialisten in Niederösterreich, 1934 und 1935/36 politische Freiheitsstrafen, 1937 Übersiedlung nach Bischofshofen; 1945 Mitglied der provisorischen Landesparteivertretung und 1946 bis 1966 Mitglied des Landesparteivorstandes sowie 1952 bis 1966 stellvertretende Landesparteivorsitzende der SPÖ Salzburg, 1945 bis 1966 Landesfrauenvorsitzende der SPÖ Salzburg, Landesausschussmitglied des »Bundes sozialistischer Freiheitskämpfer und Opfer des Faschismus«; 1945 bis 1966 Vizebürgermeisterin von Bischofshofen; 1957 Ehrenring und 1966 Ehrenbürgerin von Bischofshofen, 1988 Straßenbenennung in Bischofshofen, 1970 Goldenes Verdienstzeichen des Landes Salzburg.

Abg. zum Landtag (1.–2. GP)	SPÖ	12. 12. 1945–7. 4. 1953
Abg. zum Nationalrat (VII.–X. GP)	SPÖ	18. 3. 1953–3. 1. 1965

Emminger Karl SDAP
Werkführer, Salzburg
* 26. 9. 1878, Deutsch Altenburg (Niederösterreich)
† 5. 5. 1944, Salzburg

Volksschule, Schlosserlehre, 1900 Militärdienst, 1902 Übersiedlung nach Salzburg, Werkmeister im Eisenbahnbetriebswerk in Salzburg; Hauptvertrauensmann der Salzburger Eisenbahner, Obmann der SDAP in Gnigl, ab 1920 Zweiter Landessekretär der SDAP Salzburg, 1922 bis 1927 stellvertretender Klubobmann und 1927 bis 1934 Klubobmann der SDAP im Landtag, ab 1917 Mitglied der Landesparteivertretung und des

Landesparteivorstandes der SDAP Salzburg, 1923 bis 1933 Landesleiter des Republikanischen Schutzbundes; 1918 bis 1934 Mitglied der Gemeindevertretung von Gnigl; 1919/20 Vorsitzender des Landesarbeiterrates, 1927 bis 1933 Präsident der Salzburger Arbeiterkammer; 1934 Verhaftung, 1938 mehrmalige Verhaftungen, 1942 ein Jahr politische Haft; 1962 Straßenbenennung in Salzburg.

Mitglied der Provisorischen Landesversammlung	SDAP	3. 11. 1918–21. 4. 1919
Abg. zum Konstituierenden Landtag (1. WP)	SDAP	23. 4. 1919–3. 5. 1922
Abg. zum Landtag (2.–4. WP)	SDAP	4. 5. 1922–16. 2. 1934
Landesrat	SDAP	23. 4. 1919–16. 2. 1934

Engl Karl CSP
Redakteur, Salzburg
* 14. 1. 1888, Hallein
† 21. 3. 1955, Salzburg

Lehre als Buchdrucker, ab 1907 Redakteur bei der »Salzburger Chronik«, 1915 Kriegsdienst und 1915 bis 1920 russische Kriegsgefangenschaft, 1938 und 1944 mehrere Verhaftungen, 1945 bis 1949 Redaktionschef bei den »Salzburger Nachrichten«; 1920 bis 1926 Mitglied des Gemeinderates der Stadt Salzburg; Vizepräsident des »Schwarzen Kreuzes«.

Abg. zum Landtag (3.–4. WP)	CSP	4. 5. 1927–31. 10. 1934

Literatur: *Klieber, Rupert J.: Politischer Katholizismus in der Provinz. Salzburgs Christlichsoziale in der Parteienlandschaft Alt-Österreichs, Wien-Salzburg 1994 (= Publikationen des Instituts für Kirchliche Zeitgeschichte, Band 28)*

Erber Josef ÖVP
Forstangestellter, Bischofshofen
* 6. 9. 1920, Bischofshofen
† 28. 7. 2005, Bischofshofen

Pflichtschule, Land- und Forstarbeiter, 1939 bis 1943 Kriegsdienst, 1943 Eintritt in den Dienst der Forstverwaltung Bischofshofen, bis 1985 Forstangestellter bei den Österreichischen Bundesforsten; 1962 bis 1969 Landesobmann-Stellvertreter des Salzburger

Pensionisten- und Rentnerbundes; 1954 bis 1964 Mitglied der Gemeindevertretung von Bischofshofen; 1949/50 Vizepräsident und 1950 bis 1985 Kammerrat der Salzburger Landarbeiterkammer.

Abg. zum Landtag (4.–5. GP)	ÖVP	2. 7. 1959–13. 5. 1969

Essl Franz ÖVP
Urbanbauer, Tamsweg
* 19. 7. 1957, Tamsweg

1963 bis 1967 Volksschule und 1967 bis 1971 Hauptschule in Tamsweg, 1971 bis 1975 Landwirtschaftliche Berufs- beziehungsweise Fachschule in Kleßheim und in Tamsweg, 1975 landwirtschaftliche Facharbeiterprüfung, 1976/77 Präsenzdienst, 1979 landwirtschaftliche Meisterprüfung und Übernahme des elterlichen Hofes in Tamsweg; 1988 bis 1998 Bezirksobmann des Salzburger Bauernbundes im Lungau, seit 1997 Landesobmann des Salzburger Bauernbundes; 1984 bis 1994 Mitglied der Gemeindevertretung und 1989 bis 1994 Vizebürgermeister von Tamsweg; 1990 bis 1995 Obmann der Bezirksbauernkammer Tamsweg, seit 1995 Präsident der Salzburger Landwirtschaftskammer, seit 1995 Obmann der Arbeitsgemeinschaft für Bergbauernfragen und seit 2000 stellvertretender Vorsitzender der Landwirtschaftskammer Österreich.

Abg. zum Nationalrat (XXII. GP–)	ÖVP	20. 12. 2002–lfd.

Essl Lukas FPÖ
Karosseriebauer, Golling an der Salzach
* 19. 9. 1965, Hallein

1972 bis 1976 Volksschule und 1976 bis 1980 Hauptschule in Golling an der Salzach, 1980/81 Polytechnischer Lehrgang in Hallein, 1981 bis 1984 Lehre als Karosseriebauer, 1984 Lehrabschluss, 1984/85 Zivildienst beim Roten Kreuz in Abtenau und St. Johann im Pongau, seit 1984 Karosseriebauer im Familienbetrieb in Golling an der Salzach; 1984 Beitritt zur FPÖ, seit 1986 Mitglied der Bezirksparteileitung der FPÖ Tennengau, 1991 bis 1995 stellvertretender Bezirksparteiobmann und seit 1995 Bezirksparteiobmann der FPÖ Tennengau; 1994 bis 1998 Mitglied der Gemeindevertretung und seit 1998 Mitglied des Gemeinderates von Golling an der Salzach; 1984 bis 1994 Freiwilliger Rettungsdienst bei der Bezirksstelle St. Johann im Pongau des Salzburger Roten Kreuzes, 1996 bis 1999 Mitglied des Aufsichtsrates des Salzburger Ausstellungszentrums, seit 1999 Mitglied des Kuratoriums des Salzburger Bildungswerkes und Mitglied des Vorstandes der Salzburger Volkshochschule, seit 2004 Mitglied des Landeskatastrophenhilfefonds.

Abg. zum Landtag (12. GP–)	FPÖ	27. 4. 1999–lfd.

Etter Daniel CSP
Domkapitular, Salzburg
* 27. 8. 1876, Thalgau
† 5. 10. 1955, Salzburg

Volksschule, 1896 Matura am Erzbischöflichen Privatgymnasium »Borromäum« in Salzburg, 1896 bis 1900 Studium der Theologie in Salzburg, 1899 Priesterweihe, 1900 bis 1906 Kooperator in Bramberg, 1906 bis 1923 Domchorvikar in Salzburg, 1917 bis 1923 Kapitularkanonikus von Mattsee, 1923 Ernennung zum Mitglied des Salzburger Domkapitels, 1927 bis 1948 Dompfarrer und bis 1949 Stadtdechant von Salzburg, ab 1949 infulierter Domdechant; 1909 bis 1918 Landtagsabgeordneter der Salzburger Landgemeinden und Mitglied des Landesausschusses; Mitbegründer und 1906 bis 1914 Sekretär des Pius-Vereins; 1908 bis 1917 Sekretär des Katholischen Bauernbundes, 1911 bis 1917 Herausgeber und Redakteur des »Salzburger Volksboten«; 1908 bis 1915 Kassier sowie 1915 bis 1938 und 1946 bis 1952 Obmann des Salzburger Pressvereins; 1917 bis 1938 Mitglied des Landesschulrates für Salzburg; 1912 Ehrenbürger von Saalbach und 1923 von Bramberg sowie zahlreicher anderer Salzburger Gemeinden, Konsistorialrat.

Mitglied der Provisorischen Landesversammlung	CSP	3. 11. 1918–21. 4. 1919
Abg. zum Konstituierenden Landtag (1. WP)	CSP	23. 4. 1919–3. 5. 1922
Abg. zum Landtag (3. WP)	CSP	4. 5. 1922–3. 5. 1927
Landesrat	CSP	3. 11. 1918–16. 12. 1921
Landesrat	CSP	10. 1. 1922–4. 5. 1922
Mitglied des Bundesrates	CSP	4. 5. 1922–4. 5. 1927

Literatur: *Haas, Karl: Thalgauer Heimatbuch, Thalgau 1976; Klieber, Rupert J.: Politischer Katholizismus in der Provinz. Salzburgs Christlichsoziale in der Parteienlandschaft Alt-Österreichs, Wien-Salzburg 1994 (= Publikationen des Instituts für Kirchliche Zeitgeschichte, Band 28)*

FAULAND Markus FPÖ, BZÖ
Berufsoffizier, Adnet
* 13. 1. 1968, Salzburg

1974 bis 1978 Volksschule in Walserfeld, 1978 bis 1982 Bundesgymnasium Tanzenberg (Kärnten), 1982 bis 1987 Naturwissenschaftliches Realgymnasium in Salzburg, 1987 Matura, 1987 Wehrdienst als Einjährig Freiwilliger, 1988 bis 1993 Studium der Rechtswissenschaften an der Universität Salzburg, 1993 Eintritt in den Dienst des Österreichischen Bundesheeres, Personalchef der österreichischen Luftraumüberwachung und Verantwortlicher für die Öffentlichkeitsarbeit, seit 2007 Koordinator des Nationalen Sicherheitsrates in Bundesministerium für Landesverteidigung; 1999 bis 2005 Ortsparteiobmann der FPÖ in Adnet und stellvertretender Bezirksparteiobmann der FPÖ Tennengau sowie Mitglied der Landesparteileitung, 2003 bis 2005 Landesparteisekretär der FPÖ Salzburg, 2005 Austritt aus der FPÖ, seit 2006 stellvertretender Bündnisobmann des BZÖ Salzburg; 1999 bis 2006 Mitglied der Gemeindevertretung von Adnet; 2006 Vorsitzender des Landesverteidigungsausschusses, Wehrsprecher des BZÖ.

Abg. zum Nationalrat (XXII. GP)	FPÖ	7. 7. 2004–27. 4. 2006
Abg. zum Nationalrat (XXII. GP)	BZÖ	28. 4. 2006–29. 10. 2006

FERSTERER Bartholomäus CSP, HB, StL
Kühmaierbauer, Saalfelden am Steinernen Meer
* 4. 5. 1882, Saalfelden am Steinernen Meer
† 6. 7. 1949, Saalfelden am Steinernen Meer

Volksschule in Saalfelden am Steinernen Meer, Bauernknecht und Maurer, ab 1912 Bauer am Kühmaierhof in Saalfelden am Steinernen Meer, 1914 bis 1918 Kriegsdienst, 1938 bis 1945 mehrere Verhaftungen; bis 1938 Obmann des Ortsbauernrates von Saalfelden-Land, 1923 bis 1937 stellvertretender Obmann des Pinzgauer Bauernrates, 1936/37 Landesobmann-Stellvertreter des Salzburger Bauernbundes; 1919 bis 1929 Mitglied des Gemeinderates der Landgemeinde Saalfelden, 1929 bis 1936 Bürgermeister der Landgemeinde und 1936 bis 1938 der zusammengelegten Marktgemeinde Saalfelden am Steinernen Meer; 1924 bis 1929 Obmann der land- und forstwirtschaftlichen Bezirksgenossenschaft in Saalfelden.

Abg. zum Landtag (3.–4. WP)	CSP	1. 12. 1925–31. 10. 1934
Mitglied des Ständischen Landtages (Landstand) (Vertreter der Land- und Forstwirtschaft)		22. 11. 1934–12. 3. 1938
Mitglied des Bundesrates	HB	25. 4. 1934–2. 5. 1934

Filzer Johannes, Dr. StL
Weihbischof, Salzburg
* 1. 1. 1874, Kitzbühel (Tirol)
† 13. 7. 1962, Salzburg

Volksschule, 1884 bis 1892 Franziskanergymnasium in Hall in Tirol, 1892 Matura, 1892 bis 1896 Studium der Theologie in Salzburg, 1896 Priesterweihe, Pfarrer in St. Johann in Tirol, 1898 bis 1908 Hofkaplan und Ordinariatssekretär in Salzburg, 1909 Dr. theol. in Salzburg, 1899 bis 1901 Supplent für Altes Testament und orientalische Dialekte, 1901 bis 1908 für Moraltheologie und 1908 bis 1911 für Kirchenrecht und Pädagogik, 1911 bis 1924 Professor für Pastoraltheologie, 1913/14 und 1919/20 Dekan der theologischen Fakultät in Salzburg, 1920 Konsistorialrat, 1924 Domkapitular und Dompfarrer, 1927 Ernennung zum Weihbischof von Salzburg und zum Generalvikar, 1934 und 1941 bis 1943 Leitung der Erzdiözese Salzburg als Kapitularvikar in der Zeit der Sedisvakanz, 1939 Dompropst; 1959 Ehrenbürger der Stadt Salzburg, 1963 Straßenbenennung in Salzburg.

Mitglied des Ständischen Landtages (Landstand) 22. 11. 1934–5. 2. 1935
(Vertreter der katholischen Kirche)

Literatur: *Gatz, Erwin: Die Bischöfe der deutschsprachigen Länder 1785/1803 bis 1945. Ein biographisches Lexikon, Berlin 1983*

Fink Karl, Mag. SPÖ
Kammeramtsdirektor, Salzburg
* 27. 8. 1947, Ternitz (Niederösterreich)

1953 bis 1957 Volksschule in Ternitz (Niederösterreich), 1957 bis 1961 Bundesrealgymnasium in Neunkirchen (Niederösterreich), 1961 bis 1966 Höhere Technische Bundeslehranstalt für Maschinenbau in Wiener Neustadt (Niederösterreich), 1966 Matura, 1967 Präsenzdienst, 1967 bis 1971 Studium der Volkswirtschaft an der Universität Linz, 1971 Mag. rer. soc. oec., 1972 bis 1975 Angestellter der Arbeiterkammer Oberösterreich, 1975 bis 1988 stellvertretender Kammeramtsdirektor und 1988 bis 1992 Kammeramtsdirektor der Arbeiterkammer Salzburg, 1992 Gründer und seitdem Leiter des Instituts für Politikmanagement in Salzburg; 1968 Beitritt zur SPÖ, 1968/69 Obmann des VSStÖ in Linz, stellvertretender SPÖ-Sektionsobmann von Lehen-Nord, 1976 bis 1980 Obmann des Landesbildungsausschusses, 1976 bis 1980 Mitglied des Landesparteivorstandes der SPÖ Salzburg, 1984 bis 1989 stellvertretender Klubvorsitzender der

SPÖ im Landtag; 1989/90 stellvertretender Aufsichtsratsvorsitzender der SAFE; 1989 Silbernes Ehrenzeichen des Landes Salzburg.

Abg. zum Landtag (8.–9. GP) SPÖ 19. 10. 1983–2. 5. 1989

FIRLEI Klaus, Dr. SPÖ
Universitätsprofessor, Salzburg
* 22. 1. 1947, Salzburg

1953 bis 1957 Volksschule in Salzburg-Maxglan, 1957 bis 1965 Bundesrealgymnasium in Salzburg-Lehen, 1965 Matura mit Auszeichnung, 1965/66 Präsenzdienst, 1966 bis 1971 Studium der Rechtswissenschaften und der Politikwissenschaft an der Universität Salzburg, 1971 Dr. iur., 1971 bis 1981 Universitätsassistent am Institut für Arbeits- und Sozialrecht an der Universität Salzburg sowie Lektor an den Universitäten Linz und Klagenfurt, 1973 bis 1975 Lektor für Politische Wissenschaften (Politische Ökonomie) an der Universität Salzburg, 1981 Habilitation, 1986 Ernennung zum ao. Universitätsprofessor für Arbeits- und Sozialrecht an der Universität Salzburg, 1988 bis 1990 Leiter des Hochschullehrgangs für Rechtsinformatik, seit 1998 Univ.-Prof. am Institut für Arbeitsrecht und Sozialrecht der Universität Salzburg, seit 2000 Vortragender am Universitätslehrgang »Sozialmanagement«, Vortragender am Universitätslehrgang »Migrationsmanagement«, seit 2000 Referent der »Akademie für Recht und Steuern«, seit 1995 Wissenschaftlicher Leiter der »Firlei & Partner Projektmanagement – Trendforschung OEG«; 1969 Beitritt zur SPÖ, 1967 bis 1971 ÖH-Mandatar des Verbandes Sozialistischer Studenten, 1994 bis 1999 stellvertretender Klubvorsitzender der SPÖ im Landtag, Mitglied der Europakommission der SPÖ; 1999 bis 2005 Geschäftsführer der Salzburg Kommission, seit 1999 Präsident des Kuratoriums der Robert-Jungk-Stiftung, seit 1999 Vorstandsmitglied des Diakonievereins, Vorsitzender der Arbeitsgemeinschaft für Sportrecht und Sportkultur; 1999 Silbernes Ehrenzeichen des Landes Salzburg.

Abg. zum Landtag (10.–11. GP) SPÖ 13. 9. 1989–26. 4. 1999

Eigene Werke: *Geheimhaltungspflichten und Informationsbedürfnis im österreichischen Arbeitsrecht, Salzburg 1976; Soziales Risiko EG?, Salzburg 1991; Sport als Arbeit. Arbeitsrecht und Sozialversicherungsrecht für Sportler, Salzburg 1998 (gemeinsam mit Walter Geppert); Heilmittelverschreibung. Verdeckte Rationierung am Beispiel der Zielvereinbarungen, Wien 2006; Herausgeber des Jahrbuchs für Psychotherapie und Recht (bisher 5 Bände); ca. 150 Beiträge in Fachzeitschriften und Sammelwerken*

Fischer Aloisia ÖVP
Bäuerin, Piesendorf
* 23. 1. 1954, Taxenbach

1960 bis 1964 Volksschule in Piesendorf, 1964 bis 1968 Hauptschule in Zell am See, 1968/69 Hauswirtschaftsschule St. Johann im Pongau, 1969/70 kaufmännische Berufsschule Zell am See, verschiedene Weiterbildungskurse am Ländlichen Fortbildungsinstitut (LFI), 1969 bis 1975 Verkäuferin (Gemischtwaren), seit 1973 Bäuerin am Mooslehengut in Piesendorf; seit 1985 Kammerrätin der Landwirtschaftskammer Salzburg, 1986 bis 2004 Landesbäuerin von Salzburg, seit 1989 Vizepräsidentin der Kammer für Land- und Forstwirtschaft in Salzburg, 1991 bis 2007 Bundesbäuerin; 1987 bis 1998 Mitglied des Landesstellenausschusses und 1994 bis 1996 Vorsitzende der Sozialversicherungsanstalt der Bauern, Landesstelle Salzburg, seit 2000 Vorsitzende des Kontrollvorstandes (Kontrollversammlung) der Sozialversicherungsanstalt der Bauern; 2004 Ökonomierätin.

Mitglied des Bundesrates ÖVP 24. 4. 1996–26. 4. 1999

Fletschberger Theresia ÖVP
Landwirtin, Henndorf am Wallersee
* 14. 9. 1951, Goldegg

1958 bis 1963 Volksschule in Goldegg und 1963 bis 1967 Hauptschule in Schwarzach im Pongau, 1967 bis 1971 Tätigkeit bei der Raiffeisenkasse in Schwarzach im Pongau, 1971 Heirat und seitdem Bäuerin auf dem Hubergut in Henndorf am Wallersee; 1989 bis 1994 Mitglied der Gemeindevertretung und 1994 bis 2004 Mitglied des Gemeinderates von Henndorf am Wallersee; 1981 bis 1993 Ortsbäuerin von Henndorf am Wallersee, seit 1989 Kammerrätin der Salzburger Landwirtschaftskammer, seit 1989 Bezirksbäuerin des Flachgaues sowie stellvertretende Landesbäuerin; 1994 bis 1999 Mitglied des Vorstandes und seit 1999 Obmann-Stellvertreterin des Salzburger Hilfswerkes, seit 2000 Obfrau des Hilfswerkes Flachgau-Mitte; 1976 bis 1988 Leiterin der katholischen Familienrunde und 1977 bis 1992 Pfarrgemeinderätin in Henndorf am Wallersee; 2002 Ökonomierätin.

Abg. zum Landtag (11. GP–) ÖVP 2. 5. 1994–lfd.

Forsthuber Martin ÖVP
Geschäftsführer des Salzburger Seniorenbundes, Salzburg
* 8. 10. 1937, Eugendorf

1945 bis 1949 Volksschule in Plainfeld, 1949 bis 1953 Hauptschule in Salzburg, Landwirtschaftliche Fortbildungsschule, Handelsschule in Salzburg, 1956/57 Präsenzdienst, 1957 bis 1960 Landwirtschaftlicher Facharbeiter im elterlichen Betrieb, 1961 bis 1963 Angestellter bei der Land- und Forstwirtschaftlichen Sozialversicherungsanstalt Salzburg, 1964 bis 1997 Landesgeschäftsführer des Salzburger Seniorenbundes; 1973 bis 2002 geschäftsführender Obmann der Salzburger Seniorenhilfe, 1971 bis 1986 Ortsparteiobmann der ÖVP Schallmoos-Nord, 1997 bis 2002 Mitglied des Landesparteipräsidiums der ÖVP Salzburg, 1991 bis 1997 Bezirksobmann des Salzburger Seniorenbundes Salzburg-Stadt, 1997 bis 2002 Landesobmann des Salzburger Seniorenbundes, 1997 bis 2002 Vizepräsident des Österreichischen Seniorenrates; 1972 bis 1987 Mitglied des Gemeinderates der Stadt Salzburg.

Abg. zum Landtag (11. GP)	ÖVP	24. 4. 1996–26. 4. 1999
Mitglied des Bundesrates	ÖVP	20. 10. 1993–1. 5. 1994

Forsthuber Rudolf SPÖ
Buchdrucker, Salzburg
* 6. 4. 1899, Salzburg
† 9. 9. 1953, Baden bei Wien (Niederösterreich)

Volks- und Mittelschule in Salzburg, 1914 gewerbliche Fortbildungsschule, Lehre als Schriftsetzer, 1917/18 Kriegsdienst, 1918 bis 1920 Soldat bei der Volkswehr in Salzburg, 1920 bis 1925 Soldat beim Österreichischen Bundesheer (davon 1921/22 im Grenzschutzdienst im Burgenland und 1924/25 als Kanzleihilfskraft bei der Heeresverwaltungsstelle Salzburg), 1925 bis 1944 Tätigkeit als Schriftsetzer, 1945 Angestellter der Allgemeinen Ortskrankenkasse Salzburg; 1949 bis 1953 Bezirksvorsitzender der SPÖ Salzburg-Stadt, 1951 bis 1953 Mitglied des Landesparteivorstandes der SPÖ Salzburg; 1949 bis 1951 und 1952/53 Mitglied des Gemeinderates der Stadt Salzburg, 1949 bis 1953 Klubvorsitzender der SPÖ-Gemeinderatsfraktion; 1925 bis 1938 Funktionär der Gewerkschaft der Buchdrucker und Zeitungsarbeiter Salzburgs, 1926 bis 1938 Betriebsratsobmann, Vertrauensmann der Landesgruppe Salzburg des Militärverbandes, 1947 bis 1953 Präsident des Salzburger Fußballverbandes, 1949 bis 1951 Präsident der ASKÖ Salzburg, 1946 bis 1952 Mitglied des Sparkassenausschusses der Salzburger Sparkasse.

Abg. zum Nationalrat (V. GP)	SPÖ	19. 12. 1945–8. 11. 1949

Franek Aloisia SDAP
Bundesbahnpensionistin, Salzburg
* 6. 5. 1879, Wies, Gemeinde Offenhausen (Oberösterreich)
† 2. 11. 1949, Salzburg-Morzg

Gründerin der SDAP-Frauenorganisation in Salzburg, 1910 bis 1918 Landesfrauenvorsitzende der Sozialdemokratischen Partei in Salzburg, 1909 bis 1920 als erste Frau Mitglied der Landesparteivertretung der SDAP Salzburg; 1918/19 Mitglied des Gemeinderates der Stadt Salzburg.

Abg. zum Konstituierenden Landtag (1. WP)	SDAP	23. 4. 1919–3. 5. 1922

Frauscher Helmut, Dkfm. Dr. ÖVP
Kaufmann, Salzburg
* 20. 5. 1934, Salzburg
† 9. 6. 1994, Teneriffa (Spanien)

Volksschule und Akademisches Gymnasium in Salzburg, 1952 Matura, 1952 bis 1955 Studium an der Hochschule für Welthandel in Wien, 1955 Dkfm., ab 1955 selbstständiger Kaufmann und Unternehmer (1958 bis 1979 geschäftsführender Gesellschafter der Firmen A & O Handelshof Salzburg und von Frauscher & Zumtobel KG in Salzburg sowie ab 1971 von C & C Großmarkt Salzburg), 1966 bis 1969 nebenberufliches Studium der Staatswissenschaften an der Universität Salzburg, 1969 Dr. rer. pol.; 1970 bis 1982 Landesobmann-Stellvertreter des Österreichischen Wirtschaftsbundes, Landesgruppe Salzburg, 1986 bis 1994 Landesobmann des Salzburger Seniorenbundes; 1970 bis 1980 Gremialvorsteher des Lebensmittelgroßhandels in Salzburg und Kammerrat der Kammer der gewerblichen Wirtschaft für Salzburg, 1987 bis 1991 Landesobmann des Salzburger Hilfswerkes, 1989 bis 1994 Bundesobmann-Stellvertreter des Österreichischen Hilfswerkes; 1994 Großes Silbernes Ehrenzeichen am Bande für Verdienste um die Republik Österreich, 1994 Großes Ehrenzeichen des Landes Salzburg sowie zahlreiche weitere Auszeichnungen.

Abg. zum Nationalrat (XII.–XIV. GP)	ÖVP	31. 3. 1970–4. 6. 1979
Mitglied des Bundesrates	ÖVP	1. 7. 1980–19. 10. 1993
Vorsitzender des Bundesrates		1. 7. 1984–31. 12. 1984
Präsident des Bundesrates		1. 1. 1989–30. 6. 1989
Präsident des Bundesrates		1. 7. 1993–19. 10. 1993

FREUNDLINGER Franz LB, ÖVP
Reichartingerbauer, Hallwang-Esch
* 20. 3. 1888, Hallwang
† 31. 1. 1973, Hallwang

Volksschule, 1909 Übernahme des elterlichen Hofes in Hallwang; 1924/25 Bürgermeister von Hallwang; 1945 bis 1954 Klubobmann der ÖVP im Landtag, 1945 bis 1954 Bezirksobmann des Salzburger Bauernbundes im Flachgau; 1924 bis 1936 Mitglied des Landeskulturrates, 1931 bis 1938 und 1945 bis 1967 Obmann des Salzburger Milchhofes, 1945 bis 1950 Obmann der Bezirksbauernkammer im Flachgau, 1945 bis 1960 Vizepräsident der Salzburger Landwirtschaftskammer, 1946 bis 1967 Landesjägermeister von Salzburg; Ökonomierat, 1967 Goldenes Verdienstzeichen des Landes Salzburg, 1956 Großes Ehrenzeichen für Verdienste um die Republik Österreich, Ehrenbürger von Hallwang.

Abg. zum Landtag (2.–3. WP)	LB	2. 5. 1924–18. 5. 1932
Abg. zum Landtag (1.–2. GP)	ÖVP	12. 12. 1945–10. 12. 1954

FREYBORN Hans-Friedrich WdU
Jurist, Salzburg
* 1. 2. 1913, Wien
† 4. 3. 1999, Salzburg

Volksschule, 1926 bis 1932 »Theresianum« in Wien, 1932 Matura, 1933 bis 1938 Studium der Rechtswissenschaften an der Universität Wien, 1939 bis 1944 Kriegsdienst, Rechtsanwaltskonzipient in Salzburg, 1952 bis 1990 Rechtsanwalt in Salzburg, 1972 bis 1979 Geschäftsführer der Salzburger Parkgaragengesellschaft; 1953/54 Klubobmann der WdU im Landtag; 1971 Großes Goldenes Ehrenzeichen des Landes Salzburg.

Abg. zum Landtag (2.–3. GP)	WdU	1. 12. 1949–10. 12. 1954

FRISCHENSCHLAGER Friedhelm, Dr. FPÖ, LIF
Universitätsassistent, Salzburg
* 6. 10. 1943, Salzburg

1949 bis 1953 Volksschule und 1953 bis 1962 Akademisches Gymnasium in Salzburg, 1962 Matura, 1962/63 Präsenzdienst, 1963 bis 1969 Studium der Rechtswissenschaften an der Universität Wien, 1969 Dr. iur., 1969 bis 1971 Universitätsassistent am Institut für Völkerrecht an der Universität Salzburg, 1971 bis 2004 Universitätsassistent bzw. Universitätsoberassistent am Institut für Politikwissenschaft an der Universität Salzburg, 2001 bis 2003 Beauftragter bzw. Direktor für Demokratisierung der OSZE im Kosovo; 1963 bis 1969 Hochschulpolitische Tätigkeit (1969 stellvertretender Vorsitzender des Zentralausschusses der Österreichischen Hochschülerschaft), 1971 Gründungsmitglied des »Atterseekreises«, 1984 bis 1988 Bundesparteiobmann-Stellvertreter der FPÖ, 1985 bis 1987 Landesparteiobmann der FPÖ Salzburg, 1986 Klubobmann und 1986 bis 1990 Klubobmann-Stellvertreter der FPÖ im Nationalrat, Februar 1993 Austritt aus dem Parlamentsklub der FPÖ, 1993 bis 1999 stellvertretender Bundessprecher des Liberalen Forums, 2000/01 Präsidiumssprecher der Liberalen Forums, 1993/94 Klubobmann und 1994 bis 1996 geschäftsführender Klubobmann des Liberalen Forums; 1972 bis 1977 Mitglied des Gemeinderates und des Stadtsenates der Stadt Salzburg; 1980 bis 1983 Ersatzmitglied der österreichischen Delegation zur Parlamentarischen Versammlung des Europarates, 1995 bis 2000 Mitglied des ORF-Kuratoriums; 1986 Großes Goldenes Ehrenzeichen am Bande für Verdienste um die Republik Österreich.

Abg. zum Nationalrat (XIV.–XVI. GP)	FPÖ	26. 6. 1977–16. 6. 1983
Abg. zum Nationalrat (XVI.–XVIII. GP)	FPÖ	13. 5. 1986–3. 2. 1993
Abg. zum Nationalrat (XVIII.–XX. GP)	LIF	4. 2. 1993–29. 10. 1996
Bundesminister für Landesverteidigung	FPÖ	24. 5. 1983–12. 5. 1986
Mitglied des Europäischen Parlamentes	LIF	11. 11. 1996–20. 7. 1999

Literatur: *Gerstl, Alfred: Die Entstehung des Liberalen Forums (LiF) 1993/94, phil. Diss., Wien 1998*
Eigene Werke: *Liberalismus in Europa, Wien 1982 (gemeinsam mit Erich Reiter); Parteiendemokratie und parlamentarisches Regierungssystem – was sonst?: Eine verfassungspolitische Bestandsaufnahme, Wien 1996*

Fritzenwallner Josef Franz FPÖ
Gastwirt, Kleinarl
* 31. 8. 1965, Kleinarl

1971 bis 1975 Volksschule in Kleinarl, 1975 bis 1979 Hauptschule in Wagrain, 1979 bis 1982 Handelsschule in St. Johann im Pongau, 1982 bis 1985 Kochlehre, 1985/86 Präsenzdienst, 1988 Konzessionsprüfung für das Gastgewerbe, 1989 Übernahme des elterlichen Betriebes in Kleinarl; 1986 Beitritt zur FPÖ, 1994 bis 1997 Landesobmann des Ringes Freiheitlicher Jugend (RFJ), 1998 bis 2003 FPÖ-Ortsparteiobmann von Kleinarl, seit 2000 Mitglied der Gemeindevertretung von Kleinarl (bis 2004 für die FPÖ und ab 2004 für die Freien Demokraten Kleinarl).

Abg. zum Landtag (11. GP)	FPÖ	2. 5. 1994–26. 4. 1999

Fuchs, Freiherr von Viktor, Dr. CSP
Rechtsanwalt, Wien
* 25. 10. 1840, Wien
† 29. 9. 1921, Hall in Tirol

Volksschule, 1859 Matura am Stiftsgymnasium in Melk (Niederösterreich), 1859 bis 1863 Studium der Rechtswissenschaften an der Universität Wien, 1864 bis 1872 Rechtsanwaltsanwärter in Wien, 1867 Dr. iur., ab 1872 Rechtsanwalt in Wien, 1879 Übersiedlung nach Salzburg; 1879 bis 1918 Reichsratsabgeordneter, 1898 bis 1900 Präsident des Abgeordnetenhauses, 1878 bis 1918 Landtagsabgeordneter für die Pinzgauer Landgemeinden; 1920 Mitglied des Verfassungsgerichtshofes; 1889 und 1902 Erhebung in den Adelsstand.

Mitglied der Provisorischen Nationalversammlung	CSP	21. 10. 1918–16. 2. 1919

Literatur: *Klieber, Rupert J.: Politischer Katholizismus in der Provinz. Salzburgs Christlichsoziale in der Parteienlandschaft Alt-Österreichs, Wien-Salzburg 1994 (= Publikationen des Instituts für Kirchliche Zeitgeschichte, Band 28)*

Fux Herbert Grüne
Schauspieler, Salzburg
* 25. 3. 1927, Hallein
† 13. 3. 2007, Zürich

Volksschule, Gymnasium, 1944 Matura, 1944/45 Kriegsdienst, bis 1951 Studium an der Hochschule für Musik und darstellende Kunst »Mozarteum« in Salzburg, ab 1951 Schauspieler in Vorarlberg und ab 1954 an Wiener und Münchner Theatern sowie Filmschauspieler (Mitwirkender in 120 Kinofilmen und 300 TV-Produktionen); 1974 Mitbegründer der Bürgerinitiative »Rettet Salzburg«; 1977 bis 1987 und 1989 bis 1999 mit Unterbrechungen Mitglied des Gemeinderates der Stadt Salzburg.

Abg. zum Nationalrat (XVII. GP)	Grüne	17. 12. 1986–23. 12. 1988
Abg. zum Nationalrat (XVII. GP)	Grüne	7. 11. 1989–4. 11. 1990

Ganisl Thomas SPÖ
Gasmeister, Salzburg
* 16. 8. 1907, Salzburg
† 14. 9. 1980, Salzburg

Volks- und Bürgerschule in Salzburg, 1921 bis 1924 Schlosserlehre in Salzburg, 1925 Eintritt in den Dienst der Städtischen Gaswerke in Salzburg, 1942 Verhaftung und Inhaftierung im KZ Dachau, 1942 Verurteilung zum Tod durch den Volksgerichtshof in Berlin, 1942 Umwandlung der Todesstrafe in eine zehnjährige Haftstrafe, 1942 bis 1945 Zuchthaus Straubing bei München, 1945 bis 1970 Gasmeister beim Städtischen Gaswerk beziehungsweise bei den Salzburger Stadtwerken; Leiter der Revolutionären Sozialisten im Bereich der Stadtverwaltung; 1980 Bürger der Stadt Salzburg, 1977 Ehrenzeichen für Verdienste um die Befreiung der Republik Österreich.

Abg. zum Landtag (1. GP) SPÖ 12. 12. 1945–30. 11. 1949

GASSNER Martin ÖVP
Landwirt, Werfen-Sulzau
* 23. 2. 1913, Werfen
† 7. 10. 1985, Salzburg

bis 1927 sechs Klassen Volksschule in Werfen, 1927 bis 1930 Landarbeiter, 1930 bis 1932 Landwirtschaftliche Fachschule Winklhof in Oberalm, 1932/33 landwirtschaftlicher Praktikant in der Schweiz, 1934 bis 1981 Bierbaumbauer in Werfen-Sulzau, 1939/40 und 1944/45 Kriegsdienst; 1934 bis 1937 Mitglied des Vorstandes des Bezirksbauernrates Pongau, 1936 bis 1938 Landesreferent des Reichsbundes der katholisch-deutschen Jugend Österreichs in Salzburg, 1945 sowie 1953 bis 1955 Bezirksparteiobmann der ÖVP im Pongau, 1946/47 Landesparteiobmann der ÖVP Salzburg, 1959 bis 1962 Schulungsreferent der ÖVP Salzburg; 1953 Gründung des »Freien Bauernverbandes«, 1963 Wahl zum Landesobmann des »Allgemeinen Bauernverbandes«; 1950 bis 1952 Vizepräsident der Salzburger Landwirtschaftskammer; 1970 Goldenes Verdienstzeichen des Landes Salzburg.

Abg. zum Nationalrat (V. GP) ÖVP 19. 12. 1945–8. 11. 1949

Literatur: *Die ÖVP und ihre Mandatare (Nationalrat und Bundesrat), Wien 1946*

GASTEIGER Arno, Dr. ÖVP
Journalist, Salzburg
* 30. 9. 1947, Salzburg

1953 bis 1957 Volksschule in Zell am See, 1957 bis 1965 Bundeserziehungsanstalt in Saalfelden am Steinernen Meer, 1965 Matura, 1965 bis 1970 Studium der Rechtswissenschaften an der Universität Innsbruck, 1970 Dr. iur., 1971 journalistische Tätigkeit beim Department of Immigration in Canberra (Australien), 1971 Gerichtsjahr in Salzburg und Zell am See, 1972 bis 1977 Tätigkeit bei der Salzburger Handelskammer als Innungssekretär und in der Presseabteilung, 1977 bis 1979 Redakteur bei den »Salzburger Nachrichten« und 1979 bis 1984 beim ORF Salzburg, seit 2000 Vorstandssprecher der SAFE beziehungsweise der Salzburg AG; 1992 bis 1999 Aufsichtsratsvorsitzender der SAFE, seit 2001 Vizepräsident der Salzburger Industriellenvereinigung.

Landesrat	ÖVP	16. 5. 1984–3. 5. 1989
Landeshauptmann-Stellvertreter	ÖVP	3. 5. 1989–9. 2. 2000

Gaubinger Josef SDAP
Brauer, Hallein/Kaltenhausen
* 24. 1. 1879, Frankenburg (Oberösterreich)
† 18. 7. 1962, Golling an der Salzach

Volksschule, Lehre als Brauer, 1900 bis 1902 Militärdienst, Brauer in Kaltenhausen, 1914 Kriegsdienst, Pächter des Bräustübels in Kaltenhausen bei Hallein (1925), 1927 bis 1958 Pächter und später Besitzer des Gasthauses zur Linde in Golling an der Salzach; 1909 Mitglied der Landesparteikontrolle und 1918/19 Mitglied der Landesparteivertretung der SDAP Salzburg; 1919 bis 1926 Mitglied des Gemeinderates der Stadt Hallein, Obmann der SDAP-Gemeinderatsfraktion in Hallein (1919); 1927 Bürgerrecht in Hallein.

Mitglied der Provisorischen Landesversammlung	SDAP	3. 11. 1918–21. 4. 1919

Gebert Erich, Dr. NSDAP
Kammeramtsdirektor-Stellvertreter, Salzburg
* 7. 4. 1895, Lofer
† 26. 9. 1978, Salzburg

Volksschule, 1914 Matura am k.k. Staatsgymnasium in Salzburg, 1914/15 und 1917 bis 1919 Studium der Rechtswissenschaften an der Universität Wien, 1915 bis 1917 Kriegsdienst, 1919 Dr. iur. an der Universität Innsbruck, 1921 Eintritt in den Dienst der Salzburger Handelskammer, 1933 Beitritt zur NSDAP und Mitglied der SS-Standarte 76, 1933 Bestellung zum Kammeramtsdirektor-Stellvertreter und 1938/39 kommissarischer Leiter und Hauptgeschäftsführer der Salzburger Handelskammer, 1938 bis 1943 Leiter des Gauwirtschaftsamtes, 1943 bis 1945 Präsident der Gauwirtschaftskammer, ab 1948 Wirtschaftsberater der afghanischen Regierung und Lehrbeauftragter für Wirtschafts- und Finanzpolitik an der Universität Kabul, Wirtschaftsberater in Ostafrika, Mitarbeiter in der Rechtsanwaltskanzlei seines Bruders; 1970 Silberne Ehrenmedaille der Salzburger Handelskammer.

Landesrat	NSDAP	13. 3. 1938–31. 3. 1940

Literatur: *Hanisch, Ernst: Gau der guten Nerven. Die nationalsozialistische Herrschaft in Salzburg 1938–1945, Salzburg-München 1995*
Eigene Werke: *Die wirtschaftlichen Auswirkungen des Fremdenverkehrs, Salzburg 1923; Das neue Handelskammergesetz im Lichte 5-jähriger Kammerarbeit, Salzburg 1925; Wirtschaftspolitik und Fremdenverkehr, Salzburg 1926; Flammenzeichen. Österreichs Wirtschaftsschicksal, Wien 1927; Fremdenverkehr und Zahlungsbilanz. Untersuchungen über den Einfluß des Fremdenverkehrs auf die österreichische Zahlungsbilanz, Salzburg 1928*

Geisler Simon CSP
Bauer und Gastwirt, Krimml
* 27. 10. 1868, Gerlos (Tirol)
† 11. 4. 1931, Krimml

Volksschule, Privatunterricht, 1888 bis 1891 Militärdienst in Tirol, 1892 Erwerb des Hahnlhofes in Krimml, 1906 bis 1931 Gastwirt (Krimmler Tauernhaus); 1902 bis 1912 Bürgermeister sowie 1915 bis 1919 und 1928 bis 1931 Mitglied des Gemeinderates von Krimml; Vorstand der k.k. Landwirtschaftsgesellschaft in Krimml (1911); 1926 Ehrenbürger von Krimml und zahlreicher weiterer Oberpinzgauer Gemeinden, Ehrenmitglied des Katholischen Bauernbundes.

Abg. zum Konstituierenden Landtag (1. WP)	CSP	23. 4. 1919–18. 11. 1919
Mitglied der Konstituierenden Nationalversammlung	CSP	17. 5. 1919–9. 11. 1920
Abg. zum Nationalrat (I.–III. GP)	CSP	10. 11. 1920–1. 10. 1930
Abg. zum Nationalrat (IV. GP)	CSP	2. 12. 1930–11. 4. 1931

GINZKEY Franz Karl, Dr. h.c. StP
Schriftsteller und Technischer Oberrat i.R., Salzburg
* 8. 9. 1871, Pola (Istrien) – Pula (Kroatien)
† 11. 4. 1963, Wien

Volks- und Marinerealschule in Pola, Marineakademie in Rijeka, Infanteriekadettenschule in Triest, Ausmusterung zum Infanterieregiment Nr. 59 nach Salzburg, 1893 Beförderung zum Leutnant und Versetzung nach Pola und später nach Triest, 1897 Eintritt in den Dienst des Militärgeographischen Institutes in Wien als Zeichner, 1901 erste selbstständige Publikation, 1914 bis 1918 Kriegsdienst im Kriegsarchiv und Kriegspressequartier in Wien, 1921 Versetzung in den Ruhestand, 1921 bis 1938 freier Schriftsteller in Salzburg und in der Folge in Wien, ab 1945 wieder in Salzburg; 1942 Beitritt zur NSDAP, 1919 bis 1931 Mitglied der Freimaurerloge »Zukunft«; 1932 Ehrendoktorat der Universität Wien, 1951 Professor, 1958 Großer Österreichischer Staatspreis für Literatur, 1968 Straßenbenennung in Salzburg sowie zahlreiche weitere Ehrungen und Auszeichnungen.

Mitglied des Staatsrates 1. 11. 1934–12. 3. 1938

Literatur: *Enderle-Burcel, Gertrude: Christlich-Ständisch-Autoritär. Mandatare im Ständestaat 1934 bis 1938, Wien 1991; Hangler, Reinhold: Der Fall Franz Karl Ginzkey und Seewalchen. Eine Dokumentation, Vöcklabruck 1989; Mitteregger, Herta: Franz Karl Ginzkey. Sein lyrisches Schaffen, phil. Diss., Innsbruck 1952; Ochsenhofer, Sigrid: Kinder- und Jugendliteratur zu Beginn des 20. Jahrhunderts am Beispiel von Franz Karl Ginzkey, Diplomarbeit, Innsbruck 1993; Richter, Hertha: Franz Karl Ginzkey. Sein Leben und seine Weltanschauung, phil. Diss., Wien 1944; Weidinger, Erich: Franz Karl Ginzkey. Sein Leben, Seewalchen am Attersee 1989; Koppensteiner, Jürgen: Die Bedeutung der alten österreichischen Armee für Leben und Werk Franz Karl Ginzkeys, phil. Diss., Graz 1966; Heydemann, Karl: Der Fall Franz Karl Ginzkey, phil. Habil., Wien 1985*
Eigene Werke (Auswahl): *Ergebnisse. Ein Buch Lyrik (1901); Hatschi Bratschis Luftballon. Eine Dichtung für Kinder (1904); Jakobus und die Frauen (1908); Balladen und neue Lieder (1910); Der von der Vogelweide (1912); Der Wiesenzaun (1913); Der Gaukler von Bologna (1916); Die Front in Tirol (1916); Helden (1916); Rositta (1920); Von wunderlichen Wegen. Sieben Erzählungen (1922); Vom Gastmahl des Lebens (1922); Es war einmal (1922); Die Reise nach Komakuku (1923); Bunte Welt. Erzählungen, Lieder und Balladen (1925); Der Kater Ypsilon (1926); Der Prinz von Capestrano (1928); Florians wundersame Reise über die Tapete (1930); Magie des Schicksals 1932; Prinz Tunora (1934); Salzburg, sein Volk und seine Trachten (1934); Salzburg und das Salzkammergut (1934); Meistererzählungen (1940); Zeit und Menschen meiner Jugend (1942); Der Heimatsucher. Ein Leben und eine Sehnsucht (1948); Lieder und Balladen (1951); Der Wundervogel (1951)*

Glaser Karl ÖVP
Postbeamter, Salzburg
* 7. 9. 1921, Salzburg
† 13. 9. 2006, Salzburg

1927 bis 1931 Volksschule und 1931 bis 1939 Bundesrealgymnasium in Salzburg, 1939 Matura, 1939/40 Studium an der Hochschule für Bodenkultur in Wien, 1938 und 1940 mehrere Verhaftungen, 1941 bis 1945 Kriegsdienst, 1945 Eintritt in den Dienst der Post- und Telegrafenverwaltung in Salzburg, bis 1982 Postbeamter in Salzburg; 1950 bis 1961 Bezirksparteiobmann der ÖVP in der Stadt Salzburg, 1951 bis 1961 stellvertretender Landesparteiobmann, 1961 bis 1964 geschäftsführender Landesparteiobmann und 1964 bis 1976 Landesparteiobmann der ÖVP Salzburg, 1953 bis 1978 Landesobmann des ÖAAB Salzburg; 1961 bis 1964 stellvertretender Vorsitzender der Landesexekutive Salzburg des ÖGB, Landesobmann-Stellvertreter der Gewerkschaft der Post- und Telegrafenbediensteten; 1982 bis 1988 Präsident und 1988 Ernennung zum Ehrenpräsidenten des Salzburger Zivilschutzverbandes; 1981 Großes Ehrenzeichen des Landes Salzburg sowie Großes Silbernes Ehrenzeichen mit dem Stern für Verdienste um die Republik Österreich.

Abg. zum Landtag (2.–3. GP)	ÖVP	1. 12. 1949–7. 2. 1955
Abg. zum Nationalrat (VII.–XV. GP)	ÖVP	20. 1. 1955–30. 3. 1982

Gmachl Johann DF
Großgrundbesitzer, Elixhausen
* 13. 12. 1856, Mattsee
† 11. 4. 1919, Elixhausen

Fleischhauermeister, 1885 bis 1919 Gast- und Landwirt in Elixhausen; Vorstandsmitglied des Freiheitlichen Salzburger Bauernbundes (1914); 1890 bis 1905 Landtagsabgeordneter des Großgrundbesitzes, 1901 bis 1907 Reichsratsabgeordneter, 1902 Ersatzmitglied der Delegation; 1894 bis 1909 Mitglied des Zentralausschusses und 1906 bis 1909 Vizepräsident der Salzburger Landwirtschaftsgesellschaft; 1899 bis 1919 Obmann der Raiffeisenkasse Elixhausen; Ehrenbürger von Elixhausen.

Mitglied der Provisorischen Landesversammlung	DF	3. 11. 1918–11. 4. 1919

Literatur: *Voithofer, Richard: »Drum schließt Euch frisch an Deutschland an…« Die Geschichte der Großdeutschen Volkspartei in Salzburg 1920–1936, Wien 2000 (= Schriftenreihe des Forschungsinstitutes für politisch-historische Studien der Dr.-Wilfried-Haslauer-Bibliothek, Band 9)*

GMACHL Wolfgang, Dr. ÖVP
Kammeramtsdirektor, Salzburg
* 15. 6. 1943, Wien

1949 bis 1954 Volksschule in Nußdorf am Haunsberg, 1954 bis 1962 Erzbischöfliches Privatgymnasium »Borromäum« in Salzburg, 1962 Matura, 1962 bis 1969 Studium der Rechtswissenschaften an der Universität Wien, 1969 Dr. iur., 1969/70 Rechtspraktikant am Landesgericht Salzburg, 1970 Eintritt in den Dienst des Salzburger Wirtschaftsbundes als Rechts- und Organisationsreferent, 1978 bis 1988 Direktor des Österreichischen Wirtschaftsbundes-Landesgruppe Salzburg, 1988 bis 2006 Kammeramtsdirektor der Salzburger Wirtschaftskammer; 1973 Mitbegründer und bis 1992 Vorsitzender des Managementclubs Salzburg, 1994 bis 1999 Vorsitzender des Landesstellenausschusses der Sozialversicherungsanstalt der gewerblichen Wirtschaft für Salzburg, 1988 bis 1999 Mitglied des Aufsichtsrates und seit 1999 Aufsichtsratsvorsitzender der Salzburger Messezentrum GesmbH, 2002 bis 2004 Aufsichtsrat der Salzburg Winterspiele 2010 GmbH, 2004 bis 2007 Aufsichtsrat der Salzburg Winterspiele 2014 GmbH, seit 2002 Stiftungsvorstand der Akademie Schloss Urstein Privatstiftung und seit 2005 Aufsichtsratsvorsitzender der Fachhochschule Salzburg GmbH.

Abg. zum Landtag (7.–10. GP) ÖVP 22. 5. 1974–31. 12. 1991

GOBES Josef SDAP
Oberschaffner, Salzburg-Kasern
* 6. 9. 1878, Neuern bei Klattau (Böhmen) – Nýrsko bei Klatovy (Tschechien)
† 20. 10. 1931, Salzburg

1884 bis 1892 Volksschule und 1892 bis 1895 Fassbinderlehre in Klattau/Klatovy (Böhmen/Tschechien), Eintritt in den Dienst der k.k. Staatsbahnen, Kondukteur in Salzburg-Gnigl (1901), Kondukteur in Landeck (Tirol) (1904/05), 1906 bis 1910 Kondukteur in Salzburg, 1910 bis 1915 Kondukteur in Meran (Südtirol), ab 1915 Oberkondukteur in Bischofshofen, Hallwang und Salzburg; 1919/20 Mitglied der Landesparteikontrolle der SDAP Salzburg, Bezirksvertrauensmann der SDAP im Pongau.

Abg. zum Konstituierenden Landtag
(1. WP) SDAP 23. 4. 1919–3. 5. 1922

Göttl Bertl, Ing. ÖVP
Landwirtschaftslehrer, Wals-Siezenheim
* 1. 10. 1942, Gmünd (Kärnten)

1948 bis 1952 Volksschule in Öblarn (Steiermark), 1952 bis 1956 Hauptschule in Radstadt, Landwirtschaftliche Lehre in der Ökonomieverwaltung von Schloss Gstatt in Öblarn (Steiermark), 1958 bis 1962 Höhere Bundeslehranstalt für alpenländische Landwirtschaft in Raumberg-Trautenfels (Steiermark), 1962 Matura, 1962/63 Präsenzdienst in Salzburg, 1963 bis 1998 mit Unterbrechungen Lehrer an der Landwirtschaftsschule Kleßheim, 1974 bis 1995 mit Unterbrechungen freier Mitarbeiter des ORF Salzburg, seit 1995 freier Mitarbeiter des Fernsehsenders »Salzburg TV«, seit 1992 freier Mitarbeiter der »Salzburger Nachrichten«; 1989 bis 1991 Bezirksparteiobmann der ÖVP Flachgau; 1976 bis 1996 Darsteller des »Josef« beim Salzburger Adventsingen; 1992 Goldenes Verdienstzeichen des Landes Salzburg.

Landesrat	ÖVP	8. 1. 1986–11. 12. 1991

Eigene Werke: *Der Salzburger Jahreskreis. Lostage, Kräuter und Heilige, Salzburg 2001; Videoproduktionen zum Thema Volkskultur: »Von St. Georg bis Kathrein«, »Advent und Weihnachten in Salzburg«, »Kreuzfahrt im Steinernen Meer«, »Erinnerungen – 50 Jahre Salzburger Adventsingen«, »Geschichte des Liedes ›Stille Nacht‹«*

Grani Josef SPÖ
Gartenmeister, Mittersill
* 24. 9. 1914, Saalbach-Hinterglemm
† 4. 1. 2002, Mittersill

Volksschule in Uttendorf im Pinzgau, Gärtnerlehre in Zell am See, gewerbliche Fortbildungsschule, 1934 bis 1937 Gartenbauschule in Wien, 1937/38 Filialleiter einer Bischofshofener Gärtnerei in Schladming (Steiermark), 1938 bis 1940 Gartengestalter im Gartenbauamt der Stadt Wien, 1940 bis 1945 Kriegsdienst, 1945 bis 1948 Bezirkssekretär der SPÖ Pinzgau, 1948 bis 1979 selbstständiger Gärtnermeister und Blumenhändler in Mittersill; 1929 Beitritt zur SDAP, Ortsparteiobmann von Mittersill, bis 1934 Funktionär der Sozialistischen Jugend in Zell am See, 1945 bis 1950 Bezirksparteivorsitzender der SPÖ Pinzgau; 1948 bis 1973 Mitglied des Gemeinderates und 1973/74 Mitglied der Gemeindevertretung von Mittersill, 1949 bis 1954 Vizebürgermeister und 1964 bis 1973 Bürgermeister von Mittersill; 1973 Ehrenbürger und 1985 Ehrenringträger von Mittersill.

Abg. zum Landtag (3.–4. GP) SPÖ 11. 12. 1954–18. 6. 1964

Literatur: *Thaler, Walter (Hrsg): Stark betroffen – wenig beachtet. Sozialdemokratie in Salzburger Gemeinden; Gespräche mit Salzburger Bürgermeistern, Salzburg 1999 (= Schriftenreihe der Arbeitsgemeinschaft Sozialdemokratischer Gemeindevertreter (ASG) Salzburg, Band 1)*

GRIESSNER Georg, Ing. ÖVP
Landesschulinspektor, Bruck an der Großglocknerstraße
* 28. 2. 1948, Fusch an der Großglocknerstraße

1954 bis 1962 Volksschule in Fusch an der Großglocknerstraße, 1964 bis 1966 Landwirtschaftliche Fachschule in Bruck an der Großglocknerstraße, 1966 bis 1970 Höhere Bundeslehranstalt für alpenländische Landwirtschaft in Elixhausen-Ursprung, 1970 Matura, 1970/71 Grundwehrdienst in Salzburg, 1971 bis 1974 Angestellter der Österreichischen Bundesländerversicherung, 1978/79 Ausbildung am Agrarpädagogischen Institut in Wien/Ober St. Veit, seit 1974 Landwirtschaftlicher Fachlehrer an der Fachschule in Bruck an der Großglocknerstraße, seit 2001 Landesschulinspektor für das land- und forstwirtschaftliche Schulwesen; 1972 bis 1979 ÖVP-Ortsparteiobmann in Bruck an der Großglocknerstraße, 1977 bis 1985 Bezirksobmann des ÖAAB im Pinzgau, 1985 bis 1997 Bezirksparteiobmann der ÖVP im Pinzgau, 1996 bis 2001 Klubobmann der ÖVP im Landtag; 1974 bis 1978 Mitglied des Gemeinderates und 1978 bis 1988 Bürgermeister von Bruck an der Großglocknerstraße; 2004 Großes Ehrenzeichen des Landes Salzburg.

Abg. zum Landtag (8.–12. GP) ÖVP 16. 5. 1979–27. 4. 2004
Präsident des Landtages 24. 10. 2001–27. 4. 2004

GRIESSNER Isidor StL, ÖVP
Bauer, Fusch an der Großglocknerstraße
* 9. 7. 1906, Thumersbach, Gemeinde Zell am See
† 4. 10. 1983, Fusch an der Großglocknerstraße

bis 1918 Volksschule, 1918 bis 1938 Landarbeiter und 1938 bis 1972 Bauer auf dem Gaisstättgut in Fusch an der Großglocknerstraße; Obmann der Ortsparteileitung der Christlichsozialen in Fusch an der Großglocknerstraße (1925), 1949 bis 1952 Landesparteiobmann der Salzburger ÖVP; 1945 bis 1974 Bürgermeister von Fusch an der Großglocknerstraße; 1936/38 stellvertretender Landesbauernführer, 1937/38 Vizepräsident der Salzburger Landwirtschaftskammer, 1938 Präsident des Salzburger Bauernbundes und Landesbauernführer, 1945 bis 1950 Obmann der Bezirksbauernkammer in Zell am See, 1950 bis 1970 Präsident der Salzburger Landwirtschaftskammer, 1962 bis 1970 Vorsitzender der Präsidentenkonferenz der Landwirtschaftskammern Österreichs; 1951 Ökonomierat, 1970 Goldenes Verdienstzeichen des Landes Salzburg.

Mitglied des Ständischen Landtages (Landstand) (Vertreter der Land- und Forstwirtschaft)		22. 11. 1934–16. 2. 1938
Landesrat-Ständischer Landtag		16. 2. 1938–12. 3. 1938
Abg. zum Nationalrat (V.–XI. GP)	ÖVP	19. 12. 1945–31. 3. 1970

Grinninger Norbert SPÖ
Magistratsbeamter, Salzburg
* 25. 3. 1940, Salzburg

1946 bis 1950 Volksschule in St. Gilgen und in Salzburg, 1950 bis 1954 vier Klassen Realschule in Salzburg, 1954 bis 1957 Lehre als Elektrowerker und 1957 bis 1960 Monteur bei den Salzburger Stadtwerken, 1960 bis 1964 Präsenzdienst und Zeitsoldat beim Österreichischen Bundesheer, 1964 bis 2000 Magistratsbediensteter, 1971 bis 1983 Leiter der Gemeinderatskanzlei, 1983 bis 2000 Leiter des Amtes für Personalbetreuung; 1967 Beitritt zur SPÖ; 1982 bis 2002 Landesvorsitzender und seit 2002 Ehrenvorsitzender der Gewerkschaft der Gemeindebediensteten, 1991 bis 1999 stellvertretender Vorsitzender der Gewerkschaft der Gemeindebediensteten Österreichs, 1983 bis 2002 Mitglied des Zentralvorstandes der Gewerkschaft der Gemeindebediensteten; seit 1985 Obmann der Magistratsmusik (Stadtmusik) Salzburg; 2000 Goldenes Verdienstzeichen des Landes Salzburg.

Abg. zum Landtag (10. GP)	SPÖ	20. 10. 1993–1. 5. 1994

Groll Florian WdU, FPÖ
Major a.D., Salzburg
* 27. 12. 1892, Wien
† 29. 11. 1964, Salzburg

1912 Matura an der k.k. Staatslehrerbildungsanstalt in Wien, 1912 bis 1914 Tätigkeit als Lehrer, nebenberufliches Studium an der Hochschule für Welthandel in Wien, 1914 bis 1919 Kriegsdienst, 1919/20 Tätigkeit als Lehrer, 1920 bis 1922 selbstständiger Kaufmann, 1922 bis 1945 Vorstand der Generaldirektion der »Donau Versicherungs AG«, 1941 bis 1945 Kriegsdienst, 1945/46 Kriegsgefangenschaft, Entlassung wegen seiner Mitgliedschaft zur NSDAP, 1946 bis 1948 Geschäftsführer der Heimkehrer-Hilfs- und Betreuungsstelle Salzburg sowie Versicherungsdirektor, 1948/49 Untersuchungshaft, 1949 Einstellung des Verfahrens; 1949/50 Klubobmann der WdU im Landtag, 1949/50 geschäftsführender Landesobmann und 1950 bis 1952 Landesobmann des VdU in Salzburg; 1960 Bürger der Stadt Salzburg.

Abg. zum Landtag (2. GP)	WdU	1. 12. 1949–2. 1. 1950
Abg. zum Landtag (3. GP)	WdU/FPÖ	26. 5. 1954–1. 7. 1959
Landesrat	WdU	1. 12. 1949–11. 12. 1954

Gross Herbert OP
Kaufmann, Salzburg
* 20. 8. 1903, Salzburg
† 16. 1. 1973, Salzburg

Volks- und Realschule in Salzburg, 1921 Matura, Studium an der Hochschule für Welthandel in Wien, Tätigkeit im Bank- und Handelsbereich in Österreich und der Schweiz, 1924 Eintritt als Gesellschafter in die Firma Josef August Gross (Zuckergroßhandel) in Salzburg und Geschäftsführer bis 1970, 1964 bis 1971 Gesellschafter und Geschäftsführer der »Andre Hofer Feigenkaffeefabrik« in Salzburg; 1935 bis 1938 stellvertretender Ältester der Salzburger Kaufmannschaft und Vizepräsident des Salzburger Handelsgremiums, Mitglied des Bundesgremiums des Verbandes der Österreichischen Zuckergroßhändler, 1945/46 Beauftragter der Salzburger Landesregierung für Wirtschafts- und Ernährungsfragen; 1970 Goldenes Verdienstzeichen des Landes Salzburg, 1970 Bürger der Stadt Salzburg.

Landesrat	OP	23. 5. 1945–12. 12. 1945

Gruber Fritz ÖVP
Hotelier, Bad Gastein
* 25. 11. 1909, Strobl
† 10. 3. 1966, Bad Gastein

Volksschule, Gymnasium in Salzburg, Matura, Praxisjahre in der Gastronomie, 1935 Übernahme des Kurhotels »Gruberhaus« in Bad Gastein und Führung desselben bis 1966, 1940 bis 1945 Kriegsdienst; bis 1962 Obmann des Österreichischen Wirtschaftsbundes in Bad Gastein; 1936 bis 1938 Mitglied des Gemeindetages und 1945 bis 1955 Mitglied der Gemeindevertretung von Bad Gastein.

Abg. zum Landtag (3. GP) ÖVP 2. 3. 1955–1. 7. 1959

Gruber Jakob SPÖ
Tödlingbauer, Zell am See
* 19. 10. 1919, Zell am See
† 26. 10. 1993, Zell am See

Volksschule, Landwirtschaftliche Lehranstalt in Rotholz (Tirol), 1939 bis 1945 Kriegsdienst, 1949 Übernahme des elterlichen Hofes in Thumersbach (Zell am See); 1954 Beitritt zur SPÖ, 1959 bis 1982 Landesobmann des Arbeitsbauernbundes in Salzburg, Mitglied des Bundesvorstandes des Arbeitsbauernbundes; 1954 bis 1982 Mitglied der Gemeindevertretung von Zell am See; 1969 Goldenes Ehrenzeichen für Verdienste um die Republik Österreich, 1979 Ökonomierat, 1982 Silbernes Ehrenzeichen des Landes Salzburg.

Abg. zum Landtag (4.–8. GP) SPÖ 2. 7. 1959–11. 5. 1982

Gruber Katharina SPÖ
Hausfrau, Schwarzach im Pongau
* 11. 5. 1918, Zell am See
† 10. 6. 1995, Saalfelden am Steinernen Meer

Volks- und Hauptschule in Lend, ab 1932 Landarbeiterin; 1945 Beitritt zur SPÖ, 1950 bis 1969 Mitglied des Landesfrauenkomitees; 1953 bis 1957 Mitglied der Gemeindevertretung und 1957 bis 1969 Vizebürgermeisterin von Schwarzach im Pongau; 1965 Goldenes Ehrenzeichen für Verdienste um die Republik Österreich, 1970 Silbernes Verdienstzeichen des Landes Salzburg.

Abg. zum Landtag (2.–5. GP) SPÖ 10. 4. 1953–13. 5. 1969

Gruber Manfred SPÖ
Technischer Beamter – Telekom Austria, Bad Gastein
* 1. 5. 1949, Bad Gastein

1955 bis 1959 Volksschule Böckstein, 1959 bis 1963 Hauptschule Bad Gastein, 1963 bis 1967 Berufsschule in Hallein (erlernter Beruf: Elektrotechniker), 1970 bis 1975 Maturaschule, Matura, 1967 bis zur Außerdienststellung 2001 Technischer Beamter bei der Österreichischen Post- und Telegrafenverwaltung beziehungsweise der Telekom Austria; 1967 Beitritt zur SPÖ, 1978 bis 1998 SPÖ-Ortsparteivorsitzender von Bad Gastein, seit 1982 stellvertretender Bezirksparteivorsitzender der SPÖ Pongau, seit 1982 Mitglied des Landesparteivorstandes der SPÖ Salzburg; 1979 bis 1981 Mitglied der Gemeindevertretung und 1981 bis 1989 Mitglied des Gemeinderates von Bad Gastein, 1981 bis 1994 Obmann der SPÖ-Gemeinderatsfraktion, 1989 bis 1994 Vizebürgermeister, 1994 bis 2004 Bürgermeister und seit 2004 Vizebürgermeister von Bad Gastein; 2007 Großes Goldenes Ehrenzeichen mit dem Stern für Verdienste um die Republik Österreich.

Abg. zum Landtag (9.–10. GP)	SPÖ	16. 5. 1984–1. 5. 1994
Mitglied des Bundesrates	SPÖ	1. 3. 2001–lfd.
Präsident des Bundesrates		1. 1. 2007–30. 6. 2007

Gugg Friedrich — CSP, StL, ÖVP
Gastwirt, Straßwalchen
* 27. 4. 1896, Straßwalchen
† 4. 7. 1977, Straßwalchen

Volks- und Gewerbeschule, Lehre als Fleischhauer, 1914 bis 1918 Kriegsdienst, ab 1924 Gastwirt in Straßwalchen; 1945 bis 1951 und 1955 bis 1959 Obmann des Wirtschaftsbundes im Flachgau, 1945 bis 1958 stellvertretender Landesobmann und 1958 bis 1970 Landesobmann des Österreichischen Wirtschaftsbundes in Salzburg, 1970 Ernennung zum Ehrenobmann des Österreichischen Wirtschaftsbundes in Salzburg; 1929 bis 1936 Bürgermeister von Straßwalchen-Markt, 1936 bis 1938 Bürgermeister der zusammengelegten Gemeinde Straßwalchen, 1945 kommissarischer Bürgermeister und 1948 bis 1964 abermals Bürgermeister von Straßwalchen; 1937/38 Landesobmann des Gewerbeverbandes, 1936 bis 1938 Obmann des Bezirksgewerbeverbandes im Flachgau, 1936 bis 1938 stellvertretender Zunftmeister der Gastgewerbegenossenschaft, 1936 bis 1938 Mitglied des Landesschulrates für Salzburg, 1947 bis 1950 Vizepräsident und 1960 bis 1970 Präsident der Salzburger Handelskammer, ab 1952 Obmann der Sektion Fremdenverkehr in der Salzburger Handelskammer; 1953 Kommerzialrat, 1958 Goldenes Ehrenzeichen für Verdienste um die Republik Österreich, 1967 Goldenes Ehrenzeichen des Landes Salzburg, Straßenbenennung in Straßwalchen.

Mitglied des Ständischen Landtages (Landstand) (Vertreter des Gewerbes)		22. 11. 1934–12. 3. 1938
Mitglied des Bundesrates	CSP	27. 5. 1932–6. 12. 1932
Mitglied des Bundesrates	CSP	25. 4. 1934–2. 5. 1934

Mitglied des Bundesrates	ÖVP	1. 12. 1949–22. 12. 1966
Vorsitzender des Bundesrates		1. 1. 1953–30. 6. 1953
Vorsitzender des Bundesrates		1. 7. 1957–31. 12. 1957
Vorsitzender des Bundesrates		1. 1. 1962–30. 6. 1962
Vorsitzender des Bundesrates		1. 7. 1966–22. 12. 1966

Gugg Isidor CSP
Oberpostmeister, Mauterndorf
* 13. 5. 1859, Mauterndorf
† 30. 7. 1925, Mauterndorf

Volksschule in Mauterndorf, 1877 Eintritt in den Postdienst, Postexpeditor in Tamsweg, Poststallmeister in Mauterndorf, ab 1883 Postmeister in Mauterndorf, 1921 Pensionierung; 1885 bis 1925 Bürgermeister von Mauterndorf; 1878 Mitbegründer der Freiwilligen Feuerwehr in Mauterndorf; 1892 Ehrenbürger und 1925 Ehrenbürgermeister von Mauterndorf.

Abg. zum Konstituierenden Landtag (1. WP)	CSP	23. 4. 1919–3. 5. 1922

Gumpold Nikolaus CSP
Bauernbräubauer, Hallein-Burgfried
* 2. 12. 1878, Hallein
† 7. 3. 1964, Hallein

Volksschule, 1911 bis 1950 Bauernbräubauer in Hallein-Burgfried; 1912 bis 1938 sowie 1945/46 Obmann des Ortsbauernrates von Burgfried-Taxach und 1912 bis 1938 Vorstandsmitglied des Tennengauer Gaubauernrates des Katholischen (Salzburger) Bauernbundes; 1922 bis 1934 Mitglied des Gemeinderates und 1936 bis 1938 Mitglied des Gemeindetages der Stadt Hallein, ab 1925 Vorstandsmitglied und 1945 bis 1954 Obmann-Stellvertreter der Raiffeisenkasse Hallein, 1924 bis 1936 Obmann der land- und forstwirtschaftlichen Bezirksgenossenschaft in Oberalm, 1936 bis 1938 Obmann der land- und forstwirtschaftlichen Bezirkskammer in Oberalm; Ökonomierat.

Mitglied der Provisorischen Landesversammlung	CSP	7. 11. 1918–21. 4. 1919

HAAGN Julius DF
Kaufmann, Salzburg
* 12. 2. 1844, Salzburg
† 23. 6. 1925, Salzburg

Volksschule und 1855 bis 1858 k.k. Unterrealschule in Salzburg, 1858 Beginn der Kaufmannslehre, 1870 Eintritt in die Fa. J. A. Zezi zuerst als Geschäftsführer und Gesellschafter, ab 1889 als Alleineigentümer; 1873 bis 1888 und 1898 bis 1901 Mitglied des Gemeinderates der Stadt Salzburg, 1890 bis 1918 Landtagsabgeordneter für die Stadt Salzburg, ab 1902 auch Mitglied des Landesausschusses; 1879 bis 1912 Obmann des Liberalen Vereines (ab 1888 »Deutscher Verein für Stadt und Land Salzburg«); 1865 Gründung der Freiwilligen Feuerwehr in der Stadt Salzburg, 1876 bis 1925 Obmann des Landesverbandes der Freiwilligen Feuerwehren, 1871 bis 1887 Obmann des Salzburger Turnvereines, 1899 bis 1918 Mitglied des Sparkassenausschusses der Salzburger Sparkasse; 1923 Ehrenbürger der Stadt Salzburg, 1930 Straßenbenennung in Salzburg.

Mitglied der Provisorischen		
Landesversammlung	DF	3. 11. 1918–21. 4. 1919
Landesrat	DF	29. 11. 1918–23. 4. 1919

Literatur: *Klein, Herbert: Jos. Ant. Zezi. 340 Jahre Jos. Ant. Zezi (1610–1950). 125 Jahre Familie Arrigler-Haagn (1825–1950), Salzburg 1950; Zaisberger, Friederike/Heinisch, Reinhard R.: Leben über den Tod hinaus… Prominente im Salzburger Kommunalfriedhof, Salzburg 2006 (= Mitteilungen der Gesellschaft für Salzburger Landeskunde, 23. Ergänzungsband); Gassner, Josef: Die Ehrenbürger der Landeshauptstadt Salzburg, Salzburg 1954*

HAGENAUER Johann ÖVP
Kaufmann, Tamsweg
* 17. 6. 1909, Puch bei Hallein
† 26. 1. 1982, Tamsweg

Volksschule in Anif, Bürger- und Handelsschule in Salzburg, 1924 bis 1927 kaufmännische Ausbildung, 1927 bis 1929 kaufmännischer Angestellter, 1929 bis 1945 Soldat beim Österreichischen Bundesheer bzw. der Deutschen Wehrmacht, 1945/46 Leiter des Arbeitsamtes Zell am See, 1946 bis 1968 als kaufmännischer Direktor Leiter des Lungauer Wirtschaftsvereines in Tamsweg, 1962 bis 1975 Mitinhaber und haftender Gesellschafter der Baustoffwerke Ramingstein »Hagenauer und Co. – Isospanerzeugung«; 1949 bis 1977 Bürgermeister von Tamsweg; Obmann des Fremdenverkehrsgebietsverbandes Lungau-Radstädter Tauernpass (1959), Vorstandsmitglied des Salzburger

Gemeindeverbandes (1949), 1964 bis 1976 Mitglied des Kuratoriums der Salzburger Landes-Hypothekenanstalt, Vorsitzender der Lungauer Bürgermeisterkonferenz; 1967 Kommerzialrat, Ehrenbürger der Gemeinde Tamsweg, Träger zahlreicher weiterer Bundes- und Landesauszeichnungen.

Abg. zum Nationalrat (XI. GP)	ÖVP	11. 10. 1968 -31. 3. 1970

HAGER Peter ÖVP
Fabrikschlosser, Hallein
* 22. 11. 1900, Oberalm
† 2. 4. 1992, Salzburg

1907 bis 1915 Volksschule in St. Jakob am Thurn, Landarbeiter, ab 1920 Fabrikschlosser und Werkmeister bei den Salzburger Textilwerken in Hallein, 1938 und 1944 Verhaftungen, 1939 Kriegsdienst; 1936 bis 1938 Mitglied des Gemeindetages und 1949 bis 1954 Mitglied der Gemeindevertretung der Stadt Hallein.

Abg. zum Landtag (1. GP)	ÖVP	12. 12. 1945–30. 11. 1949

HAIDER Wolfgang FPÖ
Gastwirt, Saalbach-Hinterglemm
* 4. 7. 1956, Saalbach-Hinterglemm

1962 bis 1966 Volksschule in Saalbach, 1966 bis 1970 Schihauptschule in St. Johann im Pongau, 1970 bis 1973 Hotelfachschule in Bad Hofgastein, diverse Praktikumstellen im Gastgewerbe, seit 1976 selbstständiger Hotelier in Saalbach; 1995 bis 1998 Bezirksparteiobmann der FPÖ Pinzgau, 1994 bis 1997 Klubobmann der FPÖ im Landtag, 2000 Ausschluss aus der FPÖ; 1998 bis 2001 Obmann des Fremdenverkehrsverbandes Saalbach-Hinterglemm, 1985 bis 1994 Funktionär der Salzburger Wirtschaftskammer-Sektion Tourismus; 1999 Silbernes Ehrenzeichen des Landes Salzburg.

Abg. zum Landtag (11. GP)	FPÖ	2. 5. 1994–26. 4. 1999
Dritter Präsident des Landtages		12. 11. 1997–26. 4. 1999

HAIDINGER Maria, Dr. ÖVP
Gynäkologin, Anif
* 9. 8. 1950, Salzburg

1956 bis 1960 Volksschule in Salzburg-Nonntal, 1960 bis 1969 Bundesrealgymnasium in Salzburg, 1969 Matura, 1969 bis 1976 Studium der Medizin an der Universität Wien, 1976 Dr. med. univ., ab 1977 Ausbildung zur Fachärztin für Frauenheilkunde und Geburtshilfe am Landeskrankenhaus Salzburg, 1988 Oberärztin an der Abteilung für Gynäkologie am Landeskrankenhaus Salzburg, 1991 Eröffnung einer eigenen Praxis; 1994 Gründung des Gesundheitszentrums »ISIS – Gesundheit und Therapie für Frauen«, seit 1995 Vorstandsmitglied der Österreichischen Krebshilfe, Sektion Salzburg, seit 2001 Obfrau der Salzburger Hospizbewegung; 2006 Goldenes Ehrenzeichen des Landes Salzburg.

Landesrätin	ÖVP	27. 4. 1999–28. 4. 2004

HAIGERMOSER Helmut FPÖ
Kaufmann, Elsbethen
* 11. 11. 1940, Freilassing (Bayern)

1946 bis 1950 Volksschule und 1950 bis 1956 Hauptschule in Salzburg, kaufmännische Berufsschule, 1959 Präsenzdienst, Auslandsaufenthalt, 1961 bis 1977 Angestellter einer Fleischwarenfirma, 1977 bis 1987 Inhaber eines Delikatessengeschäftes in Salzburg, 1987 Eröffnung eines Herrenmodengeschäftes in Salzburg; 1960 Beitritt zur FPÖ, 1989 bis 1995 Landesparteiobmann-Stellvertreter und 1992 geschäftsführender Landesparteiobmann der FPÖ Salzburg, 1992 Klubobmann und 1990 bis 1999 stellvertretender Klubobmann der FPÖ im Nationalrat, 2002 Ausschluss aus der FPÖ; 1969 bis 1974 Mitglied der Gemeindevertretung und 1974 bis 1983 Mitglied des Gemeinderates von Elsbethen; seit 1985 Landesobmann des RFW Salzburg beziehungsweise seit 2005 Landesobmann der Wirtschaftsliste Salzburg (WLS), 1988 bis 1998 Bundesobmann und seit 1998 Ehrenobmann des RFW Österreich, seit 2000 Vizepräsident der Wirtschaftskammer Salzburg; 1996 Großes Goldenes Ehrenzeichen für Verdienste um die Republik Österreich, 1998 Goldenes Ehrenzeichen des Landes Salzburg, 2003 Kommerzialrat.

Abg. zum Nationalrat (XVI.–XXI. GP)	FPÖ	1. 7. 1983–19. 2. 2002

HALLINGER Ernst SPÖ
Bauelektriker, Salzburg
* 6. 11. 1905, Salzberg (Bayern)
† 7. 9. 1977, Salzburg

Volksschule, Gewerbeschule, 1917 Lehre als Kunst- und Bauschlosser in Salzburg, Elektrikermeister, 1926 bis 1933 Tätigkeit in der Freien Metallarbeitergewerkschaft, während der NS-Zeit als Vertreter und Hilfsarbeiter tätig, 1946 Annahme der österreichischen Staatsbürgerschaft, 1946 bis 1966 Landesparteisekretär der SPÖ Salzburg; 1946 bis 1967 Mitglied des Landesparteivorstandes der SPÖ Salzburg, 1949 bis 1959 stellvertretender Klubvorsitzender der SPÖ im Landtag; 1947 Gründungsmitglied der Salzburger Volkshilfe, Mitglied der Landesleitung der Bau- und Holzarbeitergewerkschaft; 1960 Goldenes Ehrenzeichen für Verdienste um die Republik Österreich, 1970 Silbernes Verdienstzeichen des Landes Salzburg.

Abg. zum Landtag (2.–3. GP)	SPÖ	1. 12. 1949–1. 7. 1959
Mitglied des Bundesrates	SPÖ	2. 7. 1959–14. 5. 1969

HAMMERSCHMIED Helga SPÖ
Angestellte, Leogang
* 8. 10. 1949, Saalfelden am Steinernen Meer

1957 bis 1961 Volksschule in Leogang, 1961 bis 1964 Hauptschule in Saalfelden am Steinernen Meer, 1964 bis 1967 Verwaltungsangestellte bei der Gemeinde Leogang, 1966 B-Matura, 1967 bis 1979 Bankangestellte bei der Volksbank Salzburg, 1979 bis 2001 Angestellte bei der Fa. Landmaschinen Gruber in Saalfelden am Steinernen Meer; 1980 Beitritt zur SPÖ, seit 1980 Ausschussmitglied der SPÖ Leogang, 2001 bis 2003 geschäftsführende und 2003 bis 2007 Bezirksfrauenvorsitzende der SPÖ Pinzgau, 1995 bis 2005 stellvertretende Bezirksparteivorsitzende der SPÖ Pinzgau und Mitglied des Landesparteivorstandes der SPÖ Salzburg, seit 1998 Vorstandsmitglied der »Arbeitsgemeinschaft sozialdemokratischer Gemeindevertreter«; seit 1984 Mitglied der Gemeindevertretung, 1994 bis 2004 Vizebürgermeisterin und seit 2004 Bürgermeisterin von Leogang.

Abg. zum Landtag (12. GP)	SPÖ	26. 9. 2001 (24. 10. 2001)–27. 4. 2004

HARTL Sonja, Dipl.-Ing. SPÖ
Architektin, Zell am See
* 30. 6. 1967, Saalfelden am Steinernen Meer

1973 bis 1977 Volksschule und 1977 bis 1981 Hauptschule in Zell am See, 1981 bis 1986 Handelsakademie in Zell am See, 1986 Matura, 1986 bis 1996 Studium der Architektur an der Technischen Universität Wien, 1996 Dipl.-Ing., 1996 bis 2004 Angestellte in einem Architekturbüro in Zell am See, seit 2007 Bezirksarchitektin bei der Bezirkshauptmannschaft Zell am See; seit 2003 stellvertretende Bezirksfrauenvorsitzende und Mitglied im Bezirksvorstand der SPÖ Pinzgau sowie seit 2005 stellvertretende Bezirksparteivorsitzende der SPÖ Pinzgau; seit 1999 Mitglied der Gemeindevertretung und seit 2004 Stadträtin von Zell am See.

Abg. zum Landtag (13. GP–)	SPÖ	28. 4. 2004–lfd.

Hasenauer Bartholomäus — CSP, StP, StL, ÖVP
Stoffengutbauer, Maishofen
* 10. 1. 1892, Maishofen
† 10. 12. 1980, Maishofen

Volksschule in Maishofen, 1908 bis 1910 Landwirtschaftsschule Winklhof in Oberalm, 1913/14 Militärdienst in Enns (Oberösterreich), 1914/15 Kriegsdienst, 1915 Übernahme des väterlichen Stoffengutes in Maishofen; 1937/38 Obmann des Gaubauernrates im Pinzgau, Obmann des Reichsbauernbundes (1933), 1945/46 Landesparteiobmann der ÖVP Salzburg, 1945 bis 1963 Landesobmann des Salzburger Bauernbundes; ab 1917 Mitglied der Gemeindevertretung und 1919 bis 1931 Bürgermeister von Maishofen, 1919 bis 1931 Gauobmann der Pinzgauer Bürgermeisterkonferenz; 1921 Leiter der Heimwehr in Zell am See, 1929 bis 1931 Obmann der Landwirtschaftskrankenkasse in St. Johann im Pongau, 1945 bis 1950 Präsident der Salzburger Landwirtschaftskammer; 1948 Ökonomierat, 1961 Großes Goldenes Ehrenzeichen mit dem Stern für Verdienste um die Republik Österreich, 1967 Großes Ehrenzeichen des Landes Salzburg.

Landesrat	ÖVP	23. 5. 1945–1. 12. 1949
Landeshauptmann-Stellvertreter	ÖVP	1. 12. 1949–31. 3. 1963
Abg. zum Nationalrat (IV. GP)	CSP	28. 4. 1931–2. 5. 1934
Staatssekretär im BM für Land- und Forstwirtschaft	CSP	12. 3. 1934–10. 7. 1934
Mitglied des Bundeswirtschaftsrates		1. 11. 1934–12. 3. 1938
Mitglied des Bundestages		28. 11. 1934–12. 3. 1938

Literatur: *Enderle-Burcel, Gertrude: Christlich-Ständisch-Autoritär. Mandatare im Ständestaat 1934 bis 1938, Wien 1991; Schausberger, Franz: Vom Stoffenbauern zum Staatssekretär. Zum politischen Werdegang Bartlmä Hasenauers bis 1938, in: Salzburg. Geschichte und Politik. Mitteilungen der Dr.-Hans-Lechner-Forschungsgesellschaft Salzburg, 3. Jahrgang, Heft 3, Salzburg 1993, S. 127–173*

HASENAUER Johann CSP
Kooperator, Mittersill
* 22. 6. 1887, Maishofen
† 21. 4. 1929, Schwarzach im Pongau

1906 Matura am Erzbischöflichen Privatgymnasium »Borromäum« in Salzburg, Priesterseminar in Salzburg, 1909 Priesterweihe, 1910 bis 1917 Kooperator in Goldegg, Salzburg-Nonntal, Kufstein und Uttendorf im Pinzgau, 1917 bis 1926 Kooperator in Mittersill und bis 1929 in Jochberg (Tirol), 1913 bis 1918 Schriftleiter der »Salzburger Chronik«; 1919 selbstständige Kandidatur mit der »Pinzgauer Wirtschaftspartei«.

Mitglied der Provisorischen Landesversammlung	CSP	3. 11. 1918–21. 4. 1919
Abg. zum Konstituierenden Landtag (1. WP)	CSP	23. 4. 1919–3. 5. 1922
Abg. zum Landtag (2. WP)	CSP	4. 5. 1922–24. 11. 1925

Literatur: *Klieber, Rupert J.: Politischer Katholizismus in der Provinz. Salzburgs Christlichsoziale in der Parteienlandschaft Alt-Österreichs, Wien-Salzburg 1994 (= Publikationen des Instituts für Kirchliche Zeitgeschichte, Band 28)*

HASLAUER Johann CSP
Faberlbauer, Bergheim bei Salzburg
* 21. 8. 1878, Bergheim bei Salzburg
† 8. 4. 1959, Bergheim bei Salzburg

Volksschule, 1903 Militärdienst, 1895 bis 1935 Bauer auf dem elterlichen Faberlgut und 1902 bis 1946 Bauer auf dem Scheiplbauerngut in Bergheim bei Salzburg; bis 1936 Obmann des Ortsbauernrates des Katholischen Bauernbundes in Bergheim bei Salzburg; 1909 bis 1922 Mitglied des Gemeinderates und 1922 bis 1928 Bürgermeister von Bergheim bei Salzburg; 1924 bis 1936 Obmann der land- und forstwirtschaftlichen Bezirksgenossenschaft in Gnigl, 1936 bis 1938 Obmann der land- und forstwirtschaftlichen Bezirkskammer in Bergheim bei Salzburg; 1914 Gründer und bis 1931 Hauptmann der Freiwilligen Feuerwehr in Bergheim bei Salzburg, 1922 Gründer der Flachgauer Brandnothilfe, 1925 Gründer und bis 1950 Obmann der Raiffeisenkasse Bergheim bei Salzburg; 1951 Ökonomierat, 1946 Ehrenbürger von Bergheim bei Salzburg.

Mitglied der Provisorischen Landesversammlung	CSP	3. 11. 1918–21. 4. 1919

Haslauer Wilfried, Dr. ÖVP
Kammeramtsdirektor, Salzburg
* 29. 11. 1926, Salzburg
† 23. 10. 1992, Salzburg

Volksschule in Salzburg, 1944 Matura am Akademischen Gymnasium in Salzburg, 1944/45 Kriegsdienst, 1945 bis 1951 Bediensteter des Magistrates Salzburg, 1945 bis 1949 nebenberufliches Studium der Rechtswissenschaften an der Universität Innsbruck, 1949 Dr. iur., 1951 bis 1953 Gremialsekretär der Salzburger Handelskammer, 1953 bis 1959 Leiter der wirtschaftspolitischen Abteilung und 1960 bis 1973 Kammeramtsdirektor der Salzburger Handelskammer; 1976 bis 1989 Landesparteiobmann der Salzburger ÖVP, 1980 bis 1989 Mitglied des Bundesparteivorstandes der ÖVP; 1967 bis 1969 Bürgermeister-Stellvertreter der Stadt Salzburg; 1977 bis 1992 Aufsichtsratsvorsitzender der SAFE; 1987 Großes Goldenes Ehrenzeichen am Bande für Verdienste um die Republik Österreich, 1989 Großkreuz des Ehrenzeichens des Landes Salzburg, 1993 Straßenbenennung in Salzburg.

Abg. zum Landtag (4.–7. GP)	ÖVP	17. 4. 1961–28. 5. 1974
Landeshauptmann-Stellvertreter	ÖVP	11. 7. 1973–20. 4. 1977
Landeshauptmann	ÖVP	20. 4. 1977–2. 5. 1989

Literatur: *Dachs, Herbert/Hanisch, Ernst/Floimair, Roland/Schausberger, Franz (Hrsg.): Die Ära Haslauer. Salzburg in den 70er und 80er Jahren, Wien 2001 (= Schriftenreihe des Forschungsinstitutes für politisch-historische Studien der Dr.-Wilfried-Haslauer-Bibliothek, Band 13); Dachs, Herbert: Wilfried Haslauer, in: Dachs, Herbert/Gerlich, Peter/Müller, Wolfgang C. (Hrsg.): Die Politiker der Zweiten Republik. Karrieren und Wirken bedeutender Persönlichkeiten, Wien 1995, S. 208–215; Kriechbaumer, Robert: Salzburgs Landeshauptleute der 2. Republik, Salzburg 2002 (= Salzburg Dokumentationen Nr. 113)*
Eigene Werke: *Salzburg unser Land, unser Auftrag, Salzburg 1988; Holfeld-Weitlof, Ernst (Hrsg.): Paßt mir auf mein Salzburg auf! Bekenntnisse des großen Salzburgers, Salzburg 1993*

Haslauer Wilfried, jun., Dr. ÖVP
Rechtsanwalt, Salzburg
* 3. 5. 1956, Salzburg

1962 bis 1966 Volksschule in Neumarkt am Wallersee, 1966 bis 1974 Akademisches Gymnasium in Salzburg, 1974 Matura, 1974/75 Präsenzdienst, 1975 bis 1979 Studium der Rechtswissenschaften an den Universitäten Salzburg und Wien, 1979 Dr. iur.,

1979/80 Gerichtsjahr in Salzburg und Wien, 1980 bis 1984 Ausbildung zum Rechtsanwalt in Salzburg, seit 1985 selbstständiger Rechtsanwalt in Salzburg; seit 2004 Landesparteiobmann der Salzburger ÖVP; seit 2007 Aufsichtsratsvorsitzender der Großglockner Hochalpenstraßen AG.

Abg. zum Landtag (13. GP)	ÖVP	28. 4. 2004–6. 7. 2004
Landeshauptmann-Stellvertreter	ÖVP	28. 4. 2004–lfd.

Haslinger Michael ÖVP
Buchsachverständiger, Zell am See
* 26. 8. 1906, Saalfelden am Steinernen Meer
† 9. 3. 1998, Salzburg

1912 bis 1917 Volksschule und 1917 bis 1920 Bürgerschule in Saalfelden am Steinernen Meer, 1921 Eintritt als Forstpraktikant bei den Österreichischen Bundesforsten in Saalfelden am Steinernen Meer, 1923/24 Försterschule in Ort bei Gmunden (Oberösterreich), 1924 Staatsprüfung als Förster, 1924 bis 1938 Förster in Lofer und Zell am See, 1938 bis 1942 Tätigkeit als Buchhalter in der Privatwirtschaft, 1942 bis 1945 Kriegsdienst, 1945 Leiter des Wirtschaftsamtes bei der Bezirkshauptmannschaft Zell am See, 1945 beziehungsweise 1952 Prüfungen als beeideter Buchprüfer und Steuerberater, ab 1945 selbstständiger Wirtschaftstreuhänder in Zell am See; Gauführer der Heimwehr im Pinzgau, Ortsparteiobmann der ÖVP in Zell am See (1946), 1948 bis 1961 Bezirksobmann des Österreichischen Wirtschaftsbundes im Pinzgau; 1945 bis 1949 Mitglied der Gemeindevertretung und 1949 bis 1952 Stadtrat von Zell am See; 1964 Kommerzialrat, 1970 Goldenes Ehrenzeichen für Verdienste um die Republik Österreich, 1971 Großes Ehrenzeichen des Landes Salzburg.

Abg. zum Landtag (2.–4. GP)	ÖVP	28. 5. 1952–16. 4. 1961
Abg. zum Landtag (4. GP)	ÖVP	22. 2. 1963–18. 6. 1964
Abg. zum Landtag (5. GP)	ÖVP	19. 6. 1964–29. 6. 1964
Abg. zum Landtag (6. GP)	ÖVP	14. 5. 1969–4. 6. 1969
Zweiter Landtagspräsident-Stellvertreter		11. 12. 1954–16. 4. 1961
Landesrat	ÖVP	17. 4. 1961–3. 4. 1963
Landeshauptmann-Stellvertreter	ÖVP	3. 4. 1963–11. 7. 1973

Literatur: *Michael Haslinger. Ein Leben für Salzburg, hrsg. von der Kammer der gewerblichen Wirtschaft für Salzburg, Salzburg 1971*

Haubner Peter ÖVP
Marketingleiter, Salzburg
* 2. 1. 1960, Salzburg

1966 bis 1970 Volksschule und 1970 bis 1978 Bundesrealgymnasium in Salzburg, 1979 Matura extern, 1979 Präsenzdienst, 1979 bis 1981 Kundenberater bei der Oberbank Salzburg, 1981 bis 1985 Marketingmitarbeiter bei der Ersten Allgemeinen Versicherung, 1985 bis 1994 und 1996 bis 1998 Marketingmitarbeiter bei der Wirtschaftskammer Salzburg, 1994/95 Leiter der Grill & Gull Werbeagentur, 1998/99 freiberufliche Tätigkeit in einer Werbeagentur, 1999 bis 2004 Prokurist der Großglockner Hochalpenstraßen AG, 2004/05 Landesgeschäftsführer der Salzburger ÖVP, seit 2005 Haubner & Haubner KEG in Salzburg; seit 2006 Bezirksobmann des Wirtschaftsbundes in der Stadt Salzburg; seit 2006 Obmann der Bezirksstelle Salzburg-Stadt der Wirtschaftskammer Salzburg; 2000 bis 2004 Fachgruppenobmann-Stellvertreter der Fachgruppe der Freizeitbetriebe in der Wirtschaftskammer Salzburg; 2002 bis 2007 Vizepräsident und seit 2007 Präsident der Sportunion Österreich.

Abg. zum Nationalrat (XXI. GP–) ÖVP 3. 12. 2001–lfd.

Haunsberger Wolfgang ÖVP
Tischlermeister, Elsbethen
* 31. 10. 1940, Salzburg

1946 bis 1955 Volks- und Hauptschule in Salzburg, 1955 bis 1958 Tischlerlehre und Berufsschule in Salzburg, 1959 bis 1963 Wachtmeister beim Österreichischen Bundesheer, 1963 Wiedereintritt in den Beruf als Tischler, 1967 Meisterprüfung, 1968 bis 2001 selbstständiger Tischlermeister in Elsbethen; 1976 bis 1992 Bezirksobmann des Österreichischen Wirtschaftsbundes im Flachgau; 1974 bis 1984 Mitglied der Gemeindevertretung von Elsbethen; 1981 bis 1988 Sektionsobmann Gewerbe der Wirtschaftskammer Salzburg, Kurator des Wirtschaftsförderungsinstitutes (WIFI) (1988), 1988 bis 1994 Landesobmann-Stellvertreter der Sozialversicherungsanstalt der gewerblichen Wirtschaft, 1994 bis 2001 Obmann der Allgemeinen Unfallversicherungsanstalt (AUVA); 1985 Großes Ehrenzeichen für Verdienste um die Republik Österreich.

Abg. zum Landtag (7.–10. GP) ÖVP 22. 5. 1974–1. 5. 1994

HAUPOLTER Walter, Dr. StL
Rechtsanwalt, Salzburg
* 19. 6. 1891, Hall in Tirol
† 23. 3. 1966, Salzburg

Volksschule, 1902 bis 1910 Stiftsgymnasium in Kremsmünster (Oberösterreich), 1910 Matura, 1910 bis 1914 Studium der Rechtswissenschaften an der Universität Wien und 1914 bis 1918 an der Universität Innsbruck, 1914 bis 1918 Kriegsdienst, 1918 Dr. iur., 1924 bis 1966 Rechtsanwalt in Salzburg; 1936 bis 1938 und 1946 bis 1957 Präsident der Salzburger Rechtsanwaltskammer, 1946 bis 1966 Vorstandsvorsitzender der Salzburger Sparkasse, 1952 bis 1966 Präsident des Salzburger Automobil- und Touringclubs (SAMTC).

Mitglied des Ständischen Landtages (Landstand) 22. 11. 1934–12. 3. 1938
(Vertreter der freien Berufe)

HAUSTEIN Otto, Dr. StL
Professor, Salzburg
* 8. 6. 1890, Salzburg
† 27. 9. 1952, Salzburg

Volksschule, 1909 Matura am k.k. Staatsgymnasium in Salzburg, 1909 bis 1913 Studium an der Universität Wien, 1915 Dr. phil., 1915 bis 1917 Kriegsdienst, 1917/18 Professor an der Staatsgewerbeschule und 1917 bis 1938 an der Bundesrealschule in Salzburg, 1938 Dienstenthebung und 1939 Versetzung in den Ruhestand, 1945 Wiedereinstellung und bis 1951 Direktor der Bundesrealschule; 1934 bis 1938 Mitglied des Landesschulrates für Salzburg, stellvertretender Landesführer der Vaterländischen Front in Salzburg.

Mitglied des Ständischen Landtages (Landstand) 22. 11. 1934–12. 3. 1938
(Vertreter des Schul- und Volksbildungswesens)

HAUTHALER Josef CSP, StL
Gasthofbesitzer, Viehhausen (Wals-Siezenheim)
* 13. 3. 1890, Wals-Siezenheim
† 13. 12. 1937, Wals-Siezenheim

Volksschule in Siezenheim, 1906/07 Landwirtschaftsschule in Kleingmain, 1914 Übernahme des elterlichen Gast- und Landwirtschaftsbetriebes in Viehhausen; 1922 bis

1924 stellvertretender Landesparteiobmann der Salzburger Christlichsozialen, 1920 bis 1927 Vizepräsident und 1927 bis 1937 Präsident des Katholischen (Salzburger) Bauernbundes, 1927 bis 1932 stellvertretender Klubobmann der Christlichsozialen im Landtag; 1919 bis 1924 Mitglied der Gemeindevertretung von Siezenheim; 1920 Mitbegründer der Salzburger Heimwehr, 1920 bis 1924 Vizepräsident der Salzburger Landwirtschaftsgesellschaft, 1924 bis 1936 Vizepräsident des Landeskulturrates, 1936/37 Landesbauernführer und Vizepräsident der Salzburger Landwirtschaftskammer; 1931 Goldenes Ehrenzeichen für Verdienste um die Republik Österreich.

Abg. zum Konstituierenden Landtag (1. WP)	CSP	23. 4. 1919–3. 5. 1922
Abg. zum Landtag (2.–4. WP)	CSP	4. 5. 1922–31. 10. 1934
Präsident des Landtages		19. 5. 1932–19. 1. 1934
Landesrat	CSP	19. 1. 1934–31. 10. 1934
Landesrat-Ständischer Landtag		1. 11. 1934–13. 12. 1937
Mitglied des Bundesrates	CSP	4. 5. 1927–27. 5. 1932

Literatur: *Schausberger, Franz: Josef Hauthaler. Salzburger Bauernführer in schwersten Zeiten, Salzburg 1990 (= Veröffentlichung der Dr.-Hans-Lechner-Forschungsgesellschaft Salzburg Nr. 5); Unsere Führer, in: Salzburger Bauernbundkalender 1928, S. 154ff*

HAUZAR Herbert FPÖ
Hauptmann, St. Johann im Pongau
* 14. 6. 1952, Graz

1958 bis 1970 Volksschule und Gymnasium in Graz, 1970 Matura, 1970/71 Präsenzdienst beim Flugmelderegiment in Salzburg als Einjährig Freiwilliger, 1972 Verpflichtung als Offizier auf Zeit, 1972 bis 1975 Militärakademie in Wiener Neustadt (Niederösterreich), 1975 Ausmusterung zum Leutnant und Versetzung nach Salzburg, 1978/79 Ausbildung zum Radarleitoffizier, 1982 Übersiedlung nach St. Johann im Pongau, 1985/86 Kompaniekommandant am Golan (Syrien), 1991 interimistischer Leiter der Luftraumüberwachungszentrale, 1990/91 UN-Hauptquartier in Damaskus (Syrien), 1993 bis 1997 Leiter des Radarleitdienstes in St. Johann im Pongau, seit 1997 als Oberst im militärdiplomatischen Dienst tätig.

Abg. zum Landtag (10. GP)	FPÖ	16. 2. 1994–1. 5. 1994

Heger Hans, Dkfm. Dr. ÖVP
Außenhandelskaufmann, Salzburg
* 7. 2. 1915, Wien
† 15. 10. 1993, Salzburg

Volksschule, Realgymnasium, Hochschule für Welthandel in Wien (1937 Dkfm., 1947 Dr. rer. comm.), bis 1945 Kriegsdienst, 1946/47 Betriebsleiter einer Textilfabrik in Oberndorf bei Salzburg, ab 1947 selbstständiger Kaufmann in Oberndorf bei Salzburg, ab 1956 geschäftsführender Gesellschafter der Firma Bauer Austria Salzburg-Wien; 1947 bis 1957 ÖVP-Ortsparteiobmann von Oberndorf bei Salzburg, 1970 bis 1982 Landesobmann-Stellvertreter des Österreichischen Wirtschaftsbundes-Landesgruppe Salzburg, 1947 bis 1959 Mitglied der Gemeindevertretung von Oberndorf bei Salzburg; 1958 bis 1970 Vizepräsident und Finanzreferent der Salzburger Handelskammer, 1970 bis 1985 Kurator des Wirtschaftsförderungsinstitutes der Salzburger Handelskammer, Bundesgremialvorsteher des Außenhandels (1965), 1969 bis 1973 und 1974 bis 1981 Mitglied der österreichischen Delegation zur Parlamentarischen Versammlung des Europarates, 1959 bis 1985 Honorarkonsul des Königreiches Belgien; 1980 Großes Goldenes Ehrenzeichen mit dem Stern für Verdienste um die Republik Österreich.

Mitglied des Bundesrates	ÖVP	22. 12. 1966–30. 6. 1980
Vorsitzender des Bundesrates		22. 12. 1966–31. 12. 1966
Vorsitzender des Bundesrates		1. 1. 1971–30. 6. 1971
Vorsitzender des Bundesrates		1. 7. 1975–31. 12. 1975
Vorsitzender des Bundesrates		1. 1. 1980–30. 6. 1980
Vorsitzender der 10. Bundesversammlung		9. 6. 1971

Heilmayer Franz CSP
Färbermeister, Mattsee
* 24. 11. 1858, Mattsee
† 12. 2. 1920, Mattsee

Lehre als Färber, Färbermeister und Ökonomiebesitzer in Mattsee; 1903 bis 1919 Bürgermeister von Mattsee; 1907 bis 1918 Reichsratsabgeordneter; 1893 bis 1907 Vorstand und 1907 Ehrenmitglied der Gewerbegenossenschaft für den Gerichtsbezirk Mattsee.

Mitglied der Provisorischen Nationalversammlung	CSP	21. 10. 1918–16. 2. 1919

Literatur: *Klieber, Rupert J.: Politischer Katholizismus in der Provinz. Salzburgs Christlichsoziale in der Parteienlandschaft Alt-Österreichs, Wien-Salzburg 1994 (= Publikationen des Instituts für Kirchliche Zeitgeschichte, Band 28)*

Hell Franz StL, ÖVP
Arbeiterkammersekretär, Salzburg
* 28. 12. 1899, Salzburg
† 16. 1. 1963, Salzburg

Volks- und Unterrealschule in Salzburg, Kaufmannslehre in Salzburg, ab 1924 Sekretär des Gehilfenausschusses des Salzburger Handelsgremiums, ab 1928 Obmann des Deutschen Handels- und Industrieangestelltenverbandes (DHV), Ortsgruppe Salzburg, ab 1934 Sekretär der Salzburger Arbeiterkammer, 1938 Entlassung, 1939 bis 1945 Tätigkeit als Industriekaufmann in Salzburg, 1945 Wiedereinstellung und Mitglied des Viererbeirates zur Liquidierung der Deutschen Arbeitsfront und Wiedererrichtung der Arbeiterkammer; 1946 bis 1948 geschäftsführender Landesparteiobmann der ÖVP Salzburg; 1945 bis 1963 Landesobmann-Stellvertreter des ÖAAB; 1933 bis 1938 Obmann der Angestelltenkrankenkasse in Salzburg; 1955 Großes Goldenes Ehrenzeichen mit dem Stern für Verdienste um die Republik Österreich, 1961 Ehrenring des Landes Salzburg;

Abg. zum Landtag (1.–4. GP)	ÖVP	12. 12. 1945–16. 1. 1963
Präsident des Landtages		12. 12. 1945–16. 1. 1963
Mitglied des Ständischen Landtages (Landstand) (Vertreter des Handels und Verkehrs)		22. 11. 1934–12. 3. 1938

Herok Reinhard Martin ÖVP
Student, Salzburg
* 28. 2. 1961, Salzburg

1968 bis 1972 Volksschule in Salzburg-Parsch, 1972 bis 1976 Bundesrealgymnasium in Salzburg, 1976 bis 1981 Bundeshandelsakademie in Salzburg, 1981 Matura, 1981 bis 1988 Studium der Betriebswirtschaftslehre an den Universitäten Wien und Linz, 1998 bis 2000 Absolvierung eines Universitätslehrganges für Markt- und Kommunikationsforschung an der Universität Wien, 2001 bis 2003 Universitätslehrgang für Business Management, 1981 bis 1995 politischer Assistent im ÖVP-Parlamentsklub in Wien, 1994 bis 2002 Tätigkeit bei der Werbeagentur Grill & Thompson in Wien, 2002 bis 2007 Account Director bei der Werbeagentur Leo Burnett in Wien, seit 2007 Marketingleiter bei »gugler cross media« in Melk (Niederösterreich); 1979 bis 1991

Landesobmann der Union Höherer Schüler, 1985 bis 1992 Landesobmann der Jungen ÖVP Salzburg, 1990 bis 1992 Bundesobmann-Stellvertreter der Jungen ÖVP.

Abg. zum Landtag (10. GP) ÖVP 3. 5. 1989–1. 5. 1994

Heuberger August CSP
Sägewerksbesitzer, Thalgau
* 28. 8. 1873, Weyer an der Enns (Oberösterreich)
† 26. 1. 1960, Thalgau

1880 bis 1886 Volks- und Bürgerschule, 1886 bis 1888 Ackerbauschule in Ritzlhof bei Linz, 1888 bis 1891 Wirtschaftsleiter der Ackerbauschule, 1891 Einjährig-Freiwilligen-Kurs in Linz, 1891/92 Ökonomieadjunkt in Groß-Herrlitz bei Troppau (Schlesien), 1892/93 Einjährig-Freiwilliger in Innsbruck, 1894 bis 1897 Hilfsbeamter in einem Sägewerk in Gaflenz (Oberösterreich), 1897 bis 1901 Tätigkeit in einer Kunst- und Sägemühle in Pichlern bei Sierning (Oberösterreich), 1901 selbstständiger Holzhändler in Linz, 1902 Erwerb eines Sägewerkes und Übersiedlung nach Thalgau, in der Folge Eigentümer mehrerer Sägewerke und eines Elektrizitätswerkes, 1914 bis 1917 Kriegsdienst im Kriegsgefangenenlager in Grödig; 1922 bis 1925 Mitglied des Gemeinderates von Thalgau; Präsident des Österreichischen Holzinteressenvereines; 1920 Ehrenbürger von Thalgau, 1932 von Thalgauberg und 1952 von Fuschl, 1921 Kommerzialrat.

Abg. zum Nationalrat (II.–III. GP) CSP 20. 11. 1923–1. 10. 1930

Literatur: *Pfarrhofer, Hedwig: Heuberger-Thalgau 1902–1977, Salzburg 1977; Haas, Karl: Thalgauer Heimatbuch, Thalgau 1976*

Hirschbichler Heidi, MBA SPÖ
ÖGB-Landesgeschäftsführerin, Grödig
* 30. 9. 1959, Salzburg

1965 bis 1969 Volksschule in Salzburg-Gnigl, 1969 bis 1973 Hauptschule in Salzburg Gnigl und Parsch, 1973 bis 1975 Büro- und Verwaltungsschule der Arbeiterkammer Salzburg, 1975/76 Mitarbeiterin der Bausparkasse Wüstenrot (Werbung und Marketing) in Salzburg, 1976 bis 1982 Mitarbeiterin der Landesexekutive Salzburg des ÖGB, 1982 bis 1986 Hausfrau, 1986 bis 1991 Mitarbeiterin der Gewerkschaft Agrar-Nahrung-Genuss in Salzburg, seit 1992 Mitarbeiterin der Landesexekutive Salzburg des ÖGB, 1993 bis 2004 Landesgeschäftsführerin der FSG in Salzburg, seit 2004 Landesgeschäftsführerin des ÖGB in Salzburg, 1992/93 Studienberechtigungsprüfung für Rechtswissenschaften an der Universität Salzburg, 2002/03 Universitätslehrgang »New Public Management« (Akademische New Public Managerin) und 2003/04 Universitätslehrgang »General Management« (Akademische General Managerin) sowie 2004 Post-Graduate-Ausbildung an der Donau-Universität Krems (Niederösterreich) und Abschluss als MBA; seit 1999 Mitglied des Landesparteivorstandes der SPÖ Salzburg sowie des Bezirksparteivorstandes der SPÖ Flachgau; 1977 bis 1981 Landesvorsitzende der GPA Jugend Salzburg, seit 2000 Mitglied des Vorstandes der Salzburger Arbeiterkammer (seit 2004 kooptiert), seit 2001 fachkundige Laienrichterin beim Oberlandesgericht Linz, seit 2004 Mitglied des Landesdirektoriums des Arbeitsmarktservice Salzburg.

Abg. zum Landtag (13. GP–)	SPÖ	28. 4. 2004–lfd.

Hirscher Josef — SPÖ
Finanzbeamter, St. Johann im Pongau
* 22. 9. 1930, St. Johann im Pongau
† 24. 4. 1983, Schwarzach im Pongau

Pflichtschulen, Berufsschule, Lehre als Elektromonteur, Gesellenprüfung, 1944 Junghelfer bei der Deutschen Reichsbahn, bis 1954 Elektromonteur, ab 1954 Finanzbeamter in St. Johann im Pongau; 1966 bis 1983 Vorsitzender der SPÖ St. Johann im Pongau, 1974 bis 1983 Bezirksparteivorsitzender der SPÖ Pongau, 1974 bis 1983 Mitglied des Landesparteivorstandes und 1978 bis 1983 Mitglied des Landesparteipräsidiums der SPÖ Salzburg; 1969 bis 1974 Mitglied des Gemeinderates von St. Johann im Pongau; 1982 Silbernes Ehrenzeichen für Verdienste um die Republik Österreich.

Abg. zum Nationalrat (XIII.–XV. GP)	SPÖ	27. 11. 1974–24. 4. 1983

Hochleitner Adolf — CSP, StL
Bezirksoberförster, Golling an der Salzach
* 23. 9. 1881, Filzmoos
† 20. 8. 1966, Hallein

Volksschule in Filzmoos, zwei Jahre Gymnasium in Salzburg, 1902/03 kaufmännische Lehre in Krems an der Donau (Niederösterreich), 1903/04 Försterschule in Hall in Tirol, 1904 bis 1909 Adjunkt bei der Landesforstinspektion in Salzburg, 1909 bis 1928 Bezirksförster und 1928 bis 1938 Bezirksoberförster in Golling an der Salzach, 1938 Zwangspensionierung; 1922 bis 1931 und 1949 bis 1954 Bürgermeister von Golling an der Salzach, 1919 bis 1922 und 1934 bis 1936 Mitglied des Gemeinderates von Golling an der Salzach; 1932 bis 1934 stellvertretender Klubobmann im Landtag; 1938 Ehrenbürger von Golling an der Salzach.

Abg. zum Landtag (3.–4. WP)	CSP	19. 11. 1929–31. 10. 1934
Mitglied des Ständischen Landtages (Landstand)		22. 11. 1934–12. 3. 1938
(Vertreter der Land- und Forstwirtschaft)		

Hochleitner Albert, Dipl.-Ing. ÖVP
Kammeramtsdirektor, Salzburg
* 30. 1. 1893, Blühnbach, Gemeinde Werfen
† 8. 5. 1964, Wien

Volksschule in Rauris, Gymnasium in Salzburg, 1914 Matura, 1914 bis 1918 Kriegsdienst, 1919 bis 1923 Studium an der Hochschule für Bodenkultur in Wien, 1923 Dipl.-Ing., 1923 Beamter der Niederösterreichischen Landwirtschaftskrankenkasse, 1923 bis 1926 Bezirkssekretär der Landes-Landwirtschaftskammer Niederösterreich und Bezirksbauernkammersekretär in Wolkersdorf, 1926 bis 1931 Laborleiter an der Landwirtschaftlich-chemischen Bundesversuchsanstalt in Wien, 1931 bis 1933 Leiter des milchwirtschaftlichen Referates und 1933 bis 1938 Abteilungsleiter für Tierzucht und Milchwirtschaft im Bundesministerium für Land- und Forstwirtschaft, 1938 Entlassung, 1939 bis 1945 Privatwirtschaft (bis 1941 Leiter eines Exportbüros in Wien und ab 1941 Leiter eines Schotterwerkes), 1945 Kammeramtsdirektor der Kammer für Landwirtschaft und Ernährung für Salzburg; 1964 Großes Silbernes Ehrenzeichen für Verdienste um die Republik Österreich.

Landeshauptmann	ÖVP	12. 12. 1945–4. 12. 1947
Mitglied des Bundesrates	ÖVP	19. 12. 1945–17. 11. 1948

Literatur: *Kriechbaumer, Robert: Salzburgs Landeshauptleute der 2. Republik, Salzburg 2002 (= Salzburg Dokumentationen Nr. 113); Die ÖVP und ihre Mandatare (Nationalrat und Bundesrat), Wien 1946*

Hochreiter Karoline, Dr. Bürgerliste
Psychologin, Salzburg
* 29. 3. 1950, Vöcklabruck (Oberösterreich)

1956 bis 1960 Volksschule und 1960 bis 1964 Hauptschule in Vöcklabruck (Oberösterreich),

1964 bis 1967 Fachschule für wirtschaftliche Frauenberufe in Bad Ischl (Oberösterreich), 1967 bis 1971 Redaktionssekretärin in Linz, 1967 bis 1972 Bundesgymnasium für Berufstätige in Linz, 1972 Matura, 1972/73 Studium der Psychologie und Pädagogik an der Universität Wien, 1973 bis 1982 Studium der Psychologie, Psychopathologie und Psychiatrie an der Universität Salzburg, 1982 Dr. phil., 1981/82 Psychologin am Salzburger Kinderspital, 1984 bis 1986 Psychologin der Mutterberatung der Stadt Salzburg, 1985 Abschluss der Ausbildung als Psychotherapeutin, freiberufliche Psychotherapeutin, Supervisorin und Lehrtherapeutin, Lehrbeauftragte an der Donau-Universität Krems und an der Universität Innsbruck; seit 2006 Vorsitzende der Ausbildungseinrichtung der Fachsektion »Psychodrama« im Österreichischen Arbeitskreis für Gruppentherapie und Gruppendynamik (ÖAGG).

Abg. zum Landtag (10.–11. GP) Bürgerliste 3. 5. 1989–26. 4. 1999

Hödlmoser Anni SPÖ
Kindergartenhelferin, Strobl-Abersee
* 22. 5. 1948, Großarl

1954 bis 1958 Volksschule in Wagrain und Werfen, 1958 bis 1962 Hauptschule in Bischofshofen, 1963 bis 1965 Ausbildung zur zahnärztlichen Assistentin am Landeskrankenhaus Salzburg und dort bis 1966 als solche tätig, 1972/73 Ausbildung zur Kindergärtnerin, 1972 bis 1999 Kindergärtnerin/Kindergartenhelferin in Strobl; 1982 Beitritt zur SPÖ, 1982 bis 1998 Mitglied des Ortsparteiausschusses und 1983 bis 1988 Ortsfrauenvorsitzende der SPÖ Strobl, 1984 bis 1994 Mitglied des Bezirksparteivorstandes und stellvertretende Bezirksfrauenvorsitzende der SPÖ Flachgau, 1983 bis 1998 Mitglied des Bezirksfrauenkomitees und 1985 bis 1994 des Landesfrauenkomitees, 1985 bis 1994 Mitglied des Landesparteivorstandes der SPÖ Salzburg; 1997 Verleihung des Ehrentellers der Gemeinde Strobl für besondere Verdienste.

Abg. zum Landtag (10. GP) SPÖ 3. 5. 1989–1. 5. 1994

Hofer Franz StL
Gutsmeier, Plainfeld
* 10. 11. 1890, Krimml
† 2. 7. 1947, Salzburg

Volks- und Bürgerschule in Saalfelden am Steinernen Meer, Hoteldiener, 1911 bis 1913 Militärdienst, 1914 bis 1918 Kriegsdienst, 1918 bis 1921 Soldat der Volkswehr beziehungsweise des Bundesheeres (Oberleutnant), 1921 bis 1923 landwirtschaftliche Truppenlehrwirtschaft in Salzburg-Maxglan (davon 1922/23 als deren Leiter), 1927 Eintritt in den Dienst des Stiftes St. Peter in Salzburg, Verwalter des Gutes Pabenschwandt in Plainfeld und bis 1947 Ökonomieverwalter; 1934 bis 1938 Mitglied des Landesschulrates für Salzburg, Februar 1938 Ernennung zum Landarbeiterführer und Vizepräsidenten der Landwirtschaftskammer.

Mitglied des Ständischen Landtages (Landstand) 22. 11. 1934–12. 3. 1938
(Vertreter der Land- und Forstwirtschaft)

HOFER Johann StL
Partieführer der Wildbach- und Lawinenverbauung, Stuhlfelden
* 14. 11. 1891, Bramberg am Wildkogel
† 2. 12. 1960, Stuhlfelden

Volksschule in Bramberg, Landarbeiter, 1914 bis 1918 Kriegsdienst, Holzakkordant, Partieführer der Wildbach- und Lawinenverbauung (WLV), 1938 Verhaftung und Versetzung zur WLV nach Thalgau und Hallein, 1939/40 Schachtmeister beim Autobahnbau in Thalgau, 1940 bis 1945 Mitarbeiter der Heeresversuchsstelle in Mittersill, 1945 bis 1948 Gemeindesekretär in Stuhlfelden, 1948 bis 1959 Leiter des Bauhofes der Wildbach- und Lawinenverbauung in Neukirchen am Großvenediger; Mitglied der Gemeindevertretung von Stuhlfelden (ÖVP); 1938 Bezirksführer der Vaterländischen Front im Pinzgau.

Mitglied des Ständischen Landtages (Landstand) 1. 12. 1937–12. 3. 1938
(Vertreter des Gewerbes)

HOFER Margit, Mag. ÖVP
Angestellte, Salzburg
* 18. 1. 1964, Salzburg

1970 bis 1974 Volksschule in Salzburg-Herrnau, 1974 bis 1978 Wirtschaftskundliches Realgymnasium in Salzburg, 1978 bis 1982 Bundes-Oberstufenrealgymnasium in Salzburg, 1982 Matura, 1983/84 Ausbildung zur radiologisch-technischen Assistentin am Landeskrankenhaus Salzburg, 1984/85 Assistentin bei einem Lungenfacharzt, 1985 bis 1995 Landesgeschäftsführerin der Österreichischen Frauenbewegung in Salzburg, 1995 bis 2004 Außendienstmitarbeiterin der Salzburger Landesversicherung, 1987 bis 2003 Studium der Rechtswissenschaften an der Universität Salzburg, 2003 Mag. iur., seit 2004 Centermanagerin von »Medicent Salzburg« und seit 2006 von »Medicent Linz«; 1995 bis 2004 Landesleiterin der Österreichischen Frauenbewegung in Salzburg, 1997 bis 2004 stellvertretende Landesleiterin der »Katastrophenhilfe österreichischer Frauen«, 1998 Gründerin und bis 2004 Präsidentin des Klubs »Freunde von Europe Alive«.

Abg. zum Landtag (11.–12. GP)	ÖVP	2. 5. 1994–27. 4. 2004

Hofer Margot, Dipl.-Vwt. FPÖ
Hausfrau, Salzburg
* 23. 6. 1943, Prag

1949 bis 1953 Volksschule in Gmünd (Kärnten), 1953 bis 1961 Realgymnasium in Spittal an der Drau (Kärnten), 1961/62 Abiturientenkurse an der Handelsakademie Klagenfurt, 1962/63 Berufspraxis bei einem Bauunternehmen in München, 1964 bis 1969 Studium der Wirtschaftswissenschaften an der Universität Innsbruck, 1969 Dipl.-Vwt., 1970 bis 1975 Tätigkeit in einer Steuerberatungskanzlei in Salzburg, Hausfrau; 1969 Beitritt zur FPÖ, 1977 FPÖ-Ortsgruppenobfrau von Salzburg-Lehen, bis 2000 Landesfrauenreferentin der FPÖ Salzburg, 1972 bis 2000 Landesobfrau des Freiheitlichen Familienverbandes, 1982 bis 1998 Landesparteiobmann-Stellvertreterin der FPÖ Salzburg, 1997 geschäftsführende Landesparteiobfrau, 1977 bis 1998 Bezirksparteiobmann-Stellvertreterin der FPÖ Salzburg-Stadt, 1977 bis 1999 Mitglied der Landesparteileitung und 1977 bis 1998 Mitglied des Landesparteivorstandes der FPÖ Salzburg, 1992 bis 1994 Mitglied des Bundesparteivorstandes der FPÖ, 1992 bis 1994 Klubobfrau der FPÖ im Landtag; 1977 bis 1983 Mitglied des Gemeinderates und 1982/83 Stadträtin der Stadt Salzburg; 1977 bis 1979 Mitglied des Bezirksschulrates Salzburg-Stadt, 1974 bis 1994 Mitglied des Landesschulrates für Salzburg, 1983 bis 1999 Mitglied des Wohnbauförderungs- und des Sozialhilfebeirates, seit 1983 Vizepräsidentin des Salzburger Zivilschutzverbandes; 1999 Goldenes Ehrenzeichen des Landes Salzburg; 2006 Bürgerbrief der Stadt Salzburg.

Abg. zum Landtag (8.–11. GP)	FPÖ	19. 10. 1983–11. 11. 1997
Dritte Präsidentin des Landtages		2. 5. 1994–11. 11. 1997
Landesrätin	FPÖ	12. 11. 1997–27. 4. 1999

Hofmann Harald SPÖ
Versicherungsbereichsleiter, Bischofshofen
* 14. 10. 1940, St. Johann im Pongau

1947 bis 1954 Volks- und Hauptschule in St. Johann im Pongau, Berufsschule, 1954 bis 1958 Lehre als Schriftsetzer bei der Buchdruckerei Baur in St. Johann im Pongau, 1959/60 Präsenzdienst, 1958 bis 1961 Schriftsetzer bei der Buchdruckerei Baur in St. Johann im Pongau, 1961 bis 1967 Metteur und Teletypsetzer in der Salzburger Druckerei, 1967 bis 1971 Lokalredakteur beim »Demokratischen Volksblatt« in Salzburg, 1971 bis 1975 Bereichsleiter der Wiener Allianz Versicherungs AG und 1975 bis 1983 Bereichsleiter der Wiener Städtischen Versicherung für den Pongau, Lungau und Pinzgau, nebenberuflich freier Journalist für das »Salzburger Tagblatt«, den ORF, die »Pongauer Nachrichten« sowie die »Pinzgauer Nachrichten«, seit 1996 Konsulent für kommunale Angelegenheiten bei der Wiener Städtischen Versicherung; 1962 Beitritt zur SPÖ, 1967 Pressereferent der SPÖ Pongau und Mitglied des Bezirksausschusses, ab 1980 Mitglied des Vorstandes der SPÖ Pongau, 1984 bis 1988 Ortsparteivorsitzender der SPÖ in Bischofshofen, 1984 bis 1996 Bezirksparteivorsitzender der SPÖ Pongau, 1982 bis 1996 Mitglied des Landesparteivorstandes der SPÖ Salzburg, 1989 bis 2001 Landesobmann der Salzburger Naturfreunde; 1989 bis 1996 Wirtschaftsrat der Österreichischen Bundesforste; 1996 Großes Silbernes Ehrenzeichen für Verdienste um die Republik Österreich.

Abg. zum Nationalrat (XVI.–XIX. GP) SPÖ		19. 5. 1983–14. 1. 1996

Hofmann Karl SPÖ
Bundesbahnbeamter, St. Johann im Pongau
* 13. 5. 1931, Bischofshofen
† 4. 2. 2000, St. Johann im Pongau

Volks- und Hauptschule in Hallein, Bundesfachschule für Holz- und Steinbearbeitung in Hallein, zweijährige Tätigkeit als Zimmermann, 1950 Eintritt in den Dienst der ÖBB als Oberbauarbeiter und Verschieber, 1951 bis 1969 Fahrdienstleiter, ab 1969 Bundesbahninspektor und Vorstand des Bahnhofes Schwarzach-St. Veit; 1958 Beitritt zur SPÖ, 1974 bis 1982 Mitglied des Landesparteivorstandes der SPÖ Salzburg; 1964 bis 1968 Mitglied des Gemeinderates und 1968 bis 1983 Vizebürgermeister von St. Johann im Pongau; Träger des Ehrenringes der Marktgemeinde St. Johann im Pongau, 1979 Großes Silbernes Ehrenzeichen für Verdienste um die Republik Österreich, 1985 Silbernes Ehrenzeichen des Landes Salzburg.

Abg. zum Landtag (6. GP)	SPÖ	14. 5. 1969–21. 5. 1974
Abg. zum Landtag (7.–8. GP)	SPÖ	29. 5. 1974–15. 5. 1984

Höggerl Gerhard FPÖ
Kfz-Mechanikermeister, Salzburg
* 3. 7. 1943, Bad Gastein

1950 bis 1954 Volksschule und 1954 bis 1959 Hauptschule in Bad Gastein, 1959 bis 1963 Lehre als Kfz-Mechaniker in Bad Gastein, 1962/63 Präsenzdienst, 1964 bis 1966 Auslandsaufenthalt in Deutschland, Frankreich, Belgien und den USA, 1970 Meisterprüfung, seit 1974 selbstständiger Kfz-Mechanikermeister in Salzburg; 1994/95 stellvertretender Klubobmann der FPÖ im Landtag, 2000 bis 2006 Ortsparteiobmann der FPÖ Parsch, Bezirksobmann des Ringes Freiheitlicher Wirtschaftstreibender (RFW) in der Stadt Salzburg, 1991 bis 2003 stellvertretender Landesobmann des RFW Salzburg, seit 2000 Bezirksobmann in der Stadt Salzburg und seit 2005 Landesobmann-Stellvertreter des Salzburger Seniorenringes; 1989 bis 1992 Mitglied des Gemeinderates der Stadt Salzburg; 1983 bis 1985 und seit 1990 Mitglied der Landesinnung sowie 1995 bis 2005 Landesinnungsmeister-Stellvertreter der Kraftfahrzeugtechniker in Salzburg, Vorsitzender der Meisterprüfungskommission für Kraftfahrzeugtechniker, 1993 bis 2000 Mitglied der Bundessektion Gewerbe, 2000 bis 2005 Bildungsreferent der Bundeswirtschaftskammer; 1998 Kommerzialrat.

Abg. zum Landtag (10.–11. GP) FPÖ 19. 5. 1993–26. 4. 1999

Hölzl Alois CSP
Klinglerbauer, Saalfelden am Steinernen Meer
* 27. 7. 1875, Saalfelden am Steinernen Meer
† 23. 2. 1947, Saalfelden am Steinernen Meer

1881 bis 1885 Volksschule in Saalfelden am Steinernen Meer und 1885 bis 1889 Volksschule in Maria Alm am Steinernen Meer, ab 1889 Landarbeiter, 1896 Landwirtschaftsschule Kleingmain, 1906 bis 1940 Klinglerbauer und 1946/47 Hofverwalter des Stoissengutes in Saalfelden am Steinernen Meer, 1916 Kriegsdienst, 1938 politische Haft; 1904 bis 1919 Mitglied des Gemeindeausschusses und 1909 bis 1919 Bürgermeister der Landgemeinde Saalfelden; 1909 bis 1918 Landtagsabgeordneter des Großgrundbesitzes; 1904 bis 1910 Obmann der k.k. Landwirtschaftsgesellschaft in Saalfelden am Steinernen Meer, 1924 Präsident der Landwirtschaftlichen Gesellschaft in Salzburg, 1924 bis 1927 Vizepräsident und 1927 bis 1936 Präsident des Landeskulturrates, 1937/38 Präsident der Salzburger Landwirtschaftskammer; 1931 bis 1938 Obmann des Pinzgauer Pferdezuchtverbandes; Ökonomierat.

Mitglied der Provisorischen Landesversammlung	CSP	3. 11. 1918–21. 4. 1919
Landesrat	CSP	3. 11. 1918–29. 11. 1918

Literatur: *Klieber, Rupert J.: Politischer Katholizismus in der Provinz. Salzburgs Christlichsoziale in der Parteienlandschaft Alt-Österreichs, Wien-Salzburg 1994 (= Publikationen des Instituts für Kirchliche Zeitgeschichte, Band 28)*

Hölzl Konrad SPÖ
Tabakarbeiter, Hallein
* 28. 7. 1897, Hallein
† 13. 9. 1960, Hallein

Volksschule, zwei Klassen Bürgerschule, Maurerlehre und Gewerbeschule, 1915 bis 1919 Kriegsdienst und Kriegsgefangenschaft, bis 1934 Tabakarbeiter in Hallein, 1934 Entlassung und Verhaftung, 1936 Wiedereinstellung; 1947 bis 1949 Mitglied des Landesparteivorstandes der SPÖ Salzburg, 1946 bis 1949 Bezirksparteivorsitzender der SPÖ Tennengau; 1945 bis 1949 Vizebürgermeister von Hallein.

Abg. zum Landtag (1. GP)	SPÖ	12. 12. 1945–30. 11. 1949

Holztrattner Johann SPÖ
Versicherungskaufmann, Elsbethen
* 25. 8. 1945, Puch bei Hallein

1951 bis 1955 Volksschule in Puch bei Hallein und 1955 bis 1959 Hauptschule in Hallein, 1959 bis 1962 Lehre als Steinmetz, 1963 Präsenzdienst, 1964 bis 1967 Tätigkeit als Steinmetz, 1968 bis 1973 Angestellter (Verkauf) bei der Wiener Allianz Versicherung, 1974 bis 2005 Angestellter bei der Salzburger Landesversicherung (ab 1986 Organisationsleiter, ab 1991 Verantwortlicher für den Gesamtvertrieb); 1963 Beitritt zur SPÖ, 1979 bis 1991 Ortsparteivorsitzender der SPÖ in Elsbethen, 1990 bis 2001 Bezirksparteivorsitzender der SPÖ Flachgau, seit 1990 Mitglied des Landesparteivorstandes und des Landesparteipräsidiums der SPÖ Salzburg; 1979 bis 1992 Mitglied des Gemeinderates von Elsbethen; Vorstandsmitglied des Heimhilfedienstes Salzburg, Vorstand der Kontrolle der Salzburger Kinderfreunde, Vorstandsmitglied der Salzburger Volkshilfe, seit 2000 Vizepräsident des Salzburger Zivilschutzverbandes.

Abg. zum Landtag (10. GP–)	SPÖ	8. 7. 1992–lfd.

Zweiter Präsident des Landtages 27. 4. 1999–27. 4. 2004
Präsident des Landtages 28. 4. 2004–lfd.

Horak Josef SPÖ
Gewerkschaftssekretär, Salzburg
* 2. 1. 1898, Wien
† 8. 12. 1978, Salzburg

1904 bis 1909 Volksschule in Wien, 1909 bis 1916 Humanistisches Gymnasium in Wien beziehungsweise in Wiener Neustadt (Niederösterreich), 1916 bis 1918 Zivilkanzleikraft im k.k. Monturdepot in Kaiserebersdorf (Niederösterreich), bis 1919 Registrator in einer Petroleumfirma in Wien, Hilfsarbeiter bei einem Pflasterunternehmen sowie Aushilfsdiener bei einem Wiener Postamt, 1919 Übersiedlung nach Salzburg, 1919 Geschäftsdiener in einer Buchhandlung, 1919 bis 1921 Bürokraft in Salzburg, 1921 bis 1927 Buchhalter bei der Allgemeinen Konsumgenossenschaft, 1927 bis 1934 Sekretär des Zentralvereines kaufmännischer Angestellter, Februar 1934 Entlassung und im Mai 1934 Wiedereinstellung in den Dienst der Salzburger Arbeiterkammer, 1934 bis 1938 Sekretär für die Arbeiter im Gast- und Schankgewerbe sowie für das Lebens- und Genussmittelgewerbe, 1938 Entlassung und bis 1945 Buchhalter und Verlagsleiter einer Verlagsgesellschaft, 1943 bis 1945 Kriegsdienst, 1946 bis 1954 Landessekretär des ÖGB Salzburg, 1956 bis 1966 Vorsitzender der Landesexekutive Salzburg des ÖGB, 1956 bis 1965 Präsident der Salzburger Arbeiterkammer; 1919 Beitritt zur SDAP, 1921 Beitritt zur Freien Gewerkschaft, 1956 bis 1966 Mitglied des Landesparteivorstandes der SPÖ Salzburg; 1924 stellvertretender Obmann und ab 1926 Obmann des Zentralvereines kaufmännischer Angestellter, ab 1926 Kammerrat der Salzburger Arbeiterkammer, Vorstandsmitglied der Versicherungskasse der Angestellten (1927), 1946 bis 1956 Mitglied des Vorstandes der Arbeiterkammer Salzburg, 1948 bis 1963 Obmann der Salzburger Gebietskrankenkasse, 1956 bis 1965 Präsident der ASKÖ Salzburg; 1958 Großes Silbernes Ehrenzeichen für Verdienste um die Republik Österreich, 1963 Wappenring der Stadt Salzburg, 1967 Großes Ehrenzeichen des Landes Salzburg.

Landesrat SPÖ 11. 12. 1954–31. 1. 1956

Hörburger Franz, Dr. StP
Direktor der Bundeslehrerbildungsanstalt, Salzburg
* 1. 4. 1882, Bregenz
† 7. 1. 1974, Salzburg

Volksschule in Mezzolombardo (Italien), 1893 bis 1901 k.k. Staatsgymnasium in Feldkirch (Vorarlberg), 1901 Matura, 1901 bis 1906 Studium der Philosophie, Germanistik, Latein und Griechisch an den Universitäten Innsbruck und Graz, 1907 Lehramtsprüfung und Dr. phil., 1907 bis 1917 Lehrer an der Realschule in Görz (Krain), 1913 bis 1917 Lehrer am k.k. Staatsgymnasium in Linz, 1917 bis 1935 Direktor der Staatslehrerbildungsanstalt in Salzburg, 1935 bis 1938 Landesschulinspektor, 1927 bis 1938 Mitglied des Landesschulrates für Salzburg, 1938 Enthebung aus allen Funktionen und Versetzung in den Ruhestand, 1945 Wiedereinstellung und bis 1949 Landesschulinspektor, 1949 Versetzung in den Ruhestand, 1951 bis 1959 Lehrbeauftragter für Pädagogik an der Hochschule »Mozarteum« in Salzburg; 1932 Hofrat.

Mitglied des Bundeskulturrates 1. 11. 1934–12. 3. 1938

Literatur: *Enderle-Burcel, Gertrude: Christlich-Ständisch-Autoritär. Mandatare im Ständestaat 1934 bis 1938, Wien 1991; Hauser, Günter: Die Pädagogik von Franz Hörburger, phil. Diss., Salzburg 1982; Laireiter, Matthias: Schule in Verantwortung. Festschrift zum 90. Geburtstag von Hofrat Dr. Franz Hörburger, Salzburg 1972 (= Veröffentlichungen des Pädagogischen Institutes Salzburg, Band 36) (mit Werkverzeichnis)*
Eigene Werke: *Die Aussprache des Deutschen im Munde der Italiener und Slowenen, Görz 1911; Die deutsche Satzlehre in der Schule, Wien 1915; Denkschrift zur Erhaltung der Lehrerbildungsanstalt Salzburg, Salzburg 1921; Denkschrift zur Errichtung einer Vorbereitungsklasse an der Lehrerbildungsanstalt Salzburg, Salzburg 1924; Der Bildungsplan der Deutschen Oberschule (Aufbauschule) und die Lehrerbildung, Wien 1926; Lehrbuch der Pädagogik, 2 Bände, Wien 1934 und 1935 (gemeinsam mit Anton Simonic); Festschrift der Bundes-Lehrerbildungsanstalt in Salzburg zur Feier des 150jährigen Bestandes, Salzburg 1927; Handbuch der Pädagogik, 3 Bände, Wien 1948 bis 1953 (gemeinsam mit Anton Simonic); Ein Leben für die Schule. Schriften von Franz Hörburger, Salzburg 1962 (= Veröffentlichungen des Pädagogischen Instituts Salzburg, Band 9); Geschichte der Erziehung und des Unterrichtes, Wien 1967; Die Geschichte der Salzburger Lehrerbildung, Salzburg 1968 (= Veröffentlichungen des Pädagogischen Instituts Salzburg, Band 25); Salzburger Ortsnamenbuch, Salzburg 1982 (= Mitteilungen der Gesellschaft für Salzburger Landeskunde, Ergänzungsband 9)*

Hörl Josef ÖVP
Hanslbauer, Saalfelden am Steinernen Meer
* 31. 3. 1928, Saalfelden am Steinernen Meer

Volksschule in Saalfelden am Steinernen Meer, 1946 bis 1948 Landwirtschaftsschule Bruck an der Großglocknerstraße, ab 1957 Landwirt (Hanslbauer) in Saalfelden am Steinernen Meer; 1959 bis 1972 Hauptbezirksobmann der ÖVP im Pinzgau, 1963 bis

1979 Bezirksobmann des Salzburger Bauerbundes im Pinzgau, 1977 bis 1979 stellvertretender Klubobmann der ÖVP im Landtag; 1959 bis 1989 Mitglied der Gemeindevertretung (1969 bis 1977 auch Mitglied des Gemeinderates) und 1977 bis 1989 Vizebürgermeister von Saalfelden am Steinernen Meer; 1958 bis 1998 Aufsichtsratsvorsitzender der Pinzgauer Molkereigenossenschaft, 1970 bis 1995 Kammerrat der Salzburger Landwirtschaftskammer, 1983 bis 1995 Obmann der ARGE Pinzgauer Rinderzüchter und seit 1995 deren Ehrenobmann; 1980 Ökonomierat, 1974 Goldenes Verdienstzeichen der Republik Österreich, 1985 Goldenes Ehrenzeichen des Landes Salzburg sowie Träger zahlreicher weiterer Auszeichnungen.

Abg. zum Landtag (5.–8. GP)	ÖVP	19. 6. 1964–15. 5. 1984
Dritter Präsident des Landtages		15. 5. 1979–15. 5. 1984

Hornegger Franz FPÖ
Landwirt, Untertauern
* 16. 1. 1953, Schwarzach im Pongau

1959 bis 1967 Volks- und Hauptschule in Radstadt, 1967/68 Polytechnischer Lehrgang in Altenmarkt im Pongau, 1970 bis 1972 Landwirtschaftliche Fachschule in Tamsweg, 1972/73 Präsenzdienst, seit 1972 Landwirt (Arlergut) in Untertauern; 1994 bis 2003 Landesagrarsprecher der FPÖ Salzburg und 2001 bis 2003 Bundesagrarsprecher der FPÖ sowie Obmann der Freiheitlichen Bauernschaft, seit 2003 Bezirkssprecher der Freien Demokraten Salzburg im Pongau und Lungau; 1986 bis 1989 Mitglied der Gemeindevertretung, 1999 bis 2004 Mitglied des Gemeinderates (jeweils für die FPÖ) sowie seit 2004 Mitglied des Gemeinderates für die PFH (Parteifrei für Unter-Obertauern) von Untertauern; 1994 bis 1999 Kammerrat der Kammer für Land- und Forstwirtschaft in Salzburg.

Abg. zum Landtag (11. GP)	FPÖ	2. 5. 1994–26. 4. 1999
Abg. zum Nationalrat (XXI. GP)	FPÖ	29. 10. 1999–19. 12. 2002

Huber Anton ÖVP
Schütterbauer, Rauris
* 4. 12. 1898, Rauris
† 30. 12. 1965, Salzburg

Volksschule in Wörth, 1915 bis 1921 Melker auf dem elterlichen Hof, 1921 bis 1923 Landwirtschaftsschule Winklhof in Oberalm, 1923 bis 1962 Bauer auf dem elterlichen Schüttergut in Rauris; 1923 bis 1938 Mitglied der Gemeindevertretung (1928 bis 1931 auch Mitglied des Gemeinderates) beziehungsweise des Gemeindetages von Rauris, 1945/46 kommissarischer Bürgermeister von Rauris, 1945 bis 1959 Mitglied der Gemeindevertretung von Rauris; 1932 bis 1938 Mitglied des Vorstandes des Pinzgauer Bauernrates und 1928 bis 1934 Mitglied des Bundesausschusses und 1934 bis 1938 Mitglied des Landesbauernrates des Katholischen (Salzburger) Bauernbundes, 1923 bis 1938 Obmann des Ortsbauernrates von Rauris; Mitglied des Vorstandes der Salzburger Landwirtschaftskammer, 1945 bis 1965 Obmann des Pinzgauer Rinderzuchtverbandes, 1956 bis 1963 geschäftsführender Obmann und 1963 bis 1965 Obmann der Zentralen Arbeitsgemeinschaft Österreichischer Rinderzüchter; 1950 Ökonomierat.

Abg. zum Landtag (1. GP)	ÖVP	12. 12. 1945–30. 11. 1949

Huber Johann CSP
Kaufmann und Kerschenbauer, Oberalm
* 17. 5. 1873, Donnersbach (Steiermark)
† 21. 5. 1929, Oberalm

Zweiklassige Volksschule, Raiffeisenkurs, 1894 bis 1897 Militärdienst, Gemischtwarenhändler und 1905 bis 1929 Kerschenbauer in Oberalm; 1909 bis 1918 Landtagsabgeordneter der IV. Wählerklasse für die Tennengauer Landgemeinden; 1912 bis 1929 Mitglied der Gemeindevertretung und 1925 bis 1929 Bürgermeister von Oberalm.

Mitglied der Provisorischen Landesversammlung	CSP	3. 11. 1918–21. 4. 1919
Abg. zum Landtag (2.–3. WP)	CSP	4. 5. 1922–21. 5. 1929
Mitglied der Konstituierenden Nationalversammlung	CSP	4. 3. 1919–9. 11. 1920

Literatur: *Klieber, Rupert J.: Politischer Katholizismus in der Provinz. Salzburgs Christlichsoziale in der Parteienlandschaft Alt-Österreichs, Wien-Salzburg 1994 (= Publikationen des Instituts für Kirchliche Zeitgeschichte, Band 28)*

Hueber Anton DF
Direktor des Gewerbeförderungsinstitutes, Salzburg
* 27. 5. 1862, Perg (Oberösterreich)
† 27. 1. 1937, Salzburg

Volksschule, Tischlerlehre, 1890 Eröffnung eines Tischlereibetriebes in Salzburg, 1907 bis 1924 Direktor des Gewerbeförderungsinstitutes in Salzburg; 1908 bis 1912 und 1916 bis 1921 Obmann des Deutschfreiheitlichen Volksbundes, 1927 Gründer und Obmann des Wirtschaftlichen Ständebundes; 1895/96 und 1927/28 Mitglied des Gemeinderates der Stadt Salzburg; 1897 bis 1918 Reichsratsabgeordneter, 1899 bis 1918 Landtagsabgeordneter der Flachgauer Märkte.

Mitglied der Provisorischen Landesversammlung	DF	3. 11. 1918–21. 4. 1919
Mitglied der Provisorischen Nationalversammlung	DNP	21. 10. 1918–16. 2. 1919

Literatur: *Voithofer, Richard: »Drum schließt Euch frisch an Deutschland an…« Die Geschichte der Großdeutschen Volkspartei in Salzburg 1920–1936, Wien 2000 (= Schriftenreihe des Forschungsinstitutes für politisch-historische Studien der Dr.-Wilfried-Haslauer-Bibliothek, Band 9)*

Hueber Franz, Dr. HB, NSDAP
Notar, Mattsee
* 10. 1. 1894, Grünburg (Oberösterreich)
† 10. 7. 1981, Salzburg

Volksschule, Gymnasium in Wien, 1912 bis 1918 Studium der Rechtswissenschaften an der Universität Wien, während des Studiums 1915 bis 1917 Kriegsdienst, 1918 Dr. iur., 1917 Notariatsanwärter in Saalfelden am Steinernen Meer, 1921 Notariatsprüfung, Notariatssubstitut in Salzburg, 1927 bis 1937 Notar in Mattsee und 1937/38 in Wels, 1938/39 Beauftragter des Reichsjustizministers für Österreich, 1938 SA-Brigadeführer, 1939 bis 1942 Unterstaatssekretär im Reichsjustizministerium, 1940 bis 1943 Kriegsdienst, 1942 bis 1945 Präsident des Reichsverwaltungsgerichtes, 1945 als Kriegsverbrecher inhaftiert, 1948 wegen Hochverrats zu 18 Jahren Kerker verurteilt, 1950 bedingt entlassen und in der Folge bis 1962 in der Privatwirtschaft tätig (Vertreter, dann als Geschäftsführer einer Konzernfirma der verstaatlichten Industrie); Gründungsmitglied der Heimwehr im Pinzgau, 1925 bis 1932 Zweiter Landesführer und 1932/33 Erster Landesführer der Heimwehr in Salzburg, 1930 bis 1932 Fraktionsführer des Heimatblocks im Nationalrat, 1933 Austritt aus der Heimwehr, 1934 Mitglied der »Nationalen Aktion« und Gründer des Landeskomitees in Salzburg, 1938 bis 1945 Mitglied des Deutschen Reichstages; bis 1968 stellvertretender Vorstand und ab 1968 Vorstand der Salzburger Liedertafel; 1971 Silbernes Ehrenzeichen des Landes Salzburg.

Abg. zum Nationalrat (IV. GP)	HB	2. 12. 1930–30. 7. 1932
Bundesminister für Justiz	HB	30. 9. 1930–4. 12. 1930
Bundesminister für Justiz	NSDAP	11. 3. 1938–23. 4. 1938

Literatur: *Lilla, Joachim: Statisten in Uniform. Die Mitglieder des Reichstags 1933–1945, Düsseldorf 2004; Voithofer, Richard: »Drum schließt Euch frisch an Deutschland an…« Die Geschichte der Großdeutschen Volkspartei in Salzburg 1920–1936, Wien 2000 (= Schriftenreihe des Forschungsinstitutes für politisch-historische Studien der Dr.-Wilfried-Haslauer-Bibliothek, Band 9); Wiltschegg, Walter: Die Heimwehr. Eine unwiderstehliche Volksbewegung?, Wien 1985 (= Studien und Quellen zur österreichischen Zeitgeschichte, Band 7)*

Hufler Anton StP
Volksschuldirektor, Böckstein
* 11. 12. 1892, Schlackenwerth (Böhmen) – Ostrov nad Ohří (Tschechien)
† 21. 3. 1970, Wald im Pinzgau

1911 Matura an der k.k. Staatslehrerbildungsanstalt in Mies/Stříbro (Böhmen/Tschechien), 1911 bis 1913 Aushilfslehrer (1911/12 Volksschule Bad Gastein, 1912/13 Volksschule Wagrain, 1913/14 Volksschule Werfen), 1913 Lehrbefähigungsprüfung für Volksschulen, 1914 Ernennung zum definitiven Lehrer in Großarl, 1914 bis 1918 Kriegsdienst, 1918 bis 1938 Direktor der Volksschule in Böckstein, 1938 Versetzung, 1938 bis 1941 Direktor der Volksschule in Wald im Pinzgau, 1941 Pensionierung und in der Folge Aushilfsangestellter des Landesforstamtes Salzburg-Oberdonau, 1945 Wiederaufnahme in den Schuldienst, 1945 bis 1948 provisorischer Direktor und 1948 bis 1957 definitiver Volksschuldirektor in Wald im Pinzgau; 1933 Mitglied des Gemeinderates von Bad Gastein für die »Heimattreue Volksgemeinschaft«, 1935 Mitglied des Gemeindetages von Bad Gastein; 1955 Oberschulrat.

Mitglied des Bundeskulturrates 1. 11. 1934–12. 3. 1938
Mitglied des Bundestages 29. 11. 1934–12. 3. 1938

Literatur: *Enderle-Burcel, Gertrude: Christlich-Ständisch-Autoritär. Mandatare im Ständestaat 1934 bis 1938, Wien 1991*

Hufler Kurt SPÖ
Hauptschullehrer, Mittersill
* 7. 2. 1919, Brünn (Mähren) – Brno (Tschechien)
† 2. 9. 1982, Wald im Pinzgau

1925 bis 1929 Volksschule in Böckstein, 1929 bis 1933 Hauptschule in Bad Hofgastein, 1933 bis 1938 Bundeslehrerbildungsanstalt in Salzburg, 1939 bis 1945 Kriegsdienst, 1945 bis 1971 Hauptschullehrer in Mittersill, 1945 bis 1949 und 1971 bis 1979 Direktor der

Hauptschule in Mittersill, 1946 bis 1971 Leiter der kaufmännischen und gewerblichen Berufsschule des Oberpinzgaus, 1959 bis 1964 und 1969 bis 1971 Vizebürgermeister von Mittersill, 1964 bis 1969 Mitglied des Gemeinderates und 1971 bis 1977 Mitglied der Gemeindevertretung von Mittersill; 1978 Ehrenring der Marktgemeinde Mittersill.

Abg. zum Landtag (5. GP)	SPÖ	19. 6. 1964–13. 5. 1969

Hutter Matthias CSP, StL
Hinterweglehenbauer, Pfarrwerfen
* 12. 2. 1885, St. Johann im Pongau
† 26. 6. 1966, Pfarrwerfen

Volksschule, 1911 bis 1938 Hinterweglehenbauer in Pfarrwerfen, ab 1938 Pächter mehrerer Gaststätten (Glansteg in Salzburg-Maxglan, Bräuwirt in Lengfelden und Dichtlwirt in Pöham), 1915 bis 1917 Kriegsdienst; Bezirksführer der Heimwehr in Werfen; 1924 bis 1936 Obmann der land- und forstwirtschaftlichen Bezirksgenossenschaft in Werfen, 1936 bis 1938 Obmann der land- und forstwirtschaftlichen Bezirkskammer in Werfen; 1936 bis 1938 Mitglied des Landesschulrates für Salzburg; 1934 bis 1936 Landesbauernführer; 1941 Verurteilung zu einer viermonatigen Haftstrafe wegen regimekritischer Äußerungen.

Abg. zum Landtag (4. WP)	CSP	19. 5. 1932–31. 10. 1934
Landesrat	CSP	26. 2. 1934–31. 10. 1934
Mitglied des Ständischen Landtages (Landstand) (Vertreter der Land- und Forstwirtschaft)		22. 11. 1934–12. 3. 1938
Vizepräsident des Ständischen Landtages		22. 11. 1934–12. 3. 1938

Illig Franz SPÖ
Volksschuldirektor, Mariapfarr
* 22. 1. 1908, Straßwalchen
† 27. 11. 1991, Salzburg

Volksschule in Straßwalchen, Bürgerschule in Salzburg, 1923 Eintritt in die Bundeslehrerbildungsanstalt in Salzburg, 1927 Matura, Lehrer in Plainfeld, Zinkenbach und von 1932 bis 1942 Lehrer in Tweng, nebenberuflich Gemeindesekretär von Tweng, 1942 bis 1945 Kriegsdienst, 1945 bis 1947 Lehrer und 1947 bis 1970 Direktor der Volksschule in Mariapfarr; ab 1949 Bezirksparteivorsitzender der SPÖ Lungau, 1957 bis 1960 Bezirksobmann der Freien Lehrervereinigung Lungau; 1945 kommissarischer Bürgermeister von Tweng, 1949 bis 1964 und 1969 bis 1971 Vizebürgermeister sowie 1964 bis 1969 Mitglied des Gemeinderates von Mariapfarr; 1957/58 Mitglied des Landesausschusses der Salzburger Kinderfreunde; 1955 Großes Goldenes Ehrenzeichen für Verdienste um die Republik Österreich, 1970 Goldenes Verdienstzeichen des Landes Salzburg, 1975 Ehrenring der Gemeinde Mariapfarr.

Abg. zum Landtag (1.–5. GP)	SPÖ	12. 12. 1945–13. 5. 1969
Erster Landtagspräsident-Stellvertreter		12. 12. 1945–2. 7. 1959

ILLMER Simon ÖVP
Mitterdielbauer, Pfarrwerfen
* 3. 10. 1919, Pfarrwerfen
† 28. 9. 2001, Pfarrwerfen

Volksschule in Pfarrwerfen, 1940 bis 1947 Kriegsdienst und Kriegsgefangenschaft, 1947 Übernahme des elterlichen Hofes in Pfarrwerfen; 1950 bis 1959 Mitglied des Gemeinderates und 1959 bis 1984 Bürgermeister von Pfarrwerfen; 1955 bis 1970 Bezirksbauernkammerrat, ab 1970 Landeswirtschaftskammerrat; ab 1954 Ortsparteiobmann der ÖVP Pfarrwerfen, 1963 bis 1976 Bezirksparteiobmann der ÖVP im Pongau; 1954 bis 1960 Obmann des Pinzgauer Richterzuchtvereines Pfarrwerfen; 1972 Ökonomierat.

Abg. zum Landtag (5.–7. GP)	ÖVP	6. 10. 1965–15. 5. 1979

ILLMER Simon, jun. ÖVP
Mitterdielbauer und Unternehmer, Pfarrwerfen
* 24. 1. 1954, Pfarrwerfen

Volksschule in Pfarrwerfen, Hauptschule in Bischofshofen, Landwirtschaftsschule in Kleßheim, 1970 bis 1978 Tätigkeit auf dem elterlichen Hof sowie als Schilehrer, 1974 Staatlich geprüfter Schilehrer und Schiführer, seit 1978 Leiter der Schischule Werfenweng, 1979 Übernahme des elterlichen Mitterdielgutes in Pfarrwerfen; seit 1984 Bürgermeister von Pfarrwerfen, seit 1996 Bezirksparteiobmann der ÖVP im Pongau, seit 2004 Klubobmann-Stellvertreter der ÖVP im Landtag; Kammerrat der Salzburger Landwirtschaftskammer, Obmann des Abfallwirtschaftsverbandes Pongau, Aufsichtsratsvorsitzender der Salzburger TierkörperverwertungsGesmbH, Obmann des Skiklubs Pfarrwerfen; 2005 Ökonomierat.

Abg. zum Landtag (11. GP–)	ÖVP	2. 5. 1994–lfd.

Irresberger Karl, Ing. DF
Gießereidirektor, Salzburg
* 26. 4. 1860, Salzburg
† 29. 1. 1932, Salzburg

Volksschule in Salzburg, Gymnasium in Salzburg und Leoben, 1880 Matura in Leoben, 1880 bis 1884 Studium an der k.k. Bergakademie (heute Montanuniversität) in Leoben, parallel zum Studium Lehre als Formenbauer, 1884 bis 1889 Wanderjahre in Tirol und Deutschland, Beschäftigung in der Michelbacher Hütte in Hessen (1888), Aufbau einer Gießerei in Pegnitz (1889), 1891 Gründung und bis 1894 Betrieb einer eigenen Eisengießerei in Zuffenhausen bei Stuttgart, 1894 bis 1897 Gießereidirektor der Wilhelmshütte in Eulau (Schlesien), 1897 bis 1905 Gießereidirektor bei Bopp & Reuther in Mannheim, der Sächsischen Maschinenfabrik in Chemnitz und bei der Gießerei Rudolf Otto Meyer in Mannheim, 1905 bis 1907 Gießereidirektor der Friedrich-Wilhelms-Hütte in Mülheim/Ruhr (Deutschland), ab 1912 Zivilingenieur für Eisenhüttenwesen in Salzburg; 1918 Mitbegründer der Demokratischen Ständevereinigung, 1919/20 Obmann der Deutschfreiheitlichen Partei in der Stadt Salzburg; 1919/20 Mitglied des Gemeinderates der Stadt Salzburg und Klubobmann der deutschfreiheitlichen (großdeutschen) Fraktion; 1919 bis 1922 Mitglied des Sparkassenausschusses der Salzburger Sparkasse.

Mitglied der Provisorischen Landesversammlung	DF	3. 11. 1918–21. 4. 1919
Präsident-Stellvertreter der Provisorischen Landesversammlung		7. 11. 1918–29. 11. 1918

Literatur: *Voithofer, Richard: »Drum schließt Euch frisch an Deutschland an …« Die Geschichte der Großdeutschen Volkspartei in Salzburg 1920–1936, Wien 2000 (= Schriftenreihe des Forschungsinstitutes für politisch-historische Studien der Dr.-Wilfried-Haslauer-Bibliothek, Band 9)*
Eigene Werke: *Grand-Unsinn des Dr. Schöpf, beleuchtet von einem geborenen Salzburger, Wien 1888; Das Deutsch-Österreichisch-Ungarische Wirtschafts- und Zollbündnis, Berlin 1916; Die Formstoffe der Eisen- und Stahlgießerei. Ihr Wesen, ihre Prüfung und Aufbereitung, Berlin 1920; Kupolofen-Betrieb, Berlin 1922*

Janschitz Robert SPÖ
Oberst des Österreichischen Bundesheeres, Elsbethen
* 6. 10. 1921, Wolfsberg (Kärnten)
† 5. 8. 2002, Salzburg

Vier Klassen Volksschule und eine Klasse Hauptschule in Wolfsberg (Kärnten), acht Klassen Realgymnasium in Klagenfurt, 1940 Matura, 1940 Reichsarbeitsdienst, 1940/41 Kriegsschule in Potsdam, bis 1945 Kriegsdienst, 1945 bis 1947 Kriegsgefangenschaft, 1948 bis 1956 SPÖ-Bezirkssekretär in Wolfsberg (Kärnten), 1957 bis 1965 Bundesheerbeamter, später dienstfrei gestellt; 1948 Beitritt zur SPÖ, 1957 Beitritt zum BSA, 1963 bis 1980 Ortsparteivorsitzender der SPÖ in Elsbethen, 1964 bis 1980 Bezirksparteivorsitzender und 1980/81 stellvertretender Bezirksparteivorsitzender der SPÖ Flachgau, 1964 bis 1982 Mitglied des Landesparteivorstandes und 1970 bis 1982 Mitglied des Landesparteipräsidiums der SPÖ Salzburg, 1974 bis 1979 stellvertretender Klubvorsitzender und 1979 bis 1982 Klubvorsitzender der SPÖ im Landtag; 1964 bis 1979 Mitglied der Gemeindevertretung von Elsbethen; 1953 bis 1956 Abgeordneter zum Nationalrat für das Bundesland Kärnten; 1968 bis 1982 Vizepräsident des Salzburger Zivilschutzverbandes; 1981 Goldenes Ehrenzeichen des Landes Salzburg, 1987 Großes Goldenes Ehrenzeichen für Verdienste um die Republik Österreich sowie Träger zahlreicher weiterer Bundes- und Landesauszeichnungen.

Abg. zum Landtag (5.–8. GP)	SPÖ	24. 3. 1965–16. 2. 1982
Abg. zum Nationalrat (VII. GP)	SPÖ	18. 3. 1953–8. 6. 1956

Kainz Ferdinand StP
Bauschlosser, Salzburg
* 6. 8. 1898, Fernitz (Steiermark)
† 17. 10. 1944, Belgrad (Jugoslawien)

Pflichtschule, 1913 bis 1916 Schlosserlehre in Graz, 1916 bis 1918 Kriegsdienst, Tätigkeit als Bauschlosser an verschiedenen Orten, 1925 Übersiedlung nach Bad Gastein und Tätigkeit als Bau- und Kunstschlosser, 1934 Übersiedlung nach Salzburg und Bestellung zum stellvertretenden Vorsitzenden der Verwaltungskommission der Salzburger Arbeiterkammer sowie des Landeskartells Salzburg des Gewerkschaftsbundes der österreichischen Arbeiter und Angestellten, 1938 Enthebung aus allen Funktionen, 1939 bis 1944 Kriegsdienst; 1931 bis 1933 Mitglied des Gemeinderates von Bad Gastein für die »Heimattreue Volksgemeinschaft« (Schulz-NSDAP); 1936 bis 1938 Obmann der Arbeiterkrankenversicherungskasse in Salzburg; Betriebsratsobmann der Baufirma Franzman in Bad Gastein (1930).

Mitglied des Bundeswirtschaftsrates	1. 11. 1934–12. 3. 1938
Mitglied des Bundestages	29. 11. 1934–12. 3. 1938

Literatur: *Enderle-Burcel, Gertrude: Christlich-Ständisch-Autoritär. Mandatare im Ständestaat 1934 bis 1938, Wien 1991*

KALSCHEGG Alois GDVP
Sattlermeister, Hallein
* 3. 2. 1873, Cilli (Steiermark) – Celje (Slowenien)
† 16. 5. 1952, Hallein

Volksschule, dreijährige Gewerbeschule, Lehre als Sattler und Riemer, 1894 bis 1897 Militärdienst in Graz, 1898 bis 1952 Sattlermeister in Hallein; 1919 Gründer und bis 1921 Obmann des Deutschen Volksvereines für den Tennengau, 1921 bis 1923 Gauobmann der Großdeutschen Volkspartei im Tennengau; 1910 bis 1928 Mitglied des Gemeinderates der Stadt Hallein.

Abg. zum Landtag (2. WP) GDVP 28. 11. 1924–3. 5. 1927

Literatur: *Voithofer, Richard: »Drum schließt Euch frisch an Deutschland an …« Die Geschichte der Großdeutschen Volkspartei in Salzburg 1920–1936, Wien 2000 (= Schriftenreihe des Forschungsinstitutes für politisch-historische Studien der Dr.-Wilfried-Haslauer-Bibliothek, Band 9)*

KARL Anton ÖVP
Fleischhauermeister, Salzburg
* 6. 12. 1935, Hallein

1941 bis 1949 Volks- und Hauptschule in Salzburg, 1949 bis 1952 Fleischerlehre (Berufsschule), 1956 Fleischer-Meisterprüfung, anschließend Fleischerfachschule in Landshut (Deutschland), 1960 bis 1968 Gesellschafter in der Anton Karl OHG in Salzburg, 1968 bis 1995 selbstständiger Fleischermeister; ab 1975 Ausschussmitglied der Landesinnung der Fleischer, 1980 bis 1995 Landesinnungsmeister und 1995 bis 2000 Landesinnungsmeister-Stellvertreter der Fleischer, ab 1980 Ausschussmitglied der Bundesinnung der Fleischer, 1985 bis 1992 Bundesinnungsmeister-Stellvertreter und 1992 bis 2000 Bundesinnungsmeister der Fleischer, 1985 bis 1990 Mitglied und 1990 bis 2000 Sektionsobmann-Stellvertreter der Sektion Gewerbe und Handwerk in der Wirtschaftskammer Salzburg, 1998/99 Präsident des Internationalen Metzgermeisterverbandes (IMV); 1989 Kommerzialrat, 1996 Silbernes Ehrenzeichen des Landes Salzburg, 2001 Goldenes Ehrenzeichen für Verdienste um die Republik Österreich.

Abg. zum Landtag (10.–11. GP)	ÖVP	30. 1. 1992–26. 4. 1999

Karl Elfriede SPÖ
Arbeiterkammerangestellte, Grödig
* 14. 9. 1933, Salzburg

1939 bis 1943 Volksschule in Salzburg, 1943 bis 1945 Frauenoberschule und 1945 bis 1947 Hauptschule in Salzburg, 1947 bis 1950 kaufmännische Lehre bei der Firma Opferkuch in Salzburg, 1950 bis 1952 Firma Opferkuch, 1953 bis 1960 Stenotypistin bei der Landesleitung der Gewerkschaft der Bau- und Holzarbeiter in Salzburg, 1960/61 Sozialakademie der Arbeiterkammer Wien in Mödling, 1961 bis 1971 Angestellte – ab 1968 als Sekretär – der Arbeiterkammer Salzburg (Volkswirtschaftliche Abteilung), 1985 bis 1993 Sekretär der Arbeiterkammer Salzburg; 1952 Beitritt zur SPÖ, Gruppenobfrau der GPA-Jugend, 1954 bis 1956 Landesobfrau der Gewerkschaftsjugend, Bildungsreferentin der Arbeitsgemeinschaft Junge Generation in der SPÖ, 1990 bis 1997 stellvertretende Landesparteivorsitzende der SPÖ Salzburg, ab 1984 stellvertretende Bezirksparteivorsitzende der SPÖ Flachgau, 1970 bis 1997 Mitglied des Landesparteivorstandes und 1990 bis 1997 Mitglied des Landesparteipräsidiums der SPÖ Salzburg, ab 1970 Mitglied des Landesfrauenkomitees, 1968 bis 1973 Mitglied der Landeskontrolle der Salzburger Kinderfreunde; 1976 Großes Silbernes Ehrenzeichen am Bande für Verdienste um die Republik Österreich, 1981 Großkreuz des Verdienstordens der Republik Italien.

Abg. zum Nationalrat (XIII.–XVI. GP)	SPÖ	11. 12. 1974–31. 5. 1983
Abg. zum Nationalrat (XVI.–XVII. GP)	SPÖ	11. 9. 1984–4. 11. 1990
Staatssekretärin im Bundeskanzleramt	SPÖ	4. 11. 1971–5. 11. 1979
Staatssekretärin im Bundesministerium für Finanzen	SPÖ	5. 11. 1979–24. 5. 1983
BM für Familie, Jugend und Konsumentenschutz	SPÖ	24. 5. 1983–10. 9. 1984

Karl Hans ÖVP
Bauernbunddirektor, Ebenau
* 27. 7. 1936, Ebenau

1942 bis 1950 Volksschule in Ebenau, 1951/52 Landwirtschaftliche Berufsschule in Salzburg, 1950 bis 1961 Berufspraxis als Landwirt im elterlichen Betrieb in Ebenau, 1961/62 Abendhandelsschule und sozialrechtliche Ausbildung in Abendkursen in Salzburg, 1976/77 land- und forstwirtschaftliche Fachausbildung, 1977 Landwirtschaftsmeister, 1961 bis 1963 Landessekretär des Salzburger Seniorenbundes, 1964 bis 1981 Organisations- und Bildungsreferent des Salzburger Bauernbundes, 1982 bis 1994 Direktor des Salzburger Bauernbundes, 1994 bis 1996 Konsulent der Oberösterreichischen Landesversicherung in Salzburg, 1997 bis 2000 Beauftragter für Auslandsbeziehungen und Sonderprojekte der Salzburger Landesversicherung, seit 1994 Gesellschafter des »Internationalen Realitätenbüros« in Salzburg; 1959 bis 1962 Mitglied des Landesvorstandes der Jungen Volkspartei Salzburg, 1960 bis 1994 Mitglied des Ortsparteivorstandes der ÖVP Ebenau, 1982 bis 2000 Mitglied des Präsidiums der ÖVP Salzburg, 1964 bis 1994 Mitglied des Landesbauernrates und 1982 bis 1994 Mitglied des Landesvorstandes des Salzburger Bauernbundes sowie des Bundesvorstandes des Österreichischen Bauernbundes; 1994 Goldener Ehrenring des Salzburger Bauernbundes, 1996 Silbernes Ehrenzeichen des Landes Salzburg.

Abg. zum Landtag (9.–10. GP) ÖVP 16. 5. 1984–1. 5. 1994

Eigene Werke: *100 Jahre Salzburger Bauernbund. Eine Chronik von 1906–2006, Salzburg 2006*

Karl Otto FPÖ
Pensionist, Schwarzach im Pongau
* 17. 12. 1902, Wien
† 21. 5. 1973, Schwarzach im Pongau

Volks- und Bürgerschule in Wien, 1921 Eintritt in den Bundesdienst als Finanzbeamter, 1940 bis 1945 Karenzierung zum Reichsluftschutzbund (zuletzt Kreisgruppenführer), 1947 als Kanzleioffizial pensioniert; 1949 Beitritt zum VdU, bis 1971 Bezirksparteiobmann und Ehrenobmann der FPÖ Pongau; 1962 bis 1973 Vizepräsident des Salzburger Zivilschutzverbandes; Träger des Goldenen Ehrenzeichens für Verdienste um die Republik Österreich und weiterer Auszeichnungen.

Abg. zum Landtag (4.–5. GP) FPÖ 15. 7. 1959–13. 5. 1969

Kastner Rupert StL
Stadtbaumeister, Salzburg
* 6. 12. 1880, Großgmain
† 1. 12. 1947, Salzburg

Volksschule in Großgmain, 1894 bis 1897 Maurerlehre in Bad Reichenhall (Deutschland), 1898 bis 1901 k.k. Staatsgewerbeschule in Salzburg (Baugewerbliche Abteilung), 1901/02 Polier im elterlichen Betrieb, 1902/03 Bauzeichner in Salzburg, 1903 bis 1908 Bautechniker in Wien, 1908 bis 1914 Baumeister in Großgmain, 1917/18 Kriegsdienst als Landsturmingenieur in Italien, 1914 bis 1947 Baumeister in Salzburg; 1932 bis 1934 stellvertretender Gauparteiobmann der Großdeutschen Volkspartei in der Stadt Salzburg; 1921 bis 1927 Mitglied des Gemeinderates der Stadt Salzburg; 1921 bis 1924 Obmann des Gewerbegenossenschaftsverbandes der Landeshauptstadt Salzburg und 1926 bis 1934 Vizepräsident des Landeshauptverbandes der Gewerbegenossenschaften, 1922 bis 1934 Gremialvorsteher der Baumeister in der Stadt Salzburg, 1934 bis 1938 Bundesinnungsmeister des Baugewerbes, 1934 bis 1938 Obmann des Landesgewerbeverbandes im »Bund österreichischer Gewerbetreibender«, 1926 bis 1934 Vorsitzender der Industriellen Bezirkskommission, 1923 bis 1932 Mitglied des Sparkassenausschusses der Salzburger Sparkasse; 1930 Kommerzialrat.

Mitglied des Ständischen Landtages (Landstand) (Vertreter des Gewerbes)	22. 11. 1934–12. 3. 1938
Vizepräsident des Ständischen Landtages	22. 11. 1934–12. 3. 1938

Katschthaler Hans, Mag. Dr. ÖVP
AHS-Direktor, Salzburg
* 13. 3. 1933, Embach, Gemeinde Lend

1940 bis 1944 Volksschule in Embach, 1944 bis 1948 Hauptschule in Lend, 1948 bis 1953 Bundeslehrerbildungsanstalt in Salzburg, 1953 Matura, 1953/54 Volksschullehrer in Großarl, 1954 bis 1959 Studium der Philosophie, Pädagogik, Geschichte, Wirtschaftsgeschichte und Geografie an der Universität Innsbruck, 1959 Dr. phil., 1960 Lehramtsprüfungen der Philosophie, Mag. phil. et rer. nat., 1959 bis 1961 Lehrer und Erzieher an der Bundeserziehungsanstalt Saalfelden am Steinernen Meer, ab 1961 Vertragslehrer und ab 1965 Professor an der Bundeslehrerbildungsanstalt Salzburg, 1973 Bestellung zum Direktor des Musisch pädagogischen Bundesrealgymnasiums (Bundes-Oberstufenrealgymnasium Salzburg-Akademiestraße); 1979 bis 1989 Bezirksparteiobmann und 1990/91 stellvertretender Bezirksparteiobmann der ÖVP Flachgau, 1989 bis 1996 Landesparteiobmann der ÖVP Salzburg, 1990/91 stellvertretender Bundesparteiobmann der ÖVP, 1979 bis 1983 Bildungssprecher der ÖVP, 1973 bis 1990 Landesobmann des Salzburger Akademikerbundes; 1977/78 Amtsführender Präsident des Landesschulrates für Salzburg; 1990 bis 1997 Präsident der Internationalen Salzburg Assoziation, seit 1996 Präsident der Salzburger Kulturvereinigung; 1993 Ring des Landes Salzburg und Großes Silbernes Ehrenzeichen am

Bande für Verdienste um die Republik Österreich, 1994 Ehrensenator der Universität Salzburg, 1996 Großkreuz des Ehrenzeichens des Landes Salzburg sowie zahlreiche weitere Auszeichnungen.

Landesrat	ÖVP	22. 5. 1974–20. 4. 1977
Landeshauptmann-Stellvertreter	ÖVP	20. 4. 1977–3. 5. 1989
Landeshauptmann	ÖVP	3. 5. 1989–24. 4. 1996

Literatur: *Landeshauptmann-Stellvertreter Dr. Hans Katschthaler. Zehn Jahre Mitglied der Salzburger Landesregierung, Salzburg 1984 (= Salzburg Dokumentationen Nr. 81); Kriechbaumer, Robert: Salzburgs Landeshauptleute der 2. Republik, Salzburg 2002 (= Salzburg Dokumentationen Nr. 113)*
Eigene Werke: *Der Föderalismusstreit zwischen Bund und Ländern in Österreich. Portio statt Pars, Salzburg 1998 (= Veröffentlichung der Dr.-Hans-Lechner-Forschungsgesellschaft Salzburg Nr. 12); Die Odyssee des Salzburger Museums Carolino Augusteum in Salzburg 1984 bis 1997, Salzburg 1998*

KAUFMANN Johann StL
Schriftsetzer, Salzburg
* 8. 8. 1906, Dornbirn
† 6. 12. 1974, Salzburg

1912 bis 1917 Volksschule und 1917 bis 1920 Realschule in Dornbirn (Vorarlberg), 1920 bis 1924 Lehre als Schriftsetzer bei der Vorarlberger Verlagsanstalt in Dornbirn und Besuch der Gewerblichen Fortbildungsschule, 1924 Lehrabschluss, 1924 bis 1926 Schriftsetzer in Dornbirn, 1926/27 Schriftsetzer in Salzburg, 1927 bis 1929 Wanderschaft in Deutschland, 1929 Meisterprüfung für das Buchdruckergewerbe in Leipzig, 1929 bis 1937 und 1938 bis 1940 Schriftsetzer in der Zaunrith'schen Druckerei in Salzburg, 1940 bis 1945 Kriegsdienst und Kriegsgefangenschaft, 1945 bis 1947 Angestellter der Landesversicherungsanstalt in Salzburg, 1948 bis 1971 Angestellter der Allgemeinen Unfallversicherungsanstalt in Salzburg; 1937/38 Mitglied des Gemeindetages und Stadtrat der Stadt Salzburg; 1936 bis 1938 stellvertretender Obmann des Überwachungsausschusses der Angestelltenkrankenkasse in Salzburg, 1963 bis 1971 Betriebsratsobmann der Allgemeinen Unfallversicherungsanstalt in Salzburg, 1936 Mitglied des Sparkassenausschusses der Salzburger Sparkasse; 1969 Silbernes Verdienstzeichen der Republik Österreich;

Mitglied des Ständischen Landtages (Landstand) (Vertreter des Gewerbes)	22. 11. 1934–18. 8. 1937

Kaut Josef SPÖ
Chefredakteur, Salzburg
* 16. 2. 1904, Salzburg
† 8. 6. 1983, Salzburg

1911 bis 1915 Volksschule in Salzburg, 1915 bis 1922 k.k. Staats- bzw. Bundesrealschule in Salzburg, 1922 Matura, 1922 bis 1929 Studium der Philosophie an der Universität Wien, 1929 bis 1934 Sekretär des Herausgebers des »Arbeiterwillen« in Graz, 1934 politische Haft, 1934 bis 1945 Tätigkeit in Prag, 1945 bis 1956 Chefredakteur des »Demokratischen Volksblattes« in Salzburg; 1925/26 Gründer der Salzburger Landesgruppe der Sozialistischen Mittelschüler, 1960 bis 1972 Mitglied des Landesparteivorstandes der SPÖ Salzburg, 1954 bis 1956 stellvertretender Klubvorsitzender der SPÖ im Landtag, 1960 bis 1972 Landesobmann der Salzburger Kinderfreunde, 1972 Ehrenobmann der Salzburger Kinderfreunde; 1950 bis 1983 Mitglied des Direktoriums der Salzburger Festspiele, 1971 bis 1983 Präsident der Salzburger Festspiele, 1973 bis 1983 Präsident der Salzburger Kulturvereinigung; 1964 Ring des Landes Salzburg, 1969 Großes Ehrenzeichen des Landes Salzburg, 1982 Ehrenbürger der Stadt Salzburg, 1985 Straßenbenennung in Salzburg.

Abg. zum Landtag (3. GP)	SPÖ	11. 12. 1954–3. 7. 1956
Landesrat	SPÖ	31. 1. 1956–14. 5. 1969

Literatur: *Zaisberger, Friederike/Heinisch, Reinhard R.: Leben über den Tod hinaus … Prominente im Salzburger Kommunalfriedhof, Salzburg 2006 (= Mitteilungen der Gesellschaft für Salzburger Landeskunde, 23. Ergänzungsband)*
Eigene Werke (Auswahl): *Die tägliche Liebe, Salzburg 1941; Salzburg von A-Z, Salzburg 1954; Schöpferischer Sozialismus. Beiträge zur Kulturpolitik, Wien 1960; Der steinige Weg. Geschichte der sozialistischen Arbeiterbewegung im Lande Salzburg, Salzburg 1961; Festspiele in Salzburg, München 1970; Die Salzburger Festspiele 1920–1981, Salzburg 1982; Die Salzburger Festspiele und ihr Umfeld. Reden und Aufsätze des Festspielpräsidenten Josef Kaut, Salzburg 1979 (= Salzburg Dokumentationen Nr. 38)*

Keil Alois SDAP
Staatsbahnschaffner, Saalfelden am Steinernen Meer
* 10. 10. 1875, Saalfelden am Steinernen Meer
† 7. 7. 1919, Leonstein bei Kirchdorf (Oberösterreich)

Volksschule in Saalfelden am Steinernen Meer, Landarbeiter, 1896 bis 1898 Militärdienst, 1898 Eintritt in den Dienst der k.k. Staatsbahnen als Oberbauarbeiter, 1900 bis 1902 Kondukteur in Bodenbach/Podmokly (Böhmen/Tschechien), 1902 bis 1909 Wagenwärter im Heizhaus Wien, 1909 bis 1919 Kondukteur in Saalfelden am Steinernen Meer; Vertrauensmann der Eisenbahner und Hauptvertrauensmann der SDAP im Pinzgau, 1910 bis 1913 Obmann-Stellvertreter und 1913 bis 1919 Obmann des sozialdemokratischen Vereins im Pinzgau, 1912 bis 1919 Mitglied der Landesparteikontrolle der SDAP Salzburg; 1918/19 Mitglied des Gemeinderates von Saalfelden am Steinernen Meer.

Mitglied der Provisorischen Landesversammlung	SDAP	3. 11. 1918–21. 4. 1919
Abg. zum Konstituierenden Landtag (1. WP)	SDAP	23. 4. 1919–7. 7. 1919

Kimml Anton SPÖ
Arbeiterkammersekretär, Salzburg
* 21. 4. 1900, Wien
† 31. 8. 1977, Salzburg

Volksschule, drei Klassen Untermittelschule, 1914 Büroangestellter der Tiegelgussstahlfabrik »Poldihütte« in Wien, 1918 Externistenmatura und Beginn des Studiums an der Universität Wien, 1919 Sekretär des »Verbandes jugendlicher Arbeiter«, ab 1920 Angestellter der Wiener Arbeiterkammer, daneben 1922 bis 1938 Sekretär der »Vereinigung genossenschaftlicher Gehilfenausschüsse«, 1929 Gründer und bis 1938 und ehrenamtlicher Geschäftsführer von »Jugend in Not«, 1931 bis 1934 Organisator und ehrenamtlicher Geschäftsführer der »Wiener Winterhilfe«, 1936 bis 1938 Geschäftsführer des »Berufsverbandes der Arbeiter und Angestellten im Gewerbe«, 1938 Entlassung und in der Folge Tätigkeit bei einer Versicherung, 1946 bis 1963 Sekretär der Arbeiterkammer Salzburg, 1963 bis 1965 Direktor der BAWAG Salzburg; 1919 Beitritt zur SDAP, Obmann des Landesbildungsausschusses der SPÖ (1950); 1961 bis 1976 Verbandsobmann des »Verbandes gemeinnütziger Bau-, Wohnungs- und Siedlungsvereinigungen«, stellvertretender Vorsitzender des Salzburger Berufsschulrates, stellvertretender Vorsitzender des Vereines »Jugend am Werk«, stellvertretender Obmann des Vereines »Mozarteumorchester«, Obmann des »Vereines für Wohnbauförderung« (1958); 1960 Goldenes Ehrenzeichen für Verdienste um die Republik Österreich, 1970 Silbernes Verdienstzeichen des Landes Salzburg und Träger zahlreicher weiterer Auszeichnungen.

Abg. zum Landtag (2.–4. GP)	SPÖ	1. 12. 1949–18. 6. 1964
Erster Landtagspräsident-Stellvertreter		2. 7. 1959–18. 6. 1964

Kirchner Ferdinand, Dipl.-Ing. Dr. ÖVP
Leiter der Landwirtschaftsschule, Tamsweg
* 30. 9. 1923, Radstadt
† 30. 12. 2001, Salzburg

Pflichtschule, Tätigkeit am elterlichen Hof, 1941/42 Landwirtschaftliche Fachschule Winklhof in Oberalm, 1942 bis 1946 Kriegsdienst und Kriegsgefangenschaft, 1946 Eintritt in die Höhere Bundeslehranstalt »Francisco-Josephinum« in Wieselburg (Niederösterreich), 1950 Matura, 1951 bis 1955 Studium an der Hochschule für Bodenkultur in Wien, 1955 Dipl.-Ing., 1958 Doktorat, 1955 bis 1957 Lehrer an der Landwirtschaftlichen Fachschule in Kleßheim, 1955 bis 1957 Lehrer an der Landwirtschaftsschule in Kleßheim, ab 1957 Fachlehrer und 1962 bis 1974 Direktor an der Landwirtschaftsschule in Tamsweg, 1974 bis 1986 Referatsleiter für das landwirtschaftliche Schulwesen beim Amt der Salzburger Landesregierung, 1980 bis 1986 Landesschulinspektor für das land- und forstwirtschaftliche Fach- und Berufsschulwesen; 1974 Goldenes Ehrenzeichen für Verdienste um die Republik Österreich, 1982 Goldenes Verdienstzeichen des Landes Salzburg, 1985 Hofrat.

Abg. zum Landtag (5. GP)	ÖVP	19. 6. 1964–13. 5. 1969
Abg. zum Landtag (6. GP)	ÖVP	4. 6. 1969–21. 5. 1974

Kirchner Johann CSP
Neuhofbauer, Radstadt
* 7. 11. 1876, Radstadt
† 20. 1. 1948, Radstadt

Volksschule, 1897 bis 1900 Militärdienst, 1903 bis 1912 Wimmbauer in Kleinarl, 1910 bis 1948 Neuhofbauer in Radstadt; 1906 bis 1909 Mitglied des Gemeinderates sowie 1903 bis 1906 und 1909/10 Bürgermeister von Kleinarl, 1922 bis 1936 Mitglied des Gemeinderates von Radstadt-Land; Vorstand der k.k. Landwirtschaftsgesellschaft in Kleinarl (1910), 1924 bis 1936 Obmann der land- und forstwirtschaftlichen Bezirksgenossenschaft in Radstadt; 1932 Ökonomierat.

Abg. zum Konstituierenden Landtag (1. WP)	CSP	23. 4. 1919–3. 5. 1922
Abg. zum Landtag (2.–3. WP)	CSP	4. 5. 1922–18. 5. 1932
Abg. zum Landtag (4. WP)	CSP	19. 1. 1934–31. 10. 1934
Erster Landtagspräsident-Stellvertreter		4. 5. 1927–18. 5. 1932
Präsident des Landtages		19. 1. 1934–31. 10. 1934

KITTL Eduard SPÖ
Landesbeamter, Salzburg
* 6. 9. 1922, Salzburg
† 18. 8. 2003, Straßwalchen

1928 bis 1936 Volksschule in Salzburg-Aigen, Beginn einer Metzgerlehre in Aigen, Ziegeleiarbeiter, 1939 bis 1945 Kriegsdienst bei der Marine, 1945 Kriegsgefangenschaft, 1945 Eintritt in den Landesdienst, 1950 Beamtenmatura, 1953 Verwaltungsdienstprüfung, 1974 Oberamtsrat; 1946 Vertrauensmann der SPÖ, 1946 SPÖ-Sektionsobmann in Salzburg-Aigen, 1950 SPÖ-Sektionsobmann in Salzburg-Maxglan, 1958 bis 1983 Mitglied des Bezirksparteivorstandes und 1975 bis 1983 Bezirksparteivorsitzender der SPÖ Salzburg-Stadt, 1962 bis 1983 Mitglied des Landesparteivorstandes und 1974 bis 1984 Mitglied des Landespräsidiums der SPÖ Salzburg, Landesparteiobmann-Stellvertreter der SPÖ Salzburg (1974), 1968 bis 1974 Mitglied und 1974 bis 1978 Obmann der Landeskontrolle der Salzburger Kinderfreunde, Vorstandsmitglied und stellvertretender Landesobmann des »Bundes sozialistischer Freiheitskämpfer und Opfer des Faschismus«; 1962 bis 1971 Mitglied des Gemeinderates der Stadt Salzburg; 1962 bis 1974 Mitglied des Kollegiums des Landesschulrates für Salzburg, 1977 bis 1985 Vizepräsident der Salzburger Volkshilfe; 1979 Goldenes Ehrenzeichen für Verdienste um die Republik Österreich, 1980 Bürgerbrief der Stadt Salzburg, 1983 Goldenes Verdienstzeichen des Landes Salzburg sowie Träger zahlreicher weiterer Auszeichnungen.

Abg. zum Nationalrat (XIII.–XV. GP) SPÖ 4. 11. 1971–18. 5. 1983

KLAUS Josef, Dr. ÖVP
Rechtsanwalt, Salzburg
* 15. 8. 1910, Kötschach-Mauthen (Kärnten)
† 25. 7. 2001, Wien

Volksschule und 1921 bis 1929 Gymnasium in Klagenfurt, Matura, 1929 bis 1934 Studium der Rechtswissenschaften an der Universität Wien, 1934 Dr. iur., Gerichtspraxis, 1934 bis 1936 Sekretär des Präsidenten des Einheitsgewerkschaftsbundes Johann Staud, 1936 bis 1938 Mitarbeiter der Abteilung für Volkswirtschaft und Statistik der Arbeiterkammer Wien, 1938/39 Tätigkeit in der Privatwirtschaft, 1939 bis 1945 Kriegsdienst, 1945 bis 1948 Rechtsanwaltsanwärter in Salzburg und ab 1948 selbstständiger Rechtsanwalt in Hallein; 1932/33 Vorsitzender der Katholisch-Deutschen Hochschülerschaft Österreichs, 1948/49 Bezirksparteiobmann der ÖVP im Tennengau, 1952 bis 1963 Landesparteiobmann der ÖVP Salzburg, 1960 bis 1963 stellvertretender Bundesparteiobmann und 1963 bis 1970 Bundesparteiobmann der ÖVP; 1950 bis 1961 Aufsichtsratsvorsitzender der SAFE; 1964 Großes Goldenes Ehrenzeichen am Bande für Verdienste um die Republik Österreich, 1980 Großkreuz des Ehrenzeichens des Landes Salzburg sowie zahlreiche weitere Auszeichnungen.

Abg. zum Landtag (3. GP)	ÖVP	11. 12. 1954–31. 5. 1955
Abg. zum Landtag (4. GP)	ÖVP	2. 7. 1959–13. 7. 1959
Landeshauptmann	ÖVP	1. 12. 1949–10. 4. 1961
Abg. zum Nationalrat (X. GP)	ÖVP	14. 12. 1962–2. 4. 1963
Abg. zum Nationalrat (XI.–XII. GP)	ÖVP	30. 3. 1966–12. 10. 1970
Bundesminister für Finanzen	ÖVP	11. 4. 1961–27. 3. 1963
Bundeskanzler	ÖVP	2. 4. 1964–21. 4. 1970

Literatur: *Huber, Wolfgang (Hrsg.): Landeshauptmann Klaus und der Wiederaufbau Salzburgs, Salzburg 1980; Hanisch, Ernst: Josef Klaus, in: Dachs, Herbert/Gerlich, Peter/Müller, Wolfgang C. (Hrsg.): Die Politiker der Zweiten Republik. Karrieren und Wirken bedeutender Persönlichkeiten, Wien 1995, S. 299–306; Kriechbaumer, Robert (Hrsg.): Die Ära Josef Klaus. Österreich in den »kurzen« sechziger Jahren, Wien-Köln-Weimar 1997 (= Schriftenreihe des Forschungsinstitutes für politisch-historische Studien der Dr.-Wilfried-Haslauer-Bibliothek, Band 7); Weissensteiner, Friedrich/Weinzierl, Erika: Die österreichischen Bundeskanzler. Leben und Werk, Wien 1983; Weinmann-Steinweis, Beatrice: Josef Klaus. ÖVP-Reformer und Bundeskanzler, phil. Diss., Wien 1995; Weinmann, Beatrice: Josef Klaus. Ein großer Österreicher, Wien 2000; Symposion Ära Bundeskanzler Klaus 1994, Salzburg : Die Transformation der österreichischen Gesellschaft und die Alleinregierung von Bundeskanzler Dr. Josef Klaus, Salzburg 1995 (= Veröffentlichung der Dr.-Wilfried-Haslauer-Bibliothek 2); Kriechbaumer, Robert: Salzburgs Landeshauptleute der 2. Republik, Salzburg 2002 (= Salzburg Dokumentationen Nr. 113)*

Eigene Werke: *Macht und Ohnmacht in Österreich. Konfrontationen und Versuche, Wien 1971*

Klaushofer Maria SDAP

Lehrerin, Salzburg-Maxglan

* 28. 4. 1866, Salzburg

† 28. 7. 1954, Salzburg

Volks- und Bürgerschule in Salzburg, 1885 Matura an der k.k. Lehrerbildungsanstalt in Salzburg, 1887 Lehrbefähigungsprüfung für Volksschulen, 1885 bis 1887 provisorische Unterlehrerin und 1887 bis 1891 Lehrerin an der Volksschule in Bad Hofgastein, 1891 bis 1901 Lehrerin an der Volksschule in Werfen, 1901 bis 1907 Lehrerin an der

Volksschule in Grödig, 1907 bis 1921 Lehrerin an der Volksschule Mülln in Salzburg; 1921 bis 1925 Mitglied der Landesparteivertretung der SDAP Salzburg; 1925 bis 1928 Mitglied des Gemeinderates von Maxglan.

Abg. zum Landtag (2. WP)	SDAP	4. 5. 1922–13. 1. 1925

Knosp Josef CSP, StL
Bundesbahnbeamter, Salzburg-Gnigl
* 15. 3. 1891, Elixhausen
† 31. 1. 1953, Wien

Volksschule, Fabriksarbeiter (1912), 1912 bis 1914 Militärdienst, 1914 bis 1919 Kriegsdienst und Kriegsgefangenschaft, 1919 Eintritt in den Dienst der Österreichischen Bundesbahnen als Verschieber, 1930 Beurlaubung, 1938 Versetzung in den Ruhestand, 1945 Wiedereinstellung und bis 1953 Beamter der Generaldirektion der Österreichischen Bundesbahnen in Wien; 1928 bis 1931 und 1933 bis 1938 Vorsitzender der Salzburger Landeskommission Christlicher Gewerkschaften, Obmann der Christlichen Eisenbahnergewerkschaft, 1933 bis 1936 Landesführer der Christlichen Wehrorganisation »Freiheitsbund« in Salzburg, nach 1945 in der Gewerkschaft der Eisenbahner und beim ÖAAB in der Sektion Eisenbahnen politisch aktiv; 1935 Österreichisches Goldenes Verdienstzeichen.

Landesrat	CSP	26. 2. 1934–31. 10. 1934
Mitglied des Ständischen Landtages (Landstand) (Vertreter des Handels und Verkehrs)		22. 11. 1934–12. 3. 1938
Präsident des Ständischen Landtages		22. 11. 1934–12. 3. 1938
Abg. zum Nationalrat (IV. GP)	CSP	2. 12. 1930–2. 5. 1934

Kofler Eduard, Dr. SPÖ
Landesbeamter, Salzburg
* 29. 1. 1903, Salzburg
† 1. 4. 1969, Salzburg

Volksschule und 1914 bis 1922 Staatsgymnasium in Salzburg, 1922 Matura, 1922 bis 1928 Studium der Rechtswissenschaften an der Universität Wien, 1928 Dr. iur., 1929/30 Gerichtspraxis am Landesgericht Salzburg, 1930/31 Konzeptsbeamter bei der Stadtgemeinde Hallein, 1932 bis 1938 Leiter juristischer Vorbereitungskurse, 1936 Angestellter des Bundes österreichischer Gewerbetreibender, 1938/39 Angestellter der Wehrwirtschaftsinspektion des Wehrkreises XVIII in Salzburg, 1940 Beamter der Reichsstatthalterei in Salzburg, 1940 Entlassung aus politischen Gründen, 1940 bis 1945 verschiedene Tätigkeiten als Sachbearbeiter und Sekretär in Salzburg und Lofer, 1944 zweiwöchige Haft wegen des Verdachtes der Dienstpflichtverletzung und der Wehrdienstverweigerung, 1945 bis 1953 Beamter des Amtes der Salzburger Landesregierung; 1945 Beitritt zur SPÖ, 1957 Beitritt zum BSA.

Abg. zum Landtag (1. GP)	SPÖ	12. 12. 1945–28. 7. 1946

Költringer Paul — CSP
Maisenthalbauer, Mattsee
* 17. 1. 1860, Mattsee
† 5. 7. 1939, Mattsee

Volksschule in Mattsee, Landarbeiter auf dem elterlichen Michelmoosgut in Mattsee, dreijähriger Militärdienst, 1892 Kauf des Maisenthalgutes in Mattsee und dort bis 1926 Bauer; bis 1926 Obmann des Ortsbauernrates des Katholischen Bauernbundes in Mattsee, bis 1931 Obmann-Stellvertreter des Flachgauer Bauernrates.

Abg. zum Konstituierenden Landtag (1. WP)	CSP	23. 4. 1919–3. 5. 1922

Körp Peter — SPÖ
Versicherungsdirektor, Salzburg
* 19. 10. 1939, Wien

1945 bis 1949 Volksschule in Salzburg-Liefering, 1949 bis 1953 Hauptschule, 1953 bis 1956 kaufmännische Lehre als Eisenhändler, 1956 bis 1959 kaufmännischer Angestellter bei der Firma Roittner und 1959 bis 1963 bei den »Salzburger Nachrichten«, 1958 Präsenzdienst, 1961/62 Sozialakademie der Arbeiterkammer Wien in Mödling, 1963 bis 1970 Bezirksparteisekretär der SPÖ Salzburg-Stadt, 1971 bis 1979 Direktor der Graphia-Betriebe Salzburg, 1979 bis 1985 Landesparteisekretär der SPÖ Salzburg, ab 1985 Angestellter und 1987 bis 2000 Landesdirektor der Wiener Städtischen Versicherungsanstalt in Salzburg; 1957 Beitritt zur SPÖ, 1954 bis 1963 Funktionär in der Gewerkschaftsjugend, GPA-Jugendobmann, 1973/74 geschäftsführender Bezirksparteivorsitzender der SPÖ Salzburg-Stadt, 1979 bis 1981 und 1983 bis 1985 Landessekretär der »Arbeitsgemeinschaft sozialistischer Gemeindevertreter«, 1974 bis 1991 Mitglied des Landesparteivorstandes der SPÖ Salzburg, 1978 bis 1984 und 1988 bis 2000 sowie seit

2004 Mitglied des Landesparteipräsidiums der SPÖ Salzburg, 1989 bis 2000 Landesparteikassier und seit 2004 Vorsitzender der Kontrollkommission der Salzburger SPÖ, 1975 bis 1979 stellvertretender Landesobmann und 1979/80 Landesobmann des Freien Wirtschaftsverbandes in Salzburg, bis 1979 Bezirksobmann des Freien Wirtschaftsverbandes in der Stadt Salzburg; 1995 Kommerzialrat, 1999 Silbernes Ehrenzeichen des Landes Salzburg.

Abg. zum Landtag (10. GP)	SPÖ	7. 2. 1990–5. 2. 1991
Mitglied des Bundesrates	SPÖ	16. 5. 1979–6. 2. 1990

Kosmata Arno SPÖ
Polizeibeamter, St. Johann im Pongau
* 21. 1. 1963, Schwarzach im Pongau

1969 bis 1973 Volksschule in St. Johann im Pongau, 1973 bis 1981 Bundesgymnasium in St. Johann im Pongau, 1981 Matura, freiwillig verlängerter Präsenzdienst, 1983 Eintritt in den Dienst der Bundesgendarmerie, Dienst auf verschiedenen Gendarmerieposten, 1988/89 Absolvierung der Sicherheitsakademie in Mödling (Niederösterreich), Dienst im Bundesministerium für Inneres und in der Antiterroreinheit »Cobra«, seit 1998 Bezirksgendarmeriekommandant bzw. seit 2005 Bezirkspolizeikommandant im Pinzgau; seit 2003 Bezirksvorsitzender der SPÖ Pongau; seit 1999 Mitglied des Gemeinderates beziehungsweise Stadtrat von St. Johann im Pongau.

Abg. zum Landtag (13. GP–)	SPÖ	28. 4. 2004–lfd.

Koweindl Franz NSDAP
Schmiedemeister, Rauris
* 28. 9. 1894, Höch (Steiermark)
† 14. 8. 1933, Schwarzach im Pongau

Volksschule, Schmiedelehre, 1914 bis 1918 Kriegsdienst, 1921 bis 1926 Schmiedemeister in Södingberg, Bezirk Voitsberg (Steiermark), 1926 bis 1933 Schmiedemeister in Rauris; 1931 Beitritt zur NSDAP, Ortsgruppenleiter der NSDAP in Rauris, Gauredner.

Abg. zum Landtag (4. WP)	NSDAP	19. 5. 1932–30. 6. 1933
Zweiter Landtagspräsident-Stellvertreter		19. 5. 1932–30. 6. 1933

Literatur: *Schausberger, Franz: Ins Parlament, um es zu zerstören. Das parlamentarische Agi(ti)eren der Nationalsozialisten in den Landtagen von Wien, Niederösterreich, Salzburg und Vorarlberg nach den Landtagswahlen 1932, Wien-Köln-Weimar 1995 (= Schriftenreihe des Forschungsinstitutes für politisch-historische Studien der Dr.-Wilfried-Haslauer-Bibliothek, Band 1)*

KRAUPNER Heinz SPÖ
Cafetier, Salzburg
* 18. 12. 1890, Skirschina bei Leitmeritz (Böhmen) – Skršín bei Most (Tschechien)
† 3. 7. 1971, Salzburg

Volksschule, Lehre im Gastgewerbe, Berufstätigkeit in der Schweiz, Italien, Frankreich, England und Holland, 1915 bis 1918 Kriegsdienst, 1935 Gründer des Cafe Posthof in der Kaigasse in Salzburg, 1938 Verhaftungen und 1944 Inhaftierung im KZ Dachau; 1925 Beitritt zur SDAP, Obmann der Zentralorganisation der Hotelangestellten in Salzburg, bis 1932 Obmann der sozialdemokratischen Gastgewerbeangestellten, 1928 Gründer und bis 1934 Obmann der Arbeiter-Motorradfahrer-Sektion Salzburg, 1933/34 Mitglied der Landesparteivertretung der SDAP Salzburg, 1945 Mitglied der provisorischen Landesparteivertretung und 1946 bis 1950 Mitglied des Landesparteivorstandes der SPÖ Salzburg; 1927 bis 1934 und 1945/46 Mitglied des (provisorischen) Gemeinderates sowie 1945/46 Vizebürgermeister der Stadt Salzburg; 1945/46 Vizepräsident der Salzburger Handelskammer, 1945 bis 1955 Landesobmann des Freien Wirtschaftsverbandes, 1947 Gründungs- und Präsidiumsmitglied der Salzburger Volkshilfe; 1969 Bürger der Stadt Salzburg, 1970 Goldenes Verdienstzeichen des Landes Salzburg, 1948 Kommerzialrat.

Landesrat SPÖ 26. 4. 1946–5. 5. 1948

KREIBICH Florian, Mag. Dr. ÖVP
Rechtsanwalt, Salzburg
* 9. 4. 1969, Salzburg

1975 bis 1979 Volksschule in Salzburg, 1979 bis 1983 Hauptschule der Pädagogischen Akademie in Salzburg, 1983 bis 1987 Bundes-Oberstufenrealgymnasium in Salzburg, 1987 Matura, 1987 bis 1996 Studium der Rechtswissenschaften an der Universität Salzburg, 1991/92 Sekretär von Landeshauptmann Dr. Christoph Zernatto (Kärnten), 1996 Mag. iur., 2002 Dr. iur., 1996 bis 2002 Rechtsanwaltsanwärter und seit 2002 Rechtsanwalt in Salzburg; 1996 bis 2002 Vorsitzender des Verbandes der Salzburger Rechtsanwaltsanwärter, 1998 bis 2002 Vorsitzender des Dachverbandes der Österreichischen Rechtsanwaltsanwärter; 1987 bis 1993 diverse Funktionen in der Österreichischen Hochschülerschaft (u. a. Obmann der AktionsGemeinschaft an der Universität Salzburg, Mitglied des Akademischen Senates, ...); seit 2003 Obmann des Österreichischen Wirtschaftsbundes in Salzburg-Nonntal; seit 2006 Präsident der Romantik Hotels in Österreich und Vorsitzender des Internationalen Aufsichtsrates der Romantik Hotels und Restaurants, seit 2006 Gemeindevertreter der evangelischen Pfarrgemeinde »Christuskirche«.

Abg. zum Landtag (13. GP–)	ÖVP	7. 7. 2004–lfd.

KRENNWALLNER Paul NSDAP
Bauer, Salzburg-Itzling
* 24. 4. 1901, Salzburg
† 28. 12. 1991, Salzburg

Volks- und Bürgerschule in Salzburg, 1917/18 Landwirtschaftsschule Winklhof in Oberalm, 1923 bis 1940 Bauer auf dem Muhrgut in Salzburg-Itzling, 1930 Erwerb des Schlosses Ursprung in Elixhausen und Führung der Landwirtschaft bis 1963; 1928 bis 1932 Obmann des Katholischen Bauernbundes in Itzling, 1923 bis 1932 Mitglied des Vorstandes des Flachgauer Bauernrates, 1934 bis 1938 Gaubauernführer von Salzburg, ab 1938 Gauamtsleiter für Agrarpolitik in Salzburg, ab 1939 stellvertretender Landesbauernführer der Landesbauernschaft »Alpenland« (Tirol, Vorarlberg und Salzburg), 1942 Austritt aus der NSDAP und Zurücklegung aller Funktionen, 1945 bis 1947 Internierung in den Lagern Ludwigsburg und Glasenbach.

Landesrat	NSDAP	13. 3. 1938–30. 9. 1939

Literatur: *Hanisch, Ernst: Gau der guten Nerven. Die nationalsozialistische Herrschaft in Salzburg 1938–1945, Salzburg-München 1997*

KRETZ Nikolaus Michael SPÖ
Unternehmensberater, Golling an der Salzach
* 18. 10. 1966, Salzburg

1973 bis 1977 Volksschule und 1977 bis 1981 Hauptschule in Salzburg, 1981 bis 1985 Fremdenverkehrsakademie Kleßheim, 1985 Diplomprüfung, 1985/86 Präsenzdienst, 1986 bis 1988 F & B Assistent im Hotel Sheraton in Salzburg, 1988/89 Verkaufsaußendienstmitarbeiter der Elementar Versicherung, 1990 bis 2006 Mitarbeiter bei der Wiener Städtischen Versicherung (Verkaufsleiter), seit 2006 Unternehmensberater und Inhaber der Vado Consulting; seit 2002 Bezirksvorsitzender der SPÖ Tennengau, seit

2005 stellvertretender Landespräsident des Sozialdemokratischen Wirtschaftsverbandes in Salzburg; 1999 bis 2002 Mitglied des Gemeinderates (2000 bis 2002 als Vizebürgermeister) von Golling an der Salzach.

Abg. zum Landtag (13. GP)	SPÖ	28. 4. 2004–7. 12. 2006
Abg. zum Landtag (13. GP–)	SPÖ	13. 12. 2006–lfd.

Kreuzberger Melchior CSP
Froschaubauer, St. Johann im Pongau
* 10. 2. 1869, Bischofshofen
† 29. 12. 1944, St. Johann im Pongau

Volksschule, Zimmererlehre, 1890 bis 1893 Militärdienst, Zimmerer und Landarbeiter, ab 1908 Froschaubauer in St. Johann im Pongau; bis 1932 Gauobmann des Katholischen Bauernbundes im Pongau; 1924 bis 1936 Obmann der land- und forstwirtschaftlichen Bezirksgenossenschaft in St. Johann im Pongau; Ökonomierat.

Mitglied der Provisorischen Landesversammlung	CSP	3. 11. 1918–21. 4. 1919

Kriechhammer Johann CSP
Landarbeiter, Salzburg
* 22. 2. 1886, Plainfeld
† 16. 10. 1948, Salzburg

Volksschule, Landarbeiter, 1908 bis 1911 Militärdienst, 1914 bis 1919 Kriegsdienst und Kriegsgefangenschaft, Landarbeiter in Salzburg, 1927 Eintritt in den Dienst des Magistrates Salzburg, 1927 bis 1929 Schulwart an der Gewerblichen Fortbildungsschule in Salzburg, 1929 bis 1931 Amtsgehilfe, 1931 bis 1948 Schulwart an der Mädchenhauptschule Griesgasse in Salzburg; 1922 Mitbegründer und 1933 bis 1938 Obmann des Kaiserschützenbundes Salzburg sowie 1938 Ernennung zum Ehrenobmann; 1936 Österreichische Goldene Verdienstmedaille.

Abg. zum Landtag (2. WP)	CSP	4. 5. 1922–3. 5. 1927

Krüttner Manfred WdU, FPÖ
Landesbeamter, Salzburg
* 30. 3. 1909, Görlitz (Schlesien) – Zgorzelec (Polen)
† 24. 12. 1992, Salzburg

Volksschule in Rentsch bei Bozen (Südtirol), 1922 Übersiedlung nach Salzburg, 1922 bis 1928 Bundesrealschule in Salzburg, 1928 Matura, Studium der Geografie an den Universitäten Wien und Innsbruck, 1939 Eintritt in den Dienst der Salzburger Landesregierung, 1939 bis 1945 stellvertretender Landesplaner, 1942 bis 1945 Kriegsdienst, 1945 Entlassung aus dem Landesdienst wegen der Mitgliedschaft bei der NSDAP, 1952 Wiedereinstellung in den Landesdienst; 1949 Beitritt zum VdU, 1949 bis 1954 Geschäftsführer des VdU, 1954 bis 1969 Klubobmann der WdU bzw. der FPÖ im Landtag, 1949 bis 1975 Bezirksparteiobmann des VdU bzw. der FPÖ im Flachgau, 1956 bis 1975 Mitglied des Landesparteivorstandes und 1956 bis 1985 Mitglied der Landesparteileitung der FPÖ Salzburg, 1955 bis 1963 Mitglied der Bundesparteileitung der FPÖ; 1949 bis 1954 Mitglied des Gemeinderates der Stadt Salzburg.

Abg. zum Landtag (2.–6. GP)	WdU, FPÖ	23. 1. 1950–21. 5. 1974
Zweiter Landtagspräsident-Stellvertreter		14. 5. 1969–21. 5. 1974

Kumpfmiller Moritz, Dr. ÖVP
Brauereidirektor, Hallein
* 21. 3. 1893, Schärding (Oberösterreich)
† 16. 2. 1958, Salzburg

Volksschule, 1912 Matura in Linz, 1912 bis 1919 mit kriegsbedingten Unterbrechungen Studium der Rechtswissenschaften an der Universität Graz, 1919 Dr. iur. an der Universität Innsbruck, Gerichtsjahr, Eintritt in den Dienst der Bank für Oberösterreich und Salzburg, dort als Direktionssekretär, Prokurist und als Direktor tätig, 1936 bis 1939 Direktor zur finanziellen Sanierung der Zipfer-Brauerei AG, 1939 Berufung in den Vorstand der Österreichischen Brau AG, 1945 bis 1957 Direktor der Brauerei Kaltenhausen; ab 1953 Bezirksobmann des Österreichischen Wirtschaftsbundes im Tennengau, 1953 bis 1958 stellvertretender Landesobmann des Österreichischen Wirtschaftsbundes-Landesgruppe Salzburg; 1957/58 Mitglied des Gemeinderates der Stadt Salzburg; 1955 bis 1958 Vizepräsident der Salzburger Handelskammer.

Abg. zum Landtag (3. GP)	ÖVP	11. 12. 1954–16. 2. 1958

Kürth Richard GDVP
Schlossermeister, Salzburg
* 25. 12. 1875, Gunnersdorf, Frankenberg/Sachsen (Deutschland)
† 26. 3. 1964, Salzburg

Schlosserlehre, 1906 bis 1916 Eigentümer der Fa. Josef Hübschenberger & Co. Eisenwarenfabrik in Salzburg, 1919 bis 1958 Miteigentümer und Geschäftsführer der Ofenwerke Stürmer, Kürth & Co sowie Inhaber eines Schlosserei- und Zentralheizungsbetriebes (ab 1947 auch Gas- und Wasserleitungsinstallationen) in Salzburg; 1927 bis 1934 Mitglied der Landesparteileitung der Großdeutschen Volkspartei; 1932 bis 1934 Mitglied des Gemeinderates und 1935 bis 1938 Mitglied des Gemeindetages der Stadt Salzburg; 1924 bis 1933 Präsident des Landeshauptverbandes der Bezirksverbände und Gewerbegenossenschaften des Landes Salzburg, 1928 Gründer und bis 1933 Obmann der Meisterkrankenkasse, 1927 bis 1938 Vizepräsident der Kammer für Handel, Gewerbe und Industrie in Salzburg, 1934 bis 1938 Bundes- und Landesinnungsmeister der Schlosser, 1934 bis 1938 Landesgewerbeführer, 1949 bis 1957 Obmann des Überwachungsausschusses der Salzburger Gebietskrankenkasse, 1930 bis 1941 und 1952/53 Vizekonsul des Königreiches Schweden; Kommerzialrat, 1962 Straßenbenennung in Salzburg.

Abg. zum Landtag (3. WP) GDVP 4. 5. 1927–18. 5. 1932

Literatur: *Voithofer, Richard: »Drum schließt Euch frisch an Deutschland an …« Die Geschichte der Großdeutschen Volkspartei in Salzburg 1920–1936, Wien 2000 (= Schriftenreihe des Forschungsinstitutes für politisch-historische Studien der Dr.-Wilfried-Haslauer-Bibliothek, Band 9)*

Kurz Franz SPÖ
Nebenerwerbsbauer, Bad Dürrnberg
* 19. 10. 1932, Bad Dürrnberg, Gemeinde Hallein
† 15. 10. 2003, Hallein

1938 bis 1942 Volksschule in Bad Dürrnberg, 1942 bis 1946 Hauptschule in Hallein, 1947 bis 1950 Lehre als Huf-, Wagen- und Kunstschmied in Hallein, 1965/66 Arbeiterhochschule in Weinberg bei Graz, 1972 Fachmatura am Gymnasium für Berufstätige in Salzburg, 1951 bis 1983 Grubenschlosser, Bergmann und Mitarbeiter der geologischen Forschungsabteilung der Saline Hallein, 2001 bis 2003 Chefredakteur der Tennengauer »Korrekt-Zeitung«; 1963 Beitritt zur SPÖ; 1969 bis 1976 Mitglied der Gemeindevertretung, 1974 bis 1976 Stadtrat, 1976 bis 1987 Vizebürgermeister und 1987 bis

1995 Bürgermeister von Hallein; 1961 bis 1971 Betriebsratsobmann des Salzbergbaues Dürrnberg und des Zentralbetriebsrates der Österreichischen Salinen; Träger zahlreicher Bundes- und Landesauszeichnungen darunter 1997 Goldenes Ehrenkreuz für Wissenschaft und Kunst und 2003 Silbernes Ehrenzeichen des Landes Salzburg.

Abg. zum Landtag (9. GP)	SPÖ	16. 5. 1984–3. 2. 1987

LACKNER Johann CSP
Großgrundbesitzer, Reitdorf bei Altenmarkt im Pongau
* 16. 10. 1875, Reitdorf bei Altenmarkt im Pongau
† 15. 3. 1927, Reitdorf bei Altenmarkt im Pongau

Volksschule, 1903 bis 1927 Zehenthofbauer in Reitdorf bei Altenmarkt im Pongau; 1918 bis 1922 Landesparteiobmann und 1924 bis 1927 Landesparteiobmann-Stellvertreter der Salzburger Christlichsozialen; 1911 bis 1919 Mitglied des Gemeinderates von Flachau; 1909 bis 1918 Landtagsabgeordneter des Großgrundbesitzes; ab 1906 Mitglied des Bauernbundausschusses, 1917 bis 1927 Präsident des Katholischen Bauernbundes in Salzburg, 1909 bis 1913 Vizepräsident und 1913 bis 1924 Präsident der Landwirtschaftlichen Gesellschaft in Salzburg, 1924 bis 1927 Präsident des Landeskulturrates; 1924 Ökonomierat.

Mitglied der Provisorischen Landesversammlung	CSP	3. 11. 1918–21. 4. 1919
Präsident der Provisorischen Landesversammlung		3. 11. 1918–7. 11. 1918
Präsident-Stellvertreter der Provisorischen Landesversammlung		7. 11. 1918–29. 11. 1918
Abg. zum Konstituierenden Landtag (1. WP)	CSP	23. 4. 1919–3. 5. 1922
Landesrat	CSP	29. 11. 1918–30. 11. 1920
Mitglied der Konstituierenden Nationalversammlung	CSP	4. 3. 1919–8. 5. 1919
Mitglied des Bundesrates	CSP	1. 12. 1920–4. 5. 1922

Literatur: *Klieber, Rupert J.: Politischer Katholizismus in der Provinz. Salzburgs Christlichsoziale in der Parteienlandschaft Alt-Österreichs, Wien-Salzburg 1994 (= Publikationen des Instituts für Kirchliche Zeitgeschichte, Band 28)*

Lakner Georg, Mag. FPÖ, OP
Mittelschullehrer, Hof bei Salzburg
* 4. 5. 1941, Wien

1947 bis 1951 Volksschule in Wien IX, 1951 bis 1955 Bundesrealgymnasium in Wien XVIII, 1955 bis 1960 Bundeslehrerbildungsanstalt in Wien III, 1967/68 Präsenzdienst, 1968 bis 1971 Lehrer an einer Allgemeinen Sonderschule, 1971/72 Volksschullehrer in Strobl, Studium an den Universitäten Wien und Salzburg (Indogermanistik und Theaterwissenschaft, Lehramt für Deutsch und Latein), 1973 Mag. phil., 1972 bis 1982 Hauptschullehrer in St. Gilgen und Hof bei Salzburg, 1982 bis 2001 Professor am Bundesrealgymnasium Salzburg, 1987 Dienstzuteilung an die Pädagogische Akademie des Bundes in Salzburg; Mitglied der Bezirksparteileitung der FPÖ Flachgau (1983) und der Landesparteileitung der FPÖ Salzburg (1985), Landesreferent der FPÖ Salzburg für Bildung und Schulung (1986), Obmann des Freiheitlichen Bildungswerkes Salzburg (1987), 1990 bis 1992 Vorsitzender der FPÖ-Bundesratsfraktion, 1993 Gründungsmitglied des Liberalen Forums, Februar bis November 1993 Mitglied des Parlamentsklubs des Liberalen Forums, 1994 Sprecher des Liberalen Forums Salzburg; 1984 bis 1988 Mitglied der Gemeindevertretung von Hof bei Salzburg.

Mitglied des Bundesrates	FPÖ	3. 5. 1989–14. 2. 1993
Mitglied des Bundesrates	OP	15. 2. 1993–1. 5. 1994

Literatur: *Gerstl, Alfred: Die Entstehung des Liberalen Forums (LiF) 1993/94, phil. Diss., Wien 1998*

Längauer Ernst, Ing. SPÖ
Sicherheitsingenieur, Hallein
* 27. 6. 1941, Eisenerz (Steiermark)
† 29. 3. 2007, Salzburg

1948 bis 1951 Volksschule in Hieflau (Steiermark), 1951 bis 1954 Hauptschule in Eisenerz (Steiermark), 1955 bis 1958 Ausbildung zum Maschinenschlosser an der Werkschule in Eisenerz, 1958 bis 1960 Tätigkeit im erlernten Beruf, 1960 bis 1964 Bundesgewerbeschule für Maschinenbau in Klagenfurt, 1964 Matura, 1964/65 Präsenzdienst, 1965 bis 1971 Direktionsassistent bei der Fa. Friedmann & Maier in Hallein, 1971 bis 1983 Sicherheitsingenieur bei der AUVA in Salzburg, 1983 bis 1989 Leiter des sicherheitstechnischen Dienstes des Unfallkrankenhauses Salzburg und der AUVA in Salzburg, Innsbruck und Dornbirn, 1990 bis 2002 Verwalter des Unfallkrankenhauses der AUVA in Salzburg; 1970 Beitritt zur SPÖ, 1988 bis 1992 Bezirksparteivorsitzender der SPÖ im Tennengau, 1980 bis 1989 Vorsitzender der FSG-Fraktion in der AUVA Salzburg, 1988 bis 1994 Mitglied des Landesparteipräsidiums der SPÖ Salzburg; 1984 bis 1989 Stadtrat in Hallein, 1986 bis 1989 Klubvorsitzender der SPÖ-Fraktion in der Gemeindevertretung von Hallein; 1989 bis 1992 Vorstandsmitglied der Salzburger Jägerschaft.

Abg. zum Landtag (10. GP) SPÖ 3. 5. 1989–1. 5. 1994

LANGER Helmut, Ing. ÖVP
Berufsschullehrer, Mittersill
* 24. 5. 1927, Deutsch Liebau (Mähren) – Horní Libina (Tschechien)

1933 bis 1938 Volksschule in Deutsch Liebau/Horní Libina (Mähren/Tschechien), 1938 bis 1942 Gymnasium in Mährisch Schönberg/Šumperk (Mähren/Tschechien), 1942 bis 1944 Landwirtschaftliche Mittelschule in Troppau/Opava (Mähren/Tschechien), 1944 bis 1947 Kriegsdienst und Kriegsgefangenschaft, 1947 bis 1949 Landwirtschaftliche Mittelschule in Salzburg-St. Peter, 1949 bis 1962 landwirtschaftlicher Berufsschullehrer, 1962 bis 1970 Hauptgeschäftsführer des Allgemeinen (später: Unabhängigen) Bauernverbandes, 1970 Übernahme des Schachernhofes in Mittersill; 1959 bis 1964 für die ÖVP und 1994 bis 1999 für die Liste »Lebenswertes Mittersill« Mitglied der Gemeindevertretung von Mittersill; 1960 bis 1965 Mitglied der Bezirksbauernkammer Zell am See und 1965 bis 1980 sowie 1995 bis 2000 Kammerrat der Landwirtschaftskammer Salzburg; bis 2004 Landesobmann des Unabhängigen Bauernverbandes in Salzburg.

Abg. zum Landtag (3. GP) ÖVP 2. 4. 1958–1. 7. 1959

LANGREITER Hans, Mag. ÖVP
Landesbeamter, Maria Alm am Steinernen Meer
* 9. 4. 1961, Saalfelden am Steinernen Meer

1967 bis 1971 Volksschule, 1971 bis 1979 Erzbischöfliches Privatgymnasium »Borromäum« in Salzburg, 1979 Matura, 1979/80 Präsenzdienst, 1980 bis 1990 Studium der Rechtswissenschaften an der Universität Salzburg, 1990 Mag. iur., 1990 bis 2002 Landesbediensteter bei der Bezirkshauptmannschaft Zell am See; 1997 bis 2005 Bezirksparteiobmann der ÖVP Pinzgau; seit 1994 Bürgermeister von Maria Alm am Steinernen Meer.

Abg. zum Nationalrat (XXI.–XXII. GP) ÖVP 6. 11. 2001–29. 10. 2006

LEBERBAUER Georg, Ing. ÖVP
Pensionist, Wald im Pinzgau
* 10. 8. 1926, Obernberg am Inn (Oberösterreich)

Pflichtschulen, 1941 bis 1943 Ausbildung zum Vermessungstechniker im Rahmen der Ausbildung bei der Agrarbehörde Salzburg und dem Flurbereinigungsamt in München, 1945 bis 1987 Agrarbeamter beim Amt der Salzburger Landesregierung; 1984 bis 1994 Landesobmann-Stellvertreter des Salzburger Seniorenbundes, seit 1994 Mitglied des Präsidiums des Salzburger Seniorenbundes, 1989 bis 1997 stellvertretender Bezirksparteiobmann der ÖVP Pinzgau; 1984 bis 1994 Mitglied des Gemeinderates von Wald im Pinzgau; 1982 Ehrentafel der Gemeinde Bramberg am Wildkogel, 1991 Goldenes Verdienstzeichen des Landes Salzburg.

Mitglied des Bundesrates	ÖVP	2. 5. 1994–3. 4. 1996

LECHENAUER Peter, Dr. FPÖ
Rechtsanwalt, Salzburg
* 27. 6. 1958, Salzburg

1964 bis 1968 Volksschule und 1968 bis 1976 Akademisches Gymnasium in Salzburg, 1976 Matura, 1976/77 Präsenzdienst, 1976 bis 1980 Studium der Rechtswissenschaften an der Universität Salzburg, 1980 Dr. iur., 1980/81 Studium am Europa Kolleg in Brügge, 1981/82 Gerichtsjahr am Bezirksgericht Abtenau und am Landesgericht Salzburg, 1982 bis 1986 Rechtsanwaltsanwärter, seit 1986 Rechtsanwalt in Salzburg, 1994 bis 1996 Postgraduate Lehrgang Europarecht mit Abschluss als Akademisch geprüfter Europarechtsexperte, 2003 Master of Laws LL.M.; 1995 bis 1999 stellvertretender Klubobmann der FPÖ im Landtag, 2002 Austritt aus der FPÖ; 2003 Ernennung zum Honorarkonsul von Frankreich.

Abg. zum Landtag (11. GP)	FPÖ	2. 5. 1994–26. 4. 1999

LECHNER Hans, Dipl.-Ing. DDr. ÖVP
Landesbeamter, Salzburg
* 16. 7. 1913, Graz
† 10. 6. 1994, Salzburg

Volksschule in Graz, 1930 Matura am Privatgymnasium der Marienbrüder in Graz, 1930 bis 1934 Studium an der Hochschule für Bodenkultur in Wien, 1934 Dipl.-Ing.,

1934 bis 1938 Zuchtwart, Kontrollassistent und Bauernberater beim Steirischen Viehzuchtverband, 1934 bis 1937 nebenberufliches Doktoratsstudium der Agrarwissenschaften, 1937 Promotion, 1938 Mitarbeiter des Milchlabors der milchwirtschaftlichen Reichsvereinigung in Wien, 1939 Mitarbeiter der milchwirtschaftlichen Vereinigung der Reichsbauernschaft Alpenland in Salzburg, 1939 bis 1942 Direktor des Salzburger Milchhofes, 1942 Verhaftung wegen des Verdachtes der Sabotage und Entlassung, 1942 Bewirtschaftung eines eigenen Bauernhofes in Fridolfing bei Laufen (Deutschland), 1943 bis 1945 Kriegsdienst, 1945 Eintritt in den Salzburger Landesdienst und Mitarbeiter von Landesrat Herbert Groß, 1947 Leiter des Landesernährungsamtes, 1948 Promotion zum Dr. iur., 1951 bis 1956 Präsidialbeamter bei der Salzburger Landesregierung, 1956 bis 1961 Leiter der Verkehrs- und Außenhandelsabteilung; 1961 bis 1977 Aufsichtsratsvorsitzender der SAFE; 1964 Großes Silbernes Ehrenzeichen am Bande für Verdienste um die Republik Österreich, 1968 Ring des Landes Salzburg, 1978 Großkreuz des Ehrenzeichens des Landes Salzburg, 1982 Ehrenbürger der Stadt Salzburg, 1996 Straßenbenennung in Salzburg.

Abg. zum Landtag (5. GP)	ÖVP	19. 6. 1964–29. 6. 1964
Abg. zum Landtag (6. GP)	ÖVP	14. 5. 1969–3. 6. 1969
Abg. zum Landtag (7. GP)	ÖVP	22. 5. 1974–28. 5. 1974
Landesrat	ÖVP	2. 7. 1959–17. 4. 1961
Landeshauptmann	ÖVP	17. 4. 1961–20. 4. 1977

Literatur: *Gönner, Rudolf (Hrsg.): Hans Lechner, Stimmen zur Zeit. Festschrift für den Altlandeshauptmann von Salzburg zu seinem 65. Geburtstag, Salzburg 1978; Zwink, Eberhard (Hrsg.): Die Ära Lechner. Das Land Salzburg in den sechziger und siebziger Jahren, Salzburg 1988 (= Schriftenreihe des Salzburger Landespressebüros, Sonderpublikationen Nr. 71); Dachs, Herbert: Hans Lechner, in: Dachs, Herbert/Gerlich, Peter/Müller, Wolfgang C. (Hrsg.): Die Politiker der Zweiten Republik. Karrieren und Wirken bedeutender Persönlichkeiten, Wien 1995, S. 373–380; Dipl.-Ing. DDr. Hans Lechner, Zitate und Bilder, hrsg. von Eberhard Zwink, Salzburg 1983 (= Salzburg Dokumentationen Nr. 74); Kriechbaumer, Robert: Zwischen Land und Bund. Die Salzburger ÖVP in der Ära Lechner, Salzburg 1988; Kriechbaumer, Robert: Salzburgs Landeshauptleute der 2. Republik, Salzburg 2002 (= Salzburg Dokumentationen Nr. 113)*

Ledermann Fritz, Ing. FPÖ
Gewerbetreibender, Salzburg
* 16. 12. 1918, Salzburg
† 5. 4. 1993, Salzburg

1924 bis 1928 Volksschule und 1928 bis 1932 Realschule in Salzburg, 1932 bis 1936 Bundesgewerbeschule in Salzburg (Fachrichtung Elektrotechnik), 1936 Matura, 1941 Meisterprüfung im Maschinenbauergewerbe, 1941 bis 1945 Kriegsdienst, 1945 bis 1957 Geschäftsführer der Fa. »Julius Ledermann's Witwe«, ab 1955 Inhaber der Gewerbeberechtigung für den Maschinenhandel und ab 1958 für das Schlossergewerbe; 1956 Beitritt zur FPÖ, 1969 bis 1985 Mitglied der Landesparteileitung und 1969 bis 1973 Mitglied des Landesparteivorstandes der FPÖ Salzburg, 1968 bis 1977 Landesobmann und 1978 Ernennung zum Ehrenobmann des Ringes Freiheitlicher Wirtschaftstreibender (RFW) in Salzburg; 1964 bis 1969 Mitglied des Gemeinderates der Stadt Salzburg; ab 1960 Kammerrat der Salzburger Handelskammer, Vorsitzender der Meisterprüfungskommission, ab 1970 Gremialvorsteher-Stellvertreter des Maschinenhandels, ab 1965 Mitglied des Aufsichtsrates der GSWB; 1979 Großes Ehrenzeichen für Verdienste um die Republik Österreich, 1985 Kommerzialrat.

Abg. zum Landtag (6.–7. GP) FPÖ 14. 5. 1969–15. 5. 1979

LEIMBÖCK Ernst ÖVP
Kaufmann, Bad Gastein
* 8. 10. 1931, Salzburg
† 5. 12. 1987, Bad Hofgastein

Volksschule in Bad Gastein, Hauptschule in Bad Hofgastein, kaufmännische Lehre bei der Fa. Stranz & Scio in Salzburg, 1962 bis 1987 selbstständiger Kaufmann in Bad Gastein; 1964 bis 1969 Obmann des Österreichischen Wirtschaftsbundes in Bad Gastein; 1964 bis 1966 Mitglied der Gemeindevertretung von Bad Gastein.

Abg. zum Nationalrat (XI. GP) ÖVP 7. 6. 1966–4. 10. 1968

LEINER Günther, Dr. ÖVP
Chefarzt, Bad Hofgastein
* 10. 8. 1939, Axams (Tirol)

1945 bis 1949 Volksschule in Axams und Sistrans (Tirol), 1949 bis 1953 Hauptschule in Innsbruck und Landeck (Tirol), 1954 bis 1961 Aufbaugymnasium der Salesianer Don Boscos in Unterwaltersdorf bei Wien (Niederösterreich), 1961 Matura, 1958 bis 1964 Mitglied des Ordens der Salesianer Don Boscos in Wien, 1961 bis 1963 Studium der Pädagogik und Philosophie an der Universität Wien, 1964 bis 1972 Studium der Medizin an der Universität Innsbruck, 1972 Dr. med. univ., 1969 Präsenzdienst, 1973 bis

1978 Facharztausbildung für Innere Medizin an der Universitätsklinik in Innsbruck, 1979 bis 1991 ärztlicher Leiter des Institutes für Rheumatologie, Rehabilitation und Sportmedizin in Bad Hofgastein, 1991 bis 2004 Primar des Institutes für Rheumatologie, Rehabilitation und Ganzheitsmedizin in Bad Gastein sowie ärztlicher Leiter des Badehospizes in Bad Gastein, seit 1984 ärztlicher Leiter der Dialysestation in Bad Hofgastein; 1990 bis 1996 Bezirksparteiobmann-Stellvertreter der ÖVP Pongau, seit 1987 Bezirksobmann-Stellvertreter des ÖAAB Pongau und bis 2005 Präsidiumsmitglied des ÖAAB Salzburg; 1988 Gründer und bis 2007 Präsidiumsvorsitzender des Salzburger Hilfswerkes, seit 1998 Vizepräsident des Österreichischen Hilfswerkes, 1998 Initiator und seitdem Präsident des European Health Forum Gastein (EHFG); 1993 Medizinalrat, 2003 Professor.

Abg. zum Nationalrat (XVIII.–XXI. GP)	ÖVP	5. 11. 1990–31. 10. 2001

Eigene Werke: *Mit der Arthrose leben, Bad Hofgastein 1986 (gemeinsam mit Norbert Hofbauer); Den Jahren mehr Leben, Kuchl 1995*

Leitner Walter — WdU, FPÖ
Industrieangestellter, Salzburg
* 7. 2. 1915, Salzburg
† 8. 4. 2002, Salzburg

Volksschule und Bundesrealschule in Salzburg, 1933 Matura, Studium der Germanistik und Volkskunde an der Universität Graz, 1935 Relegation von der Universität, 1935 bis 1938 illegaler HJ-Jungvolkführer in Salzburg, 1938 bis 1945 hauptamtlicher HJ-Führer, 1939 bis 1941 Kriegsdienst als Gebirgsjäger, 1944/45 Waffen SS, 1945 Kriegsgefangenschaft, bis 1947 Internierung im Lager Glasenbach, 1947 bis 1949 Hilfsarbeiter bei der VÖEST, Zimmererlehre, Versicherungsangestellter, 1949 bis 1954 Büroleiter und Bilanzbuchhalter bei der Fa. Leube in Gartenau, 1951 Amnestierung; 1949 Eintritt in den VdU, 1952 Organisationsleiter des VdU im Tennengau, 1959 bis 1974 Arbeiterkammerrat, 1965 bis 1975 Landesparteiobmann der FPÖ Salzburg, 1975 Ehrenobmann der FPÖ Salzburg; Ehrenbürger der Gemeinden Filzmoos und Krispl, 1964 Goldenes Ehrenzeichen für Verdienste um die Republik Österreich, 1970 Ehrenring des Landes Salzburg, 1980 Großes Ehrenzeichen des Landes Salzburg.

Abg. zum Landtag (4. GP)	FPÖ	2. 7. 1959–2. 7. 1959
Abg. zum Landtag (5. GP)	FPÖ	18. 2. 1964–29. 6. 1964
Abg. zum Landtag (7. GP)	FPÖ	22. 5. 1974–28. 5. 1974

Landesrat	WdU/FPÖ	11. 12. 1954–24. 1. 1978

Literatur: *Walter Leitner. Von 11. Dezember 1954 bis 24. Jänner 1978 als Landesrat Mitglied der Salzburger Landesregierung, hrsg. von Eberhard Zwink, Salzburg 1978 (= Salzburg Dokumentationen Nr. 21)*
Eigene Werke: *Winter-Fremdenverkehr. Entwicklungen-Erfahrungen-Kritik-Anregungen. Bundesland Salzburg 1955/56 bis 1980/81, Salzburg 1984 (= Schriftenreihe des Landespressebüros, Sonderpublikationen Nr. 54)*

Lettner Harald, Dr. SPÖ
Rechtsanwalt, Salzburg
* 21. 4. 1945, Salzburg

1951 bis 1955 Volksschule in Salzburg-Maxglan, 1955 bis 1963 Akademisches Gymnasium in Salzburg, 1963 Matura, 1963/64 Präsenzdienst, 1964 bis 1969 Studium der Rechtswissenschaften an der Universität Innsbruck, 1969 Dr. iur., Gerichtspraxis, Rechtsanwaltskonzipient, 1974 Rechtsanwaltsprüfung, 1975 bis 2001 selbstständiger Rechtsanwalt in Salzburg; 1968 Beitritt zur SPÖ, 1977 bis 1987 Sektionsobmann der SPÖ Liefering-Mitte, 1980 bis 1988 Landesobmann des BSA Salzburg, Mitglied des Landesparteipräsidiums der SPÖ Salzburg, 1989 Klubvorsitzender der SPÖ im Landtag; 1977 bis 1984 und 1992 bis 1994 Mitglied des Gemeinderates der Stadt Salzburg, 1989/90 Vizebürgermeister und 1990 bis 1992 Bürgermeister der Stadt Salzburg, 1983/84 stellvertretender Klubvorsitzender der SPÖ-Gemeinderatsfraktion, 1990 bis 1992 Präsident der Salzburger Volkshochschule, 1990 bis 1992 Aufsichtsratsvorsitzender der Salzburger Sparkasse, 1993 bis 1998 Mitglied des Aufsichtsrates der GSWB, 1981 bis 1989 Ausschussmitglied der Salzburger Rechtsanwaltskammer, 1978 bis 2006 Kuratoriumsmitglied der Pro Juventute Kinderdorfvereinigung, 1995 bis 1999 Vorstandsmitglied von »Rettet das Kind« und Mitglied des Aufsichtsrates des Vereines »Geschützte Werkstätten«.

Abg. zum Landtag (9. GP)	SPÖ	19. 9. 1984–12. 9. 1989

Leukert Heinrich SDAP
Gewerkschaftssekretär, Salzburg-Maxglan
* 18. 8. 1866, Oberhanichen bei Reichenberg (Böhmen) – Horní-Hanychov bei Liberec (Tschechien)
† 4. 5. 1941, Salzburg

bis 1879 Volksschule, 1879 bis 1883 Fabriksarbeiter, 1883 Beginn einer Zimmererlehre, Tätigkeit als Zimmerer, Obmann der Ortsgruppe der Zimmerleute in Reichenberg/Liberec (Böhmen/Tschechien), 1907 Übersiedlung nach Salzburg und Bestellung zum Sekretär des Verbandes der Zimmerer für Salzburg, Oberösterreich, Tirol und Vorarlberg, ab 1910 Landesvertrauensmann der Gewerkschaften in Salzburg, 1919 bis 1933 Landessekretär des Landesverbandes der Gewerkschaften Salzburgs (ab 1928 Landesexekutive des Bundes freier Gewerkschaften Österreichs); 1918/19 Mitglied der Landesparteikontrolle der SDAP Salzburg, 1923 bis 1931 Mitglied der Landesparteivertretung der SDAP Salzburg; 1922 bis 1931 Mitglied der Gemeindevertretung von Maxglan, 1919 bis 1922 und 1931 bis 1934 Mitglied des Gemeinderates von Maxglan; 1927 bis 1934 Vizepräsident der Salzburger Arbeiterkammer, 1927 bis 1934 stellvertretender Vorsitzender der Industriellen Bezirkskommission.

Mitglied der Provisorischen Landesversammlung	SDAP	3. 11. 1918–21. 4. 1919
Abg. zum Konstituierenden Landtag (1. WP)	SDAP	23. 4. 1919–3. 5. 1922
Abg. zum Landtag (2.–3. WP)	SDAP	4. 5. 1922–18. 5. 1932

Eigene Werke: *Ein Vierteljahrhundert Gewerkschaftsarbeit in Salzburg, Salzburg 1929*

Lienbacher Johann ÖVP
ÖBB-Maschinenmeister, Bad Dürrnberg
* 7. 1. 1934, Golling an der Salzach

1940 bis 1945 Volksschule in Golling an der Salzach, 1945 bis 1949 Hauptschule in Hallein, 1949 bis 1952 Lehre als Maschinenschlosser bei den ÖBB in Salzburg, 1954 bis 1956 Ausbildung zum Lokomotivführer, 1957 bis 1969 Lokomotivführer, 1969 bis 1994 Maschinenmeister bei den ÖBB in Salzburg, seit 1957 Nebenerwerbsbauer auf dem Schröckengut in Bad Dürrnberg; 1984 bis 1997 Bezirksparteiobmann der ÖVP im Tennengau; 1974 bis 1997 Mitglied der Gemeindevertretung und 1986 bis 1989 Stadtrat von Hallein; 1993 bis 1997 stellvertretender Vorsitzender des Wirtschaftsrates der Österreichischen Bundesforste, 1981 bis 2001 Bundesobmann-Stellvertreter des Österreichischen Einforstungsverbandes; 1997 Ehrenring der Stadt Hallein, 1998 Ökonomierat, 1999 Silbernes Ehrenzeichen des Landes Salzburg.

Abg. zum Landtag (9.–11. GP)	ÖVP	16. 5. 1984–26. 4. 1999

Lindenthaler Helmut ÖVP
Geschäftsführer, Abtenau
* 25. 11. 1962, Abtenau

1968 bis 1977 Volks- und Hauptschule in Abtenau, 1977 bis 1981 Lehre als Maschinenschlosser und Werkzeugmacher bei der Fa. Wallpach in Golling an der Salzach, fünfjährige Tätigkeit u. a. im erlernten Beruf, als Sportartikelverkäufer und als Schilehrer, Ausbildung zum staatlich geprüften Schilehrer und Schiführer, 1982 bis 1986 Tätigkeit als Schilehrer im In- und Ausland, 1987 bis 1992 sportlicher Leiter im Resort David Zwilling in Abtenau, 1991 bis 2003 alleiniger Geschäftsführer der Abtenauer Bergbahnen GmbH, seit 1990 Inhaber und Leiter der Schi- und Rennschule in Abtenau und seit 2003 selbstständiger touristischer Unternehmensberater (tourismus-optimierung.at) und Verkaufsleiter (Brandauer Sommerrodelbahnen), 2005/06 Ausbildung und Prüfung zum Akademischen Unternehmensberater; 1997/98 geschäftsführender Bezirksobmann und 1998 bis 2006 Bezirksobmann des Österreichischen Wirtschaftsbundes im Tennengau; 1994 bis 1999 Vizebürgermeister von Abtenau; 1999 bis 2003 Aufsichtsratsvorsitzender der Tourismusregion Lammertal/Dachstein-West, 1997 bis 1999 Obmann des Tourismusverbandes Abtenau.

Abg. zum Landtag (12. GP)	ÖVP	27. 4. 1999–27. 4. 2004

Lohfeyer Rosa, Mag. SPÖ
AHS-Lehrerin, St. Johann im Pongau
* 26. 7. 1956, Lofer

1962 bis 1966 Volksschule und 1966 bis 1970 Hauptschule in Lofer, 1970 bis 1974 Musisch-pädagogisches Gymnasium in Salzburg, 1974 Matura, 1974 bis 1982 Studium der Geschichte und Französisch an der Universität Salzburg, 1982 Mag. phil., 1982 Lehramtsprüfung für Französisch und Geschichte, 1978/79 Deutschassistentin an einer Hauptschule in Biarritz (Frankreich), 1983/84 Unterrichtspraktikum am Bundesrealgymnasium Salzburg-Akademiestraße, 1984 bis 1989 Sozialberatung im »Verein Treffpunkt« in Salzburg, 1989 bis 1995 Lehrerin an der Hotelfachschule Bad Hofgastein sowie 1989/90 am Bundesrealgymnasium St. Johann im Pongau, seit 1990 Lehrerin am Missionsprivatgymnasium St. Rupert in Bischofshofen; seit 2005 stellvertretende Bezirksfrauenvorsitzende der SPÖ im Pongau, seit 2005 Mitglied des Landesparteivorstandes der SPÖ Salzburg; seit 2004 Mitglied der Gemeindevertretung von St. Johann im Pongau.

Abg. zum Nationalrat (XXIII. GP–) SPÖ 7. 2. 2007–lfd.

Maier Georg SPÖ
Mechaniker, Hallein
* 28. 3. 1927, Radstadt
† 14. 5. 1999, Hallein

Pflichtschule, Mechanikerlehre bei den Grill-Werken in Hallein, 1944 Reichsarbeitsdienst, 1944/45 Kriegsdienst, 1945/46 Kriegsgefangenschaft, 1946 Werkzeugmacher in Mitterberghütten, 1946 bis 1986 Facharbeiter bei der Fa. Friedmann & Maier in Hallein; 1953 Beitritt zur SPÖ, 1969 bis 1984 Stadtparteiobmann der SPÖ in Hallein, 1970 bis 1984 stellvertretender Bezirksparteivorsitzender der SPÖ Tennengau, 1974 bis 1982 stellvertretender SPÖ-Sektionsobmann in Hallein-Burgfried, 1978 bis 1984 Mitglied des Landesparteivorstandes der SPÖ Salzburg; 1964 bis 1979 Mitglied des Gemeinderates und 1979 bis 1984 Stadtrat von Hallein, 1969 bis 1974 Klubvorsitzender der SPÖ-Fraktion in der Gemeindevertretung von Hallein; 1973 bis 1988 Mitglied der ÖGB-Landesleitung, 1973 bis 1981 stellvertretender Vorsitzender der ÖGB-Landesexekutive Salzburg; 1953 bis 1986 Betriebsrat und 1967 bis 1983 Betriebsratsvorsitzender bei der Fa. Friedmann & Maier, stellvertretender Obmann der Gewerkschaft Metall-Bergbau-Energie, 1983 bis 1985 Bezirksvertreter im Tennengau der Salzburger Volkshilfe, 1969 bis 1974 Kammerrat der Arbeiterkammer Salzburg; 1985 Großes Silbernes Ehrenzeichen für Verdienste um die Republik Österreich.

Abg. zum Landtag (7.–8. GP) SPÖ 29. 5. 1974–15. 5. 1984

Maier Johann, Mag. SPÖ
Leiter der AK-Konsumentenberatung, Salzburg
* 8. 5. 1952, Salzburg

1958 bis 1962 Volksschule und 1962 bis 1970 Erzbischöfliches Privatgymnasium »Borromäum« in Salzburg, 1970 Matura, 1970/71 Präsenzdienst, 1971 bis 1977 Studium der Rechtswissenschaften an der Universität Salzburg, 1977 Mag. iur., 1973 bis 1978 Studienassistent bzw. Vertragsbediensteter und 1978 bis 1980 Universitätsassistent bzw.

Vertragsassistent an der Universität Salzburg, 1979/80 Rechtspraxis am Landes- und Bezirksgericht Salzburg, seit 1980 Angestellter der Arbeiterkammer Salzburg und seit 1982 Leiter der Abteilung Konsumentenberatung; seit 1993 Mitglied des Bezirksparteipräsidiums und seit 2001 stellvertretender Bezirksparteivorsitzender der SPÖ Salzburg-Stadt, seit 1995 Sektionsvorsitzender der SPÖ Salzburg-Itzling, seit 1995 Mitglied des Landesparteivorstandes der SPÖ Salzburg, seit 1999 Konsumentenschutzsprecher der SPÖ; seit 1997 Vizepräsident der ASKÖ Salzburg, seit 2003 stellvertretender Vorsitzender des österreichischen Datenschutzrates; 2005 Großes Goldenes Ehrenzeichen für Verdienste um die Republik Österreich.

Abg. zum Nationalrat (XX. GP–)	SPÖ	14. 3. 1996–lfd.

MAIER Kurt — SPÖ
Technischer Fachbeamter, Uttendorf im Pinzgau
* 29. 5. 1925, Opponitz (Niederösterreich)

1931 bis 1936 Volksschule in Uttendorf im Pinzgau, 1936 bis 1939 Hauptschule in Zell am See, 1939 bis 1942 Lehre als Maschinenschlosser in Uttendorf im Pinzgau, 1942 bis 1945 Kriegsdienst und Kriegsgefangenschaft, 1945 bis 1982 Technischer Fachbeamter der ÖBB in Uttendorf im Pinzgau; 1954 Beitritt zur SPÖ, 1955 bis 1964 Vertrauensmann der Gewerkschaft der Eisenbahner, 1965 bis 1974 stellvertretender Bezirksparteivorsitzender und 1974 bis 1982 Bezirksparteivorsitzender der SPÖ Pinzgau, 1970 bis 1984 Mitglied des Landesparteivorstandes und 1978 bis 1982 Mitglied des Landesparteipräsidiums der SPÖ Salzburg; 1959 bis 1964 Mitglied des Gemeinderates und 1964 bis 1989 Bürgermeister von Uttendorf im Pinzgau; 1982 Großes Silbernes Ehrenzeichen für Verdienste um die Republik Österreich, 1980 Ehrenbürger von Uttendorf im Pinzgau, 1987 Silbernes Ehrenzeichen des Landes Salzburg sowie Inhaber zahlreicher weiterer Auszeichnungen.

Abg. zum Nationalrat (XIII.–XV. GP)	SPÖ	4. 11. 1971–26. 4. 1982

Literatur: *Thaler, Walter (Hrsg): Stark betroffen – wenig beachtet. Sozialdemokratie in Salzburger Gemeinden; Gespräche mit Salzburger Bürgermeistern, Salzburg 1999 (– Schriftenreihe der Arbeitsgemeinschaft Sozialdemokratischer Gemeindevertreter (ASG) Salzburg, Band 1)*

Mainoni Eduard, Mag. FPÖ, BZÖ
Angestellter, Salzburg
* 10. 2. 1958, Salzburg

1964 bis 1968 Volksschule und 1968 bis 1976 Bundesgymnasium in Salzburg, 1976 Matura, 1976 bis 1984 Studium der Rechtswissenschaften an der Universität Salzburg, 1985 Mag. iur., 1985/86 Rechtspraktikum am Bezirks- und Landesgericht Salzburg, 1986 bis 2001 Direktor des Österreichischen Wachdienstes in Salzburg, 2002 bis 2004 Mitglied der Generaldirektion des Österreichischen Wachdienstes in Salzburg, seit 2007 Geschäftsführer der GLH (Gruber-Lürzer-Habersatter Planungs- und Errichtungsgesellschaft) in Untertauern; 1988 Beitritt zur FPÖ, 1989 bis 1992 Landesparteisekretär und 1995 bis 1998 Landesparteiobmann-Stellvertreter der FPÖ Salzburg, 1995 bis 1997 geschäftsführender Bezirksparteiobmann der FPÖ Salzburg-Stadt, 2004/05 Ortsparteiobmann der FPÖ-Ortsgruppe Salzburg-Aigen; 1992 bis 1999 Mitglied des Gemeinderates der Stadt Salzburg und währenddessen Klubobmann der FPÖ-Fraktion; 1999 bis 2004 Fraktionsobmann der FPÖ im Landesschulrat für Salzburg; 2005/06 Bündnissprecher und 2006/07 Bündnisobmann des BZÖ Salzburg.

Abg. zum Nationalrat (XXI.–XXII. GP)	FPÖ	29. 10. 1999–6. 7. 2004
Mitglied des Bundesrates	FPÖ	27. 4. 1999–28. 10. 1999
Staatssekretär im BM für Verkehr, Innovation und Technologie	FPÖ/BZÖ	25. 6. 2004–11. 1. 2007

Mayer Johann ÖVP
Gendarmeriebeamter, Anthering
* 14. 5. 1922, Bad Mitterndorf (Steiermark)
† 11. 6. 2005, Anthering

1928 bis 1934 Volksschule, 1939/40 Berufsschule (erlernter Beruf: Maurer), 1940 bis 1945 Kriegsdienst, 1946/47 Landessekretär der Österreichischen Jugendbewegung in Salzburg, 1947/48 Bezirksparteisekretär der ÖVP Tamsweg, 1948 bis 1983 Gendarmeriebeamter beim Landesgendarmeriekommando für Salzburg (Gendarmerie-Abteilungsinspektor), 1959/60 Gendarmeriezentralschule in Mödling (Niederösterreich); 1967 bis 1980 Landesobmann-Stellvertreter des ÖAAB Salzburg sowie Landesobmann der Kameradschaft der Exekutive Österreichs in Salzburg; 1969 bis 1979 Bürgermeister von Anthering; 1966 bis 1984 Vorsitzender-Stellvertreter der Landesexekutive Salzburg des ÖGB, 1967 bis 1983 Vorsitzender des Landesvorstandes Salzburg der Gewerkschaft Öffentlicher Dienst; 1979 Ehrenbürger von Anthering, 1984 Goldenes Ehrenzeichen des Landes Salzburg, 1984 Großes Goldenes Ehrenzeichen für Verdienste um die Republik Österreich.

Mitglied des Bundesrates	ÖVP	19. 7. 1965–15. 5. 1984

Mayer-Schönberger Viktor, Dr. ÖVP
Steuerberater, Zell am See
* 24. 2. 1926, St. Johann im Pongau
† 5. 6. 1992, Zell am See

Volksschule in Wagrain, Hauptschule und Realgymnasium in Zistersdorf (Niederösterreich), Matura, Kriegsdienst, 1945 Eintritt in die Bundesgendarmerie, 1948 bis 1955 Finanzbeamter, nebenberufliches Studium der Rechtswissenschaften an der Universität Innsbruck, 1952 Dr. iur., 1955 bis 1959 Praxis als Steuerberater in Saarbrücken (Deutschland) und in Zell am See, ab 1959 Steuerberater in Zell am See; 1966 bis 1989 Bezirksobmann des Österreichischen Wirtschaftsbundes im Pinzgau, 1975 bis 1991 Landesobmann-Stellvertreter des Österreichischen Wirtschaftsbundes-Landesgruppe Salzburg; 1959 bis 1964 Stadtrat und 1964 bis 1973 Vizebürgermeister von Zell am See; 1983 Großes Silbernes Ehrenzeichen für Verdienste um die Republik Österreich, 1984 Silbernes Ehrenzeichen des Landes Salzburg.

Abg. zum Landtag (6.–8. GP)	ÖVP	14. 2. 1973–15. 5. 1984

Mayr Josef SPÖ
Optikermeister, Pfarrwerfen
* 8. 3. 1950, St. Johann im Pongau

1956 bis 1960 Volksschule in Pfarrwerfen, 1960 bis 1964 Hauptschule in Bischofshofen, 1964 bis 1968 Optikerlehre in St. Johann im Pongau, 1974 Meisterprüfung, 1974 bis 1986 Geschäftsführer der Fa. Optik Klecker in St. Johann im Pongau, seit 1986 selbstständiger Optikermeister in St. Johann im Pongau; 1974 Beitritt zur SPÖ, 1996 bis 2003 Bezirksparteivorsitzender der SPÖ Pongau, 1978 bis 2004 Ortsparteivorsitzender und seit 2005 Ehrenvorsitzender der SPÖ in Pfarrwerfen, 1997 bis 2001 stellvertretender Landesparteivorsitzender der SPÖ Salzburg, 1999 bis 2004 stellvertretender Klubvorsitzender der SPÖ im Landtag; 1979 bis 2004 Mitglied der Gemeindevertretung von Pfarrwerfen; Sektionsobmann Gewerbe sowie seit 2005 stellvertretender Landespräsident des Freien (Sozialdemokratischen) Wirtschaftsverbandes in Salzburg, seit 1990 Ausschussmitglied der Optikerinnung und seit 2005 stellvertretender Innungsmeister, seit 1994 Laienrichter beim Arbeitsgericht Salzburg; 2004 Silbernes Ehrenzeichen des Landes Salzburg, 2004 Ehrenring der Gemeinde Pfarrwerfen, 2007 Kommerzialrat.

Abg. zum Landtag (9.–12. GP) SPÖ 22. 10. 1986–27. 4. 2004

MAYR Karl WdU
Diplomarchitekt, Salzburg
* 23. 2. 1902, Salzburg
† 18. 5. 1979, Salzburg

Volks- und Realschule in Salzburg, 1922 Matura an der Staatsgewerbeschule in Salzburg (Hochbau), 1922 bis 1924 Praxis als Bautechniker, 1924 bis 1928 Studium an der Akademie für bildende Kunst in Wien, Diplomarchitekt, 1928 bis 1933 Architekt in Berlin und 1933 bis 1938 in Oberschlesien, 1940 bis 1945 Ingenieur in der Hochbauabteilung der Reichstatthalterei in Salzburg und im Reichsbauamt Markt Pongau, 1945 kurzfristig Leiter der Bauabteilung der Salzburger Landesregierung, 1945 Entlassung, Stadtplaner beim Magistrat Salzburg, freischaffender Architekt; 1950 bis 1953 Klubobmann der WdU im Landtag.

Abg. zum Landtag (2. GP) WdU 1. 12. 1949–9. 4. 1954

MAYR Otto CSP
Bundesbahnbeamter, Schwarzach im Pongau
* 5. 7. 1884, Ebbs bei Kufstein (Tirol)
† 5. 11. 1952, Linz

Volksschule, 1900 Landwirtschaftliche Lehranstalt in Rotholz (Tirol), Landarbeiter auf dem elterlichen Unterkramerhof in Ebbs (Tirol), 1914/15 Kriegsdienst, Oberheizer der Österreichischen Bundesbahnen in Schwarzach im Pongau; 1919 bis 1921 Mitglied des Gemeinderates von Schwarzach im Pongau.

Abg. zum Nationalrat (I.–II. GP) CSP 10. 11. 1920–18. 5. 1927

MAYRHOFER Johann StL
Kasparbauernsohn, Radstadt
* 12. 1. 1895, Radstadt
† 12. 1. 1964, Radstadt

Volksschule in Radstadt-Land, Landwirtschaftsschule Winklhof in Oberalm, 1915 bis 1918 Kriegsdienst, Tätigkeit auf dem elterlichen Hof, 1931 bis 1964 Arnoldbauer in Radstadt; 1945 bis 1960 Mitglied des ÖVP-Ortsparteiausschusses in Radstadt; 1931 bis 1935 Mitglied des Gemeinderates und 1936 bis 1938 Mitglied des Gemeindetages von Radstadt-Land; 1936 bis 1938 Mitglied des Landesbauernrates, 1936 bis 1938 Obmann der land- und forstwirtschaftlichen Bezirkskammer in Radstadt, 1946 bis 1964 Obmann des Obstbauvereines von Radstadt, 1949 bis 1954 Obmann der Windbach-Taurach-Wassergenossenschaft; 1962 Ökonomierat.

Mitglied des Ständischen Landtages (Landstand) 22. 11. 1934–12. 3. 1938
(Vertreter der Land- und Forstwirtschaft)

MAYR-MELNHOF Friedrich, Dipl.-Ing. ÖVP
Land- und Forstwirt, Grödig
* 5. 7. 1924, Grödig

1930 bis 1934 Volksschule, 1934 bis 1942 Gymnasium und Matura in Marquartstein (Oberbayern), 1942 bis 1945 Kriegsdienst, 1945 Kriegsgefangenschaft, 1946 bis 1950 Studium der Forstwirtschaft an der Hochschule für Bodenkultur in Wien, 1950 Dipl.-Ing., 1956 Übernahme des elterlichen Land- und Forstwirtschaftsbetriebes in Grödig und dort bis 1994 selbstständiger Land- und Forstwirt; 1963 bis 1987 stellvertretender Landesobmann des Salzburger Bauernbundes; 1950 bis 1985 Kammerrat und Mitglied des Vorstandes der Landwirtschaftskammer Salzburg, 1962 bis 1967 stellvertretender Landesjägermeister und 1967 bis 1997 Landesjägermeister von Salzburg, 1956 bis 1994 Obmann des Landesverbandes der land- und forstwirtschaftlichen Gutsbetriebe in Salzburg, 1965 bis 1987 Vizepräsident des Hauptverbandes der Wald- und Grundbesitzer Österreichs; 1974 Ökonomierat, 1986 Großes Ehrenzeichen des Landes Salzburg, 1994 Ehrenbürger von Grödig, 2000 Großes Goldenes Ehrenzeichen für Verdienste um die Republik Österreich.

Landesrat ÖVP 16. 3. 1983–7. 1. 1986

MEIKL Peter ÖVP
Landarbeiter, Werfen
* 2. 7. 1923, Bad Hofgastein

1929 bis 1937 Volksschule in Bad Hofgastein, 1938/39 Landwirtschaftliche Berufsschule und 1941/42 Landwirtschaftsschule Winklhof in Oberalm, 1942 bis 1945

Kriegsdienst, bis 1948 Tätigkeit im elterlichen Betrieb, 1948 bis 1951 Landarbeiter in Bad Hofgastein, 1951 bis 1970 Wirtschafter und 1970 bis 1983 Pächter des Gutes Schäferlehen in Werfen; 1946 bis 1948 Jungbauernvertreter im Ortsausschuss des Salzburger Bauernbundes in Bad Hofgastein, 1949 bis 1970 Bezirksobmann des Land- und Forstarbeiterbundes im Pongau sowie Landesobmann-Stellvertreter des Land- und Forstarbeiterbundes in Salzburg; 1950 bis 1970 Kammerrat der Salzburger Landarbeiterkammer, Vorstandsmitglied der Land- und Forstwirtschaftlichen Sozialversicherung in Salzburg, Vorstandsmitglied der Landwirtschaftskrankenkasse; 1990 Silbernes Verdienstzeichen der Republik Österreich.

Abg. zum Landtag (3. GP) ÖVP 11. 12. 1954–1. 7. 1959

Meisl Matthias, Mag. Dr. Bürgerliste
AHS-Lehrer, Kuchl
* 20. 10. 1954, Kuchl

1961 bis 1965 Volksschule Kuchl, 1965 bis 1974 Bundesrealgymnasium Hallein, Matura, 1974/75 Studium der Mathematik an der Universität Salzburg, 1975 bis 1982 Studium der Chemie an der Universität Graz, 1983 Zivildienst beim Roten Kreuz in Hallein, 1982 bis 1985 Dissertation am Institut für Theoretische Chemie der Universität Graz, Dr. phil., 1984 bis 1987 Assistent am Institut für Theoretische Chemie der Universität Graz, 1987 Lehramtsprüfung für Chemie und Physik, Mag. rer. nat., seit 1987 AHS-Lehrer für Chemie, Physik und Informatik am BG/BRG Hallein; 1989 Gründung der »Unabhängigen Liste – Lebenswertes Kuchl«; 1989 bis 1994 Vizebürgermeister von Kuchl; 1987 bis 1991 Obmann und seit 1999 Ehrenobmann des Schiclubs Kuchl.

Abg. zum Landtag (11. GP) Bürgerliste 2. 5. 1994–26. 4. 1999

Meisl Roland, Ing. Mag. SPÖ
Jurist, Kuchl
* 9. 7. 1972, Kuchl

1978 bis 1986 Volks- und Hauptschule in Kuchl, 1986 bis 1990 Fachschule für Maschinenbau in Hallein, 1990 bis 1993 HTL für Maschinenbau und Betriebstechnik in Hallein, 1993 bis 2000 Studium der Rechtswissenschaften an der Universität Salzburg, 2001 Mag. iur., 2003 Universitätslehrgang für Wirtschaftsjuristen, seit 2001 Betriebsjurist bei der Fa. Cteam Consulting & Anlagenbau GmbH in Seekirchen am Wallersee;

seit 1997 Ortsparteiobmann der SPÖ Kuchl, Mitglied des Landes- und Bezirksparteivorstandes der SPÖ; seit 1994 Mitglied der Gemeindevertretung, seit 1997 Mitglied der Gemeindevorstehung und seit 2004 Vizebürgermeister von Kuchl.

Abg. zum Landtag (13. GP–)	SPÖ	13. 12. 2006–lfd.

Meissnitzer Benedikt SPÖ
Kreuzsalbauer, Ennswald bei Radstadt
* 11. 2. 1895, Radstadt-Ennswald
† 11. 6. 1974, Radstadt

Volksschule in Radstadt, bis 1915 Knecht auf dem elterlichen Hof (Kreuzsalbauer), 1915 bis 1918 Kriegsdienst, 1920 bis 1932 Bediensteter der Österreichischen Bundesbahnen, 1932 Pensionierung, 1932 bis 1972 Kreuzsalbauer in Radstadt, 1918 Beitritt zur SDAP, 1945 bis 1949 Landesobmann des Arbeitsbauernbundes in Salzburg; 1945 bis 1963 Stadtrat in Radstadt; 1920 bis 1929 Mitglied der Stadtkapelle Radstadt.

Abg. zum Landtag (1. GP)	SPÖ	12. 12. 1945–30. 11. 1949

Meissnitzer Hans KPÖ
Elektromeister, Salzburg
* 7. 3. 1915, St. Magdalen (Kärnten)
† 31. 10. 1965, Salzburg

Volksschule, Lehre als Elektriker, Elektrikermeister, 1941/42 Kriegsdienst, 1942 Verhaftung und Verurteilung zum Tod durch den Volksgerichtshof wegen Hochverrates, 1943 Umwandlung der Todesstrafe zu fünf Jahren Kerkerhaft, 1943 Versetzung zur Strafeinheit 999, 1946 bis 1952 selbstständiger Rundfunkmechaniker und bis 1965 Elektrowarenhändler in Salzburg, 1951 bis 1958 Trafikant in Salzburg; 1926 bis 1928 Mitglied der Sozialistischen Jugend, bis 1934 stellvertretender Vorsitzender der SDAP in Salzburg-Itzling, 1939 Beitritt zur KPÖ und Gründung der Ortsgruppe Salzburg-Itzling, 1940 Organisationsleiter und 1941 politischer Leiter der KPÖ Salzburg-Stadt, Mitglied des Landesparteivorstandes der Salzburger KPÖ (1945).

Landesrat	KPÖ	23. 5. 1945–12. 12. 1945

MENZEL Christian, Dr. ÖVP
Primararzt, Salzburg
* 7. 4. 1943, Wien

1950 bis 1954 Volksschule in Salzburg, 1954 bis 1962 Humanistisches Gymnasium im Konvikt des Stiftes Kremsmünster (Oberösterreich), 1962 Matura, 1962 bis 1969 Studium der Zeitungswissenschaften und Beginn des Medizinstudiums an der Universität Innsbruck, 1969 Einjährig-Freiwilliger in Salzburg, 1970 bis 1974 Studium der Medizin an der Universität Wien, 1974 Dr. med. univ., ab 1975 Turnusarzt im Landeskrankenhaus Salzburg, 1977 bis 1981 Ausbildung zum Facharzt für Frauenheilkunde und Geburtshilfe, 1983 Ernennung zum Oberarzt an der Landesfrauenklinik, 1987 Bestellung zum Primararzt der Landesklinik für Spezielle Gynäkologie und Brustambulanz (vormals Sonderstation für Frauenheilkunde und Geburtshilfe), 1987 bis 1998 Ärztlicher Direktor des Landeskrankenhauses Salzburg, 1998 bis 2003 Medizinischer Geschäftsführer der Holding der Landeskliniken Salzburg, 2005 Ernennung zum Honorarprofessor an der Universität Salzburg (Geisteswissenschaftliche Fakultät), 2006 Ernennung zum Universitätsprofessor an der Paracelsus Medizinischen Privatuniversität Salzburg (PMU), 2007 Ernennung zum Leiter des Interuniversitären Institutes für Angewandte Ethik der Universität Salzburg und der PMU; 1990 bis 2005 Landesobmann und seit 2005 Präsident des Salzburger Akademikerbundes, 2004 bis 2006 Präsident der Österreichischen Gesellschaft für Senologie; 1997 Goldenes Ehrenzeichen des Landes Salzburg.

Abg. zum Landtag (9. GP) ÖVP 16. 5. 1984–2. 5. 1989

Eigene Werke: *(Hrsg.) Die interdisziplinäre kurative Behandlung des Mammakarzinoms. Was ist Standard, was Routine?, Heidelberg-Leipzig 1998; Medizin und Ethik als gegenseitige Herausforderung, Akademiaverlag, Sankt Augustin 1999 (Beiträge zur Angewandten Ethik, Band 4)*

MEYER Oskar, Ing. CSP
Oberbaurat, Salzburg
* 22. 5. 1858, Gries bei Bozen (Südtirol)
† 6. 2. 1943, Salzburg

Volksschule, k.k. Oberrealschule in Rovereto (Südtirol), Matura, 1877 bis 1882 Studium an der Technischen Hochschule in Graz, 1882 bis 1886 Baupraktikant bei der Bezirkshauptmannschaft in Bozen, 1886 Anstellung als Bauadjunkt beim k.k. Baudepartement in Salzburg, 1891 Ernennung zum Ingenieur, 1899 Oberingenieur, 1908 Baurat, 1914 Oberbaurat, 1919 Hofrat, 1923 bis 1925 Leiter des Staatsbaudienstes in Salzburg.

Abg. zum Konstituierenden Landtag (1. WP)	CSP	23. 4. 1919–3. 5. 1922
Landeshauptmann	CSP	23. 4. 1919–16. 12. 1921
Landeshauptmann	CSP	10. 1. 1922–4. 5. 1922

MILLER Johannes ÖVP
Volksschuldirektor i. R., St. Georgen bei Salzburg
* 30. 9. 1931, Wiener Neustadt (Niederösterreich)

1937 bis 1943 Volksschule in Winzendorf an der Schneebergbahn (Niederösterreich), 1943 bis 1946 Hauptschule in Wiener Neustadt und Salzburg, 1946 bis 1951 Bundeslehrerbildungsanstalt in Salzburg, 1951 Matura, 1953 Lehrbefähigungsprüfung, 1951 bis 1958 Volksschullehrer an verschiedenen Schulen im Bundesland Salzburg, 1958 bis 1966 Lehrer und 1965 bis 1991 Direktor an der Volksschule Obereching (Gemeinde St. Georgen bei Salzburg), 1993 Ausbildung zum Reiseleiter; 1958 bis 1966 Obmann des ÖAAB von St. Georgen bei Salzburg, 1973 bis 1975 ÖVP-Gemeindeparteiobmann und seit 1992 Obmann des Salzburger Seniorenbundes in St. Georgen bei Salzburg, seit 1997 Bezirksobmann des Salzburger Seniorenbundes im Flachgau, seit 2002 Landesobmann-Stellvertreter des Salzburger Seniorenbundes; 1964 bis 1967 Mitglied des Gemeinderates und 1967 bis 1974 Vizebürgermeister von St. Georgen bei Salzburg; 1982 Oberschulrat, 1989 Goldener Ehrenring der Gemeinde St. Georgen bei Salzburg.

Abg. zum Landtag (13. GP)	ÖVP	28. 4. 2004–17. 10. 2006

Eigene Werke: *»Ad Georgii ecclesiam«. Heimatchronik von St. Georgen bei Salzburg, St. Georgen bei Salzburg 1989*

MÖDLHAMMER Helmut ÖVP
Journalist, Salzburg
* 26. 11. 1951, Salzburg

1957 bis 1961 Volksschule in Guggenthal, 1961 bis 1969 Akademisches Gymnasium in Salzburg, 1969 Matura, 1969/70 Präsenzdienst als Einjährig-Freiwilliger, Studium der Politikwissenschaft und Publizistik an der Universität Salzburg (ohne Abschluss), 1972 Eintritt als Redakteur bei der »Salzburger Volkszeitung« (SVZ), 1975 Ressortleiter »Lokales« und Chef vom Dienst, 1978 bis 1980 Chefredakteur des »Salzburger Volksblattes«, 1980 bis 1995 Lokalchef und 1994 bis 2004 Chefredakteur der »Salzburger Volkszeitung«; 1972 Gründungsmitglied und bis 1977 Obmann der Jungen ÖVP in

Koppl, seit 2004 stellvertretender Landesparteiobmann der Salzburger ÖVP; seit 1984 Mitglied des Gemeinderates und seit 1986 Bürgermeister von Hallwang; 1989 bis 1992 Vorsitzender der Flachgauer Bürgermeisterkonferenz, seit 1992 Präsident des Salzburger Gemeindeverbandes, seit 1999 Präsident des Österreichischen Gemeindebundes, 1981 bis 1985 Landesobmann-Stellvertreter der Salzburger Journalistengewerkschaft, 1996 bis 2001 Mitglied des Kuratoriums des ORF, 2003 bis 2005 Mitglied des Österreich-Konvents; 2002 Silbernes Ehrenzeichen für Verdienste um die Republik Österreich, 2007 Goldenes Ehrenzeichen des Landes Salzburg.

Abg. zum Landtag (11. GP)	ÖVP	2. 5. 1994–26. 4. 1999

Moritz Herbert, Dr. SPÖ
Chefredakteur, Salzburg
* 30. 3. 1927, Salzburg

1933 bis 1937 Volksschule und 1937 bis 1945 Realgymnasium in Salzburg, 1943 Flak-Helfer, 1944 Reichsarbeitsdienst, 1944/45 Kriegsdienst und Gefangenschaft, 1945 Matura, 1945/46 Redakteur beim »Demokratischen Volksblatt«, 1946 bis 1950 Studium der Zeitungswissenschaft, Geschichte, Germanistik und Philosophie an den Universitäten Innsbruck und Wien, 1950 Dr. phil., 1950 bis 1956 Redakteur und 1956 bis 1969 Chefredakteur beim »Demokratischen Volksblatt«; 1950 Beitritt zur SPÖ, 1970 bis 1988 Mitglied des Landesparteivorstandes und 1970 bis 1984 Mitglied des Landesparteipräsidiums der SPÖ Salzburg, 1978 bis 1984 Landesparteivorsitzender der SPÖ Salzburg; 1977 bis 1984 stellvertretender Aufsichtsratsvorsitzender der SAFE; 1979 Großes Ehrenzeichen des Landes Salzburg.

Abg. zum Landtag (7. GP)	SPÖ	22. 5. 1974–28. 5. 1974
Landesrat	SPÖ	14. 5. 1969–2. 11. 1976
Landeshauptmann-Stellvertreter	SPÖ	2. 11. 1976–10. 9. 1984
Bundesminister für Unterricht, Kunst und Sport	SPÖ	10. 9. 1984–21. 1. 1987

Literatur: *Dr. Herbert Moritz. Reden und Redenauszüge, hrsg. von Eberhard Zwink, Salzburg 1979 (= Salzburg Dokumentationen Nr. 36)*
Eigene Werke: *Salzburger Kultur-ABC, Salzburg 1975; Lehrjahre. Thomas Bernhard – vom Journalisten zum Dichter, Weitra 1992; Gesichter. Köpfe. Gestalten. Begegnungen in sieben Jahrzehnten, Wien 2004*

Mösenbichler Erasmus StP
Forstarbeiter, Hintersee
* 30. 9. 1895, Faistenau
† 26. 5. 1945, Hintersee

Volksschule, Tätigkeit am elterlichen Hof (Unterkeflaugut), ab 1926 Pächter des Aschaugutes in Hintersee, ab 1932 Forstarbeiter bei den Österreichischen Bundesforsten in Hintersee; 1945 provisorischer Bürgermeister von Hintersee; 1928 bis 1930 Feuerwehrhauptmann von Hintersee, 1934 bis 1936 Mitglied der Salzburger Landwirtschaftskammer.

Mitglied des Bundeswirtschaftsrates 1. 11. 1934–12. 3. 1938

Literatur: *Enderle-Burcel, Gertrude: Christlich-Ständisch-Autoritär. Mandatare im Ständestaat 1934 bis 1938, Wien 1991*

Moser Fritz ÖVP
Roiderbauer, Seekirchen am Wallersee
* 9. 2. 1901, St. Lorenzen im Paltental, Gemeinde Trieben (Steiermark)
† 11. 6. 1984, Salzburg

Volksschule, Landwirtschaftsschule, 1926 Übernahme des elterlichen Fritzengut zu Roid in Seekirchen am Wallersee und dort bis 1955 Landwirt; 1928 bis 1934 Mitglied des Bundesausschusses des Katholischen Bauernbundes, 1934 bis 1938 Mitglied des Salzburger Landesbauernrates, 1936 bis 1938 Bezirksobmann des Salzburger Bauernbundes im Flachgau sowie Mitglied der Salzburger Landwirtschaftskammer, 1945/46 Bezirksparteiobmann der ÖVP im Flachgau; 1936 bis 1938 und 1945 bis 1959 Bürgermeister von Seekirchen-Land; 1945 bis 1970 Obmann des Salzburger Käsereiverbandes.

Abg. zum Landtag (1. GP) ÖVP 12. 12. 1945–30. 11. 1949

Mosler-Törnström Gudrun SPÖ
Systemanalytikerin, Puch bei Hallein
* 13. 10. 1955, Puch bei Hallein

1962 bis 1966 Volksschule in Puch bei Hallein, 1966 bis 1970 Hauptschule in Hallein, 1970 bis 1973 Höhere Bundeslehranstalt für wirtschaftliche Frauenberufe – Annahof – in Salzburg, 1973 bis 1988 Auslandsaufenthalt in den USA, Frankreich und Schweden, 1978 Matura in Schweden, 1980 bis 1986 Bildredakteurin bei der größten schwedischen Tageszeitung (Aftonbladet), 1983 bis 1986 Studium der Systemwissenschaften an der Universität Stockholm, 1986 bis 1988 Systemanalytikerin bei Siemens Stockholm, 1988/89 Organisationsprogrammiererin in Salzburg, 1988 bis 1993 Leiterin des Ergonomiezentrums in Salzburg, 1994 bis 1999 selbstständige Ergonomieberaterin und Autorin; seit 2001 Landesvorsitzende der Naturfreunde Salzburg und seit 2005 stellvertretende Bundesvorsitzende der Naturfreunde Österreich, seit 1999 stellvertretende Klubvorsitzende der SPÖ im Landtag; seit 2005 Aufsichtsratsvorsitzende der Salzburg Research GmbH, seit 2006 Präsidentin des Vereines »Arbeitsgemeinschaft für Rehabilitation« (Schloss Oberrain in Unken).

Abg. zum Landtag (12. GP–)	SPÖ	27. 4. 1999–lfd.
Dritte Präsidentin des Landtages		28. 4. 2004–17. 10. 2006

Mosshammer Franz SDAP
Maschinenmeister der ÖBB, Bischofshofen
* 12. 8. 1882, Laibach (Krain) – Ljubljana (Slowenien)
† 14. 12. 1964, Bischofshofen

Volksschule in Bischofshofen, Schlosserlehre in Radstadt, Schlossergeselle, Tätigkeit als Schlosser in der Schweiz, 1900 Eintritt als Lokomotivführer in den Dienst der k.k. Staatsbahnen in Bischofshofen, 1902 bis 1904 Werkmann in Linz, ab 1904 Lokomotivführer in Bischofshofen, ab 1918 bis 1933 Maschinenmeister der Österreichischen Bundesbahnen in Bischofshofen, ab 1933 Gastwirt, 1934 bis 1945 mehrmalige Verhaftungen; 1945 Mitglied der provisorischen Landesparteivertretung und 1946 bis 1960 Mitglied des Landesparteivorstandes der Salzburger SPÖ, 1946 bis 1949 stellvertretender Vorsitzender der Salzburger SPÖ, Vorsitzender der »Arbeitsgemeinschaft sozialistischer Gemeindevertreter« (1949); ab 1912 Mitglied der Gemeindevertretung sowie 1920 bis 1934 und 1945 bis 1959 Bürgermeister von Bischofshofen; 1957 Ernennung zum Ehrenbürger von Bischofshofen, 1976 Benennung der Hauptschule in »Franz-Moßhammer-Hauptschule«.

Abg. zum Nationalrat (II. GP)	SDAP	18. 5. 1927–1. 10. 1930
Abg. zum Nationalrat (IV. GP)	SDAP	2. 12. 1930–17. 2. 1934
Mitglied des Bundesrates	SPÖ	19. 12. 1945–8. 6. 1953
stellvertretender Vorsitzender des Bundesrates		19. 12. 1945–30. 6. 1946

Eigene Werke: *Bericht des Bürgermeisters Franz Moßhammer über die dreijährige Tätigkeit der sozialdemokratischen Gemeindevertretung Bischofshofen, Mai 1919 bis Mai 1922,*

Bischofshofen 1922; Rechenschaftsbericht des Bürgermeisters Franz Moßhammer über die dreijährige zweite Funktionsperiode der sozialdemokratischen Gemeindevertretung Bischofshofen, April 1922 bis April 1925, Bischofshofen 1925; Rechenschaftsbericht des Bürgermeisters Franz Moßhammer über die dreijährige dritte Funktionsperiode der sozialdemokratischen Gemeindevertretungsmehrheit in Bischofshofen, April 1925 bis April 1928, Bischofshofen 1928; Rechenschaftsbericht des Bürgermeisters Franz Moßhammer über die dreijährige Funktionsperiode der Gemeinde-Vertretung in Bischofshofen, April 1928 bis April 1931, Bischofshofen 1931

Mueller Adalbert, Dr. ÖVP
Landesbeamter, Salzburg
* 26. 3. 1900, Salzburg
† 23. 1. 1981, Salzburg

Volksschule und Gymnasium in Salzburg, 1920 Steuerpraktikant bei der Finanzlandesdirektion Salzburg, 1921 Ablegung der Steueramtsprüfung, bis 1928 Tätigkeit als Finanzbeamter, 1929 bis 1934 Verwaltungsbeamter bei der Invalidenentschädigungskommission in Salzburg, 1934 Eintritt in den Dienst des Landes Salzburg, nebenberufliches Studium der Rechtswissenschaften an der Universität Innsbruck, 1936 bis 1938 als Regierungskommissär Bürgermeister von Radstadt und St. Johann im Pongau, 1938 Dr. iur., 1945 bis 1965 Leiter der Finanzabteilung des Amtes der Salzburger Landesregierung, 1959 bis 1965 Landesamtsdirektor-Stellvertreter; 1969 Goldenes Verdienstzeichen des Landes Salzburg.

Abg. zum Landtag (1.–2. GP) ÖVP 12. 12. 1945–10. 12. 1954

Eigene Werke: *Die Eisenbahnen in Salzburg. Geschichte der Schienen- und Seilbahnen, Salzburg 1976*

Mühlberger Johann SDAP
Bundesbahnschaffner, Bischofshofen
* 4. 7. 1874, Steyregg (Oberösterreich)
† 1. 8. 1935, St. Johann im Pongau

Volksschule, Maurer (1898), 1896 bis 1898 Militärdienst, ab 1905 Kondukteur und ab 1917 Oberkondukteur der k.k. Staatsbahnen in Bischofshofen; 1910 bis 1918 Mitglied der Landesparteikontrolle der SDAP Salzburg; 1919 bis 1922 Mitglied des Gemeinderates von Bischofshofen.

Mitglied der Provisorischen Landesversammlung	SDAP	3. 11. 1918–21. 4. 1919

Müller Hans ÖVP
Hauptschuldirektor, Salzburg
* 24. 12. 1902, Fuschl am See
† 10. 6. 1974, Salzburg

Volksschule, 1914 bis 1919 Gymnasium und 1919 bis 1923 Bundeslehrerbildungsanstalt in Salzburg, 1923 Matura, 1923 bis 1928 Volksschullehrer in Oberndorf bei Salzburg, Salzburg-Itzling und Zinkenbach, 1926 Lehrbefähigungsprüfung für Volksschulen und 1929 für Hauptschulen, 1928 bis 1930 Hauptschullehrer in Bischofshofen und 1930 bis 1932 in Hallein, 1932 bis 1945 Hauptschullehrer in Salzburg-Maxglan, 1945 bis 1950 Direktor der Doppelhauptschule Maxglan und 1950 bis 1963 Direktor der Hauptschule Maxglan I in Salzburg; 1955 Oberschulrat.

Abg. zum Landtag (1. GP)	ÖVP	12. 12. 1945–30. 11. 1949

Müller Wenzel SDAP
Direktor des Konsumvereines »Vorwärts«, Salzburg
* 6. 7. 1877, Wien
† 12. 12. 1955, Salzburg

1892 bis 1895 Schlosserlehre, 1895 bis 1904 Tätigkeit im erlernten Beruf, 1904 bis 1925 Vorstand und Direktor des Konsumvereines »Vorwärts« in Salzburg, 1925 Gründung eines Transportunternehmens in Salzburg und Führung desselben bis 1954; 1895 Beitritt zur SDAP, 1905 bis 1925 Mitglied der Landesparteivertretung der SDAP Salzburg; 1918 bis 1923 Mitglied des Gemeinderates der Stadt Salzburg; Vorstand der Allgemeinen Arbeiter- und Krankenunterstützungskasse in Salzburg (1904), 1926 bis 1938 stellvertretender Vorstand der Salzburger Fuhrwerksgenossenschaft, 1945 bis 1954 Vorstand der Fachgruppe des Lastfuhrwerksgewerbes, Aufsichtsratsvorsitzender der Volkskreditbank, 1921 bis 1924 Mitglied des Sparkassenausschusses der Salzburger Sparkasse; 1949 Kommerzialrat.

Mitglied der Provisorischen Landesversammlung	SDAP	3. 11. 1918–6. 11. 1918

Nacovsky Othmar SPÖ
Postbeamter, Seekirchen am Wallersee
* 31. 10. 1931, Wien

1938 bis 1942 Volksschule in Wien, 1942 bis 1944 Hauptschule in Wien, Schuhmacherlehre, 1954 Übersiedlung nach Seekirchen am Wallersee, 1957 bis 1992 Postbeamter (Oberinspektor); 1958 Beitritt zur SPÖ, 1984 bis 1990 Bezirksparteivorsitzender der SPÖ Flachgau, 1973 bis 1985 SPÖ-Ortsparteivorsitzender in Seekirchen am Wallersee, seit 1991 Landesvorsitzender des Salzburger Pensionistenverbandes, 1982 bis 1990 Mitglied des Landesparteipräsidiums der SPÖ Salzburg; 1969 bis 1999 und 2002 bis 2004 Mitglied der Gemeindevertretung sowie 1974 bis 1984 Vorsitzender der SPÖ-Fraktion in der Gemeindevertretung von Seekirchen am Wallersee; 1982 Ehrenring der Gemeinde Seekirchen am Wallersee, 1992 Silbernes Ehrenzeichen für Verdienste um die Republik Österreich, 2002 Silbernes Ehrenzeichnen des Landes Salzburg, 1999 Ehrenbürger von Seekirchen am Wallersee.

Abg. zum Landtag (8.–10. GP)	SPÖ	17. 2. 1982–30. 6. 1992

Naderer Helmut FPÖ, OP
Gendarmeriebeamter, Seekirchen am Wallersee
* 2. 10. 1962, Salzburg

1969 bis 1978 Volks- und Hauptschule in Seekirchen am Wallersee, 1978 bis 1982 Lehrausbildung zum Tankfahrzeugtechniker, 1982 Präsenzdienst, 1983 Eintritt in den Dienst der Bundesgendarmerie und Ausbildung zum Gendarmeriebeamten, 1984 bis 1986 Gendarmerieposten Henndorf am Wallersee, 1986 bis 1997 Gendarmerieposten Eugendorf, 1992 Ausbildung an der Gendarmeriezentralschule in Mödling (Niederösterreich), 1997 bis 2002 stellvertretender Kommandant und seit 2002 Kommandant des Gendarmeriepostens (Polizeiinspektion) Bergheim bei Salzburg, 2005 bis 2007 Referent für Kommunikation im Büro von Staatssekretär Mag. Mainoni, seit 2007 Bündniskoordinator des BZÖ Salzburg; 1995 bis 2003 Bezirksparteiobmann der FPÖ Flachgau, 1997 bis 2003 stellvertretender Landesparteiobmann der FPÖ Salzburg, 1995 bis 2003 stellvertretender Klubobmann der FPÖ im Landtag, 2003 Ausschluss beziehungsweise Austritt aus der FPÖ, seit 2003 Landessprecher der Freien Demokraten Salzburg (FDS); seit 1989 Mitglied der Gemeindevertretung, 1990 bis 2004 Vizebürgermeister und seit 2004 Stadtrat (für die FDS) von Seekirchen am Wallersee; 2004 Silbernes Ehrenzeichen des Landes Salzburg.

Abg. zum Landtag (11.–12. GP)	FPÖ	2. 5. 1994–25. 8. 2003
Abg. zum Landtag (12. GP)	OP	26. 8. 2003–27. 4. 2004

NEUHOFER Michael CSP
Bäckermeister, Mattsee
* 9. 9. 1887, Vöcklamarkt (Oberösterreich)
† 26. 8. 1972, Mattsee

Volksschule in Mattsee, Bäckerlehre im elterlichen Betrieb in Mattsee, ab 1904 Bäckergehilfe in verschiedenen Wiener Bäckereien, 1908 Wehrdienst, 1914 bis 1918 Kriegsdienst, 1910 Übernahme des elterlichen Betriebes und bis 1951 Bäcker- und Konditormeister in Mattsee; 1919 bis 1935 sowie 1949 bis 1954 Mitglied des Gemeinderates von Mattsee; 1920 bis 1938 Obmann des Österreichischen Gewerbebundes und ab 1945 Obmann des Österreichischen Wirtschaftsbundes in Mattsee, 1918 bis 1924 sowie 1938 bis 1946 Vorstand des Fremdenverkehrsvereins in Mattsee, 1934 bis 1938 Zunftmeister der Bäcker in Salzburg, 1945 bis 1951 Kammerrat der Handelskammer Salzburg (Sektion Gewerbe); 1922 bis 1947 Obmann der Elektrogenossenschaft Mattsee, 1923 bis 1938 Mitglied des Vorstandes der Raiffeisenkasse Obertrum-Mattsee; 1953 Kommerzialrat, 1958 Ehrenbürger von Mattsee.

Abg. zum Nationalrat (I. GP) CSP 10. 11. 1920–20. 11. 1923

NEUMAYER Leonhard ÖVP
Angestellter, St. Johann im Pongau
* 30. 10. 1929, Leogang

Pflichtschule, Tätigkeit am elterlichen Hof in Leogang, 1953 bis 1956 Kraftfahrer in Zell am See, 1956 bis 1978 Sanitätskraftfahrer beziehungsweise Angestellter beim Roten Kreuz in St. Johann im Pongau; 1970 bis 1992 Bezirksobmann des ÖAAB im Pongau, 1983 bis 1992 Landesobmann-Stellvertreter des ÖAAB Salzburg; 1969 bis 1973 Mitglied der Gemeindevertretung, 1973 bis 1978 Fraktionsobmann und Mitglied des Gemeinderates und 1978 bis 1998 Bürgermeister von St. Johann im Pongau; 1985 Großes Silbernes Ehrenzeichen für Verdienste um die Republik Österreich, Straßenbenennung in St. Johann im Pongau.

Abg. zum Landtag (7.–9. GP) ÖVP 22. 5. 1974–2. 5. 1989

NEUMAYR Anton SDAP, SPÖ
Hofrat, Salzburg
* 1. 6. 1887, Salzburg
† 18. 6. 1954, Salzburg

Volks- und Bürgerschule, 1907 Matura an der k.k. Staatslehrerbildungsanstalt in Salzburg, 1909 Lehramtsprüfung für Volksschulen, 1909 bis 1915 Volksschullehrer in Grödig, Hallein und Seeham, 1915 Lehramtsprüfung für Bürgerschulen, 1915 bis 1918 Bürgerschullehrer in Hallein, 1919 bis 1934 Bürgermeister der Stadt Hallein, 1934 bis 1937 Verhaftung und Stadtverweis und in dieser Zeit Aufenthalt in Braunau am Inn (Oberösterreich), 1937/38 Tätigkeit als Amtsvormund, 1938 Entlassung, ab 1942 Sachbearbeiter im Bauamt bei der Reichstatthalterei in Salzburg, August 1944 bis Jänner 1945 KZ Dachau, 1946 bis 1951 Bürgermeister der Stadt Salzburg; 1928 bis 1934 und 1945 bis 1949 stellvertretender Klubvorsitzender der SDAP beziehungsweise der SPÖ im Landtag, 1919 bis 1934 Mitglied der Landesparteivertretung der SDAP Salzburg, 1945 Mitglied der provisorischen Landesparteivertretung und 1946 bis 1954 Mitglied des Landesparteivorstandes der SPÖ Salzburg; 1947 bis 1951 Präsident der Salzburger Volkshochschule, 1947 bis 1954 stellvertretender Aussichtsratsvorsitzender der SAFE; 1952 Ehrenbürger der Stadt Salzburg, Ehrenbürger von Dürrnberg und Hallein, 1954 Straßenbenennung in Salzburg, Träger zahlreicher weiterer Auszeichnungen.

Abg. zum Konstituierenden Landtag (1. WP)	SDAP	23. 4. 1919–3. 5. 1922
Abg. zum Landtag (2.–4. WP)	SDAP	4. 5. 1922–16. 2. 1934
Abg. zum Landtag (1.–2. GP)	SPÖ	12. 12. 1945–18. 6. 1954
Präsident des Landtages		14. 2. 1929–18. 5. 1932
Erster Landtagspräsident-Stellvertreter		19. 5. 1932–16. 2. 1934
Landeshauptmann-Stellvertreter	SPÖ	23. 5. 1945–26. 4. 1946

Literatur: *Zaisberger, Friederike/Heinisch, Reinhard R.: Leben über den Tod hinaus… Prominente im Salzburger Kommunalfriedhof, Salzburg 2006 (= Mitteilungen der Gesellschaft für Salzburger Landeskunde, 23. Ergänzungsband)*

Neureiter Johann ÖVP
Landarbeiter, St. Georgen bei Salzburg
* 9. 3. 1910, Kuchl
† 22. 9. 1989, St. Georgen bei Salzburg

Volksschule in Kuchl, bis 1934 Tätigkeit als Zimmerer in Kuchl, 1934 bis 1970 Verwalter des Dechantshofes in St. Georgen bei Salzburg; 1946/47 stellvertretender Landesobmann des Salzburger Bauernbundes; 1945 bis 1949 Mitglied der Gemeindevertretung von St. Georgen bei Salzburg.

Abg. zum Landtag (1. GP)	ÖVP	12. 12. 1945–30. 11. 1949

Neureiter Michael CSP
Dechant, St. Johann im Pongau und Salzburg
* 29. 1. 1877, Kuchl
† 22. 1. 1941, Salzburg

1897 Matura am Erzbischöflichen Privatgymnasium »Borromäum« in Salzburg, 1897 bis 1901 Studium der Theologie in Salzburg, 1900 Priesterweihe, 1901/02 Kooperator in Taxenbach und in Schwoich, 1902 bis 1914 Kooperator in St. Johann im Pongau, 1914 bis 1927 Pfarrer und Dechant in St. Johann im Pongau, 1927 Domkapitular, 1929 bis 1932 Generaldechant für Salzburg; 1922 bis 1934 Klubobmann der Christlichsozialen im Landtag; 1909 bis 1918 Landtagsabgeordneter für die IV. Wählerklasse (Pongauer Landgemeinden); 1920 bis 1938 Mitglied des Landesschulrates für Salzburg; 1930 Großes Ehrenzeichen mit dem Stern für Verdienste um die Republik Österreich, Konsistorialrat.

Abg. zum Konstituierenden Landtag (1. WP)	CSP	23. 4. 1919–3. 5. 1922
Abg. zum Landtag (2.–4. WP)	CSP	4. 5. 1922–18. 1. 1934
Präsident des Landtages		18. 5. 1921–3. 5. 1922
Landesrat	CSP	30. 11. 1920–16. 12. 1921
Landesrat	CSP	10. 1. 1922–4. 5. 1922
Landeshauptmann-Stellvertreter	CSP	4. 5. 1922–19. 1. 1934

Literatur: *Klieber, Rupert J.: Politischer Katholizismus in der Provinz. Salzburgs Christlichsoziale in der Parteienlandschaft Alt-Österreichs, Wien-Salzburg 1994 (= Publikationen des Instituts für Kirchliche Zeitgeschichte, Band 28)*

Neureiter Michael, MMag. ÖVP
Konsulent und Uhrmacher, Bad Vigaun
* 28. 5. 1950, Hallein

1956 bis 1960 Volksschule in Hallein, 1960 bis 1968 Bundesgymnasium in Hallein, 1968 Matura, 1968/69 Präsenzdienst, 1969 bis 1976 Studium der Theologie und Geschichte an der Universität Salzburg, 1975 Mag. theol., 1976 Mag. phil., 1974 bis 1980 Sekretär des Seelsorgeamtes der Erzdiözese Salzburg, 1980/81 Lehrer am Akademischen Gymnasium in Salzburg, 1981 bis 1983 Studienleiter des Bildungshauses St. Virgil in Salzburg, 1983 bis 2004 Geschäftsführer des Österreichischen Bibliothekswerks und 1984 bis 2004 Vorsitzender-Stellvertreter des Österreichischen Büchereiverbandes, seit 2004 Konsulent des Österreichischen Bibliothekswerks, seit 2003 Groß- und Turmuhrmacher; 1976 Beitritt zur ÖVP, 1985 bis 1998 Bezirksobmann des ÖAAB im Tennengau, 1992 bis 2000 Gemeindeparteiobmann der ÖVP Bad Vigaun, 1997 bis 2005 Bezirksparteiobmann der ÖVP im Tennengau, 1996 bis 2004 Klubobmann-Stellvertreter der ÖVP im Landtag, seit 1997 Mitglied des ÖVP-Landesparteipräsidiums; 1984 bis 1989 Mitglied der Gemeindevertretung, 1989 bis 2004 Mitglied des Gemeinderates und seit 2004 Mitglied der Gemeindevertretung von Bad Vigaun; 2004 Mitglied des Österreich-Konvents, seit 2004 Mitglied der Kommission für nachhaltige Entwicklung des Europarates, 1985 bis 1997 Obmann der Halleiner Arbeitsinitiative (HAI), seit 1995 Bezirksleiter des Salzburger Bildungswerks im Tennengau, seit 2001 Obmann des Kultur- und Museumsvereines »VICONE« Bad Vigaun; 2000 Silbernes Ehrenzeichen des Landes Salzburg, 2005 Päpstlicher Silvesterorden.

Abg. zum Landtag (9. GP–)	ÖVP	16. 5. 1984–lfd.
Zweiter Präsident des Landtages		28. 4. 2004–lfd.

Eigene Werke: *Gott ruft – auch heute. Diözesantag 78–Dokumentation, Salzburg 1979; Vigaun. Von Natur, Kultur und Kur, Vigaun 1990 (gemeinsam mit Kurt Conrad)*

Neuwirth Susanne, Mag. SPÖ
HTL-Lehrerin, Salzburg
* 2. 4. 1956, Salzburg

1962 bis 1966 Volksschule in Adnet, 1966 bis 1974 Bundesgymnasium in Hallein, 1974 Matura, 1974 bis 1984 Studium der Anglistik und Germanistik an der Universität Salzburg, 1984 Mag. phil., 1985 bis 1987 Angestellte beim Verein »Frauennotruf« in Salzburg, 1988 bis 1991 Lehrerin am Akademischen Gymnasium in Salzburg, 1991/92 Projektarbeit und Familienberatung bei den Salzburger Kinderfreunden, 1993/94 Leiterin der Familienberatungsstelle des Vereines »VIELE« in Salzburg, 1995/96 Angestellte bei der Fa. Apple Center COMP (Marketing/Controlling), seit 1998 Lehrerin an der HTL in Hallein; seit 1994 Bezirksfrauenvorsitzende und 1994 bis 2005 stellvertretende Bezirksparteivorsitzende der SPÖ in der Stadt Salzburg, seit 1987 Mitglied des Landesparteivorstandes und seit 1995 Mitglied des Landesparteipräsidiums der Salzburger SPÖ; 1987 bis 2004 Mitglied des Gemeinderates der Stadt Salzburg und 1996 bis 2004 Klubvorsitzende der SPÖ im Gemeinderat.

Mitglied des Bundesrates	SPÖ	28. 4. 2004–lfd.

Neuwirth Thomas WdU, OP
Gewerkschaftssekretär, Salzburg
* 1. 9. 1905, Hollabrunn (Niederösterreich)
† 14. 11. 1988, Salzburg

Volksschule, Realgymnasium, Handelsakademie, 1924 bis 1931 Exportfachmann in der Überseeabteilung eines Industrieunternehmens, 1928 bis 1932 nebenberufliches Studium der Rechtswissenschaften an der Universität Wien, 1932 bis 1934 Sekretär im Deutschen Handlungsgehilfenverband (DHV), 1934 bis 1937 Sekretär im Gewerkschaftsbund der österreichischen Arbeiter und Angestellten, 1937 bis 1942 Prokurist der Großhandelsfirma Thomas Neuwirth, 1940 bis 1945 Kriegsdienst, 1945/46 Kriegsgefangenschaft, 1947 bis 1950 Landessekretär der Gewerkschaft der Privatangestellten in Salzburg, ab 1950 Geschäftsführer in der Privatwirtschaft; 1949 bis 1952 Vorsitzender des Zentralausschusses für Gewerkschafts- und Sozialpolitik im VdU, 1950/51 Bundesparteiobmann-Stellvertreter des VdU, 1952 Austritt aus dem VdU; 1949 bis 1952 Mitglied des Vorstandes der Salzburger Arbeiterkammer, 1949 bis 1952 Mitglied des Vorstandes der Salzburger Gebietskrankenkasse.

Abg. zum Nationalrat (VI. GP)	WdU	8. 11. 1949–12. 12. 1952
Abg. zum Nationalrat (VI. GP)	OP	12. 12. 1952–18. 3. 1953

Nindl Gottfried, Dr. ÖVP
Gastwirt, Kaprun
* 7. 3. 1948, Kaprun

1954 bis 1958 Volksschule in Kaprun, 1958 bis 1962 Hauptschule in Zell am See und 1962 bis 1967 Bundeslehrerbildungsanstalt in Salzburg, 1967 Matura, 1967/68 Präsenzdienst, 1968 bis 1970 Welthandelsstudium an der Universität Wien, 1970 bis 1973 2. Studienabschnitt der Betriebswirtschaft an der Universität Innsbruck, 1978 Doktor der Sozial- und Betriebswissenschaften, 1986 Übernahme des elterlichen Gast- und Hotelbetriebes in Kaprun; 1989 bis 2003 Bezirksobmann des Österreichischen Wirtschaftsbundes im Pinzgau, 1996 bis 1999 Klubobmann-Stellvertreter der ÖVP im Landtag; 1974 bis 1990 Mitglied des Gemeinderates von Kaprun; seit 1980 Ausschussmitglied und seit 1990 Mitglied der Sektionsleitung Tourismus in der Salzburger Wirtschaftskammer, seit 1999 stellvertretender Sektionsobmann für Tourismus und Freizeitwirtschaft; 1999 Silbernes Ehrenzeichen des Landes Salzburg, 2001 Kommerzialrat, 2006 Ehrenbecher der Gemeinde Kaprun.

Abg. zum Landtag (9.–11. GP)	ÖVP	16. 5. 1984–26. 4. 1999

Nindl Karl ÖVP
Landesbeamter, Bramberg am Wildkogel
* 23. 11. 1943, Bramberg am Wildkogel

1950 bis 1954 Volksschule in Bramberg am Wildkogel, 1954 bis 1958 Hauptschule in Mittersill, 1958 bis 1960 Handelsschule in Zell am See, bis 1962 Büroangestellter bei der Fa. Blizzard in Mittersill, 1962 bis 1968 Vertragsbediensteter der Gemeinde Bramberg am Wildkogel (1963 Verwaltungsdienstprüfung, 1966 Standesbeamtenprüfung), 1968 bis 1970 Bundesbediensteter beim Bezirksgericht Mittersill, 1971 bis 1973 Buchhalter in der Privatwirtschaft in Bramberg am Wildkogel, 1977 bis 1998 Landesbediensteter bei der Bezirkshauptmannschaft Zell am See; 1972 bis 2003 Bürgermeister von Bramberg am Wildkogel; 1974 bis 1977 Bezirksobmann des ÖAAB im Pinzgau, 1972 bis 1993 Ortsobmann des ÖAAB in Bramberg am Wildkogel, 1977 bis 1980 ÖVP-Ortsparteiobmann und 1971 bis 1995 Obmann des Seniorenbundes von Bramberg am Wildkogel; 1969 bis 1990 Obmann des Sportclubs Mühlbach im Pinzgau, 1988 Goldenes Ehrenzeichen für Verdienste um die Republik Österreich, 1993 Goldenes Verdienstzeichen des Landes Salzburg, 2003 Ehrenbürger von Bramberg am Wildkogel.

Abg. zum Landtag (7. GP) ÖVP 29. 5. 1974–15. 5. 1979

Nitzinger Johann CSP
Linzerbauer, Fusch an der Großglocknerstraße
* 2. 6. 1871, Inzell (Bayern)
† 29. 7. 1944, Fusch an der Großglocknerstraße

Volksschule in Inzell (Bayern) und in Thumersbach, Landarbeiter, 1893 bis 1895 Militärdienst beim bayerischen Infanterieregiment Nr. 13 in Ingolstadt, 1895 bis 1900 Landarbeiter in Maishofen, 1900 bis 1918 Landarbeiter auf dem Obersteggut in Fusch an der Großglocknerstraße, 1918 bis 1944 Linzerbauer (Oberstegbauer) in Fusch an der Großglocknerstraße; 1906 Beitritt zum Katholischen Bauernbund, 1917 bis 1936 Gauobmann des Katholischen (Salzburger) Bauernbundes im Pinzgau, 1920 bis 1934 Vizepräsident des Katholischen Bauernbundes, 1936 bis 1938 Obmann des Ortsbauernrates von Fusch an der Großglocknerstraße; 1912 bis 1938 Mitglied des Gemeinderates (-tages) und 1936 bis 1938 Vizebürgermeister von Fusch an der Großglocknerstraße; 1924 bis 1926 Obmann der land- und forstwirtschaftlichen Bezirksgenossenschaft in Zell am See, 1936 bis 1938 Mitglied der Salzburger Landwirtschaftskammer, 1931 bis 1938 Obmann der Salzburger Landwirtschaftskrankenkasse; 1919 Ehrenbürger von Fusch an der Großglocknerstraße, Ökonomierat.

Mitglied der Provisorischen Landesversammlung	CSP	3. 11. 1918–21. 4. 1919
Abg. zum Konstituierenden Landtag (1. WP)	CSP	19. 11. 1919–3. 5. 1922
Abg. zum Landtag (2. WP)	CSP	4. 5. 1922–3. 5. 1927

Literatur: *Unsere Führer, in: Salzburger Bauernbundkalender 1928, S. 154ff*

NÖLSCHER Karl, Ing. StL
Forstdirektor, Werfen
* 11. 9. 1886, Wien
† 23. 1. 1965, Salzburg

Volks- und Realschule in Wien, Matura, forstwirtschaftliche Ausbildung, Tätigkeit bei den Österreichischen Bundesforsten in der Steiermark, 1916 bis 1949 Forstdirektor des Schlosses Blühnbach in Werfen; 1935/36 Mitglied des Hauptausschusses des Salzburger Landeskulturrates; Ehrenring der Gemeinde Werfen.

Mitglied des Ständischen Landtages (Landstand) 22. 11. 1934–12. 3. 1938
(Vertreter der Land- und Forstwirtschaft)

NUSSBAUMER Robert StL
Goldarbeiter, Salzburg
* 18. 12. 1892, Linz
† 9. 10. 1955, Salzburg

Volksschule, 1914 bis 1918 Kriegsdienst, 1918/19 italienische Kriegsgefangenschaft, seit 1911 Goldarbeiter bei einem Salzburger Juwelier; 1934 bis 1938 Mitglied der Verwaltungskommission der Salzburger Arbeiterkammer, 1936 bis 1938 Mitglied des Vorstandes der Salzburger Arbeiterkrankenversicherungskasse.

Landesrat-Ständischer Landtag 1. 11. 1934–12. 3. 1938

OBER Johann FSB, LB, ÖVP
Frankbauer, Seekirchen am Wallersee
* 9. 5. 1887, Seekirchen am Wallersee
† 3. 3. 1968, Seekirchen am Wallersee

Volksschule in Seekirchen am Wallersee, 1907 bis 1916 Dreschgehilfe und selbstständiger Unternehmer, 1916 Übernahme des elterlichen Hofes (Frankgut) in Seekirchen am Wallersee und dort Bauer bis 1942; 1926 bis 1934 Landesparteiobmann des Salzburger Landbundes, ab 1934 Landesobmann der »Nationalen Landvolkvereinigung in Salzburg«; Obmann der Brandschadenversicherung sowie der Volksbank Seekirchen; Ehrenbürger der Landgemeinde Seekirchen, 1954 Ökonomierat.

Abg. zum Konstituierenden Landtag (1. WP)	FSB	23. 4. 1919–3. 5. 1922
Abg. zum Landtag (2. WP)	FSB	4. 5. 1922–1. 5. 1924
Mitglied des Bundesrates	ÖVP	1. 12. 1949–2. 7. 1959

Literatur: *Voithofer, Richard: »Drum schließt Euch frisch an Deutschland an …« Die Geschichte der Großdeutschen Volkspartei in Salzburg 1920–1936, Wien 2000 (= Schriftenreihe des Forschungsinstitutes für politisch-historische Studien der Dr.-Wilfried-Haslauer-Bibliothek, Band 9)*

Oberkirchner Sepp SPÖ
Landesparteisekretär, Salzburg
* 27. 7. 1932, St. Martin bei Lofer

1938 bis 1946 Volksschule in St. Martin bei Lofer und Hauptschule in Saalfelden am Steinernen Meer, 1946 bis 1949 Ausbildung als Werkzeugmacher in der Fachschule für Stahlbearbeitung in Fulpmes (Tirol), 1949 bis 1960 Tätigkeit im erlernten Beruf und 1954 bis 1960 Betriebsrat bei der Gießerei Waldstein in Bürmoos, 1959/60 Sozialakademie der Arbeiterkammer Wien in Mödling (Niederösterreich), 1960 Eintritt in den Dienst der Gewerkschaft der Metall- und Bergarbeiter, 1966 bis 1970 Landessekretär der Gewerkschaft der Metall- und Bergarbeiter in Salzburg, 1970 bis 1974 Landesparteisekretär der SPÖ Salzburg, bis 1996 Geschäftsführer des Ausbildungszentrums Oberrain in Unken, 1981 bis 2006 Präsident der Gesellschaft »Rettet das Kind« in Salzburg; 1958 Beitritt zur SPÖ, 1964 bis 1969 Kammerrat der Arbeiterkammer Salzburg, stellvertretender Bezirksparteivorsitzender der SPÖ in der Stadt Salzburg, 1974 bis 1989 Mitglied des Landesparteivorstandes und 1978 bis 1989 Mitglied des Landesparteipräsidiums der SPÖ Salzburg, 1974 bis 1976 Klubobmann der SPÖ im Landtag, 1982 bis 1989 Landesobmann der Salzburger Naturfreunde; 1996 bis 1998 Aufsichtsratsvorsitzender der GSWB; 1986 Großes Goldenes Ehrenzeichen des Landes Salzburg, 1989 Ring des Landes Salzburg, 2004 Goldenes Verdienstzeichen der Republik Österreich.

Abg. zum Landtag (6. GP)	SPÖ	26. 5. 1971–21. 5. 1974
Abg. zum Landtag (7. GP)	SPÖ	29. 5. 1974–1. 11. 1976
Landesrat	SPÖ	2. 11. 1976–3. 5. 1989

Obermoser Michael ÖVP
Gastwirt, Wald im Pinzgau-Königsleiten
* 29. 11. 1967, Radstadt

1974 bis 1978 Volksschule in Wald im Pinzgau, 1978 bis 1982 Hauptschule in Neukirchen am Großvenediger, 1982 bis 1985 Hotelfachschule in Zell am Ziller (Tirol), 1985 Konzessionsprüfung für Gastronomie, seit 1989 Gastwirt in Wald im Pinzgau (Königsleiten); seit 1994 Obmann des Österreichischen Wirtschaftsbundes in Wald im Pinzgau, seit 2003 Bezirksobmann des Österreichischen Wirtschaftsbundes im Pinzgau; seit 1985 Mitglied des Bezirksausschusses Pinzgau und seit 2004 Obmann der Bezirksstelle Zell am See der Salzburger Wirtschaftskammer, 2000 bis 2005 Fachgruppenvorsteher-Stellvertreter für Hotellerie in der Salzburger Wirtschaftskammer; seit 1995 Mitglied der Gemeindevertretung von Wald im Pinzgau.

Abg. zum Landtag (13. GP–)	ÖVP	28. 4. 2004–lfd.

Oberndorfer Monika SPÖ
Diplomkrankenschwester, Oberndorf bei Salzburg
* 14. 8. 1952, Gmunden (Oberösterreich)

1958 bis 1966 Volks- und Hauptschule sowie 1966/67 Polytechnischer Lehrgang in Gmunden (Oberösterreich), 1967 bis 1969 Vorschule an der Lungenheilstätte für Kinder am Gmundnerberg (Oberösterreich), 1969 bis 1972 Ausbildung zur Diplomkrankenschwester am Landeskrankenhaus Salzburg und dort von 1972 bis 1980 als Diplomkrankenschwester tätig, seit 1981 Pflegedirektorin des Krankenhauses Oberndorf bei Salzburg, 1985 Sonderausbildung für leitendes Pflegepersonal, 2000/01 Ausbildung zur Akademischen Krankenhausmanagerin an der Wirtschaftsuniversität Wien; 1979 Beitritt zur SPÖ und 2006 Austritt aus der SPÖ; 1994 bis 2001 Mitglied der Gemeindevertretung von Oberndorf bei Salzburg; 2006 Goldenes Verdienstzeichen des Landes Salzburg.

Abg. zum Landtag (11. GP)	SPÖ	2. 5. 1994–26. 4. 1999

Obrutschka Fritz ÖVP
Hotelier, Bad Gastein
* 12. 7. 1894, Wien
† 6. 11. 1956, Schwarzach im Pongau

1900 bis 1905 Volksschule und 1905 bis 1908 Bürgerschule in Wien, 1908 bis 1911 Lehre im Hotel Klomser und Hotelfachschule in Wien, 1911 bis 1914 Auslandspraxis in Paris und London, ab 1914 Hoteldirektor in Gablonz an der Neisse/Jablonec nad Nisou (Böhmen/Tschechien) 1916 bis 1918 Kriegsdienst, ab 1927 Hotelier (Hotel Tauernbahn) in Böckstein; 1935/36 Regierungskommissär und 1936 bis 1938 Bürgermeister von Bad Gastein; 1937/38 Präsident des Österreichischen Heilbäderverbandes, 1934 bis 1938 Mitglied des Landesgewerberates und Obmann des Bezirksgewerbeverbandes Gastein, Landesinnungsmeister-Stellvertreter.

Abg. zum Nationalrat (V. GP) ÖVP 19. 12. 1945–11. 2. 1948

Literatur: *Die ÖVP und ihre Mandatare (Nationalrat und Bundesrat), Wien 1946*

Ossberger Hilde SPÖ
Magistratsbeamtin, Salzburg
* 20. 3. 1961, Linz

ab 14. 6. 2002 durch Verehelichung: Hilde Wanner (siehe dort)

Ott Max DF, GDVP
Kaminkehrermeister, Salzburg
* 2.11.1855, Rimpach, Gemeinde Friesenhofen (Württemberg) – Leutkirch im Allgäu (Deutschland)
† 23. 4. 1941, Salzburg

1860 Übersiedlung nach München, Volksschule in München, 1868 bis 1871 Kaminkehrerlehre in Bad Aibling (Bayern), Wanderschaft in Deutschland, Österreich, Italien und der Schweiz, 1875 bis 1877 Militärdienst, 1877 bis 1883 Kaminkehrer in München, 1879 bis 1881 Bauschule in München, 1883 Übersiedlung nach Salzburg und Erwerb einer Kaminkehrergerechtsame; 1892 bis 1900 Mitglied des Gemeinderates der Stadt Salzburg, 1900 bis 1912 Vizebürgermeister, 1912 bis 1919 und 1927 bis 1935 Bürgermeister der Stadt Salzburg; 1902 bis 1918 Landtagsabgeordneter der Stadt Salzburg, 1924 bis 1932 Klubobmann der Großdeutschen Volkspartei im Landtag; 1929 bis 1937

Obmann des Österreichisch-Deutschen Volksbundes in Salzburg; 1895 bis 1918 und 1928 bis 1934 Mitglied des Sparkassenausschusses der Salzburger Sparkasse; 1913 Ehrenbürger der Stadt Salzburg, 1925 Hofrat, 1930 Straßenbenennung in Salzburg.

Mitglied der Provisorischen Landesversammlung	DF	3. 11. 1918–21. 4. 1919
Präsident der Provisorischen Landesversammlung		3. 11. 1918–29. 11. 1918
Abg. zum Konstituierenden Landtag (1. WP)	GDVP	23. 4. 1919–3. 5. 1922
Abg. zum Landtag (2.–3. WP)	GDVP	4. 5. 1922–18. 5. 1932
Zweiter Landtagspräsident-Stellvertreter		4. 5. 1927–18. 5. 1932
Landeshauptmann-Stellvertreter	GDVP	29. 11. 1918–4. 5. 1922

Literatur: *Zaisberger, Friederike/Heinisch, Reinhard R.: Leben über den Tod hinaus … Prominente im Salzburger Kommunalfriedhof, Salzburg 2006 (= Mitteilungen der Gesellschaft für Salzburger Landeskunde, 23. Ergänzungsband); Gassner, Josef: Die Ehrenbürger der Landeshauptstadt Salzburg, Salzburg 1954; Voithofer, Richard: »Drum schließt Euch frisch an Deutschland an …« Die Geschichte der Großdeutschen Volkspartei in Salzburg 1920–1936, Wien 2000 (= Schriftenreihe des Forschungsinstitutes für politisch-historische Studien der Dr.-Wilfried-Haslauer-Bibliothek, Band 9)*
Eigene Werke: *Die städtischen Objekte und deren Erträgnis, Salzburg 1904; Bericht über die Tätigkeit des Gemeinderates der Landeshauptstadt Salzburg und des Bürgermeisters Max Ott vom Jahre 1892 bis Ende 1918, Salzburg 1919; Bericht über meine 43-jährige Tätigkeit im öffentlichen Leben der Stadt Salzburg vom Jahre 1892 bis 1935, Salzburg 1938*

Pacher Stanislaus SDAP
Bergarbeiter, Mühlbach am Hochkönig
* 19. 10. 1892, Flattach (Kärnten)
† 9. 8. 1970, Salzburg

Volksschule in Flattach (Kärnten), 1910 Bergarbeiter in Großfragant und Böckstein und ab 1913 in Mühlbach am Hochkönig, 1931 sowie 1934 bis 1937 arbeitslos, 1934 politische Haft, 1937 bis 1941 Hilfsarbeiter und 1941 bis 1945 Angestellter bei den Konsum Union Werken; 1917 Eintritt in die SDAP, 1955 bis 1966 Mitglied des Landesparteivorstandes der Salzburger SPÖ; 1921 bis 1931 Betriebsratsobmann der Mitterberger Kupferbergbau GesmbH, 1925 bis 1934 Vorstandsmitglied des Österreichischen Bergarbeiterverbandes, bis 1934 Vorstandsmitglied der Konsumgenossenschaft Salzburg; 1921 bis 1928 Mitglied des Gemeinderates und 1928 bis 1934 Bürgermeister von Mühlbach am Hochkönig, 1945/46 Mitglied des provisorischen Gemeinderates der Stadt

Salzburg, 1948 bis 1952 Stadtrat und 1952 bis 1957 Bürgermeister der Stadt Salzburg; 1947 Gründungsmitglied und 1958 bis 1970 Präsident der Salzburger Volkshilfe, 1958 bis 1965 Geschäftsführer der »Arbeitsgemeinschaft sozialistischer Gemeindevertreter«, 1952 bis 1957 Präsident der Salzburger Volkshochschule, 1948 bis 1970 Mitglied des Sparkassenausschusses der Salzburger Sparkasse; 1958 Ehrenbürger der Stadt Salzburg, 1967 Ehrenbecher des Landes Salzburg, 1970 Goldenes Verdienstzeichen des Landes Salzburg, Silbernes Ehrenzeichen für Verdienste um die Republik Österreich.

Abg. zum Landtag (4. WP) SDAP 19. 5. 1932–16. 2. 1934

Paumgartner Bernhard, Dr. StL
Direktor des Mozarteums, Salzburg
* 14. 11. 1887, Wien
† 27. 7. 1971, Salzburg

Privatunterricht, 1897 bis 1905 »Theresianum« in Wien, 1906 bis 1910 Studium der Rechtswissenschaften an der Universität Wien, 1911 Dr. iur., ab 1906 Assistent bei Gustav Mahler und Dirigentenausbildung bei Bruno Walter, ab 1917 Direktor des »Mozarteums« in Salzburg, 1938 Entlassung beziehungsweise Enthebung aus allen Funktionen, 1938 bis 1945 Auslandsaufenthalte, 1945 bis 1959 Direktor des »Mozarteums«, 1951 Gründung der Camerata Academica, ab 1945 Mitglied des Direktoriums und 1960 bis 1971 Präsident der Salzburger Festspiele; 1934 bis 1938 Mitglied des Landesschulrates für Salzburg; 1963 Ehrenbürger der Stadt Salzburg, 1963 Ring des Landes Salzburg, 1973 Straßenbenennung in Salzburg.

Mitglied des Ständischen Landtages (Landstand) 22. 11. 1934–12. 3. 1938
(Vertreter der Kunst und Musik)

Literatur: *Preussner, Eberhard (Hrsg.): Wissenschaft und Praxis. Eine Festschrift zum 70. Geburtstag von Bernhard Paumgartner, Zürich 1957; Croll, Gerhard: Bernhard Paumgartner. Künstler und Forscher, Salzburg 1971 (= Salzburger Universitätsreden, Heft 39)*
Eigene Werke: *Mozart, Berlin 1927; Franz Schubert. Eine Biographie, Zürich 1943; Johann Sebastian Bach. Leben und Werk, Band 1: Bis zur Berufung nach Leipzig, Zürich 1950; Salzburg, Salzburg 1966; Das kleine Beethovenbuch, Salzburg 1968; Erinnerungen, Salzburg 1969 (2001 als Ergänzungsband der Mitteilungen der Gesellschaft für Salzburger Landeskunde Nr. 19 von Gerhard Croll in einer revidierten Auflage herausgegeben); Vorträge und Essays, Kassel 1972 (= Schriftenreihe der Internationalen Stiftung Mozarteum 5); zahlreiche Aufsätze, Vorträge, Rundfunk- und Fernsehsendungen, Musikbearbeitungen sowie eigene Kompositionen.* Zu seinem Werk vergleiche die umfangreiche Bibliografie in: *Croll, Gerhard: Bernhard Paumgartner. Künstler und Forscher, Salzburg 1971 (= Salzburger Universitätsreden, Heft 39)*

Peisser Max, Dr. NSDAP
Gerichtsvorsteher, Radstadt
* 12. 10. 1894, Innsbruck
† 4. 1. 1970, Innsbruck

1913 Matura in Innsbruck, 1913/14 und 1917 bis 1919 Studium der Rechtswissenschaften an der Universität Innsbruck, 1914 bis 1918 Kriegsdienst, 1919 Dr. iur., 1919/20 Gerichtspraxis, 1920 bis 1922 Ausbildung zum Richter, 1925 Ernennung zum Richter, 1926 bis 1935 Vorsteher des Bezirksgerichtes Radstadt, 1935 Amtsleiter des Bezirksgerichtes Schwaz (Tirol), 1935 bis 1938 Richter am Landesgericht und später am Oberlandesgericht Innsbruck, 1938 mehrmonatige Untersuchungshaft wegen des Verdachtes des Amtsmissbrauchs und Entlassung aus dem Justizdienst, 1941 Personalsachbearbeiter bei einer Betonfirma in Klagenfurt, 1945 bis 1955 Amtsleiter beim Magistrat Innsbruck, 1955 Pensionierung; 1930 Beitritt zur NSDAP, 1932 Klubobmann der NSDAP im Landtag, Juni 1933 Austritt aus der NSDAP; 1931 bis 1933 Mitglied des Gemeinderates der Stadt Radstadt; 1929 Ernennung zum Ehrenbürger von Radstadt (1940 Aberkennung).

Abg. zum Landtag (4. WP)	NSDAP	19. 5. 1932–5. 12. 1932

Literatur: *Schausberger, Franz: Ins Parlament, um es zu zerstören. Das parlamentarische Agi(ti)eren der Nationalsozialisten in den Landtagen von Wien, Niederösterreich, Salzburg und Vorarlberg nach den Landtagswahlen 1932, Wien-Köln-Weimar 1995 (= Schriftenreihe des Forschungsinstitutes für politisch-historische Studien der Dr.-Wilfried-Haslauer-Bibliothek, Band 1)*

Perner Jakob CSP
Vordergrubbauer, Göriach
* 24. 7. 1870, Göriach
† 13. 7. 1925, Göriach

Volksschule in St. Andrä im Lungau, bis 1889 Tätigkeit auf dem elterlichen Hof, 1889 bis 1893 Holzknecht in St. Andrä und in Mauterndorf, 1893 bis 1895 Militärdienst, 1900 Übernahme des elterlichen Gutes; 1903 bis 1925 Mitglied des Gemeinderates und 1906 bis 1912 Bürgermeister von Göriach; Obmann des Alpausschusses in Tamsweg (1908), Mitglied des Zentralausschusses der k.k. Landwirtschaftsgesellschaft (1909).

Mitglied der Provisorischen Landesversammlung	CSP	3. 11. 1918–21. 4. 1919

Abg. zum Konstituierenden Landtag (1. WP)	CSP	23. 4. 1919–3. 5. 1922
Abg. zum Landtag (2. WP)	CSP	4. 5. 1922–13. 7. 1925

PERWEIN Josef CSP
Gutsbesitzer, Pfarrwerfen
* 8. 6. 1859, Altenmarkt im Pongau
† 17. 8. 1924, Salzburg

Volksschule in Altenmarkt im Pongau, 1887 Erwerb des Unterkendlgutes (Perweingutes) in Pfarrwerfen und dort Bauer bis 1924, ab 1905 Eigentümer des Elektrizitätswerkes in Pfarrwerfen; 1901 bis 1903 Bürgermeister und 1903 bis 1914 Mitglied des Gemeinderates von Pfarrwerfen; 1902 bis 1918 Landtagsabgeordneter der Pongauer Landgemeinden, 1907 bis 1918 Reichsratsabgeordneter; Vorstand der k.k. Landwirtschaftsgesellschaft in Werfen (1911), Vorstandsmitglied der Raiffeisenkasse Bischofshofen.

Mitglied der Provisorischen Nationalversammlung	CSP	21. 10. 1918–16. 2. 1919

Literatur: *Klieber, Rupert J.: Politischer Katholizismus in der Provinz. Salzburgs Christlichsoziale in der Parteienlandschaft Alt-Österreichs, Wien-Salzburg 1994 (= Publikationen des Instituts für Kirchliche Zeitgeschichte, Band 28)*

PETRISCH Bernd, Dkfm. Dr. ÖVP
Unternehmer, Salzburg
* 31. 12. 1943, Wien

1949 bis 1953 Volksschule in Wien XIX, 1953 bis 1957 Bundesrealgymnasium in Wien XVIII, 1957 bis 1962 Technologisches Gewerbemuseum (Bundesgewerbeschule) Fachrichtung Betriebstechnik in Wien, 1962 Matura, 1962 bis 1969 Studium an der Hochschule für Welthandel in Wien, 1969 Doktorat, 1969/70 Präsenzdienst als Einjährig-Freiwilliger, 1970 Tätigkeit bei der Fa. Katzinger Ges.m.b.H (später durch Verkauf Philips Data GmbH), 1972 Übersiedlung nach Salzburg und bis 1991 Geschäftsstellenleiter und Prokurist bei Philips Data Salzburg, seit 1992 selbstständiger Kaufmann und Unternehmensberater, 1992 Gründung der Fa. EASY Solutions GmbH und seither geschäftsführender Gesellschafter; seit 1994 stellvertretender Obmann der Ortsgruppe Gneis/Morzg des Österreichischen Wirtschaftsbundes, seit 2000 Landesfinanzreferent der ÖVP Salzburg, 2001 bis 2004 und seit 2006 stellvertretender Klubobmann der ÖVP im Landtag; 1990 bis 1995 Fachgruppenvorsteher der Unternehmensberater und Datenverarbeiter in der Wirtschaftskammer Salzburg, 1995 bis 2005 Kammerrat der Salzburger Wirtschaftskammer und Kurator des WIFI Salzburg, 2000 bis 2005 Aufsichtsratsvorsitzender der Salzburg Research GmbH; 2006 Kommerzialrat.

Abg. zum Landtag (12. GP–)	ÖVP	27. 4. 1999–lfd.

Pexa Hans SPÖ
Angestellter, Puch bei Hallein
* 4. 9. 1919, Hof bei Salzburg
† 9. 10. 1996, Puch bei Hallein

Volksschule, drei Jahre Gymnasium, Schneiderlehre im elterlichen Betrieb, 1938 Gesellenprüfung, 1938 Reichsarbeitsdienst, 1938 bis 1945 Militär- und Kriegsdienst, Kriegsgefangenschaft, 1945 Sachbearbeiter bei der Bezirkshauptmannschaft Hallein, 1946/47 Gemeindesekretär von Puch bei Hallein, 1947 bis 1956 Angestellter der Bauarbeiterurlaubskasse, Angestellter der Arbeiterkammer Salzburg, 1964 bis 1967 Bezirkssekretär der SPÖ Tennengau, 1967 bis 1969 Landesparteisekretär der SPÖ Salzburg; 1945 Beitritt zur SPÖ, 1949 bis 1954 SPÖ-Ortsparteivorsitzender von Puch bei Hallein, 1949 bis 1953 und 1956 bis 1965 Bezirksparteivorsitzender der SPÖ Tennengau, 1949 bis 1974 Mitglied des Landesparteivorstandes und des Landesparteipräsidiums der SPÖ Salzburg, 1972 bis 1974 stellvertretender Landesparteivorsitzender der SPÖ Salzburg, 1969 bis 1976 Mitglied des Bundesparteivorstandes der SPÖ, 1954 bis 1974 Vorsitzender der »Arbeitsgemeinschaft sozialistischer Gemeindevertreter« (ASG), 1959 bis 1966 stellvertretender Klubvorsitzender und 1966 bis 1969 Klubvorsitzender der SPÖ im Landtag; 1949 bis 1969 und 1974 bis 1977 Mitglied der Gemeindevertretung, 1949 bis 1954 Vizebürgermeister und 1954 bis 1956 Bürgermeister von Puch bei Hallein; 1960 Goldenes Ehrenzeichen für Verdienste um die Republik Österreich, 1978 Goldenes Verdienstzeichen des Landes Salzburg.

Abg. zum Landtag (2.–5. GP)	SPÖ	1. 12. 1949–13. 5. 1969
Abg. zum Landtag (7. GP)	SPÖ	22. 5. 1974–28. 5. 1974
Erster Landtagspräsident-Stellvertreter		19. 6. 1964–13. 5. 1969
Landesrat	SPÖ	14. 5. 1969–22. 5. 1974

Peyerl Franz SPÖ
Buchhalter, Salzburg

* 26. 6. 1897, Kleinmünchen (Oberösterreich)
† 13. 9. 1967, Salzburg

1903 bis 1908 Volksschule und 1908 bis 1911 Bürgerschule in Salzburg, 1911 bis 1915 Lehre als Schuhoberteilerzeuger, 1915 bis 1918 Kriegsdienst, 1918 bis 1924 Mitglied der Volkswehr und Soldat beim Österreichischen Bundesheer, 1924 bis 1934 Zweiter Landesparteisekretär der SDAP Salzburg, 1934 bis 1938 mehrere Verhaftungen, 1934 bis 1938 Versicherungsverkäufer, 1938 bis 1940 Lagerbuchhalter bei der Konsumgenossenschaft, 1940 bis 1945 Kriegsdienst, 1944 nach Verwundung Verwendung beim Wehrbezirkskommando in Salzburg; 1913 Beitritt zur Sozialistischen Arbeiterjugend, bis 1924 SDAP-Vertrauensmann beim Österreichischen Bundesheer, 1918 bis 1924 Landesobmann des Militärverbandes in Salzburg, 1924 bis 1934 Mitglied des Landesparteivorstandes der SDAP Salzburg, 1945 Vorsitzender der provisorischen Landesparteivertretung der SPÖ, 1945 bis 1966 Landesparteivorsitzender der Salzburger SPÖ, 1945 bis 1966 Herausgeber des »Demokratischen Volksblattes«, 1945 bis 1966 Mitglied des Bundesparteivorstandes der SPÖ, 1945 bis 1966 Klubobmann der SPÖ im Landtag; 1923 bis 1934 Mitglied des Gemeinderates der Stadt Salzburg; 1945 bis 1966 Vorsitzender der Konsumgenossenschaft Salzburg, 1955 bis 1967 stellvertretender Aufsichtsratsvorsitzender der SAFE; 1961 Großes Goldenes Ehrenzeichen mit dem Stern für Verdienste um die Republik Österreich, 1966 Großes Ehrenzeichen des Landes Salzburg, 1984 Straßenbenennung in Salzburg, Ehrenbürger mehrerer Salzburger Gemeinden sowie Träger zahlreicher weiterer Auszeichnungen.

Abg. zum Landtag (1.–5. GP)	SPÖ	12. 12. 1945–3. 11. 1966
Landesrat	SPÖ	23. 5. 1945–26. 4. 1946
Landeshauptmann-Stellvertreter	SPÖ	26. 4. 1946–3. 11. 1966

Literatur: *Zaisberger, Friederike/Heinisch, Reinhard R.: Leben über den Tod hinaus … Prominente im Salzburger Kommunalfriedhof, Salzburg 2006 (= Mitteilungen der Gesellschaft für Salzburger Landeskunde, 23. Ergänzungsband)*

Pfatschbacher Margit SPÖ
Betriebsratsvorsitzende, Saalfelden am Steinernen Meer
* 18. 2. 1960, Lofer

1966 bis 1970 Volksschule und 1970 bis 1974 Hauptschule in Lofer, 1974/75 Hauswirtschaftsschule in Hallein, 1975 bis 1978 Lehre als Textileinzelhandelskauffrau, 1978

Kaufmannsgehilfenprüfung, seit 1980 Angestellte der Fa. Interspar in Saalfelden am Steinernen Meer und dort seit 1999 Abteilungsleiterin, seit 1998 Betriebsratsvorsitzende; seit 2005 stellvertretende Bezirksparteivorsitzende und seit 2007 Bezirksfrauenvorsitzende der SPÖ Pinzgau, seit 2003 Vorsitzende der SPÖ Frauen in Saalfelden am Steinernen Meer; seit 2000 Mitglied des Zentralbetriebsrates der Fa. Interspar Österreich, seit 2003 Kammerrätin der Salzburger Arbeiterkammer, seit 2002 Präsidiumsmitglied der GPA in Salzburg; seit 2004 Mitglied der Gemeindevertretung von Saalfelden am Steinernen Meer.

Abg. zum Landtag (13. GP–) SPÖ 28. 4. 2004–lfd.

Pfeifenberger Peter SPÖ
Polizeibeamter, St. Michael im Lungau
* 30. 8. 1964, St. Michael im Lungau

1970 bis 1974 Volksschule und 1974 bis 1978 Hauptschule in St. Michael im Lungau, 1978/79 Polytechnischer Lehrgang in Tamsweg, 1979 bis 1983 Lehre als Kfz-Mechaniker in St. Michael im Lungau, 1983 bis 1988 Tätigkeit im erlernten Beruf, 1988 bis 1990 Grundausbildungslehrgang der Bundesgendarmerie in Innsbruck, 1990 bis 1993 Gendarmeriebeamter in Eugendorf, 1993/94 Cobra-Einsatzkommando, 1995/96 Absolvierung des Dienstführendenlehrganges in Mödling (Niederösterreich), seit 2003 stellvertretender Postenkommandant in Obertauern; seit 2002 Bezirksparteivorsitzender der SPÖ Lungau; seit 1999 Mitglied der Gemeindevertretung und seit 2005 des Gemeinderates von St. Michael im Lungau; seit 2006 Vizepräsident der ASKÖ Salzburg .

Abg. zum Landtag (13. GP–) SPÖ 28. 4. 2004–lfd.

Pichler Adam SPÖ
Kaufmann, Saalfelden am Steinernen Meer
* 18. 12. 1907, Hallein
† 6. 7. 1988, Saalfelden am Steinernen Meer

Fünf Klassen Volksschule und drei Klassen Bürgerschule in Saalfelden am Steinernen Meer, ab 1924 landwirtschaftlicher Praktikant am Brandlhof in Saalfelden am Steinernen Meer, 1926 bis 1928 Landwirtschaftsschule Winklhof in Oberalm, kaufmännische Berufsschule, Kaufmann, Pächter eines Handelsgeschäftes und eines Gasthofes in Saalfelden am Steinernen Meer, ab 1931 Kraftfahrer in Saalfelden am Steinernen Meer, Arbeit in Holland, ab 1934 wiederum Kraftfahrer in Saalfelden am Steinernen Meer, ab

1938 selbstständiger Autotransporteur, 1938 bis 1945 Militär- und Kriegsdienst, Arbeit im elterlichen Betrieb und 1955 Übernahme desselben; 1958 bis 1974 Bezirksparteivorsitzender der SPÖ Pinzgau, 1958 bis 1974 Mitglied des Landesparteivorstandes der SPÖ Salzburg; 1949 bis 1972 Bürgermeister von Saalfelden am Steinernen Meer; 1972 Ehrenbürger von Saalfelden am Steinernen Meer, 1960 Goldenes Ehrenzeichen für Verdienste um die Republik Österreich, 1978 Silbernes Ehrenzeichen des Landes Salzburg sowie weitere Auszeichnungen.

Abg. zum Nationalrat (XI.–XII. GP) SPÖ 30. 1. 1961–4. 11. 1971

Pichler Josef SPÖ
Geschäftsführer, Saalfelden am Steinernen Meer
* 26. 12. 1930, Maishofen

Fünf Klassen Volksschule in Saalbach, zwei Klassen Hauptschule in Salzburg, 1945 bis 1948 Fassbinderlehre, 1949 bis 1952 Lehre als Brauer und Mälzer, bis 1960 Tätigkeit im erlernten Beruf bei der Brauerei Blattl in Saalfelden am Steinernen Meer, 1958/59 Sozialakademie der Arbeiterkammer Wien in Mödling, 1960 bis 1973 ÖGB-Bezirkssekretär im Pinzgau, 1973 bis 1993 Geschäftsführer der Wohnbaugenossenschaft »Bergland« in Zell am See; 1956 Beitritt zur SPÖ, 1952 bis 1960 Betriebsrat in der Brauerei Blattl, 1959 bis 1964 Kammerrat der Salzburger Arbeiterkammer, 1978 bis 1984 stellvertretender Landesparteivorsitzender der SPÖ Salzburg, bis 1992 stellvertretender Bezirksparteivorsitzender der SPÖ Pinzgau, 1974 bis 1989 Mitglied des Landesparteivorstandes der Salzburger SPÖ, 1969 bis 1989 stellvertretender Klubvorsitzender der SPÖ im Landtag; 1959 bis 1994 Mitglied der Gemeindevertretung und 1959 bis 1984 Mitglied des Gemeinderates von Saalfelden am Steinernen Meer, 1978 Silbernes Ehrenzeichen für Verdienste um die Republik Österreich, 1989 Silbernes Ehrenzeichen des Landes Salzburg.

Abg. zum Landtag (5.–9. GP) SPÖ 11. 10. 1967–2. 5. 1989

Pichler Siegfried SPÖ
Gewerkschaftssekretär, Salzburg
* 21. 8. 1952, Saalfelden am Steinernen Meer

1958 bis 1962 Volksschule, 1962 bis 1966 Hauptschule, 1966/67 Polytechnischer Lehrgang, 1967 bis 1970 Lehre als Einzelhandelskaufmann in Saalfelden am Steinernen Meer, 1970 bis 1973 kaufmännischer Angestellter in Saalfelden am Steinernen Meer,

1972/73 Sozialakademie der Arbeiterkammer Wien in Mödling, 1974 bis 1976 Versicherungskaufmann und kaufmännischer Angestellter in Wien und Saalfelden am Steinernen Meer, 1976 bis 1984 Sekretär und 1984 bis 2003 Landessekretär (Regionalgeschäftsführer) der Gewerkschaft der Privatangestellten in Salzburg; 1970 Beitritt zur SPÖ; 1969 bis 1976 Präsidiumsmitglied der Salzburger Gewerkschaftsjugend, 1986 bis 2004 Vorsitzender der FSG Salzburg, seit 2004 Vorsitzender der Landesorganisation Salzburg des ÖGB; seit 1979 Kammerrat der Salzburger Arbeiterkammer, 1984 bis 2003 Vizepräsident und seit 2003 Präsident der Salzburger Arbeiterkammer; 1982 bis 1984 Mitglied im Vorstand der Salzburger Gebietskrankenkasse.

Abg. zum Landtag (10. GP)	SPÖ	3. 5. 1989–6. 2. 1990

Piesinger Josef CSP
Kondukteur, Salzburg
* 2. 3. 1846, Schwanenstadt (Oberösterreich)
† 26. 4. 1938, Salzburg

1867 bis 1873 Militärdienst, 1876 Eintritt in den Dienst der k.k. Staatsbahnen in Bischofshofen, 1881 bis 1890 Zugspacker in Salzburg, 1890 bis 1897 Kondukteur und 1897 bis 1911 Oberkondukteur in Salzburg; Landesobmann der christlichen Eisenbahnergewerkschaft.

Mitglied der Provisorischen Landesversammlung	CSP	7. 11. 1918–21. 4. 1919

Pitzler Johann SPÖ
Orthopädietechniker, Hallein
* 17. 6. 1929, Helpfau-Uttendorf (Oberösterreich)

1935 bis 1939 Volksschule, 1939 bis 1943 Hauptschule und 1943 bis 1945 Mittelschule in Salzburg, 1945 bis 1948 Bandagistenlehre in Salzburg, 1948 Gesellenprüfung, 1948 bis 1955 Tätigkeit im erlernten Beruf in Salzburg und Wien, 1953 Meisterprüfung, 1955 bis 1958 Geschäftsführer eines Orthopädiebetriebes in Lienz (Osttirol), 1959 bis 1997 Inhaber eines eigenen Orthopädie- und Bandagistenbetriebes sowie eines Textilfachgeschäftes in Hallein; 1952 bis 1955 Junggewerkschafter und Betriebsvertrauensmann, 1964 Beitritt zur SPÖ, 1973 bis 1988 Bezirksparteivorsitzender und seit 1988 Ehrenvorsitzender der SPÖ Tennengau, 1974 bis 1988 Mitglied des Landesparteivorstandes und 1978 bis 1988 Mitglied des Landesparteipräsidiums sowie 1986 bis 1988 stellvertretender Landesparteivorsitzender der SPÖ Salzburg, 1988 bis 1993 Mitglied, 1993 bis 2000 stellvertretender Vorsitzender und 2000 bis 2005 Vorsitzender der Landesparteikontrolle der SPÖ Salzburg; 1965 bis 1979 stellvertretender Landesobmann, 1979 bis 1986 Landesobmann und seit 1986 Ehrenobmann des Freien Wirtschaftsverbandes Salzburg; 1969 bis 1984 Mitglied der Gemeindevertretung von Hallein, 1976 bis 1984 Klubobmann SPÖ-Fraktion in Hallein; 1970 bis 1975 Kammerrat der Salzburger Handelskammer und Mitglied des Bundesgremialausschusses, 1975 bis 1980 Vorsitzender der Fachvertretung der Bandagisten und Orthopädietechniker in der Salzburger Handelskammer; 1975 bis 1981 Vorstandsvorsitzender der Sparkasse Hallein, 1975 bis 1980 Vorstandsmitglied der Gemeinnützigen Wohn- und Siedlungsgenossenschaft »Salzburg«, 1983 bis 1989 stellvertretender Aufsichtsratsvorsitzender der Salzburger Landeshypothekenbank; 1980 Kommerzialrat, 1985 Großes Silbernes Ehrenzeichen mit dem Stern für Verdienste um die Republik Österreich, 1989 Großes Ehrenzeichen des Landes Salzburg sowie Inhaber zahlreicher weiterer Auszeichnungen.

Abg. zum Landtag (7.–9. GP)	SPÖ	22. 5. 1974–2. 5. 1989
Zweiter Präsident des Landtages		21. 9. 1983–2. 5. 1989

PLUNTZ Liane, Dr. SPÖ
Sozialwissenschafterin, Salzburg
* 4. 6. 1952, Linz

1958 bis 1962 Volksschule in Riedersbach/St. Pantaleon (Oberösterreich), 1962 bis 1971 Neusprachliches Gymnasium der Ursulinen in Salzburg, 1972 Matura, 1972 bis 1983 Studium der Publizistik und Kommunikationswissenschaften sowie der Politikwissenschaften an der Universität Salzburg, 1984 Dr. phil., 1984/85 Mitarbeiterin der Sozialberatungsstelle »Verein Frauentreffpunkt«, 1985 bis 1988 sozialwissenschaftliche Mitarbeiterin in der Forschungseinrichtung »Institut für Alltagskultur« in Salzburg, seit 1988 Referentin für Frauenpolitik an der Salzburger Arbeiterkammer, seit 1995 Vorsitzende der »Initiative Frau und Arbeit«, Verein zur arbeitsmarktpolitischen Integration von Frauen, Salzburg; 1985 Beitritt zur SPÖ, 1985 bis 1994 Mitglied des Vorstandes des SPÖ-Landesfrauenkomitees, 1991 bis 1994 Mitglied des Landesparteivorstandes der SPÖ Salzburg; 2000 Troll-Borostyani-Preis der Stadt Salzburg für frauenpolitische Pionierleistungen.

Abg. zum Landtag (10. GP)	SPÖ	6. 2. 1991–1. 5. 1994

Pöllhuber Michael FPÖ
Obersäger, Wald im Pinzgau
* 31. 5. 1908, Nußbach, Bezirk Kirchdorf an der Krems (Oberösterreich)
† 19. 2. 1977, Zell am See

Volksschule, 1921 bis 1924 landwirtschaftlicher Hilfsarbeiter, Lehre als Sensenschmied, nach Arbeitslosigkeit 1928 Berufswechsel in die Sägeindustrie, Sägemeisterprüfung am Holztechnikum in Rosenheim (Deutschland), 1940 bis 1945 Kriegsdienst, 1946 bis zur Pensionierung 1970 als Sägemeister in Wald im Pinzgau tätig; 1956 Beitritt zur FPÖ, 1956 bis 1963 FPÖ-Ortsparteiobmann von Wald im Pinzgau, 1960 bis 1973 Bezirksparteiobmann der FPÖ Pinzgau, 1961 bis 1973 Mitglied der Landesparteileitung der FPÖ Salzburg, 1964 bis 1971 Arbeitnehmerreferent der FPÖ Salzburg; 1964 bis 1969 Mitglied der Gemeindevertretung von Wald im Pinzgau; 1959 bis 1971 Mitglied des Vorstandes der Salzburger Arbeiterkammer, Obmann der FPÖ-Fraktion in der Salzburger Arbeiterkammer.

Abg. zum Landtag (4. GP)	FPÖ	2. 7. 1959–18. 6. 1964
Abg. zum Landtag (5.–6. GP)	FPÖ	4. 11. 1964–23. 10. 1971

Pongruber Christian ÖVP
Schneiderbauer, Bergheim bei Salzburg
* 17. 11. 1920, Bergheim bei Salzburg

1927 bis 1931 Volksschule in Bergheim bei Salzburg, 1931 bis 1935 Hauptschule in Salzburg, 1936 bis 1940 Angestellter bei der Fa. Roittner in Salzburg, 1940 bis 1945 Reicharbeits- und Kriegsdienst, ab 1945 Landwirt in Bergheim bei Salzburg; 1957 bis 1966 Hauptbezirksparteiobmann der ÖVP Flachgau; 1949 bis 1954 Mitglied der Gemeindevertretung und 1954 bis 1989 Bürgermeister von Bergheim bei Salzburg; 1965 bis 1985 Kammerrat der Landwirtschaftskammer Salzburg, 1965 bis 1973 Obmann der Landesstelle Salzburg der Bauernkrankenkasse, 1974 bis 1989 Obmann der Sozialversicherungsanstalt der Bauern, 1979 bis 1990 Vorsitzender der Flachgauer Bürgermeisterkonferenz; 1976 Ökonomierat, 1985 Silbernes Ehrenzeichen des Landes Salzburg, 1989 Goldenes Ehrenzeichen für Verdienste um die Republik Österreich, 1990 Ehrenbürger von Bergheim bei Salzburg, 1986 Ehrenring der Stadt Salzburg, Träger zahlreicher weiterer Bundes- und Landesauszeichnungen.

Abg. zum Landtag (5. GP)	ÖVP	7. 2. 1968–13. 5. 1969
Mitglied des Bundesrates	ÖVP	28. 12. 1959–19. 7. 1965

Posch Alois CSP
Pfarrer, Mariapfarr
* 9. 11. 1868, St. Veit im Pongau
† 4. 2. 1925, Mariapfarr

Volksschule, 1881 bis 1890 k.k. Staatsgymnasium in Salzburg, 1890 Matura, 1893 Priesterweihe, 1894 Kooperator in Großgmain und 1894 bis 1898 in Zell am Ziller (Tirol), 1898 bis 1900 Benefiziat in Kufstein (Tirol), 1900 bis 1904 Pfarrer in Muhr, 1904 bis 1908 Pfarrer in Wald im Pinzgau, 1908 bis 1925 Pfarrer in Mariapfarr; bis 1925 Mitglied des Lungauer Gaubauernrates des Katholischen Bauernbundes; 1907 Ehrenbürger von Wald im Pinzgau.

Mitglied der Provisorischen Landesversammlung	CSP	3. 11. 1918–6. 11. 1918

Posch Christian, Ing. ÖVP
Bezirksbauernkammersekretär, Hallein
* 22. 6. 1925, Maria Alm am Steinernen Meer

1931 bis 1939 Volks- und Hauptschule in Saalfelden am Steinernen Meer, 1941 bis 1943 Landwirtschaftsschule in Bruck an der Großglocknerstraße, 1943 landwirtschaftliche Meisterprüfung an der Landwirtschaftsschule Winklhof in Oberalm, 1943 bis 1945 Kriegsdienst, 1946 bis 1950 Höhere Bundeslehranstalt »Francisco-Josephinum« in Wieselburg (Niederösterreich), 1950 Matura, 1952 Lehrbefähigungsprüfung für den landwirtschaftlichen Lehr- und Förderungsdienst in Wien, 1950 bis 1964 Wirtschaftsberater und 1964 bis 1989 Bezirksbauernkammersekretär in Hallein; 1969 bis 1980 Bezirksparteiobmann der ÖVP im Tennengau, 1976 bis 1986 Bezirksobmann des ÖAAB im Tennengau; 1954 bis 1967 Mitglied des Gemeinderates und 1967 bis 1985 Stadtrat von Hallein; 1961 bis 1995 Bezirksleiter des Salzburger Bildungswerkes im Tennengau; 1988 Regierungsrat, 1991 Goldenes Verdienstzeichen des Landes Salzburg, Ehrenring der Stadt Hallein sowie zahlreiche weitere Auszeichnungen.

Abg. zum Landtag (7.–8. GP)	ÖVP	22. 5. 1974–15. 5. 1984

Prähauser Stefan SPÖ
Geschäftsführer, Wals-Siezenheim
* 21. 6. 1948, Salzburg

1954 bis 1958 Volksschule in Wals-Siezenheim, 1958 bis 1962 Hauptschule in Walserfeld, 1962 bis 1965 Berufsschule (Groß- und Einzelhandel) in Salzburg, 1968 Präsenzdienst, 1968/69 Volontär in Frankfurt am Main, 1969 bis 1972 erster Verkäufer und 1972 bis 1981 Abteilungsleiter im Laden- und Messebau, 1981 bis 1984 Prokurist, 1986 bis 1989 Geschäftsführer der Salzburger Tagblatt GmbH, 1988 bis 2001 Geschäftsführer der ALLFI (Allgemeine Finanzierungs-GmbH), 1985 bis 2001 Landesparteisekretär bzw. Landesgeschäftsführer der SPÖ Salzburg, seit 2000 Geschäftsführer der Pinzgau-Pongau-Lungau Privatradio GesmbH sowie der Viscon Immobilientreuhand GesmbH; 1975 Beitritt zur SPÖ, 1976/77 stellvertretender Sektionsvorsitzender und 1977 bis 1981 Sektionsvorsitzender der SPÖ Salzburg-Josefiau, 1977 bis 1981 Mitglied des Bezirksausschusses der SPÖ Salzburg-Stadt, 1984 bis 1986 stellvertretender Ortsparteivorsitzender und 1986 bis 1998 Ortsparteivorsitzender der SPÖ Wals-Siezenheim, 1988 bis 1990 und 1997 bis 2001 stellvertretender Bezirksparteivorsitzender und seit 2001 Bezirksparteivorsitzender der SPÖ Flachgau, 1985 bis 1990 Landessekretär der »Arbeitsgemeinschaft sozialistischer Gemeindevertreter«; 1989 bis 1994 Mitglied des Gemeinderates sowie 1989/90 und 1994 bis 1997 Vizebürgermeister von Wals-Siezenheim; seit 1995 Vorsitzender der Gesellschaft Österreichischer Kinderdörfer (GÖK); 2006 Großes Goldenes Ehrenzeichen für Verdienste um die Republik Österreich.

Abg. zum Nationalrat (XXI. GP–)	SPÖ	1. 3. 2001–lfd.
Mitglied des Bundesrates	SPÖ	7. 2. 1990–28. 2. 2001

Prechtl Josef ÖVP
Kaufmann, Salzburg
* 20. 8. 1896, Salzburg
† 3. 3. 1976, Salzburg

Volks-, Bürger- und Handelsschule in Salzburg, 1911 bis 1913 kaufmännische Lehre bei der Fa. Stranz & Scio in Salzburg, 1915 bis 1918 Kriegsdienst, Betriebsleiter einer Aktiengesellschaft in Braunau am Inn (Oberösterreich), 1923 bis 1970 Lebensmittel-Groß- und Einzelhandelskaufmann in Salzburg, 1939 bis 1945 Kriegsdienst; 1946 bis 1950 Bezirksobmann des Österreichischen Wirtschaftsbundes Salzburg-Stadt; 1946 bis 1957 Mitglied des Gemeinderates und 1953 bis 1957 Stadtrat der Stadt Salzburg; 1946 bis 1948 Vorsitzender des Ernährungsbeirates beim Amt der Salzburger Landesregierung, ab 1946 langjähriger Obmann der Sektion Handel in der Salzburger Handelskammer;

1956 Goldenes Ehrenzeichen für Verdienste um die Republik Österreich, 1970 Goldenes Verdienstzeichen des Landes Salzburg, 1963 Kommerzialrat.

Mitglied des Bundesrates	ÖVP	17. 11. 1948–1. 12. 1949

Preis Josef CSP
Färbermeister, Salzburg
* 19. 2. 1867, Salzburg
† 25. 10. 1944, Salzburg

Volks- und Bürgerschule in Salzburg, Färberlehre im elterlichen Betrieb in Salzburg, Lehr- und Wanderjahre in Wien und Cuxhaven (Deutschland), Färbermeister in Salzburg; ab 1884 Tätigkeit in der Kolping-Bewegung und ab 1900 im Katholisch-Politischen Arbeiterverein, 1905/06 Obmann des Katholisch-Politischen Arbeitervereines; 1909 bis 1935 Mitglied des Gemeinderates, 1919 bis 1927 Bürgermeister und 1930 bis 1935 Vizebürgermeister der Stadt Salzburg; 1923 bis 1934 Präsident des Salzburger Handels- und Gewerbebundes, 1921/22 und 1925/26 Mitglied des Sparkassenausschusses der Salzburger Sparkasse; 1930 Großes Ehrenzeichen für Verdienste um die Republik Österreich, 1934 Kommerzialrat, 1955 Straßenbenennung in Salzburg.

Mitglied der Provisorischen Landesversammlung	CSP	3. 11. 1918–21. 4. 1919
Abg. zum Konstituierenden Landtag (1. WP)	CSP	23. 4. 1919–3. 5. 1922
Abg. zum Landtag (2.–4. WP)	CSP	4. 5. 1922–31. 10. 1934

Literatur: *Schausberger, Franz: Eine Stadt lernt Demokratie. Bürgermeister Josef Preis und die Salzburger Kommunalpolitik 1919–1927, Salzburg 1988 (= Veröffentlichung der Dr.-Hans-Lechner-Forschungsgesellschaft Salzburg Nr. 4); Zaisberger, Friederike/Heinisch, Reinhard R.: Leben über den Tod hinaus… Prominente im Salzburger Kommunalfriedhof, Salzburg 2006 (= Mitteilungen der Gesellschaft für Salzburger Landeskunde, 23. Ergänzungsband)*

Preussler Kurt SPÖ
Direktor der Pensionsversicherungsanstalt der Arbeiter, Salzburg
* 26. 3. 1919, München
† 15. 4. 2006, Salzburg

Volksschule, 1929 bis 1937 Akademisches Gymnasium in Salzburg, 1937 Matura, sechs Semester Studium der Staatswissenschaften an der Universität Innsbruck, 1937 Militärdienst beim Österreichischen Bundesheer, 1939 bis 1945 Kriegsdienst, 1945/46 Postangestellter, 1946 bis 1951 Landessekretär des Freien Wirtschaftsverbandes, 1951 bis 1954 Abteilungsleiter und 1954 bis 1976 Landesstellendirektor der Pensionsversicherungsanstalt der Arbeiter in Salzburg; 1933 Beitritt zur SDAP, bis 1934 Mitglied der Roten Falken, Vorsitzender der SPÖ-Sektion Altstadt, 1948 bis 1953 stellvertretender Bezirksparteivorsitzender und 1953 bis 1974 Bezirksparteivorsitzender der SPÖ Salzburg-Stadt; 1962 bis 1967 Mitglied des Gemeinderates der Stadt Salzburg und Klubvorsitzender der SPÖ-Fraktion; 1971 bis 1998 Präsident der Salzburger Volkshilfe; 1960 Großes Silbernes Ehrenzeichen für Verdienste um die Republik Österreich, 1971 Goldenes Verdienstzeichen des Landes Salzburg, Ring der Stadt Salzburg.

Abg. zum Nationalrat (VI.–XII. GP)	SPÖ	8. 11. 1949–4. 11. 1971

Preussler Robert SDAP
Redakteur, Salzburg
* 26. 8. 1866, Antoniwald (Böhmen) – Antonínov (Tschechien)
† 16. 2. 1942, Salzburg

Volksschule, Lehre als Glasbläser, gewerbliche Fortbildungsschule, Glasbläser, Redakteur in Wien, 1885 Anklage wegen Hochverrates und Geheimbündelei, ein Jahr Haft in Prag, 1891 Redakteur der »Solidarität« in Reichenberg/Liberec (Böhmen/Tschechien), 1898 bis 1905 Mitherausgeber des »Rübezahls«, 1903 Übersiedlung nach Salzburg, ab 1904 Parteisekretär der Salzburger Sozialdemokraten, 1904 bis 1907 Redakteur und 1904 bis 1934 Herausgeber der »Salzburger Wacht«, 1934 politische Haft; 1904 bis 1934 Landesparteivorsitzender der Sozialdemokratischen Partei in Salzburg; 1909 bis 1918 erster sozialdemokratischer Landtagsabgeordneter (IV. Wählerklasse, Städte und Märkte), 1914 bis 1920 Gemeinderat der Stadt Salzburg (erster sozialdemokratischer Gemeinderat der Stadt Salzburg); 1962 Straßenbenennung in Salzburg.

Mitglied der Provisorischen Landesversammlung	SDAP	3. 11. 1918–21. 4. 1919
Präsident der Provisorischen Landesversammlung		3. 11. 1918–29. 11. 1918
Abg. zum Konstituierenden Landtag (1. WP)	SDAP	23. 4. 1919–3. 5. 1922
Abg. zum Landtag (2.–4. WP)	SDAP	4. 5. 1922–16. 2. 1934
Landeshauptmann-Stellvertreter	SDAP	29. 11. 1918–16. 2. 1934
Mitglied der Konstituierenden Nationalversammlung	SDAP	4. 3. 1919–21. 5. 1919
Mitglied des Bundesrates	SDAP	1. 12. 1920–27. 5. 1932

Literatur: *Coalitionsrecht vor Gericht! Stenographisches Protokoll der Verhandlung gegen die Genossen R. Preußler und A. Schäfer wegen Übertretung der §§ 2 und 3 des Coalitionsgesetzes. (etc.), Wien 1898*
Eigene Werke: *Geschichten und Schnurren, Friedland i. B. 1901 (gemeinsam mit Franz Grundmann); Aus stillen Stunden. Gedichte und Lieder, Friedland i. B. o.J.; Thätigkeitsbericht der Gewerkschafts-Kommission Oesterreichs für 1894 bis 1896 und Protokoll des II. österr. Gewerkschaftskongresses abgehalten vom 25. bis 29. Dez. 1896, Wien 1897; Bericht an den Internationalen Glasarbeiter-Congreß 1898 in Berlin über die Lohn- und Arbeitsverhältnisse und über die Organisation der Glasarbeiter Oesterreichs erstattet vom Delegirten der Union, Wien 1898*

Prodinger Hans DNSAP, GDVP
Handelsangestellter, Salzburg
* 14. 11. 1887, Villach
† 5. 9. 1938, KZ Dachau

Volks-, Bürger- und Handelsschule, 1901 bis 1904 Lehre als Kaufmann bei der Fa. Gehmacher in Salzburg, 1904 bis 1906 Handelsangestellter in Salzburg und 1906 bis 1913 in Zürich, Deutschland, Innsbruck und Klagenfurt, ab 1913 Angestellter des Deutschen Handels- und Industrieangestelltenverbandes (DHV) in Salzburg, 1914 bis 1918 Kriegsdienst, 1918 Vorsitzender des Salzburger Soldatenrates, 1919 bis 1928 Kreisvorsteher des DHV in Salzburg, ab 1928 Verbandsvorsteher des DHV in Österreich, 1934 bis 1938 Obmann der Gewerkschaft der Handelsangestellten, 1936 bis 1938 Obmann der Angestelltenversicherungsanstalt, 1938 Verhaftung und Einlieferung in das KZ Dachau; 1922 Landesparteiobmann des Deutschen Nationalsozialistischen Arbeiterpartei in Salzburg; 1926 bis 1928 Obmann der Deutschen Arbeitergewerkschaft Salzburg; 1919/20 Mitglied des Gemeinderates der Stadt Salzburg, 1920/21 Obmann des Anschlussausschusses des Salzburger Landtages, 1921 bis 1928 Arbeiterkammerrat; 1960 Straßenbenennung in Salzburg.

Abg. zum Konstituierenden Landtag (1. WP)	DNSAP	23. 4. 1919–3. 5. 1922
Abg. zum Landtag (2. WP)	DNSAP	4. 5. 1922–3. 5. 1927
Abg. zum Nationalrat (III. GP)	GDVP	7. 11. 1928–1. 10. 1930
Abg. zum Nationalrat (IV. GP)	GDVP	2. 12. 1930–30. 4. 1934

Literatur: *DHV 25 Jahre in Salzburg 1905/1930, hrsg. von der DHV Ortsgruppe Salzburg, o.O., o.J.; Hanisch, Ernst: Zur Frühgeschichte des Nationalsozialismus in Salzburg (1913–1925), in: MGSLK 117 (1977), Salzburg 1978, S. 37–1410; Voithofer, Richard: »Drum schließt Euch frisch an Deutschland an …« Die Geschichte der Großdeutschen Volkspartei in*

Salzburg 1920–1936, Wien 2000 (= Schriftenreihe des Forschungsinstitutes für politisch-historische Studien der Dr.-Wilfried-Haslauer-Bibliothek, Band 9
Eigene Werke: *Verständigung oder Klassenkampf?, Wien 1932; Gegen Verhetzung – für Beruhigung und wirtschaftlichen Aufbau, Wien 1933; Eine Aktion im Interesse Österreichs und ihre Wirkung, Wien 1933*

Prodinger Johann ÖVP
Mitterlingbauer, Mariapfarr
* 21. 3. 1912, Bruck an der Großglocknerstraße
† 3. 2. 2000, Mariapfarr

Volksschule in Mariapfarr, 1935 Übernahme des Mitterlinggutes in Mariapfarr, 1941 bis 1944 Kriegsdienst und 1944 bis 1946 Kriegsgefangenschaft; 1951 bis 1963 Bezirksobmann-Stellvertreter des Salzburger Bauernbundes im Lungau; 1949 bis 1972 Bürgermeister von Mariapfarr; 1975 Ehrenbürger von Mariapfarr, 1960 Goldenes Ehrenzeichen für Verdienste um die Republik Österreich, 1970 Silbernes Verdienstzeichen des Landes Salzburg.

Abg. zum Landtag (2.–4. GP)	ÖVP	1. 12. 1949–18. 6. 1964

Puttinger Günther, Dkfm. Dr. ÖVP
Gastronom, Fuschl am See
* 3. 11. 1942, Linz

1948 bis 1952 Volksschule in Linz, 1952 bis 1956 Bundesrealgymnasium in Linz, 1956 bis 1961 Handelsakademie, 1961 Matura, 1961 bis 1972 Studium an der Hochschule für Welthandel in Wien (1968 Dkfm., 1972 Dr. rer. soc. oec.), 1970/71 Präsenzdienst, 1966 bis 1968 Assistent an der Handelsakademie I in Wien, 1968 bis 1974 Tätigkeit in der Organisation und Datenverarbeitung bei der Ersten Allgemeinen Versicherung in Wien, 1974 bis 1978 Verkaufsleitung für Österreich und Osteuropa bei der Salzburger Firma Gießerei-Dienst GmbH, 1978 bis 2005 Inhaber des »Sternbräus« in Salzburg; 1999/2000 Klubobmann-Stellvertreter des ÖVP-Parlamentsklubs, 1994 bis 2000 Landesobmann des Österreichischen Wirtschaftsbundes-Landesgruppe Salzburg, 1999 bis 2003 Vizepräsident des Österreichischen Wirtschaftsbundes; 1988 bis 1990 Obmann der Sektion Fremdenverkehr der Salzburger Handelskammer, 1990 bis 1994 Obmann der Bundessektion Fremdenverkehr der Bundeskammer der gewerblichen Wirtschaft, 1994 bis 2000 Präsident der Wirtschaftskammer Salzburg, 1991 bis 1995 Präsident der Österreichischen Gesellschaft für angewandte Fremdenverkehrswissenschaft, 1993 bis 1995 Obmann-Stellvertreter der Österreich-Werbung, 1995 bis 1999 Aufsichtsratsvorsitzender-Stellvertreter der Salzburger Ausstellungszentrum Ges.m.b.H., 1995 bis 2000 Vorsitzender des Vereins »Salzburger Tourismusschulen«; 1997 Goldenes Ehrenzeichen des Landes Salzburg, 1996 Kommerzialrat.

Abg. zum Nationalrat (XVIII.–XXI. GP) ÖVP 10. 11. 1993–30. 11. 2001

Rabl-Stadler Helga, Dr. ÖVP
Prokuristin, Salzburg
* 2. 6. 1948, Salzburg

1954 bis 1958 Volksschule und 1958 bis 1966 Wirtschaftskundliches Realgymnasium in Salzburg, 1966 Matura, 1966 bis 1970 Studium der Rechtswissenschaften an der Universität Salzburg, 1970 Dr. iur., 1970 bis 1978 Journalistin für Wirtschafts- und Innenpolitik in den Redaktionen der Zeitungen »Die Presse«, »Die Wochenpresse« und »Kurier«, 1978 bis 1983 Prokuristin im Modehaus der Mutter in Salzburg und Linz, 1983 bis 2007 Miteigentümerin und Gesellschafterin des Modehauses Resmann in Salzburg; 1980 bis 1984 Obfrau der Ortsgruppe Altstadt des Österreichischen Wirtschaftsbundes in Salzburg, 1986 bis 1988 Landesobmann-Stellvertreterin und 1988 bis 1994 Landesobfrau des Österreichischen Wirtschaftsbundes in Salzburg, 1989 bis 1993 Vizepräsidentin des Österreichischen Wirtschaftsbundes, 1991 bis 1994 Bundesparteiobmann-Stellvertreterin der ÖVP; 1985 bis 1988 Vizepräsidentin und 1988 bis 1994 Präsidentin der Salzburger Wirtschaftskammer; seit 1995 Präsidentin der Salzburger Festspiele; 1998 Goldenes Ehrenzeichen des Landes Salzburg, 2003 Österreichisches Ehrenkreuz für Wissenschaft und Kunst.

Abg. zum Nationalrat (XVI.–XVII. GP) ÖVP 19. 5. 1983–4. 11. 1990
Abg. zum Nationalrat (XIX. GP) ÖVP 7. 11. 1994–30. 11. 1994

Radauer Josef StL
Fabriksarbeiter, Hallein
* 18. 3. 1901, Hallein
† 27. 1. 1965, Hallein

Fabriksarbeiter in der Zellulosefabrik in Hallein, nach 1945 Versicherungsangestellter; 1946 bis 1949 Mitglied der Gemeindevertretung der Stadt Hallein; 1936 bis 1938 Mitglied des Vorstandes der Salzburger Arbeiterkrankenversicherungskasse.

Mitglied des Ständischen Landtages (Landstand) 22. 11. 1934–12. 3. 1938
(Vertreter der Industrie und des Bergbaues)

RADLEGGER Wolfgang SPÖ
Landesparteisekretär, Grödig
* 6. 5. 1947, Grödig

1950 bis 1955 Deutsche Privatschule in Buenos Aires (Argentinien), 1955 bis 1957 Volksschule in Grödig, 1957 bis 1965 Bundesrealschule in Salzburg, 1965 Matura, Studium der Rechtswissenschaften an der Universität Salzburg, 1966 bis 1968 Magistratsbediensteter in Salzburg, 1969 bis 1974 Klubsekretär der SPÖ im Salzburger Landtag, 1974 bis 1979 Landesparteisekretär der SPÖ Salzburg, 1990 bis 2003 Mitglied des Vorstandes, stellvertretender Vorstandsvorsitzender und 2001 bis 2003 Vorstandsvorsitzender (Generaldirektor) der Bausparkasse Wüstenrot, seit 2004 Geschäftsführer der Wüstenrot Verwaltungs- und Dienstleistungen GmbH; 1967 Beitritt zur SPÖ, 1980 bis 1984 Bezirksparteivorsitzender der SPÖ Flachgau, 1984 bis 1989 Landesparteivorsitzender der SPÖ Salzburg und Mitglied des Bundesparteipräsidiums der SPÖ, 1974 bis 1989 Mitglied des Landesparteivorstandes und 1979 bis 1989 Mitglied des Landesparteipräsidiums der SPÖ Salzburg, 1995 bis 1997 Landesvorsitzender der Salzburger Kinderfreunde; 1984 bis 1989 und 1990 bis 1995 stellvertretender Aufsichtsratsvorsitzender der SAFE; 1986 Ehrensenator der Universität Salzburg, 1989 Großes Ehrenzeichen des Landes Salzburg, 2002 Kommerzialrat, 2007 Ring der Stadt Salzburg.

Landesrat	SPÖ	16. 5. 1979–19. 9. 1984
Landeshauptmann-Stellvertreter	SPÖ	19. 9. 1984–12. 9. 1989
Mitglied des Bundesrates	SPÖ	25. 1. 1978–16. 5. 1979

Literatur: *Dachs, Herbert/Floimair, Roland/Moser, Herbert/Schausberger, Franz (Hrsg.): Wolfgang Radlegger. Ein Mitgestalter seiner Zeit, Wien 2007 (= Schriftenreihe des Forschungsinstitutes für politisch-historische Studien der Dr.-Wilfried-Haslauer-Bibliothek, Band 31)*

RAINER Friedrich, Dr. NSDAP
Gauleiter, Salzburg
* 28. 7. 1903, St. Veit an der Glan (Kärnten)
† 19. 7. 1947, Ljubljana (Slowenien)

1909 bis 1914 Volksschule in St. Veit an der Glan (Kärnten), 1914 bis 1922 Gymnasium in Klagenfurt, 1922 Matura, 1922 bis 1926 Studium der Rechtswissenschaften an der Universität Graz, 1922 bis 1926 neben dem Studium Tätigkeit als Holzarbeiter und als Sparkassenangestellter, 1926 Dr. iur., 1926 bis 1929 Notariatsanwärter in Eberstein (Kärnten), 1929 Notariatsprüfung, 1929 bis 1931 Notariatskandidat in Eberstein (Kärnten) und ab 1931 in Klagenfurt, 1934/35 Streichung aus der Kandidatenliste und Verhaftung wegen des Verdachtes des Hochverrates, 1936 Entlassung aus der Untersuchungshaft, 1937 Wiederaufnahme in die Kandidatenliste, 1923 Eintritt in die SA, 1930 Beitritt zur NSDAP, 1934 Eintritt in die SS, ab 1934 Leiter des Nachrichtendienstes der Kärntner SS-Standarte und Tätigkeit in der Gauleitung Kärnten der NSDAP, 1936 bis 1938 Tätigkeit in der Landesleitung der NSDAP, 1938 bis 1941 Gauleiter von Salzburg, 1940/41 Reichsstatthalter von Salzburg, 1940 Ernennung zum SS-Gruppenführer, 1939 bis 1941 Reichsverteidigungskommissar für den Wehrkreis XVIII, 1941 bis 1945 Gauleiter von Kärnten, 1941 bis 1945 Reichsverteidigungskommissar für Kärnten, 1943 Ernennung zum SS-Obergruppenführer, 1943 bis 1945 Oberster Kommissar in der Operationszone »Adriatisches Küstenland«, 1941 bis 1945 Chef der Zivilverwaltung in den besetzten Gebieten Kärnten und Krain, 1938 bis 1945 Mitglied des Deutschen Reichstages, 1945 Gefangennahme in Kärnten und Inhaftierung, Zeuge beim Nürnberger Prozess, 1947 Auslieferung an Jugoslawien, Verurteilung zum Tod in Ljubljana und Hinrichtung.

Landeshauptmann	NSDAP	22. 5. 1938–31. 3. 1940

Literatur: *Höffkes, Karl: Hitlers politische Generale. Die Gauleiter des Dritten Reiches, Tübingen 1986 (= Veröffentlichungen des Instituts für Deutsche Nachkriegsgeschichte 13); Elste, Alfred/Koschat, Michael/Filipič, Hanzi: NS-Österreich auf der Anklagebank. Anatomie eines politischen Schauprozesses im kommunistischen Slowenien, Klagenfurt-Laibach-Wien 2000; Hanisch, Ernst: Gau der guten Nerven. Die nationalsozialistische Herrschaft in Salzburg 1938–1945, Salzburg-München 1997; Williams, Maurice: Gau, Volk und Reich. Friedrich Rainer und der österreichische Nationalsozialismus. Eine politische Biographie nach Selbstzeugnissen, Klagenfurt 2005 (= Archiv für vaterländische Geschichte und Topographie 90)*

Rainer Hermann ÖVP
Direktor der Landwirtschaftskrankenkasse, Salzburg
* 13. 5. 1896, Saalbach-Hinterglemm
† 13. 10. 1983, Salzburg

Volks- und Bürgerschule, ab 1912 Angestellter in der Land- und Forstwirtschaft und später in der gewerblichen Wirtschaft, 1915 bis 1918 Kriegsdienst, 1929 bis 1938 Angestellter der Salzburger Vereinskrankenkasse, 1938 bis 1940 KZ Buchenwald (neun Monate Einzelhaft), 1940 Belegung mit Gauverbot und bis 1945 Tätigkeit als Zwangsverpflichteter bei einer Baufirma in Wien, ab 1945 Direktor der Landwirtschaftskrankenkasse in Salzburg; 1945 Landesparteiobmann und 1945/46 geschäftsführender Landesparteiobmann der ÖVP Salzburg, 1945 bis 1953 Landesobmann und 1958 bis 1961 stellvertretender Landesobmann des ÖAAB Salzburg; Mitglied der Gemeindevertretung von Schwarzach im Pongau, 1931 bis 1937 Mitglied des Gemeinderates (-tages) und 1935 bis 1937 Stadtrat der Stadt Salzburg; 1920 bis 1938 Funktionär der Christlichen Gewerkschaftsbewegung, 1921 bis 1934 Kammerrat der Salzburger Arbeiterkammer, 1929 bis 1936 Obmann-Stellvertreter der Salzburger Landwirtschaftskrankenkasse (bis 1932 in St. Johann im Pongau und ab 1932 in Salzburg); 1964 Regierungsrat, 1970 Goldenes Verdienstzeichen des Landes Salzburg.

Landesrat	ÖVP	11. 12. 1954–2. 7. 1959
Abg. zum Nationalrat (V.–VII. GP)	ÖVP	19. 12. 1945–4. 1. 1955
Mitglied des Bundesrates	ÖVP	2. 7. 1959–28. 12. 1959

Rainer Johann CSP, ÖVP
Wögerbauer, Tamsweg
* 19. 12. 1892, Tamsweg
† 21. 12. 1974, Tamsweg

Volksschule, 1914 bis 1918 Kriegsdienst, ab 1924 Landwirt (Wögerkeusche) in Tamsweg, 1947 bis 1962 Verwalter des Krankenhauses Tamsweg; 1951 bis 1953 Bezirksobmann des Salzburger Bauernbundes im Lungau; Mitglied der Gemeindevertretung (1924) und 1945 bis 1949 Bürgermeister von Tamsweg; Träger des Goldenen Ehrenringes der Gemeinde Tamsweg.

Abg. zum Landtag (2.–4. WP)	CSP	17. 11. 1925–31. 10. 1934
Abg. zum Landtag (1. GP)	ÖVP	12. 12. 1945–15. 10. 1947

Rainer Josef CSP
Gemeindesekretär, Saalbach-Hinterglemm
* 7. 1. 1861, Maria Alm am Steinernen Meer
† 22. 1. 1941, Saalbach-Hinterglemm

Volksschule in Saalfelden am Steinernen Meer, ab 1880 Holzknecht in Saalbach-Hinterglemm, 1881 bis 1884 Militärdienst, 1884 bis 1894 Knecht in Saalbach-Hinterglemm, 1894 bis 1926 Gemeindesekretär von Saalbach-Hinterglemm; 1909 bis 1918 Landtagsabgeordneter der IV. Wählerklasse (Pinzgauer Landgemeinden); 1912 Ehrenbürger von Saalbach-Hinterglemm.

Mitglied der Provisorischen Landesversammlung Abg. zum Konstituierenden Landtag	CSP	3. 11. 1918–21. 4. 1919

(1. WP)	CSP	23. 4. 1919–3. 5. 1922
Abg. zum Landtag (2. WP)	CSP	4. 5. 1922–3. 5. 1927
Zweiter Landtagspräsident-Stellvertreter		18. 5. 1921–3. 5. 1927

Literatur: *Klieber, Rupert J.: Politischer Katholizismus in der Provinz. Salzburgs Christlichsoziale in der Parteienlandschaft Alt-Österreichs, Wien-Salzburg 1994 (= Publikationen des Instituts für Kirchliche Zeitgeschichte, Band 28)*

Rainer Wolfgang SPÖ, OP
ÖGB-Sekretär, Hallein
* 16. 4. 1959, Salzburg

1965 bis 1969 Volksschule und 1969 bis 1974 Hauptschule in Hallein, 1975 bis 1978 Maschinenbaulehre in Grödig, 1977 Präsenzdienst, 1981 Werkmeisterprüfung, ab 1983 ÖGB-Sekretär, Sozialakademie der Arbeiterkammer Wien in Mödling, 1988 bis 2002 Landessekretär der Gewerkschaft Bau-Holz, seit 2004 Geschäftsführer der »Präsenta Rainer & Partner KEG« in Hallein; 1986 bis 1992 Sektionsvorsitzender der SPÖ Hallein-Altstadt, 1992 bis 2002 Bezirksparteivorsitzender der SPÖ Tennengau, bis 2002 Mitglied des Landesparteivorstandes und des Landesparteipräsidiums der SPÖ Salzburg, 2002 Austritt aus der SPÖ in Folge einer gerichtlichen Verurteilung; 1988 bis 1995 Obmann der Pensionsversicherungsanstalt der Arbeiter in Salzburg, 1989 bis 1994 Kammerrat der Arbeiterkammer Salzburg.

Abg. zum Landtag (11., 12. GP)	SPÖ	2. 5. 1994–18. 3. 2002
Abg. zum Landtag (12. GP)	OP	19. 3. 2002–27. 4. 2004

Ramek Rudolf, Dr. CSP
Rechtsanwalt, Salzburg
* 12. 4. 1881, Teschen (Schlesien) – Těšín/Cieszyn (Tschechien/Polen)
† 24. 7. 1941, Wien

Volksschule, Gymnasium in Teschen (Schlesien), 1900 bis 1905 Studium der Rechtswissenschaften an der Universität Wien, 1907 Dr. iur., Gerichtsjahr beim Kreisgericht in Teschen, Rechtsanwaltskonzipient in Innsbruck und Meran, ab 1909 Rechtsanwaltskonzipient in Salzburg, 1914 bis 1918 Kriegsdienst, 1913 bis 1938 Rechtsanwalt in Salzburg, 1938 Verlegung der Kanzlei nach Wien; 1918 bis 1922 stellvertretender Landesparteiobmann und 1922 bis 1934 Landesparteiobmann der Salzburger Christlichsozialen; 1918 bis 1931 Mitglied des Gemeinderates der Stadt Salzburg; 1929 bis

1933 Präsident der Internationalen Stiftung »Mozarteum«; Ehrenmitglied des Katholischen Bauernbundes, 1930 Großes Goldenes Ehrenzeichen am Bande für Verdienste um die Republik Österreich.

Mitglied der Konstituierenden Nationalversammlung	CSP	4. 3. 1919–9. 11. 1920
Abg. zum Nationalrat (I.–III. GP)	CSP	10. 11. 1920–1. 10. 1930
Abg. zum Nationalrat (IV. GP)	CSP	2. 12. 1930–2. 5. 1934
2. Präsident des Nationalrates		4. 12. 1930–4. 3. 1933
Staatssekretär für Justiz	CSP	17. 10. 1919–24. 6. 1920
Bundesminister für Inneres und Unterricht	CSP	23. 4. 1921–21. 6. 1921
Bundeskanzler	CSP	20. 11. 1924–20. 10. 1926

Literatur: *Weissensteiner, Friedrich/Weinzierl, Erika: Die österreichischen Bundeskanzler. Leben und Werk, Wien 1983; Enderle-Burcel, Gertrude (Hrsg.): Protokolle des Ministerrates der Ersten Republik 1918–1938, Abt. 4: Kabinett Dr. Rudolf Ramek: 20. November 1924 bis 20. Oktober 1926, 3 Bände, Wien 1991, 1997 und 2002; Klieber, Rupert J.: Politischer Katholizismus in der Provinz. Salzburgs Christlichsoziale in der Parteienlandschaft Alt-Österreichs, Wien-Salzburg 1994 (= Publikationen des Instituts für Kirchliche Zeitgeschichte, Band 28)*

RAUS Othmar, Dr. SPÖ
Landessekretär der Gewerkschaft der Privatangestellten, Salzburg
* 30. 3. 1945, Bad Hall (Oberösterreich)

1950 bis 1959 Volksschule und Unterstufe des Gymnasiums in Linz, 1959 bis 1962 Drogistenlehre, 1962 Drogisten- und Kaufmannsgehilfenprüfung, 1963 Präsenzdienst in Salzburg, 1964 Drogist in Linz, 1965 bis 1973 Jugendreferent des ÖGB und Sekretär der Gewerkschaft der Privatangestellten in Oberösterreich, 1966/67 Sozialakademie der Arbeiterkammer Wien in Mödling, 1970 Externistenmatura, 1970 bis 1976 Studium der Rechtswissenschaften an den Universitäten Linz und Salzburg, 1976 Dr. iur., 1974 bis 1984 Landessekretär der Gewerkschaft der Privatangestellten in Salzburg; 1964 Beitritt zur SPÖ, seit 1976 Mitglied des Bezirksvorstandes der SPÖ Salzburg-Stadt, 1993 bis 2001 Bezirksparteivorsitzender der SPÖ in der Stadt Salzburg, seit 1980 Mitglied des Landesparteivorstandes und seit 1982 Mitglied des Landesparteipräsidiums sowie 1984 bis 2005 stellvertretender Landesparteivorsitzender der SPÖ Salzburg, 1982 bis 1984 Klubvorsitzender der SPÖ im Landtag; 1974 bis 1984 Vizepräsident der Salzburger Arbeiterkammer.

Abg. zum Landtag (8. GP)	SPÖ	16. 5. 1979–18. 9. 1984
Landesrat	SPÖ	19. 9. 1984–28. 4. 2004
Landeshauptmann-Stellvertreter	SPÖ	28. 4. 2004–lfd.

Rechfeld Albert, Dr. StP
Leitender Staatsanwalt, Salzburg
* 21. 7. 1886, Görz (Krain) – Gorizia/Nova Gorica (Italien/Slowenien)
† 19. 7. 1940, Wien

Matura am k.k. Staatsgymnasium in Wien XIX, Einjährig-Freiwilliger, 1907 bis 1911 Studium der Rechtswissenschaften an der Universität Wien, 1912 Beginn der Richterlaufbahn am Oberlandesgericht Wien, 1913 Dr. iur., 1913 Auskultator in Schärding (Oberösterreich), 1914 bis 1918 Kriegsdienst, 1919 bis 1921 Untersuchungsrichter und 1921 bis 1923 stellvertretender Staatsanwalt in Ried im Innkreis (Oberösterreich), 1923 Ernennung zum Staatsanwalt in Salzburg, ab 1934 Chef der Staatsanwaltschaft und 1936 bis 1938 Leitender Staatsanwalt in Salzburg, 1938 Enthebung und Entlassung aus dem Dienst, April 1938 Verhaftung und bis November 1938 Inhaftierung im KZ Dachau; ab 1930 Obmann der Christlichsozialen Partei in der Stadt Salzburg.

Mitglied des Staatsrates	1. 11. 1934–12. 3. 1938

Literatur: *Enderle-Burcel, Gertrude: Christlich-Ständisch-Autoritär. Mandatare im Ständestaat 1934 bis 1938, Wien 1991*

Rehrl Franz, Dr. CSP, StL, StP
Landesbeamter, Salzburg
* 4. 12. 1890, Salzburg
† 23. 1. 1947, Salzburg

Volksschule und k.k. Staatsgymnasium in Salzburg, 1910 Matura, 1910 bis 1915 Studium der Rechtswissenschaften an der Universität Wien, 1915 Dr. iur., 1915 Eintritt in den Landesdienst, Vorstand der Kanzlei des Landesausschusses und Sekretär von Landeshauptmann Winkler (1917); als Landeshauptmann unter anderem verantwortlich für die Errichtung der Gaisbergstraße, der Schmittenhöhebahn und der Großglockner Hochalpenstraße, 1921 bis 1938 Aufsichtsratsvorsitzender der SAFE, 1938 Landesführer der Vaterländischen Front, März 1938 Enthebung als Landeshauptmann, Verhaftung und Gauverweis, 1939 Rückkehr nach Salzburg, 1944 abermalige Verhaftung und

Einlieferung in das KZ Ravensbrück, 1945 Rückkehr nach Salzburg; 1928 Großes Ehrenzeichen am Bande für Verdienste um die Republik Österreich, 1946 Straßenbenennung in Salzburg.

Mitglied der Provisorischen Landesversammlung	CSP	3. 11. 1918–21. 4. 1919
Abg. zum Konstituierenden Landtag (1. WP)	CSP	23. 4. 1919–3. 5. 1922
Abg. zum Landtag (2.–4. WP)	CSP	4. 5. 1922–31. 10. 1934
Landesrat	CSP	7. 11. 1918–23. 4. 1919
Landeshauptmann-Stellvertreter	CSP	23. 4. 1919–16. 12. 1921
Landeshauptmann-Stellvertreter	CSP	10. 1. 1922–4. 5. 1922
Landeshauptmann	CSP	4. 5. 1922–31. 10. 1934
Landeshauptmann-Ständischer Landtag		1. 11. 1934–12. 3. 1938
Mitglied des Bundesrates	CSP	1. 12. 1920–2. 5. 1934
Vorsitzendes des Bundesrates		1. 12. 1922–31. 5. 1923
Vorsitzendes des Bundesrates		1. 6. 1927–30. 11. 1927
Vorsitzendes des Bundesrates		1. 12. 1931–31. 5. 1932
Mitglied des Bundestages		29. 11. 1934–12. 3. 1938
Mitglied des Länderrates		29. 11. 1934–12. 3. 1938
Vorsitzender des Länderrates		11/1936–05/1937
3. Vizepräsident des Bundestages		5. 11. 1936–20. 5. 1937

Literatur: *Huber, Wolfgang (Hrsg.): Franz Rehrl, Landeshauptmann von Salzburg 1922–1938, Salzburg 1975; Mayr, Charlotte: Das Arbeitsbeschaffungsprogramm Franz Rehrls, phil. Diss., Salzburg 1975*

Rehrl Josef ÖVP
Landesbeamter, Salzburg
* 7. 1. 1895, Salzburg
† 11. 11. 1960, Salzburg

Volks- und Bürgerschule in Salzburg, 1914 Matura an der k.k. Staatslehrerbildungsanstalt in Bozen, 1914 bis 1917 Lehrer an den Volksschulen Astfeld und St. Georgen in Tirol, 1915/16 Kriegsdienst und schwere Verwundung, 1917 bis 1919 Lehrer an der Bürgerschule Maxglan, ab 1919 Lehrer und 1931 bis 1938 Direktor an der Landes-Taubstummenanstalt in Salzburg, 1938 Auflösung der Schule und Versetzung als Volksschullehrer nach Mattsee, 1941 Versetzung in den Ruhestand, 1948 bis 1960 abermals Direktor der Landes-Taubstummenanstalt in Salzburg; 1945 Mitbegründer der

Salzburger ÖVP; 1922 bis 1926 und 1948/49 Mitglied des Gemeinderates der Stadt Salzburg; 1947 bis 1949 Aufsichtsratsvorsitzender der SAFE, Obmann der Salzburger Preßvereines; 1937 Regierungsrat, 1949 Hofrat, 2002 Benennung der Schule des Landesinstitutes für Hörbehinderte in »Josef-Rehrl-Schule«.

Abg. zum Landtag (2.–3. GP)	ÖVP	1. 12. 1949–1. 7. 1959
Landeshauptmann	ÖVP	22. 12. 1947–1. 12. 1949
Mitglied des Bundesrates	ÖVP	19. 12. 1945–1. 12. 1949
stellvertretender Vorsitzender des Bundesrates		7. 3. 1946–30. 6. 1948
Vorsitzender des Bundesrates		1. 7. 1948–31. 12. 1948
stellvertretender Vorsitzender des Bundesrates		1. 1. 1949–1. 12. 1949

Literatur: *Kriechbaumer, Robert: Salzburgs Landeshauptleute der 2. Republik, Salzburg 2002 (= Salzburg Dokumentationen Nr. 113); Die ÖVP und ihre Mandatare (Nationalrat und Bundesrat), Wien 1946*

Reichl Alois NSDAP
Bergarbeiter, St. Leonhard bei Grödig
* 10. 5. 1885, Grödig
† 19. 2. 1970, Salzburg

Volksschule, bis 1906 Tätigkeit auf dem elterlichen Hof in Grödig, 1906 bis 1909 Militärdienst, 1914/15 Kriegsdienst und 1915 bis 1918 russische Kriegsgefangenschaft, Bergarbeiter im Zementwerk »Gebrüder Leube« in Grödig-Gartenau, 1953 bis 1958 Gasthauspächter in Grödig; NSDAP-Ortsgruppenleiter von Grödig und Oberalm (1932), NSBO-Zellenführer im Zementwerk »Gebrüder Leube« sowie Bezirksleiter der NSBO (Nationalsozialistische Betriebszellenorganisation) im Flachgau (1932); 1931 bis 1933 Mitglied der Gemeindevertretung von Grödig.

Abg. zum Landtag (4. WP)	NSDAP	19. 5. 1932–30. 6. 1933

Literatur: *Schausberger, Franz: Ins Parlament, um es zu zerstören. Das parlamentarische Agi(ti)eren der Nationalsozialisten in den Landtagen von Wien, Niederösterreich, Salzburg und Vorarlberg nach den Landtagswahlen 1932, Wien-Koln-Weimar 1995 (= Schriftenreihe des Forschungsinstitutes für politisch-historische Studien der Dr.-Wilfried-Haslauer-Bibliothek, Band 1)*

Reimann Viktor, Dr. WdU
Journalist, Salzburg
* 25. 1. 1915, Wien
† 7. 10. 1996, Wien

Volksschule, 1930 bis 1934 Bundesgymnasium in Klosterneuburg (Niederösterreich), 1934 Matura, 1934 Eintritt in das Augustiner Chorherrenstift Klosterneuburg und bis 1936 Studium der Theologie an der dortigen Hauslehranstalt, 1936 bis 1939 Studium der Germanistik und Geschichte an der Universität Wien, 1939 Dr. phil., 1936 Mitglied der NSDAP in Klosterneuburg, ab 1938 Tätigkeit in der Widerstandsbewegung (Österreichische Freiheitsbewegung – Gruppe Scholz), 1941 Verhaftung, 1943 Verurteilung zu einer zehnjährigen Haftstrafe wegen Hochverrates, 1945 Befreiung aus dem Zuchthaus Straubing bei München, 1945 bis 1949 Leiter der Kulturredaktion und stellvertretender Chefredakteur der »Salzburger Nachrichten«, 1956 bis 1960 Pressechef der Bundestheaterverwaltung in Wien, 1960 bis 1970 freier Schriftsteller, 1970 bis 1987 Kolumnist der »Kronen Zeitung«; 1949 Mitbegründer des »Verbandes der Unabhängigen« (VdU); 1980 Professor, 1989 René-Marcic-Preis.

Abg. zum Nationalrat (VI.–VII. GP) WdU 8. 11. 1949–8. 6. 1956

Eigene Werke: *Wenn die Nacht weicht. Besinnliches Tagebuch eines Häftlings, Salzburg 1946; Innitzer. Kardinal zwischen Hitler und Rom, Wien 1967; Zu groß für Österreich. Seipel und Bauer im Kampf um die Erste Republik, Wien 1968; Dr. Joseph Goebbels, Wien 1971; Bruno Kreisky. Das Porträt eines Staatsmannes, Wien 1972 (gemeinsam mit Gustav Peichl); Die dritte Kraft in Österreich, Wien 1980; 1938–eine zeitgeschichtliche Darstellung, Wien 1988 (= Schriftenreihe des Freiheitlichen Bildungswerkes, Band 20); Fünf ungewöhnliche Gespräche. Jörg Haider – Emil Jannings – Bruno Kreisky – Karl Roman Scholz – Heinrich von Srbik, Wien 1991*

Reinthaler Karl SPÖ
Lokomotivführer, Saalfelden am Steinernen Meer
* 18. 9. 1913, Villach
† 1. 8. 2000, Saalfelden am Steinernen Meer

Volks- und Bürgerschule in St. Pölten, 1927 bis 1931 Lehre als Maschinenschlosser in der Hauptwerkstätte der ÖBB in St. Pölten, 1931 bis 1934 Maschinenbaufachschule »Arsenal« in Wien, 1934 bis 1936 Maschinenschlosser bei den ÖBB in Wörth und St. Pölten, 1936 Ausbildung zum Wagenmeister und Versetzung nach Saalfelden am Steinernen Meer, 1936 bis 1942 Wagenmeister und Lokomotivführer bei den Österreichischen Bundesbahnen, 1942 Verurteilung zu einer sechsjährigen Haftstrafe wegen Vorbereitung des Hochverrates, bis Mai 1945 Haft im Amberg (Deutschland), 1945 bis 1960 Lokomotivführer bei den Österreichischen Bundesbahnen, 1952/53 Sozialakademie der Arbeiterkammer in Wien; bis 1934 Gruppenführer der Roten Falken; 1945 bis 1954 Mitglied der Gemeindevertretung, 1954 bis 1966 Mitglied des Gemeinderates, 1966 bis 1972 Vizebürgermeister und 1972 bis 1978 Bürgermeister von Saalfelden am Steinernen Meer; 1981 bis 1990 Landesobmann des »Bundes sozialistischer Freiheitskämpfer und Opfer des Faschismus«; 1978 Ehrenbürger von Saalfelden am Steinernen Meer.

Abg. zum Landtag (1. GP) SPÖ 12. 12. 1945–1. 8. 1946

Literatur: *Thaler, Walter (Hrsg): Stark betroffen – wenig beachtet. Sozialdemokratie in Salzburger Gemeinden; Gespräche mit Salzburger Bürgermeistern, Salzburg 1999 (= Schriftenreihe der Arbeitsgemeinschaft Sozialdemokratischer Gemeindevertreter (ASG) Salzburg, Band 1); Aschauer-Smolik, Sabine/Neunherz, Alexander: Karl Reinthaler. Dagegenhalten. Eine Lebensgeschichte zwischen Brüchen und Kontinuitäten in der Provinz, Innsbruck-Wien-München-Bozen 2004*

Reiter Heidi, Dr. Grüne
Fremdenführerin, Eugendorf
* 19. 8. 1953, Salzburg

1959 bis 1962 Volksschule in Salzburg-Mülln, 1962/63 Volksschule in Eugendorf, 1963 bis 1971 Gymnasium in Salzburg, 1969/70 AFS-Studentin an der Highschool in Littleton/Denver/Colorado (USA), 1971 Matura, 1971 bis 1977 Studium der Zoologie und Botanik an der Universität Salzburg, 1977 Promotion sub auspicis praesidentis zur Dr. rer. nat., 1977 bis 1983 wissenschaftliche Mitarbeiterin am Institut für Molekularbiologie/Abteilung Biologie an der Universität Salzburg, 1979 bis 1980 EMBO-Stipendium (European Molecular Organization) an der Rockefeller Universität/New York, seit 1995 selbstständige Fremdenführerin; 1990 bis 1995 Vorstandsmitglied und 1994/95 Parteisprecherin der Bürgerliste-Land, 1989 Gründungsmitglied der Bürgerliste Eugendorf; 1989 bis 1994 Mitglied der Gemeindevertretung und 1994 bis 1999 Mitglied des Gemeinderates von Eugendorf.

Abg. zum Landtag (12. GP–) Grüne 27. 4. 1999–lfd.

Reitsamer Annemarie SPÖ
Landesfrauengeschäftsführerin, St. Gilgen
* 19. 2. 1941, St. Gilgen

1947 bis 1951 Volksschule in St. Gilgen, 1951 bis 1955 Hauptschule in Bad Ischl (Oberösterreich), 1955 bis 1957 Handelsschule in Salzburg, 1957 bis 1960 Sekretärin in einer Rechtsanwaltskanzlei, 1960 bis 1965 Pressefernschreiberin beim Post- und Telegrafeninspektorat Salzburg, 1963 B-Matura, 1965/66 Auslandsaufenthalt in Frankreich, 1967 bis 1977 Kassierin mit Lohnverrechnung bei der Zwölferhorn Seilbahn GmbH in St. Gilgen, 1977 bis 1991 Landesfrauengeschäftsführerin der SPÖ Salzburg; 1960 Beitritt zur SPÖ, 1979 bis 1995 Ortsparteivorsitzende der SPÖ St. Gilgen, 1992 bis 2001 stellvertretende Bezirksparteivorsitzende der SPÖ Flachgau, 1984 bis 2001 Mitglied des Landesparteipräsidiums und 1978 bis 2001 Mitglied des Landesparteivorstandes der SPÖ Salzburg, 1995 bis 2001 stellvertretende Landesparteivorsitzende und 1994 bis 2002 Landesfrauenvorsitzende der SPÖ Salzburg, seit 2002 Ehrenvorsitzende der SPÖ-Frauen in Salzburg, 1995 bis 2000 Mitglied des Bundesparteivorstandes und des Bundesparteipräsidiums der SPÖ, Mitglied des Bundesfrauenkomitees der SPÖ, 1995 bis 2001 Mitglied des Kommunalpolitischen Ausschusses der SPÖ; 1984 bis 1989 Mitglied der Gemeindevertretung und 1989 bis 1999 Mitglied des Gemeinderates von St. Gilgen, 1989 bis 1995 Fraktionsvorsitzende der SPÖ St. Gilgen; seit 1989 Vorsitzende des Heimhilfedienstes, seit 1998 Vorsitzende der Salzburger Volkshilfe und seit 2006 Vorsitzende des mobilen Hilfsdienstes (MOHI) Salzburg, 1987 bis 1999 Mitglied des Vorstandes von »Rettet das Kind«; 1999 Großes Goldenes Ehrenzeichen für Verdienste um die Republik Österreich, 2002 Goldenes Ehrenzeichen des Landes Salzburg.

Abg. zum Nationalrat (XVIII.–XXI. GP)	SPÖ	5. 11. 1990–28. 2. 2001

Reitter Albert, Dr. NSDAP
Rechtsanwalt, Salzburg
* 14. 6. 1895, Salzburg
† 27. 12. 1962, Salzburg

Volksschule, 1913 Matura am k.k. Staatsgymnasium in Salzburg, 1913 bis 1917 Studium der Rechtswissenschaften an der Universität Wien, 1917/18 Kriegsdienst, 1918 Dr. iur., 1925 bis 1939 Rechtsanwalt in Salzburg, 1939 bis 1944 Regierungspräsident von Salzburg, 1940 bis 1944 Gauhauptmann von Salzburg, 1943 SS-Gerichtsverfahren und Reichsgaugerichtsverfahren sowie 1944 Einleitung eines Sondergerichtsverfahrens wegen des Verdachtes des Amtsmissbrauches, Februar 1944 Amtsenthebung als Gauhauptmann und Regierungspräsident, in der Folge Versetzung in das Reichsinnenministerium nach Berlin, 1949 bis 1962 Rechtsanwalt in Salzburg; 1931 bis 1934 Mitglied des Gemeinderates der Stadt Salzburg für den »Nationalen Wirtschafts- und Ständeblock«; 1937/38 Volkspolitischer Referent der Vaterländischen Front in Salzburg, 1938 bis 1944 Präsident der Internationalen Stiftung »Mozarteum«; 1957 Ehrenmitglied des Kuratoriums der Internationalen Stiftung »Mozarteum«, 1960 Bürger der Stadt Salzburg.

Landesstatthalter	NSDAP	13. 3. 1938–30. 9. 1939

Literatur: *Hanisch, Ernst: Gau der guten Nerven. Die nationalsozialistische Herrschaft in Salzburg 1938–1945, Salzburg-München 1997*

Renner Josef ÖVP
Landesbeamter, Salzburg
* 17. 6. 1892, Brünn (Mähren) – Brno (Tschechien)
† 8. 2. 1958, Salzburg

Volks- und Bürgerschule sowie zwei Jahre Lehrerbildungsanstalt in Brünn/Brno (Mähren/Tschechien), kaufmännische Lehre, 1911/12 kaufmännischer Angestellter in Wien, 1912/13 Beamter der Eisenbahnergewerkschaft in Wien, 1914 bis 1918 Kanzlist beim Bahnbetriebsamt in Wien, 1915/15 Kriegsdienst, 1918 bis 1921 Sekretär bei der Zentralkommission Deutscher Arbeitnehmerverbände in Wien, 1921 bis 1934 Sekretär des Deutschen Handels- und Industrieangestelltenverbandes (DHV) und dort als solcher Landesgeschäftsführer und Kreisvorsteher des DHV in Linz, ab 1928 in Salzburg und zuletzt in Graz, 1934 bis 1938 Sekretär des Gewerkschaftsbundes der österreichischen Arbeiter und Angestellten und als solcher 1934/35 Sekretär bei der Arbeiterkammer Steiermark in Graz und 1935 bis 1938 Geschäftsführer für Niederösterreich und Burgenland, 1938 bis 1945 Sachbearbeiter bei Arbeitsamt in Karlsbad/Karlovy Vary (Böhmen/Tschechien), 1946 Abteilungsleiter beim Landesarbeitsamt Salzburg, 1947/48 Sekretär der ÖVP Salzburg, 1948 bis 1957 Angestellter bei der Salzburger Landesregierung; Landesobmann-Stellvertreter der Sektion »Öffentlicher Dienst« im ÖAAB; 1931 bis 1934 Mitglied des Gemeinderates der Stadt Salzburg für die NSDAP-Schulzbewegung, 1946/47 Mitglied des provisorischen Gemeinderates der Stadt Salzburg für die ÖVP; 1928 bis 1933 Obmann der Angestelltenkrankenkasse in Salzburg.

Abg. zum Landtag (3. GP)	ÖVP	11. 12. 1954–8. 2. 1958

Literatur: *DHV 25 Jahre in Salzburg 1905/1930, hrsg. von der DHV Ortsgruppe Salzburg, o.O., o.J.*

Resch Anton NSDAP
Werkmeister i. R., Bad Gastein
* 5. 5. 1892, Goldegg
† 11. 3. 1969, Zell am See

Volksschule, 1913 Militärdienst, 1914 bis 1918 Kriegsdienst, Monteur und Werkmeister; bis 1933 Mitglied der Sozialdemokratischen Partei und für diese 1924 bis 1932 Mitglied der Gemeindevertretung von Bad Gastein, bis 1932 Bürgermeister-Stellvertreter von Bad Gastein, 1933 Beitritt zur NSDAP, 1938 kommissarischer Leiter der Salzburger Arbeiterkammer, 1938 bis 1945 Landesleiter der Deutschen Arbeitsfront (DAF).

Landesrat NSDAP 13. 3. 1938–30. 9. 1939

Literatur: *Krisch, Laurenz: Zersprengt die Dollfußketten. Die Entwicklung des Nationalsozialismus in Bad Gastein bis 1938, Salzburg 2003 (= Schriftenreihe des Forschungsinstitutes für politisch-historische Studien der Dr.-Wilfried-Haslauer-Bibliothek, Band 19); Hanisch, Ernst: Gau der guten Nerven. Die nationalsozialistische Herrschaft in Salzburg 1938–1945, Salzburg-München 1997*
Eigene Werke: *Von der NS-Betriebszellenorganisation zur Deutschen Arbeitsfront, Gau Salzburg, Salzburg o.J.; Die Neuwahlen der Gemeindevertretung in Badgastein am 25. März 1928. Das Programm der sozialdemokratischen Gemeindefraktion, Salzburg 1928; 12 Jahre sozialdemokratische Gemeinde-Mehrheit in Badgastein 1919 bis 1931, Badgastein 1931*

Rest-Hinterseer Heidemarie Grüne
Bewährungshelferin, Dorfgastein
* 23. 2. 1959, Zell am See

1965 bis 1969 Volksschule und 1969 bis 1973 Hauptschule in Saalfelden am Steinernen Meer, 1973 bis 1977 Bundes-Oberstufenrealgymnasium, 1977 Matura, 1977 bis 1979 Akademie für Sozialarbeit in Wien, 1979 bis 1985 Diplomierte Sozialarbeiterin bei der Bezirkshauptmannschaft Zell am See, 1985 bis 2002 Bewährungshelferin beim »Verein für Bewährungshilfe und Soziale Arbeit«, seit 1987 Bäuerin auf dem Bleiwanghof in Dorfgastein; seit 1999 Mitglied des Landesvorstandes der Grünen Salzburg, 2005 bis 2007 Mitglied des erweiterten Bundesvorstandes der Grünen; 1999 bis 2004 für die »Unabhängige Liste für Dorfgastein« und seit 2004 für die Grünen Mitglied der Gemeindevertretung von Dorfgastein; seit 2007 Geschäftsführerin der Ökostrombörse Salzburg.

Abg. zum Nationalrat (XXII. GP) Grüne 20. 12. 2002–29. 10. 2006

Rettenbacher Heinrich ÖVP
Tapezierer- und Sattlermeister, Abtenau
* 30. 12. 1912, St. Koloman
† 4. 3. 1981, Abtenau

Pflichtschule in St. Koloman, 1926 bis 1929 Lehre als Sattler und Tapezierer in Abtenau, 1936 Meisterprüfung, 1938 bis 1977 selbstständiger Sattler- und Tapezierermeister in Abtenau, 1940 bis 1944 Kriegsdienst; 1966 bis 1969 Bezirksparteiobmann der ÖVP im Tennengau; 1949 bis 1977 Bürgermeister von Abtenau; 1965 bis 1980 Mitglied beziehungsweise von 1970 bis 1980 Obmann-Stellvertreter der Sektion Gewerbe der Salzburger Handelskammer, 1960 bis 1980 Landesinnungsmeister und 1970 bis 1980 Bundesinnungsmeister-Stellvertreter der Lederwarenerzeuger, Vorstand der Raiffeisenkasse Abtenau (1953); 1965 Kommerzialrat.

Abg. zum Landtag (3.–5. GP)	ÖVP	2. 4. 1958–13. 5. 1969

Rettenbacher Johann FSB
Hackerbauer, Golling an der Salzach
* 19. 5. 1873, Kuchl
† 23. 1. 1937, Golling an der Salzach

Volksschule in Kuchl, Landarbeiter, 1894 bis 1897 Militärdienst, 1898 Übernahme des Hackergutes in Golling an der Salzach und dort bis 1935 Bauer; 1906 bis 1909 Mitglied des Gemeinderates und 1925 bis 1928 Bürgermeister von Obergäu (1936 nach Golling eingemeindet).

Abg. zum Konstituierenden Landtag (1. WP)	FSB	23. 4. 1919–3. 5. 1922

Richter Kurt, Dr. FPÖ
Geschäftsführer, Salzburg
* 20. 12. 1911, Steinschönau (Böhmen) – Kamenický Šenov (Tschechien)
† 10. 9. 1976, Salzburg

Studium der Chemie und Physik an der Universität Innsbruck, 1937 Dr. rer. nat., selbstständiger Kaufmann, 1941 bis 1945 Kriegsdienst, Tätigkeit in der Privatwirtschaft, ab 1958 Betriebsleiter und Geschäftsführer der Untersbergbahnen; 1955 Mitglied des Präsidiums der FPÖ, 1955 Gründer und bis 1968 Vorsitzender des Freiheitlichen Akademikerverbandes in Salzburg; 1953 bis 1959 Mitglied des Gemeinderates der Stadt Salzburg; Goldenes Ehrenzeichen für Verdienste um die Republik Österreich.

Abg. zum Landtag (4. GP) FPÖ 2. 7. 1959–3. 11. 1964

RIEDER Hans ÖVP
Betonwarenerzeuger, Maishofen
* 9. 11. 1940, Maishofen

Volksschule in Maishofen, Haupt- und Handelsschule in Zell am See, 1958 Angestellter beim Rinderzuchtverband Maishofen, 1959 erster angestellter Dienstnehmer bei der Baufirma Oberrater in Maishofen, 1960 Eintritt in die Diabas Baustoff- und Betonwerk GmbH Maishofen, die spätere Betonwerk Rieder KG und dann GmbH, Aufbau und Übernahme dieses Betriebes, seit 1990 geschäftsführender Gesellschafter, seit 1997 Geschäftsführer des Betonwerkes Nageler in Lienz (Osttirol) bis dieses als Beteiligung in die SW Umwelttechnik Österreich GmbH in Klagenfurt eingebracht wurde, des Salzburger Ziegelwerks in Oberndorf bei Salzburg und samt deren Beteiligungen Iso-Span Werk in Ramingstein im Lungau und Karo Bauelemente GmbH in Kuchl, 1997 bis 2001 Geschäftsführer der Ebenseer Betonwerke AG Wien; 1977 bis 1993 Ortsparteiobmann der ÖVP Maishofen, 1989 bis 1998 Bezirksobmann-Stellvertreter des Österreichischen Wirtschaftsbundes im Pinzgau, 1991 bis 1995 Landesobmann-Stellvertreter des Österreichischen Wirtschaftsbundes in Salzburg, 1993 bis 1997 ÖVP-Stadtparteiobmann von Zell am See; 1969 bis 1974 Mitglied der Gemeindevertretung, 1979 bis 1983 Mitglied des Gemeinderates und 1983 bis 1990 Bürgermeister von Maishofen, 1994/95 Vizebürgermeister von Zell am See; 1990 bis 1995 stellvertretender Innungsmeister des Bauhilfsgewerbes; 1997 Kommerzialrat, 1997 Goldenes Ehrenzeichen des Landes Salzburg.

Abg. zum Nationalrat (XVIII. GP) ÖVP 5. 11. 1990–9. 11. 1993

RIEDLER Josef SDAP
Fachlehrer, Saalfelden am Steinernen Meer
* 21. 10. 1873, Graz
† 2. 12. 1965, Saalfelden am Steinernen Meer

1893 Matura, 1893/94 provisorischer Unterlehrer in Fohnsdorf (Steiermark), 1895 Lehrbefähigungsprüfung für Volksschulen, bis 1906 definitiver Volksschullehrer in Voitsberg (Steiermark), 1907 Lehrbefähigungsprüfung für Bürgerschulen, 1906 bis 1908 Direktor der Volksschule in Göriach, 1908 bis 1912 Lehrer an der Mädchenbürgerschule in Saalfelden am Steinernen Meer, 1912 bis 1934 Direktor der Bürgerschule in Saalfelden (1919 bis 1933 als Direktor beurlaubt), 1934 Amtsenthebung und Zwangspensionierung; 1921 bis 1934 Obmann der sozialdemokratischen Bezirksorganisation im Pinzgau, 1919 bis 1934 Mitglied der Landesparteikontrolle der SDAP Salzburg; 1919 bis 1934 Bürgermeister von Saalfelden-Markt; Ehrenbürger von Saalfelden am Steinernen Meer, Straßenbenennung in Saalfelden am Steinernen Meer.

Abg. zum Konstituierenden Landtag (1. WP)	SDAP	19. 11. 1919–3. 5. 1922
Abg. zum Landtag (2.–4. WP)	SDAP	4. 5. 1922–16. 2. 1934

Rieser Walter SPÖ
Vizeleutnant, Wals-Siezenheim
* 26. 1. 1940, St. Pankraz (Oberösterreich)

1946 bis 1954 Volksschule in St. Pankraz (Oberösterreich), 1954 bis 1958 Tätigkeit in der Landwirtschaft und bei einem Transportunternehmen in St. Pankraz, 1958 bis 1960 Tätigkeit bei den ÖBB, 1960 bis 1966 Wehrdienst und zeitverpflichteter Soldat in Linz-Ebelsberg beziehungsweise ab 1962 in Wals Siezenheim, 1967 bis 1988 Berufssoldat (ab 1976 als Vizeleutnant) beim Österreichischen Bundesheer in Wals-Siezenheim, 1974 bis 1977 Dreijährige Gewerkschaftliche Abendschule in Salzburg, 1980 bis 1984 Briefschullehrgang »Sozialrecht« des ÖGB Wien; 1955 bis 1959 stellvertretender Gruppenobmann der Sozialistischen Jugend, 1962 Beitritt zur SPÖ, 1966 bis 1969 Obmann der »Jungen Generation«-Bundesheer, 1971 bis 1979 SPÖ-Sektionsobmann in Walserfeld, 1978 bis 1980 stellvertretender Ortsparteivorsitzender und 1980 bis 1986 Ortsparteivorsitzender der SPÖ Wals-Siezenheim, 1984 bis 1989 stellvertretender Bezirksparteivorsitzender der SPÖ Flachgau; 1974 bis 1976 Mitglied der Gemeindevertretung und 1976 bis 1979 Mitglied des Gemeinderates sowie 1979 bis 1989 Vizebürgermeister von Wals-Siezenheim; 1988 bis 1991 Vizepräsident des Salzburger Zivilschutzverbandes; 1989 Silbernes Ehrenzeichen des Landes Salzburg.

Abg. zum Landtag (8.–9. GP)	SPÖ	21. 9. 1983–2. 5. 1989

Riezler Ingrid SPÖ
Angestellte, Radstadt
* 20. 5. 1959, Magstadt (Deutschland)

1966 bis 1969 Volksschule in Magstadt (Deutschland), 1969 bis 1975 Realschule in Sindelfingen (Deutschland), 1975 bis 1978 Wirtschaftsgymnasium in Böblingen

(Deutschland), 1978 Abitur, 1979 bis 1984 Studium der Betriebswirtschaft an der Wirtschaftsuniversität Wien, 1986 bis 1992 Familienphase, 1993/94 Ausbildung zur Eltern-Kind-Gruppenleiterin, seit 1993 Leiterin von Eltern-Kind-Gruppen, 1999 bis 2002 Ausbildung zur Dipl. Erwachsenenbildnerin, seit 1999 Erwachsenenbildnerin und Seminarleiterin sowie Rechnungsführerin am BORG Radstadt; seit 2003 Bezirksvorsitzende der SPÖ Frauen sowie stellvertretende Bezirksparteivorsitzende der SPÖ im Pongau; seit 2002 Mitglied der Gemeindevertretung von Radstadt; 2000 bis 2005 Regionalkoordinatorin des Katholischen Bildungswerkes im Enns-Pongau.

Abg. zum Landtag (13. GP–) SPÖ 28. 4. 2004–lfd.

Rindler Rupert SPÖ
Bahnbediensteter, Taxenbach
* 16. 2. 1892, Taxenbach
† 12. 1. 1964, Taxenbach

Volksschule, Bahnbediensteter, 1914 bis 1917 Kriegsdienst; 1919 Mitbegründer und Obmann-Stellvertreter der SDAP in Taxenbach, Obmann-Stellvertreter der SDAP im Pinzgau (1930); 1949 Bürgermeister und 1945 bis 1964 Vizebürgermeister von Taxenbach; 1958 bis 1964 Mitglied der Landeskontrolle der Salzburger Kinderfreunde; Ehrenmitglied der Trachtenmusikkapelle Taxenbach.

Abg. zum Landtag (1. GP) SPÖ 2. 8. 1946–30. 11. 1949

Röck Peter ÖVP
Maschlbauer, Lend-Embach
* 17. 4. 1907, Embach, Gemeinde Lend
† 9. 6. 1982, Graz

Volks- und Bürgerschule, 1931/32 Landwirtschaftsschule in Bruck an der Großglocknerstraße, 1934 Übernahme des elterlichen Hofes in Embach; 1945 bis 1950 Ortsbauernobmann von Embach, 1945 bis 1964 Bezirksobmann des Salzburger Bauernbundes im Pinzgau; 1934 bis 1938 Mitglied des Gemeindetages und 1945 bis 1969 Mitglied der Gemeindevertretung von Lend; 1950 bis 1970 Obmann der Bezirksbauernkammer Zell am See, 1955 bis 1974 Landesobmann des Salzburger Almwirtschaftsvereines; 1954 Ökonomierat.

Abg. zum Landtag (1.–4. GP) ÖVP 12. 12. 1945–18. 6. 1964

Rogatsch Gerlinde, Mag. ÖVP
Klubobfrau, Salzburg
* 2. 3. 1965, Waiern (Kärnten)

1971 bis 1979 Volks- und Hauptschule in Himmelberg beziehungsweise Feldkirchen (Kärnten), 1979 bis 1983 BORG Feldkirchen, 1983 Matura, 1983/84 Auslandsaufenthalt in Italien, 1984 bis 1991 Studium der Politikwissenschaften, Publizistik und Kommunikationswissenschaft sowie Italienisch an der Universität Wien, 1991 Mag. phil., während des Studiums Tätigkeit bei der Austria Presse Agentur, dem ORF, »Standard« sowie beim ÖVP-Pressedienst in Wien, 1991 bis 1994 politische Referentin der ÖVP für EU, Außen- und Medienpolitik, Demokratie und Föderalismus, 1994 bis 1996 Büroleiterin im ÖVP-Generalsekretariat und Leiterin der Abteilung Presse/Medien der ÖVP-Bundespartei in Wien, 1996 bis 2004 Landesgeschäftsführerin der Salzburger ÖVP, 1998 bis 2004 Geschäftsführerin der Industrie-Team-Werbegesellschaft; seit 2004 Klubobfrau der ÖVP im Landtag.

Abg. zum Landtag (12. GP–)	ÖVP	27. 4. 1999–lfd.

Ropper Franz, Dr. NSDAP
Rechtsanwalt, Salzburg
* 14. 1. 1896, Salzburg
† 17. 6. 1950, Salzburg

Volksschule, k.k. Staatsgymnasium in Salzburg, 1915 Matura, 1914 bis 1918 Kriegsdienst, 1915 bis 1920 mit kriegsbedingten Unterbrechungen Studium der Rechtswissenschaften an der Universität Innsbruck, 1920 Dr. iur., 1920/21 Konzeptsbeamter der Agrarbezirksbehörde in Zell am See, 1921 bis 1923 Beamter der Finanzlandesdirektion Salzburg, 1923 bis 1925 Geschäftsführer in der Privatwirtschaft, 1925 Gerichtspraxis, 1926 bis 1929 Rechtsanwaltskonzipient, 1929 bis 1950 Rechtsanwalt in Salzburg; 1920 bis 1923 Mitglied der NSDAP, 1930 Wiederbeitritt zur NSDAP, 1931 Beitritt zur SA, 1932/33 Gauobmann des Juristenbundes, 1933/34 stellvertretender Gauleiter von Salzburg, Jänner bis Mai 1934 Anhaltelager Wöllersdorf, 1934 bis 1938 Mitarbeit beim NS-Hilfswerkes in Berlin, bis 1936 unter Polizeiaufsicht, 1938 Beisitzer des Kreisgerichtes Salzburg.

Landesrat	NSDAP	27. 5. 1932–30. 6. 1933

Literatur: *Schausberger, Franz: Ins Parlament, um es zu zerstören. Das parlamentarische Agi(ti)eren der Nationalsozialisten in den Landtagen von Wien, Niederösterreich, Salzburg und*

Vorarlberg nach den Landtagswahlen 1932, Wien-Köln-Weimar 1995 (= Schriftenreihe des Forschungsinstitutes für politisch-historische Studien der Dr.-Wilfried-Haslauer-Bibliothek, Band 1)

Rossmann Werner ÖVP
Landwirt, St. Margarethen im Lungau
* 23. 7. 1948, St. Margarethen im Lungau

1954 bis 1962 Volksschule in St. Margarethen im Lungau, 1965 bis 1967 Landwirtschaftsschule in Tamsweg, seit 1969 Schitterbauer in St. Margarethen im Lungau; 1969 bis 1992 Gemeindeparteiobmann der ÖVP in St. Margarethen, 1988 bis 2005 Bezirksobmann der ÖVP im Lungau, 1992 bis 2004 stellvertretender Landesparteiobmann der Salzburger ÖVP, 2001 bis 2004 Klubobmann der ÖVP im Landtag; 1977 bis 1991 Mitglied der Gemeindevertretung sowie 1979 bis 1984 Bürgermeister und 1984 bis 1991 Vizebürgermeister von St. Margarethen im Lungau; 1994 bis 2001 Obmann des Verfassungs- und Verwaltungsausschusses im Salzburger Landtag; 2007 Silbernes Ehrenzeichen des Landes Salzburg.

Abg. zum Landtag (10.–13. GP) ÖVP 3. 5. 1989–6. 2. 2007

Rotschopf Peter ÖVP
Kammerbeamter, Tamsweg
* 29. 11. 1925, St. Margarethen im Lungau
† 13. 1. 1999, Tamsweg

Pflichtschule, 1942/43 Landwirtschaftliche Fachschule Winklhof in Oberalm, 1943 bis 1947 Kriegsdienst und Kriegsgefangenschaft, 1947/48 Landwirtschaftliche Fachschule Winklhof in Oberalm, 1949 bis 1985 Wirtschaftsberater der Bezirksbauernkammer Tamsweg; 1973 bis 1996 Bezirksobmann des Salzburger Seniorenbundes im Lungau, 1979 bis 1981 geschäftsführender Bezirksparteiobmann und 1981 bis 1988 Bezirksparteiobmann der ÖVP im Lungau; 1974 bis 1989 Mitglied des Gemeinderates und 1977 bis 1984 Vizebürgermeister von Tamsweg; 1979 bis 1989 Obmann des Krankenhauses Tamsweg, 1966 bis 1991 Bezirksobmann des Salzburger Kriegsopferverbandes; 1989 Ehrenring der Marktgemeinde Tamsweg, Träger zahlreicher weiterer Bundes- und Landesauszeichnungen.

Abg. zum Landtag (8.–9. GP) ÖVP 16. 5. 1979–2. 5. 1989

Provisorische Landesversammlung 1918/1919

1. Reihe (sitzend): Nikolaus Gumpold, Jakob Perner, Josef Rainer, Alois Hölzl, Dr. Alois Rottensteiner, Ing. Oskar Meyer, Ing. Karl Irresberger, Anton Hueber, Heinrich Leukert, Eduard Baumgartner, Johann Mühlberger

2. Reihe: stehend: Johann Haslauer, Melchior Kreuzberger, Johann Nitzinger, Anton Christoph, sitzend: LR Wilhelm Schernthanner, LR Johann Lackner, LR Daniel Etter, LR Julius Haagn, LR Dr. Franz Rehrl, LR Josef Witternigg, stehend: Hans Wagner, Alois Keil, Josef Gaubinger, ?

3. Reihe stehend: Josef Preis, Präsidium: LH-Stv. Max Ott, LH Alois Winkler, LH-Stv. Robert Preußler, stehend: Josef Breitenfelder, Leopold Schaschko, Karl Emminger

Konstituierender Landtag 1919–1922 (nach 4/1921)

1. Reihe (sitzend): LR und LVP Karl Emminger, LR Anton Christoph, LR Josef Breitenfelder, LR und LP Michael Neureiter, LVP Josef Rainer, LR Daniel Etter, LR Wilhelm Schernthanner

2. Reihe (stehend): Jakob Viehauser, Josef Witternigg, Johann Rettenbacher, LH-Stv. Max Ott, LH-Stv. Robert Preußler, LH Ing. Oskar Meyer, LH-Stv. Dr. Franz Rehrl, Johann Lackner, Josef Hauthaler, Jakob Perner

3. Reihe (stehend): Heinrich Wilhelmi, Josef Riedler, Anton Neumayr, Aloisia Franek, Maria Simmerle, Margarethe Diller, Johann Hasenauer, Johann Nitzinger, Dr. Karl Schnizer

4. Reihe (stehend): Heinrich Leukert, Eduard Baumgartner, Josef Gobes, Johann Ober, Benedikt Stampfl, Josef Schwarzenbrunner, Johann Kirchner, Paul Költringer, Johann Eiböck, Johann Brandner, Isidor Gugg, Thomas Auer, Josef Preis, Hans Prodinger

Landtag und Landesregierung 1922–1927 (nach 12/1925)

1. Reihe (sitzend): LVP Josef Rainer, LP Josef Breitenfelder, LVP Wilhelm Schernthanner

2. Reihe (stehend): Max Ott, LAD Karl Hiller-Schönaich, LR Dr. Otto Troyer, LR Karl Emminger, LH-Stv. Robert Preußler, LH Dr. Franz Rehrl, LH-Stv. Michael Neureiter, LR Ing. Rudolf Brauneis, Josef Preis, Daniel Etter, Josef Hauthaler

3. Reihe (stehend): Josef Riedler, Johann Treml, Eduard Baumgartner, Anton Neumayr, Theresia Wowes, Anna Witternigg, Johann Rainer, Bartholomäus Fersterer, Johann Kirchner, Johann Nitzinger

4. Reihe (stehend): Heinrich Leukert, Franz Freundlinger, Hans Prodinger, Johann Huber, Alois Kalschegg, Johann Kriechhammer, Josef Buchinger

Landtag und Landesregierung 1927–1932 (nach 19. 11. 1929)

1. Reihe: Bartholomäus Fersterer, Franz Bacher, Johann Strasser, Josef Hauthaler, Karl Engl, Josef Preis, Landtagsdirektor Dr. Franz Wallentin, Peter Ackerer, Franz Freundlinger, Heinrich Leukert, Eduard Baumgartner, Hans Treml

2. Reihe: Josef Bachinger, ?, LR Ing. Rudolf Brauneis, LH-Stv. Michael Neureiter, LH Dr. Franz Rehrl, LH-Stv. Robert Preußler, LR Karl Emminger, Nikolaus Schlam, Alois Weidenhillinger, Josef Riedler

3. Reihe: Adolf Hochleitner, Johann Rainer, LVP Johann Kirchner, LP Anton Neumayr, LVP Max Ott, Anna Witternigg, Richard Kürth

Landtag und Landesregierung 1945–1949 (vor 26. 4. 1946)
Vordere Reihe: LVP Josef Ausweger, LR Bartholomäus Hasenauer, LH-Stv. Dr. Adolf Schemel, LH DI Albert Hochleitner, LP Franz Hell, LH-Stv. Anton Neumayr, LR Franz Peyerl, LVP Franz Illig
Mittlere Reihe: Karl Wimmer, Dr. Andreas Viehauser, Franz Freundlinger, Martin Saller, Anton Huber, Johann Neureiter, Maria Emhart, Peter Hager, Peter Röck, Benedikt Meißnitzer, Johann Siller
Hintere Reihe: Franz Strasser, Hans Müller, Johann Rainer, Fritz Moser, Konrad Holzl, Dr. Eduard Kofler, Karl Reinthaler, Thomas Ganisl, Dr. Adalbert Mueller, Johann Brunauer

Landtag und Landesregierung 1945–1949 (nach 12/1947)
1. Reihe (sitzend): LVP Franz Illig, LH-Stv. Franz Peyerl, LH-Stv. Dr. Adolf Schemel, LH Josef Rehrl, LP Franz Hell, LR Heinz Kraupner, LR Bartholomäus Hasenauer, LVP Josef Ausweger
2. Reihe (stehend): Franz Strasser, Anton Neumayr, Maria Emhart, Karl Wimmer, Dr. Adalbert Mueller, Franz Freundlinger, Martin Saller, Anton Huber, Johann Brunauer, Benedikt Meißnitzer, Johann Neureiter
3. Reihe (stehend): Josef Weißkind, Konrad Hölzl, Thomas Ganisl, Rupert Rindler, Johann Siller, Peter Hager, Hans Müller, Fritz Moser, Josef Seitlinger

Landtag und Landesregierung 1949–1954 (20. 3. 1952)
1. Reihe (sitzend): LVP Karl Wimmer, LR Florian Groll, LH-Stv. Bartholomäus Hasenauer, LH Dr. Josef Klaus, LP Franz Hell, LH-Stv. Franz Peyerl, LR Josef Weißkind, LVP Franz Illig
2. Reihe (stehend): Josef Eisl, Anton Neumayr, Hans-Friedrich Freyborn, Karl Mayr, Peter Röck, Karl Glaser, Martin Saller, Franz Freundlinger, Anton Kimml, Josef Rehrl, Dr. Andreas Viehauser
3. Reihe (stehend): Dr. Adalbert Mueller, Dipl.-Vwt. Franz Buchinger, Manfred Krüttner, Alois Ruhdorfer, Hans Pexa, Ernst Hallinger, Johann Prodinger, Johann Brunauer, Bruno Eder, Georg Schnöll

Landtag und Landesregierung 1954–1959 (12. 3. 1959)
1. Reihe (sitzend): Manfred Krüttner, Martin Saller, LR Hermann Rainer, LH-Stv. Bartholomäus Hasenauer, LH Dr. Josef Klaus, LVP Michael Haslinger, LP Franz Hell, LVP Franz Illig, LH-Stv. Franz Peyerl, LR Josef Weißkind, LR Josef Kaut, LR Walter Leitner
2. Reihe (sitzend): Rupert Wolfgruber, Fritz Gruber, Heinrich Rettenbacher, Peter Meikl, Peter Röck, Josef Rehrl, Johann Prodinger, Alois Ruhdorfer, Katharina Gruber
3. Reihe (stehend): Fritz Daghofer, Josef Eisl, Hans Zyla, Ing. Helmut Langer, Josef Brunauer, Josef Grani, Walter Aichinger, Bruno Eder, Anton Kimml, Ernst Hallinger, Fritz Schorn, Johann Wohl, Hans Pexa

Landtag und Landesregierung 1959–1964 (4/1961)
1. Reihe (sitzend): LR Walter Leitner, LR DI DDr. Hans Lechner, LH-Stv. Bartholomäus Hasenauer, LH Dr. Josef Klaus, LVP Anton Kimml, LP Franz Hell, LVP Michael Haslinger, LH-Stv. Franz Peyerl, LR Josef Weißkind, LR Josef Kaut
2. Reihe (stehend): Josef Eisl, Martin Saller, Jakob Gruber, Peter Röck, Heinrich Rettenbacher, Johann Prodinger, Fritz Daghofer, Martha Weiser, Hans Zyla, Johann Schmidinger, Josef Brandauer, Karl Steinocher, Josef Brunauer, Walter Aichinger, Fritz Schorn, Manfred Krüttner, Katharina Gruber, Franz Illig, Dr. Kurt Richter
3. Reihe (stehend): Josef Erber, Josef Grani, Rupert Wolfgruber, Hans Ungar, Johann Wohl, Hans Pexa, Otto Karl, Michael Pöllhuber, Alfred Bäck

Landtag und Landesregierung 1959–1964 (11. 3. 1964)
1. Reihe (sitzend): LVP Hans Zyla, LR Rupert Wolfgruber, LR Walter Leitner, LH-Stv. Michael Haslinger, LH DI DDr. Hans Lechner, LP Martin Saller, LH-Stv. Franz Peyerl, LR Josef Weißkind, LR Josef Kaut, LVP Anton Kimml, Manfred Krüttner
2. Reihe (stehend): Josef Erber, Dr. Wilfried Haslauer, Martha Weiser, Dr. Kurt Richter, Hans Schmidinger, Otto Karl, Franz Illig, Johann Wohl, Katharina Gruber, Hans Pexa, Josef Brunauer, Karl Steinocher, Josef Grani
3. Reihe (stehend): Peter Röck, Johann Prodinger, Fritz Daghofer, Hans Ungar, Josef Eisl, Heinrich Rettenbacher, Josef Brandauer, Michael Pöllhuber, Fritz Schorn, Jakob Gruber

Landtag und Landesregierung 1964–1969 (17. 12. 1968)
1. Reihe (sitzend): LVP DI Anton Bonimaier, LR Rupert Wolfgruber, LH-Stv. Michael Haslinger, LH DI DDr. Hans Lechner, LP Hans Zyla, LH-Stv. Karl Steinocher, LR Josef Kaut, LR Walter Leitner, LVP Hans Pexa, Manfred Krüttner
2. Reihe (stehend): Johann Brunner, Josef Erber, Josef Horl, Dr. Wilfried Haslauer, Martha Weiser, Johann Schmidinger, Otto Karl, Josef Brunauer, Michael Pöllhuber, Franz Illig, Katharina Gruber, Leopold Wally, Robert Janschitz
3. Reihe (stehend): Ing. Josef Weiser, Christian Pongruber, Franz Spann, Heinrich Rettenbacher, Simon Illmer, Hans Ungar, DI Dr. Ferdinand Kirchner, Jakob Gruber, Alois Zillner, Josef Pichler, Kurt Hufler, Karl Zillner

Landtag und Landesregierung 1969–1974 (21. 10. 1970)
1. Reihe (sitzend): LVP Hans Zyla, LR Rupert Wolfgruber, LR Walter Leitner, LH-Stv. Michael Haslinger, LH DI DDr. Hans Lechner, LP Josef Brandauer, LH-Stv. Karl Steinocher, LR Hans Pexa, LR Dr. Herbert Moritz, LVP Manfred Krüttner
2. Reihe (stehend): Dr. Wilfried Haslauer, Ing. Josef Weiser, Ing. Josef Steiner, DI Anton Bonimaier, DI Dr. Ferdinand Kirchner, Hans Schmidinger, Karl Zillner, Annemarie Dengg, Alois Zillner, Maria Springle, Jakob Gruber, Josef Brunauer, Josef Pichler, Robert Janschitz, Dkfm. Walter Stockinger
3. Reihe (stehend): Franz Spann, Dr. Helmut Schreiner, Simon Illmer, Johann Brunner, Josef Hörl, Ing. Walter Rud, Dr. Hellfried Schuller, Othmar Brunner, Alois Stöllinger, Karl Hofmann

Landtag und Landesregierung 1969–1974 (20. 1. 1974)
1. Reihe (sitzend): LVP Hans Zyla, LR Rupert Wolfgruber, LR Walter Leitner, LH DI DDr. Hans Lechner, LP Josef Brandauer, LH-Stv. Karl Steinocher, LR Hans Pexa, LR Dr. Herbert Moritz, LVP Manfred Krüttner
2. Reihe (stehend): Ing. Josef Weiser, DI Anton Bonimaier, Johann Brunner, Josef Hörl, Dr. Viktor Mayer-Schönberger, Hans Schmidinger, Annemarie Dengg, DI Dr. Ferdinand Kirchner, Alois Zillner, Jakob Gruber, Sepp Wiesner, Maria Springle, Josef Brunauer, Ing. Walter Rud, Robert Janschitz, Ing. Fritz Ledermann, Sepp Oberkirchner, Josef Pichler, Dkfm. Walter Stockinger, Othmar Brunner, Karl Hofmann, Karl Zillner
3. Reihe (stehend): Dr. Helmut Schreiner, Dr. Hellfried Schuller, Simon Illmer, Franz Spann, Alois Stöllinger

Landtag und Landesregierung 1974–1979 (13. 12. 1978)
1. Reihe (sitzend): LR Dr. Albert Steidl, LR Dr. Sepp Baumgartner, LH-Stv. Dr. Hans Katschthaler, 3. LP Hans Zyla, LP Hans Schmidinger, LH Dr. Wilfried Haslauer, 2. LP Karl Zillner, LH-Stv. Dr. Herbert Moritz, LR Sepp Oberkirchner, LR DI Anton Bonimaier
2. Reihe (stehend): Wolfgang Haunsberger, Karl Nindl, Simon Illmer, Franz Sampl, Franz Spann, Christina Steinmetzer, Johann Eder, Annemarie Dengg, Josef Hörl, Dr. Helmut Schreiner, Leonhard Neumayer, Jakob Gruber, Maria Springle, Ing. Fritz Ledermann, Josef Brunauer, Georg Maier, Robert Janschitz, Ing. Walter Rud, Josef Pichler, Johann Pitzler, Sepp Wiesner, Karl Hofmann, Dkfm. Walter Stockinger, Alois Zillner
3. Reihe (stehend): Ing. Christian Posch, Dr. Viktor Mayer-Schönberger, Josef Schwaighofer, Dr. Walter Vogl, Othmar Brunner, Alois Stöllinger, Josef Weichenberger, Dr. Hellfried Schuller, Dr. Wolfgang Gmachl

Landtag 1979–1984 (16. 5. 1979)

v. l. n. r: Wolfgang Haunsberger, Christina Steinmetzer, Leonhard Neumayer, Dr. Walter Vogl, Franz Spann, Dr. Viktor Mayer-Schönberger, Dr. Wolfgang Gmachl, Dr. Helmut Schreiner, Ing. Christian Posch, Annemarie Dengg, Dr. Franz Schausberger, Peter Rotschopf, Karl Zillner, Ing. Georg Griessner, Josef Schwaighofer, Hans Schmidinger, halb verdeckt Bertl Emberger, Alois Zillner, Josef Hörl, Hans Bachmann, Sepp Wiesner, Josef Brunauer, Ing. Walter Rud, Jakob Gruber, Dr. Hellfried Schaller, Maria Springle, Josef Weichenberger, Robert Janschitz, halb verdeckt Georg Maier, Johann Pitzler, Josef Pichler, halb verdeckt Alois Stöllinger, halb verdeckt Karl Hofmann, Dkfm. Walter Stockinger, Dr. Othmar Raus, Othmar Brunner

Landtag und Landesregierung 1979–1984 (14. 12. 1983)
1. Reihe (sitzend): 3. LP Josef Hörl, LR DI Friedrich Mayr-Melnhof, LR Sepp Wiesner, LH-Stv. Dr. Hans Katschthaler, LH Dr. Wilfried Haslauer, LP Hans Schmidinger, LH-Stv. Dr. Herbert Moritz, LR Sepp Oberkirchner, LR Wolfgang Radlegger, 2. LP Johann Pitzler
2. Reihe (stehend: Wolfgang Haunsberger, Dr. Franz Schausberger, Ing. Georg Griessner, Ing. Christian Posch, Franz Spann, Dr. Viktor Mayer-Schönberger, Mag. Dr. Walter Vogl, Annemarie Dengg, Dr. Helmut Schreiner, Christina Steinmetzer, Dr. Othmar Raus, Maria Springle, Josef Pichler, Inge Stuchlik, Alois Stöllinger, Josef Weichenberger, Mag. Walter Thaler, Andreas Eisl
3. Reihe (stehend): Josef Schwaighofer, Bertl Emberger, Dr. Wolfgang Gmachl, Hans Bachmann, Ing. Walter Rud, Dipl.-Vwt. Margot Hofer, Dr. Hellfried Schuller, Peter Rotschopf, Leonhard Neumayer, Othmar Nacovsky, Mag. Karl Fink, Reinhold Wahlhütter, Karl Hofmann, Walter Rieser, Georg Maier

Landtag und Landesregierung 1984–1989 (5/1984)
1. Reihe (sitzend): 3. LP Mag. Dr. Walter Vogl, LR Dr. Arno Gasteiger, LR DI Friedrich Mayr-Melnhof, LH-Stv. Dr. Hans Katschthaler, LH Dr. Wilfried Haslauer, LP Hans Schmidinger, LH-Stv. Dr. Herbert Moritz, LR Sepp Oberkirchner, LR Wolfgang Radlegger, 2. LP Johann Pitzler
2. Reihe (stehend): Wolfgang Haunsberger, Christina Steinmetzer, Rudolf Eder, Ing. Georg Griessner, Volker Winkler, Hedwig Wasserbauer, Johann Lienbacher, Peter Rotschopf, Bertl Emberger, Dr. Gerheid Widrich, Leonhard Neumayer, Dr. Othmar Raus, Josef Pichler, Alois Stöllinger, Othmar Nacovsky, Ricky Veichtlbauer, Mag. Walter Thaler, Mag. Karl Fink, Andreas Eisl, Inge Stuchlik
3. Reihe (stehend): Dr. Wolfgang Gmachl, MMag. Michael Neureiter, Dr. Johann Buchner, Dipl.-Vwt. Margot Hofer, Dr. Christian Menzel, Dr. Gottfried Nindl, Hans Karl, Dr. Franz Schausberger, Dr. Helmut Schreiner, Walter Rieser, Manfred Gruber, Franz Kurz, Reinhold Wahlhütter

Landtag und Landesregierung 1984–1989 (3. 7. 1985)

1. Reihe (sitzend): 3. LP Mag. Dr. Walter Vogl, LR Dr. Arno Gasteiger, LR DI Friedrich Mayr-Melnhof, LH-Stv. Dr. Hans Katschthaler, LH Dr. Wilfried Haslauer, LP Hans Schmidinger, LH-Stv. Wolfgang Radlegger, LR Sepp Oberkirchner, LR Dr. Othmar Raus, 2. LP Johann Pitzler

2. Reihe (stehend): Bertl Emberger, Wolfgang Haunsberger, Rudolf Eder, Hedwig Wasserbauer, Peter Rotschopf, Leonhard Neumayer, Ing. Georg Griessner, Dr. Franz Schausberger, Dr. Helmut Schreiner, Alois Stöllinger, Mag. Karl Fink, Ricky Veichtlbauer, Othmar Nacovsky, Josef Pichler, Inge Stuchlik, Dr. Harald Lettner, Dipl.-Vwt. Margot Hofer, Mag. Walter Thaler, Dr. Johann Buchner

3. Reihe (stehend): Johann Lienbacher, Dr. Christian Menzel, Dr. Gerheid Widrich, Dr. Gottfried Nindl, Hans Karl, Dr. Wolfgang Gmachl, MMag. Michael Neureiter, Reinhold Wahlhütter, Manfred Gruber, Walter Rieser, Franz Kurz, Andreas Eisl, Volker Winkler

Landtag und Landesregierung 1984–1989 (Ende 1/1989)

1. Reihe (sitzend): LR Dr. Arno Gasteiger, LR Ing. Bertl Göttl, 3. LP Mag. Dr. Walter Vogl, LH-Stv. Dr. Hans Katschthaler, LH Dr. Wilfried Haslauer, LP Hans Schmidinger, LH-Stv. Wolfgang Radlegger, 2. LP Johann Pitzler, LR Sepp Oberkirchner, LR Dr. Othmar Raus

2. Reihe (stehend): Wolfgang Haunsberger, Rudolf Eder, Christina Steinmetzer, Dr. Gottfried Nindl, Hedwig Wasserbauer, Johann Lienbacher, Dr. Harald Lettner, Ricky Veichtlbauer, Josef Pichler, Walter Rieser, Inge Stuchlik

3. Reihe (stehend): MMag. Michael Neureiter, Hans Karl, Leonhard Neumayer, Dr. Franz Schausberger, Dr. Wolfgang Gmachl, Peter Rotschopf, Mag. Karl Fink, Josef Mayr, Dr. Johann Buchner, Dipl.-Vwt. Margot Hofer, Mag. Walter Thaler

4. Reihe (stehend): Dr. Helmut Schreiner, Ing. Georg Griessner, Dr. Christian Menzel, Bertl Emberger, Manfred Gruber, Reinhold Wahlhütter, Othmar Nacovsky, Ingo Baumgartner, Volker Winkler

Landtag und Landesregierung 1989–1994 (25. 10. 1989)

1. Reihe (sitzend): LR Dr. Gerheid Widrich, LR Ing. Bertl Göttl, 3. LP Bertl Emberger, LH-Stv. Dr. Arno Gasteiger, LH Dr. Hans Katschthaler, LP Dr. Helmut Schreiner, LH-Stv. Gerhard Buchleitner, 2. LP Inge Stuchlik, LR Dr. Othmar Raus, LR Volker Winkler

2. Reihe (stehend): Wolfgang Haunsberger, Dr. Franz Schausberger, Hedwig Wasserbauer, Josef Saller, Hans Karl, Johann Lienbacher, Dr. Gottfried Nindl, Alexander Böhm, Anni Hödlmoser, Ing. Ernst Längauer, Iris Schludermann, Mag. Walter Thaler, Dr. Christian Burtscher

3. Reihe (stehend): Dr. Wolfgang Gmachl, Ing. Georg Griessner, MMag. Michael Neureiter, Rudolf Eder, Reinhard Martin Herok, Othmar Nacovsky, Ingo Othmar Scharfetter, Dr. Robert Thaller, Josef Mayr, Dr. Johann Buchner, Dr. Karoline Hochreiter

4. Reihe (stehend): Werner Roßmann, Reinhold Wahlhütter, Manfred Gruber, Siegfried Pichler, Ricky Veichtlbauer, Dr. Klaus Firlei

Landtag und Landesregierung 1989–1994 (6. 2. 1991)

1. Reihe (sitzend): LR Dr. Gerheid Widrich, LR Ing. Bertl Göttl, 3. LP Bertl Emberger, LH-Stv. Dr. Arno Gasteiger, LH Dr. Hans Katschthaler, LP Dr. Helmut Schreiner, LH-Stv. Gerhard Buchleitner, 2. LP Ingo Stucklik, LR Dr. Othmar Raus, LR Volker Winkler

2. Reihe (stehend): Wolfgang Haunsberger, Hans Karl, Josef Saller, Rudolf Eder, Ing. Georg Griessner, Dr. Franz Schausberger, Anni Hödlmoser, Josef Mayr, Andreas Eisl, Ricky Veichtlbauer, Mag. Walter Thaler, Ingo Othmar Scharfetter

3. Reihe (stehend): Dr. Wolfgang Gmachl, Johann Lienbacher, Hedwig Wasserbauer, Dr. Liane Pluntz, Alexander Böhm, Ing. Ernst Längauer, Dr. Robert Thaller, Iris Schludermann, Dr. Karoline Hochreiter, Dr. Christian Burtscher

4. Reihe (stehend): Ludwig Bieringer, Werner Roßmann, MMag. Michael Neureiter, Dr. Gottfried Nindl, Reinhard Martin Herok, Manfred Gruber, Othmar Nacovsky, Reinhold Wahlhütter, Dr. Johann Buchner, Dipl.-Vwt. Margot Hofer, Dr. Klaus Firlei

LANDTAG UND LANDESREGIERUNG 1989–1994 (16. 2. 1994)
1. Reihe (sitzend): LR Dr. Gerheid Widrich, LR Rupert Wolfgruber, 3. LP Bertl Emberger, LH-Stv. Dr. Arno Gasteiger, LH Dr. Hans Katschthaler, LP Dr. Helmut Schreiner, LH-Stv. Gerhard Buchleitner, 2. LP Mag. Walter Thaler, LR Dr. Othmar Raus, LR Dr. Karl Schnell
2. Reihe (stehend): Wolfgang Haunsberger, Hans Karl, Josef Saller, Ing. Georg Griessner, Dr. Franz Schausberger, Hedwig Wasserbauer, Ricky Veichtlbauer, Anni Hödlmoser, Ing. Ernst Längauer, Dr. Liane Pluntz, Dr. Robert Thaller
3. Reihe (stehend): Dr. Karoline Hochreiter, MMag. Michael Neureiter, Werner Roßmann, Johann Lienbacher, Johann Holztrattner, Alexander Böhm, Alfons Schröcker, Dipl.-Vwt. Margot Hofer, Ingo Othmar Scharfetter
4. Reihe (stehend): Dr. Christian Burtscher, Wolfgang Saliger, Dr. Gottfried Nindl, Reinhard Martin Herok, Rudolf Eder, Anton Karl, Norbert Grinninger Josef Mayr, Andreas Eisl, Herbert Hauzar, Gerhard Höggerl

Landtag und Landesregierung 1994–1999 (14. 12. 1994)
1. Reihe (sitzend): LR Dr. Othmar Raus, LH-Stv. Dr. Arno Gasteiger, 2. LP Mag. Walter Thaler, LH Dr. Hans Katschthaler, LP Dr. Helmut Schreiner, LH-Stv. Gerhard Buchleitner, 3. LP Dipl.-Vwt. Margot Hofer, LR Dr. Karl Schnell, LR Rupert Wolfgruber
2. Reihe (stehend): Dr. Franz Schausberger, Margit Hofer, Theresia Fletschberger, Josef Saller, Johann Lienbacher, Mag. Gabi Burgstaller, Maria Bommer, Rosemarie Blattl, Mag. Anita Strebl, Monika Oberndorfer, Wolfgang Rainer, Dr. Matthias Meisl, Dr. Christian Burtscher
3. Reihe (stehend): Ing. Georg Griessner, Helmut Mödlhammer, Simon Illmer, Ing. Georg Leberbauer (BR), Alexander Böhm, Johann Holztrattner, Wolfgang Haider, Josef Franz Fritzenwallner, Dr. Peter Lechenauer, Dr. Klaus Firlei, Dr. Karoline Hochreiter
4. Reihe (stehend): Wolfgang Saliger, MMag. Michael Neureiter, Werner Roßmann, Dr. Gottfried Nindl, Anton Karl, Josef Mayr, Alfons Schröcker, Franz Hornegger, Helmut Naderer, Gerhard Höggerl

Landtag und Landesregierung 1994–1999 (23. 4. 1997)
1. Reihe (sitzend): LR Josef Eisl, LR Dr. Karl Schnell, LH-Stv. Dr. Arno Gasteiger, 2. LP Mag. Walter Thaler, LH Dr. Franz Schausberger, LP Dr. Helmut Schreiner, LH-Stv. Gerhard Buchleitner, 3. LP Dipl.-Vwt. Margot Hofer, LR Dr. Othmar Raus, LR Dr. Robert Thaller
2. Reihe (stehend): Ludwig Bieringer (BR), Helmut Mödlhammer, Ing. Georg Griessner, Mag. Margit Hofer, Theresia Fletschberger, Monika Oberndorfer, Mag. Anita Strebl, Mag. Gabi Burgstaller, Maria Bommer, Wolfgang Rainer, Rosemarie Blattl, Dr. Matthias Meisl, Dr. Klaus Firlei, Dr. Christian Burtscher
3. Reihe (stehend): Werner Roßmann, Dr. Gottfried Nindl, Josef Saller, Alfons Schröcker, Wolfgang Haider, Josef Franz Fritzenwallner, Dr. Karoline Hochreiter
4. Reihe (stehend): Wolfgang Saliger, MMag. Michael Neureiter, Martin Forsthuber, Simon Illmer, Anton Karl, Johann Lienbacher, Alexander Böhm, Johann Holztrattner, Josef Mayr, Franz Hornegger, Helmut Naderer, Gerhard Höggerl

Landtag und Landesregierung 1999–2004 (19. 5. 1999)

1. Reihe (sitzend): LR Josef Eisl, LR Dr. Maria Haidinger, 2. LP Johann Holztrattner, LH-Stv. Dr. Arno Gasteiger, LH Dr. Franz Schausberger, LP Dr. Helmut Schreiner, LH1Stv. Gerhard Buchleitner, 3. LP Maria Bommer, LR Dr. Othmar Raus, LR Mag. Gabi Burgstaller

2. Reihe (stehend): Ing. Georg Griessner, Dr. Gertraud Wagner-Schöppl, Wolfgang Saliger, Mag. Gerlinde Rogatsch, Mag. Margit Hofer, MMag. Michael Neureiter, Matthias Scheiber, Hilde Ossberger (Wanner), Mag. Anita Strebl, Gudrun Mosler-Törnström, Wolfgang Rainer, Dr. Karl Schnell, Rosemarie Blattl

3. Reihe (stehend): Ludwig Bieringer (BR), Theresia Fletschberger, Werner Roßmann, Roswitha Stadlober-Steiner, Josef Mayr, Dr. Heidi Reiter, Cyriak Schwaighofer, Robert Zehentner, Rupert Doppler, Mag. Walter Thaler, Helmut Naderer

4. Reihe (stehend): Josef Saller (BR), Helmut Lindenthaler, Ilse Breitfuß, Simon Illmer, Dkfm. Dr. Bernd Petrisch, Walter Steidl, Alfons Schröcker, Mag. David Brenner, Lukas Essl, Friedrich Wiedermann, Dr. Andreas Schöppl, Mag. Eduard Mainoni (BR)

Landtag und Landesregierung 2004– (19. 5. 2004)

1. Reihe (sitzend): LR Dr. Erwin Buchinger, LR Walter Blachfellner, 3. LP Gudrun Mosler-Törnström, LH-Stv. Dr. Othmar Raus, LHF Mag. Gabi Burgstaller, LP Johann Holztrattner, LH-Stv. Dr. Wilfried Haslauer, 2. LP MMag. Michael Neureiter, LR Doraja Eberle, LR Josef Eisl

2. Reihe (stehend): Wolfgang Saliger, Matthias Scheiber, Theresia Fletschberger, Mag. Hilde Eisl, Hilde Wanner, Dr. Josef Sampl, Mag. Gerlinde Rogatsch, Simon Illmer, Walter Steidl, Heidi Hirschbichler, Rosemarie Blattl

3. Reihe (stehend): Dkfm. Dr. Bernd Petrisch, Mag. Johann Scharfetter, Dr. Heidi Reiter, Margit Pfatschbacher, Ingrid Riezler, DI Sonja Hartl, Arno Kosmata, Robert Zehentner, Lukas Essl

4. Reihe (stehend): Cyriak Schwaighofer, Ing. Josef Schwarzenbacher, Michael Obermoser, Werner Roßmann, Mag. David Brenner, Dr. Karl Schnell, Othmar Schneglberger, Michael Nikolaus Kretz, Emmerich Schwemlein, Peter Pfeifenberger, Mag. Martin Apeltauer

LANDTAG UND LANDESREGIERUNG 2004–(7. 2. 2007)

1. Reihe (sitzend): LR Walter Blachfellner, LR Erika Scharer, 3. LP Wolfgang Saliger, LH-Stv. Dr. Othmar Raus, LHF Mag. Gabi Burgstaller, LP Johann Holztrattner, LH-Stv. Dr. Wilfried Haslauer, 2. LP MMag. Michael Neureiter, LR Doraja Eberle, LR Josef Eisl

2. Reihe (stehend): Dr. Josef Sampl, Mag. Johann Scharfetter, Josef Saller (BR), Theresia Fletschberger, Walter Steidl, Manfred Gruber (BR), Mag. David Brenner, Mag. Gerlinde Rogatsch, Hilde Wanner, Heidi Hirschbichler, Rosemarie Blattl, Ing. Mag. Roland Meisl, Dr. Heidi Reiter, Cyriak Schwaighofer

3. Reihe (stehend): Dkfm. Dr. Bernd Petrisch, Gudrun Mosler-Törnström, Simon Illmer, Ing. Josef Schwarzenbacher, DI Sonja Hartl, Ingrid Riezler, Mag. Hilde Eisl, Margit Pfatschbacher, Hannes Ebner, Robert Zehentner, Arno Kosmata

4. Reihe (stehend): Dr. Florian Kreibich, Ing. Manfred Sampl, Waltraud Ebner, Michael Obermoser, Michael Nikolaus Kretz, Dr. Karl Schnell, Lukas Essl, Peter Pfeifenberger, Emmerich Schwemlein

ROTTENSTEINER Alois, Dr. CSP
Rechtsanwalt, Salzburg
* 23. 1. 1850 Meran (Südtirol)
† 24. 3. 1928, Salzburg

Volksschule, 1866 bis 1970 Benediktinergymnasium in Meran, 1870 Matura, 1870 bis 1874 Studium der Rechtswissenschaften an der Universität Graz, 1875 Dr. iur., Rechtsanwaltskonzipient in Graz, Klagenfurt und Meran, 1883 Eröffnung einer Rechtsanwaltskanzlei in Salzburg; 1885 bis 1906 Präsident des Katholisch-Politischen Volksvereines; 1890 bis 1918 Landtagsabgeordneter der Flachgauer Landgemeinden, 1909 bis 1918 Landeshauptmann-Stellvertreter, 1890 bis 1902 und 1909 bis 1918 Mitglied des Landesausschusses.

Mitglied der Provisorischen Landesversammlung	CSP	3. 11. 1918–21. 4. 1919
Landesrat	CSP	3. 11. 1918–7. 11. 1918

Literatur: *Klieber, Rupert J.: Politischer Katholizismus in der Provinz. Salzburgs Christlichsoziale in der Parteienlandschaft Alt-Österreichs, Wien-Salzburg 1994 (= Publikationen des Instituts für Kirchliche Zeitgeschichte, Band 28)*

ROTTER Hubert WdU
Schlosser, Mittersill
* 24. 11. 1919, Wien
† 2. 4. 1986, Wien

Schlosser und Betriebsratsobmann der Stubachtal Kraftwerke in Uttendorf im Pinzgau, 1956 Übersiedlung nach Wien; 1949 bis 1955 VdU-Ortsparteiobmann von Mittersill; 1949 bis 1956 Arbeiterkammerrat.

Abg. zum Landtag (2. GP)	WdU	10. 4. 1953–10. 12. 1954

RUD Walter, Ing. FPÖ
Zimmermeister, Bad Gastein
* 2. 6. 1924, Salzburg

1930 bis 1934 Volksschule in Bad Gastein, 1934 bis 1938 Hauptschule in Bad Hofgastein, 1939 bis 1943 Staatsgewerbeschule in Salzburg, 1943 Matura, 1943 bis 1946

Kriegsdienst und Kriegsgefangenschaft, 1950 Konzessionsprüfung als Zimmermeister, 1951 Übernahme des elterlichen Betriebes in Bad Gastein; 1949 Beitritt zum VdU, 1971 bis 1985 Bezirksparteiobmann der FPÖ Pongau, 1973 bis 1985 Mitglied des Landesparteivorstandes der FPÖ Salzburg, 1973 bis 1985 Landesreferent der FPÖ für Gemeindepolitik, 1971 bis 1975 Mitglied des Vorstandes des Ringes Freiheitlicher Wirtschaftstreibender (RFW); 1956 bis 1974 Mitglied der Gemeindevertretung von Bad Gastein; 1960 bis 1970 Ausschussmitglied der Landesinnung der Zimmerer, 1970 bis 1980 Landesinnungsmeister-Stellvertreter der Zimmerer, 1970 bis 1982 Geschäftsführer der Gasteiner Heilstollen Betriebsgesellschaft; 1980 Großes Silbernes Ehrenzeichen für Verdienste um die Republik Österreich, 1985 Silbernes Ehrenzeichen des Landes Salzburg.

Abg. zum Landtag (6. GP)	FPÖ	14. 5. 1969–21. 5. 1974
Abg. zum Landtag (7.–8. GP)	FPÖ	29. 5. 1974–15. 5. 1984

Ruhdorfer Alois WdU
Gast- und Landwirt, Radstadt
* 16. 6. 1896, Pichl bei Bad Aussee (Steiermark)
† 20. 11. 1973, Salzburg

Volksschule in Kainisch bei Bad Aussee (Steiermark), Malerlehre in Kainisch, 1915 bis 1918 Kriegsdienst, 1920 Ausbildung zum Gendarmeriebeamten, 1921 bis 1928 Tätigkeit auf verschiedenen Gendarmerieposten im Land Salzburg (darunter 1926 bis 1928 als Postenkommandant in Großarl), 1928 Entlassung aus dem Gendarmeriedienst aus gesundheitlichen Gründen, Gast- und Landwirt in St. Agatha (Oberösterreich) und später in Radstadt, 1939 Kriegsdienst, 1940 Reaktivierung als Gendarm und bis 1945 Postenkommandant in Eben im Pongau und in Untertauern; 1949 bis 1959 Mitglied der Gemeindevertretung von Radstadt; 1970 Silbernes Verdienstzeichen des Landes Salzburg.

Abg. zum Landtag (2.–3. GP)	WdU, FPÖ	1. 12. 1949–1. 7. 1959

Sagmeister Michael StL
Lenzbauer, Lessach
* 4. 1. 1894, Lessach
† 5. 2. 1973, Tamsweg

Volksschule, 1915 bis 1918 Kriegsdienst, 1918/19 Kriegsgefangenschaft, 1932 Übernahme des elterlichen Hofes (Lenzbauer in Lessach); 1932 bis 1938 und 1945 bis 1954

Bürgermeister von Lessach, 1934 bis 1938 und 1946 bis 1965 Obmann der Bezirksbauernkammer im Lungau; 1955 Ehrenbürger von Lessach, 1950 Ökonomierat, 1965 Goldenes Verdienstzeichen der Republik Österreich.

Mitglied des Ständischen Landtages (Landstand) (Vertreter der Land- und Forstwirtschaft)	22. 11. 1934–12. 3. 1938

Saliger Wolfgang — ÖVP
Marketingberater, Plainfeld
* 24. 4. 1946, Seekirchen am Wallersee

1952 bis 1956 Volksschule in Salzburg-Aigen, 1956 bis 1964 Akademisches Gymnasium in Salzburg, 1964 Matura, 1964 bis 1967 Studium der Germanistik und Geschichte an den Universitäten Salzburg und Wien, verschiedene Kurse mit Abschluss als Werbemittler und Werbeberater, 1968 bis 1972 Marketingassistent und 1972 bis 1993 Werbe- und Marketingleiter bei der ALPI Milchindustrie Salzburg, 1976 Prokura, seit 1993 selbstständiger Marketingberater der Agrarmarkt Austria (AMA) und der Tirol Milch; seit 1992 Bezirksparteiobmann der ÖVP Flachgau, 2004 bis 2006 Klubobmann-Stellvertreter der ÖVP im Landtag; 1979 bis 1988 Mitglied der Gemeindevertretung von Plainfeld; 1984 bis 1989 Vizepräsident der Kammer für Arbeiter und Angestellte für Salzburg.

Abg. zum Landtag (10. GP–)	ÖVP	20. 3. 1991–lfd.
Dritter Präsident des Landtages		18. 10. 2006–lfd.
Mitglied des Bundesrates	ÖVP	3. 5. 1989–19. 3. 1991

Saller Josef — ÖVP
Hauptschuldirektor i. R., Bischofshofen
* 25. 12. 1945, Bischofshofen

1951 bis 1957 Volksschule und 1957 bis 1960 Hauptschule in Bischofshofen, 1960 bis 1966 Bundeslehrerbildungsanstalt in Salzburg, 1968/69 Präsenzdienst, 1966 bis 1970 Volksschullehrer, 1970 bis 1985 Hauptschullehrer und 1985 bis 2002 Hauptschuldirektor (Hermann-Wielandner-Hauptschule) in Bischofshofen; seit 1978 Gemeindeparteiobmann der ÖVP Bischofshofen, 1995 bis 2005 Bezirksparteiobmann-Stellvertreter der ÖVP im Pongau, seit 2002 Landesobmann des Salzburger Seniorenbundes; 1979 bis 1989 Vizebürgermeister von Bischofshofen; 1998 Oberschulrat, 2004 Großes Silbernes Ehrenzeichen für Verdienste um die Republik Österreich.

Abg. zum Landtag (10.–11. GP)	ÖVP	13. 9. 1989–26. 4. 1999
Mitglied des Bundesrates	ÖVP	27. 4. 1999–lfd.

SALLER Martin ÖVP
Lehenbauer, Bischofshofen
* 13. 4. 1903, Bischofshofen
† 28. 7. 1965, Salzburg

Volksschule in Pöham und Bischofshofen, 1924 bis 1926 Landwirtschaftsschule in Bruck an der Großglocknerstraße, 1928 Übernahme des Lehengutes in Bischofshofen und dort Bauer bis 1965; 1927 bis 1933 Mitglied des Bundesausschusses und 1933 bis 1936 Vizepräsident des Katholischen (Salzburger) Bauernbundes, bis 1934 Bezirksparteiobmann der Salzburger Christlichsozialen im Pongau, 1954 bis 1963 Klubobmann der ÖVP im Landtag, 1945 bis 1965 Bezirksobmann und 1949 bis 1965 stellvertretender Landesobmann des Salzburger Bauernbundes, 1955 bis 1963 Bezirksparteiobmann der ÖVP im Pongau; 1945 bis 1949 Vizebürgermeister von Bischofshofen; 1945 bis 1960 Obmann der Bezirksbauernkammer St. Johann im Pongau, 1952 bis 1965 Vizepräsident der Salzburger Landwirtschaftskammer; ab 1948 Mitglied und 1952 bis 1965 Obmann des Überwachungsausschusses der Salzburger Landwirtschaftskrankenkasse, 1945 bis 1957 Aufsichtsratsvorsitzender der Pongauer Molkereigenossenschaft; 1950 Ökonomierat, 1960 Goldenes Ehrenzeichen für Verdienste um die Republik Österreich.

Abg. zum Landtag (1.–5. GP)	ÖVP	12. 12. 1945–28. 7. 1965
Zweiter Landtagspräsident-Stellvertreter		17. 4. 1961–22. 2. 1963
Präsident des Landtages		22. 2. 1963–28. 7. 1965

SAMPL Franz ÖVP
Peterbauer, St. Michael im Lungau
* 3. 5. 1923, St. Michael im Lungau

1929 bis 1937 Pflichtschule in St. Michael im Lungau, 1937 bis 1942 Tätigkeit auf dem elterlichen Hof, 1942 bis 1946 Kriegsdienst und Kriegsgefangenschaft, 1946 Übernahme des elterlichen Hofes in St. Michael im Lungau und dort Bauer bis 1996, 1978 bis 1994 Gastwirt in St. Michael im Lungau; 1966 bis 1999 Bezirksobmann des Salzburger Bauernbundes im Lungau, 1999 Ehrenobmann; 1954 bis 1991 Mitglied der Gemeindevertretung, 1969 bis 1982 Vizebürgermeister und 1982 bis 1985 Bürgermeister von St. Michael im Lungau; 1965 bis 1990 Obmann der Bezirksbauernkammer Tamsweg; 1992 Ehrenbürger von St. Michael im Lungau, 1999 Goldenes Ehrenzeichen des Landes Salzburg, 1974 Ökonomierat.

Abg. zum Landtag (7. GP) ÖVP 22. 5. 1974–15. 5. 1979

Sampl Josef, Mag. Dr. ÖVP
Rektor der Pädagogischen Hochschule Salzburg, Elsbethen
* 26. 5. 1948, Zederhaus

1954 bis 1959 Volksschule in Zederhaus, 1959 bis 1963 Hauptschule, 1963 bis 1969 Gymnasium, 1969 Matura, 1969/70 Präsenzdienst, 1970/71 Hauptschullehrer und 1971 bis 1974 Volksschullehrer in Salzburg, 1970 bis 1975 Studium der Germanistik, Psychologie, Philosophie und Pädagogik an der Universität Salzburg, 1975 Mag. phil., 1975 bis 1983 AHS-Lehrer in Salzburg (1979 Ernennung zum Professor), 1983 Dr. phil., 1983 bis 1987 Professor, 1987 bis 1996 Abteilungsvorstand und 1996 bis 2006 Direktor der Pädagogischen Akademie des Bundes in Salzburg, seit 2006 Rektor der Pädagogischen Hochschule Salzburg, 1994 bis 1996 Amtsführender Präsident des Landesschulrates für Salzburg, 1977 bis 1995 Lektor an den Universitäten Klagenfurt und Salzburg; seit 2004 Klubobmann-Stellvertreter der ÖVP im Landtag, Bezirksobmann des ÖAAB im Flachgau, seit 1988 Fraktionsobmann der ÖVP im Kollegium des Landesschulrates, seit 1988 Landesobmann des Christlichen Lehrervereines in Salzburg, Vizepräsident der Christlichen Lehrer Österreichs, Vorsitzender des Salzburger Lehrerhausvereines, Vizepräsident der Katholischen Aktion, Vorstandsmitglied des Salzburger Akademikerbundes, Vorstandsvorsitzender des Salzburger Bildungswerkes.

Abg. zum Landtag (12. GP–) ÖVP 24. 10. 2001–lfd.

Sampl Manfred, Ing. ÖVP
Bankangestellter, St. Michael im Lungau
* 8. 3. 1973, St. Michael im Lungau

1979 bis 1983 Volksschule und 1983 bis 1987 Musikhauptschule St. Michael im Lungau, 1987 bis 1992 HBLA für alpenländische Land- und Forstwirtschaft in Elixhausen-Ursprung, 1992 Matura, 1992 bis 2000 Schaltermitarbeiter, 2000 bis 2003 Prokurist und Abteilungsleiter und seit 2003 Geschäftsleiter in der Raiffeisenbank St. Michael im Lungau, 2004/05 Ausbildung zum Bankmanager, 2005 Bankmanager-/Geschäftsleiterprüfung, 1996 bis 1999 Ausbildung zum Landwirtschaftsmeister bei der Kammer für Land- und Forstwirtschaft, 1999 Meisterprüfung, 1999/2000 nebenberuflicher Lehrer bei der Kammer für Land- und Forstwirtschaft in den Fächern Betriebswirtschaft und Pflanzenbau; 1997 bis 2006 Bezirksparteiobmann-Stellvertreter und seit 2006 Bezirksparteiobmann der ÖVP Lungau, seit 2006 Bezirksobmann des ÖAAB Lungau; seit 2005 Mitglied der Gemeindevertretung und seit 2006 Mitglied des Gemeinderates von St. Michael im Lungau; 1999 bis 2004 Gauobmann der Lungauer Heimatvereinigungen; 2005 Silbernes Verdienstzeichen des Landes Salzburg.

Abg. zum Landtag (13. GP–)	ÖVP	7. 2. 2007–lfd.

Schäffer Gerhard, Mag. ÖVP
Mittelschulprofessor, Salzburg
* 26. 9. 1942, Werbas/Vrbas (Jugoslawien/Serbien)

1948 bis 1952 Volksschule in Oberndorf bei Salzburg, 1952 bis 1962 Bundesrealgymnasium in Salzburg, 1962 Matura, 1962 bis 1966 Studium der Geisteswissenschaften (Geografie und Wirtschaftskunde, Leibesübungen) an der Universität Graz, 1966 Mag. phil. und Lehramtsprüfung, 1966 bis 1976 Lehrer an verschiedenen Gymnasien des Landes Salzburg, 1969 Ernennung zum provisorischen Professor und 1970 zum Professor, 1972 bis 1979 Mitglied der Prüfungskommission für das Lehramt an Hauptschulen, 1974 bis 1979 Lehrbeauftragter für Methodik am Institut für Sportwissenschaften an der Universität Salzburg, 1976 bis 1979 Direktor des Bundes-Oberstufenrealgymnasiums Salzburg-Akademiestraße, 1979 bis 1994 sowie 1996 bis 2004 Amtsführender Präsident des Landesschulrates für Salzburg; 1983 bis 1994 Bildungssprecher der ÖVP; 1997 Hofrat.

Abg. zum Nationalrat (XV.–XVII. GP)	ÖVP	31. 3. 1982–4. 11. 1990
Staatssekretär für Sport und Koordination im Bundeskanzleramt	ÖVP	29. 11. 1994–12. 3. 1996

Literatur: *Blaichinger, Norbert (Hrsg.): Gerhard Schäffer. 25 Jahre Bildungspolitik in Österreich, Aspach 2004*

Scharer Erika SPÖ
Geschäftsstellenleiterin des AMS, Kaprun
* 11. 2. 1952, Kaprun

1958 bis 1962 Volksschule in Kaprun, 1962 bis 1967 Hauptschule in Zell am See, 1967 bis 1970 Lehre als Bürokauffrau und Berufsschule, 1974 Eintritt in den Dienst des Arbeitsmarktservice (AMS) in Zell am See, 1979 bis 1986 AMS-Ausbildungen (C- und B-Prüfungen), 1999 bis 2001 Fachhochschulausbildung an der Universität Salzburg zur »Akademischen Sozialmanagerin«, seit 2001 Geschäftsstellenleiterin des AMS Zell am See; 1983 bis 1995 Ortsfrauenvorsitzende der SPÖ in Kaprun, seit 1999 Mitglied des Bezirksparteivorstandes und seit 2005 Bezirksparteivorsitzende der SPÖ Pinzgau; 1988 bis 2007 Mitglied der Gemeindevertretung von Kaprun, 1999 bis 2003 Fraktionsvorsitzende der SPÖ in der Gemeindevertretung von Kaprun.

Landesrätin	SPÖ	7. 2. 2007–lfd.
Abg. zum Nationalrat (XXII.–XXIII. GP)	SPÖ	20. 12. 2002–6. 2. 2007

Scharfetter Ingo Othmar FPÖ
Hauptschullehrer, St. Michael im Lungau
* 21. 5. 1942, St. Michael im Lungau

1948 bis 1952 Volksschule und 1952 bis 1956 Hauptschule in St. Michael im Lungau, 1956 bis 1960 Handelsakademie in Salzburg, 1960 Matura, 1960 bis 1965 Praktikant bei der Fa. Karl Schrems in Salzburg, 1963/64 Präsenzdienst, 1964/65 Abendlehrgang an der Bundeslehrerbildungsanstalt in Salzburg, 1965 bis 2002 Hauptschullehrer in St. Michael im Lungau; 1989 bis 1995 Bezirksparteiobmann der FPÖ Lungau, 1991 bis 1995 FPÖ-Ortsparteiobmann von St. Michael im Lungau; 1984 bis 1994 Mitglied der Gemeindevertretung von St. Michael im Lungau, 2006 Ehrenring der Gemeinde St. Michael im Lungau.

Abg. zum Landtag (10. GP)	FPÖ	3. 5. 1989–1. 5. 1994

Scharfetter Johann, Mag. ÖVP
Landwirt und Unternehmer, Bad Hofgastein
* 4. 7. 1962, Schwarzach im Pongau

1968 bis 1976 Volks- und Hauptschule in Bad Hofgastein, 1976 bis 1979 Hotelfachschule in Bad Hofgastein, 1979 bis 1981 Praxisjahre, 1981 bis 1984 Tourismusfachschule in Salzburg-Kleßheim, 1984 Matura, 1985 bis 1991 Studium an der Universität Salzburg (Rechtswissenschaften, Politik- und Kommunikationswissenschaften), 1991 Mag. phil., seit 2002 Alleingeschäftsführer der Scharfetter Betriebe GmbH (Gastronomie, Vermietung, Land- und Forstwirtschaft) in Bad Hofgastein sowie 2001 bis 2005 geschäftsführender Obmann der Holzwärme Gastein GenmbH; seit 2003 Bezirksobmann des Österreichischen Wirtschaftsbundes im Pongau; seit 1989 Mitglied der Gemeindevertretung und seit 1994 Mitglied des Gemeinderates von Bad Hofgastein; seit 2000 Kammerrat der Salzburger Landwirtschaftskammer, 2002 bis 2004 Obmann-Stellvertreter der Sparte Tourismus und Freizeitwirtschaft in der Salzburger Wirtschaftskammer, seit 2004 Vizepräsident der Salzburger Wirtschaftskammer, bis 2004 Aufsichtsratsvorsitzender des Kurzentrums Bad Hofgastein, 2003 bis 2005 Obmann von proHolz Salzburg.

Abg. zum Landtag (13. GP–)	ÖVP	28. 4. 2004–lfd.

Scharizer Karl NSDAP
Gauleiter, Salzburg
* 30. 7. 1901, Freistadt (Oberösterreich)
† 9. 7. 1956, Wien

Volksschule und 1912 bis 1920 Gymnasium in Freistadt (Oberösterreich), 1920 Matura, Studium der Chemie an der Technischen Hochschule in Graz, 1921 Beitritt zur DNSAP, 1921 bis 1925 SA-Mann, 1925 Führer der NS-Jugend in der Steiermark, 1925/26 Gaugeschäftsführer der Hitler-Jugend in Graz, 1927 bis 1932 Praktikant und später Kranführer bei der Alpine-Montan-Gesellschaft in Donawitz (Steiermark), 1930 bis 1933 Mitglied des Gemeinderates von Donawitz, 1927 Beitritt zur NSDAP, 1927 bis 1930 Ortsgruppenkassenwart der NSDAP in Leoben, 1930 bis 1932 Ortsgruppenleiter der NSDAP in Trofaiach (Steiermark), 1932/33 Gauleiter der NSDAP Salzburg, 1933/34 illegaler Gauleiter der NSDAP Salzburg in Freilassing (Bayern), in der Folge 1934 Aberkennung der österreichischen Staatsbürgerschaft, 1934/35 ohne Beschäftigung, 1935/36 Bearbeiter im Hilfswerk der NSDAP in Berlin bzw. in der Reichsorganisationsleitung der NSDAP in München, 1936 bis 1938 Leiter des Amtes für Vermittlung und Betreuung im Rahmen des »Österreichischen Hilfswerks« in Berlin, 1937 Beitritt zur SS als SS-Oberführer, 1941 SS-Brigadeführer, 1939 bis 1945 stellvertretender Gauleiter von Wien, 1938 bis 1945 Mitglied des Deutschen Reichstages.

Mitglied des Bundesrates	NSDAP	6. 12. 1932–30. 6. 1933 (5. 9. 1933)

Literatur: *Höffkes, Karl: Hitlers politische Generale. Die Gauleiter des Dritten Reiches, Tübingen 1986 (=Veröffentlichungen des Instituts für Deutsche Nachkriegsgeschichte 13)*; *Lilla, Joachim: Statisten in Uniform. Die Mitglieder des Reichstags 1933–1945, Düsseldorf 2004*; *Hanisch, Ernst: Gau der guten Nerven. Die nationalsozialistische Herrschaft in Salzburg 1938–1945, Salzburg-München 1997*

SCHASCHKO Leopold	DNSAP, NSDAP

Bundesbahnbeamter, Salzburg-Gnigl
* 20. 8. 1880, Desselbrunn bei Vöcklabruck (Oberösterreich)
† 27. 6. 1952, Salzburg

Eintritt in den Dienst der k.k. Staatsbahnen, 1907/08 Magazindiener, 1909 bis 1914 Magazinaufseher, ab 1914 Magazinmeister in Salzburg, Bahnadjunkt (1928) und 1932 Bahnrevident der Österreichischen Bundesbahnen, 1933 Obmann des Landeseisenbahnreferates; 1919 Gründer und bis 1930 Obmann der Deutschen Verkehrsgewerkschaft Salzburg, Obmann des »Reichsbundes deutscher Eisenbahner in Österreich« (1925), 1926 Beitritt zur NSDAP, 1932/33 stellvertretender Klubobmann der NSDAP im Landtag, 1932 bis 1938 Organisationsleiter der NSDAP in Salzburg, bis 1938 Leiter des illegalen Hilfswerks der NSDAP in Salzburg, Gaubeauftragter der NSV in Salzburg (1938), Mitglied des Gaugerichtes in Salzburg (1938).

Mitglied der Provisorischen Landesversammlung	DNSAP	3. 11. 1918–21. 4. 1919
Abg. zum Landtag (4. WP)	NSDAP	19. 5. 1932–30. 6. 1933

Literatur: *Voithofer, Richard: »Drum schließt Euch frisch an Deutschland an ...« Die Geschichte der Großdeutschen Volkspartei in Salzburg 1920–1936, Wien 2000 (= Schriftenreihe des Forschungsinstitutes für politisch-historische Studien der Dr.-Wilfried-Haslauer-Bibliothek, Band 9)*

SCHATZ Birgit, Mag.	Grüne

Landesgeschäftsführerin, Salzburg
* 9. 12. 1969, Salzburg

1976 bis 1980 Volksschule in Schüttdorf/Zell am See, 1980 bis 1984 Hauptschule in Bruck an der Großglocknerstraße, 1984 bis 1989 Höhere wirtschaftsberufliche Schule in Saalfelden am Steinernen Meer, 1989 Matura, 1989 bis 1993 Studium der Kunstgeschichte und 1990 bis 1997 Studium der Politikwissenschaft sowie Publizistik und Kommunikationswissenschaften an der Universität Salzburg, 1997 Mag. phil., 1993 bis 1997 Mitarbeit an wissenschaftlichen Projekten, 1997 bis 2000 Leitung des ÖH-Beratungsservice an der Universität Salzburg, 2000 bis 2006 Landesgeschäftsführerin der Salzburger Grünen; seit 2000 Mitglied des Landesvorstandes Salzburg und seit 2003 Mitglied des erweiterten Bundesvorstandes der Grünen.

Abg. zum Nationalrat (XXIII. GP–)	Grüne	30. 10. 2006–lfd.

Schausberger Franz, Dr. ÖVP
Universitätsdozent, Salzburg
* 5. 2. 1950, Steyr (Oberösterreich)

1956 bis 1960 Volksschule und 1960 bis 1968 Bundesrealgymnasium in Steyr (Oberösterreich), 1968 bis 1973 Studium der Philosophie an der Universität Salzburg, 1973 Dr. phil., 1971 bis 1979 Klubsekretär der ÖVP im Salzburger Landtag, daneben journalistische Ausbildung, 1979 bis 1989 Landesgeschäftsführer (Landesparteisekretär) der ÖVP Salzburg, 1989 bis 1996 Geschäftsführer der Fa. Industrie-Team Werbeges.m.b.H., 1994 bis 1996 Lektor am Institut für Sozial- und Wirtschaftsgeschichte der Universität Linz, seit 1996 Universitätsdozent für Neuere Österreichische Geschichte an der Universität Salzburg, seit 2004 Konsulent der Wirtschafts- und Anwaltskanzlei DLA Piper Weiss-Tessbach in Wien sowie für andere internationale Unternehmen für den Bereich Ost- und Südosteuropa, 2004 Gründer und seitdem Vorstand der Stiftung »Institut der Regionen Europas« (IRE) in Salzburg; 1976 bis 1980 Landesobmann der Jungen ÖVP, 1984 bis 1989 stellvertretender Klubobmann und 1989 bis 1996 Klubobmann der ÖVP im Landtag, 1996 bis 2004 Landesparteiobmann der ÖVP Salzburg; 1969 bis 1971 Vorsitzender der Österreichischen Hochschülerschaft an der Universität Salzburg, 1988 bis 1996 Mitglied des ORF-Kuratoriums und 1991 bis 1996 stellvertretender Vorsitzender des ORF-Kuratoriums in Wien, seit 1989 Vorsitzender der Dr.-Hans-Lechner-Forschungsgesellschaft (Salzburger Archiv für Geschichte und Politik), 1992 Gründer und seitdem Vorsitzender der Dr.-Wilfried-Haslauer-Bibliothek (Forschungsinstitut für politisch-historische Studien), seit 1996 Beauftragter des Landes Salzburg im Ausschuss der Regionen der EU (AdR); 1996 Leopold-Kunschak-Preis, 1999 Großes Silbernes Ehrenzeichen am Bande für die Verdienste um die Republik Österreich, 2004 Großkreuz des Ehrenzeichens des Landes Salzburg, hohe Auszeichnungen der Königreiche Norwegen und Belgien sowie der Republik Portugal und Litauen.

Abg. zum Landtag (8.–11. GP)	ÖVP	16. 5. 1979–23. 4. 1996
Landeshauptmann	ÖVP	24. 4. 1996–28. 4. 2004

Eigene Werke: *Protokolle der Landesparteitage der Salzburger ÖVP, Salzburg 1986 bis 2003 (= Veröffentlichung der Dr.-Hans-Lechner-Forschungsgesellschaft Salzburg, Nr. 2 (1945 bis 1951), Nr. 3 (1952 bis 1957), Nr. 6 (1958 bis 1961) und Nr. 14 (1964 bis 1968) (gemeinsam mit Friedrich Steinkellner); Die Zukunft der elektronischen Medien. 1. Salzburger Mediengipfel. Dokumentation der Beiträge und Statements, Salzburg 1998; Engagement und Bürgersinn. Helmut Schreiner zum Gedenken, Wien 2002 (= Schriftenreihe des Forschungsinstitutes für Politisch-Historische Studien der Dr.-Wilfried-Haslauer-Bibliothek Salzburg, Band 18); Entschieden für Salzburg. 32. o. Landesparteitag der Salzburger Volkspartei, 18. Jänner 1992, Salzburg 1996 (= Veröffentlichung der Dr.-Hans-Lechner-Forschungsgesellschaft Salzburg*

Nr. 11) (gemeinsam mit Friedrich Steinkellner); Im Dienste Salzburgs. Zur Geschichte der Salzburger ÖVP, Salzburg 1985 (= Veröffentlichung der Dr.-Hans-Lechner-Forschungsgesellschaft Salzburg Nr. 1); Ins Parlament, um es zu zerstören. Das »parlamentarische« Agi(ti)eren der Nationalsozialisten in den Landtagen von Wien, Niederösterreich, Salzburg und Vorarlberg nach den Landtagswahlen 1932, Wien 1995 (= Schriftenreihe des Forschungsinstituts für Politisch-Historische Studien der Dr. Wilfried Haslauer-Bibliothek Salzburg, Band 1); Josef Hauthaler. Salzburger Bauernführer in schwersten Zeiten, Salzburg 1990 (= Veröffentlichung der Dr.-Hans-Lechner-Forschungsgesellschaft Salzburg Nr. 5); Julius Raab und der gescheiterte Versuch, Geschichte umzuschreiben, Salzburg 1994; Letzte Chance für die Demokratie. Die Bildung der Regierung Dollfuß I im Mai 1932 – Bruch der österreichischen Proporzdemokratie, Wien 1993 (= Studien zur Geschichte der christlich-sozialen Parteien, Band 1); Miteinander die Nummer 1. 34. o. Landeskongress der Salzburger Volkspartei, 18. November 2000, Salzburg 2002 (= Veröffentlichung der Dr.-Hans-Lechner-Forschungsgesellschaft Salzburg Nr. 13); Politik, wie wir sie brauchen: offen, ehrlich, konsequent. 31. a.o. Landesparteitag der Salzburger Volkspartei, 19. November 1989, Salzburg 1991 (= Veröffentlichung der Dr.-Hans-Lechner-Forschungsgesellschaft Salzburg Nr. 7) (gemeinsam mit Friedrich Steinkellner); Volkspartei – Anspruch und Realität. Zur Geschichte der ÖVP seit 1945, Wien 1995 (= Schriftenreihe des Forschungsinstitutes für Politisch-Historische Studien der Dr.-Wilfried-Haslauer-Bibliothek Salzburg, Band 2) (gemeinsam mit Robert Kriechbaumer); Regionalismus und Außenpolitik. Die Mitwirkung der Länder an der Europapolitik Österreichs. Vortrag University College Dublin, 16. Oktober 1996, Salzburg 1996 (= Schriftenreihe des Salzburger Landes-Europabüros, Band 8); Eine Stadt lernt Demokratie. Bürgermeister Josef Preis und die Salzburger Kommunalpolitik 1919 – 1927, Salzburg 1988 (Veröffentlichung der Dr.-Hans-Lechner-Forschungsgesellschaft Salzburg Nr. 4); Vom Regierungsproporz zur Konkurrenz. Die Reform der Salzburger Landesverfassung 1998 (Analysen, Wege, Strategien), Wien 1999; Fast eine Insel der Seligen. Handlungsspielräume regionaler Finanz- und Wirtschaftspolitik am Ende des 20. Jahrhunderts am Beispiel Salzburgs, Wien 2002 (= Schriftenreihe des Forschungsinstitutes für Politisch-Historische Studien der Dr.-Wilfried-Haslauer-Bibliothek Salzburg, Band 16) (gemeinsam mit Robert Kriechbaumer); Der Geruch von Holz. Erinnerungen, Ereignisse, Erfahrungen, Salzburg 2003; Zukunft greifbar nahe. Salzburg 2013. Erwartungen. Vorhaben. Ziele, Salzburg 2003; Alle an den Galgen! Der politische »Takeoff« der »Hitlerbewegung« bei den Salzburger Gemeindewahlen 1931, Wien 2005 (= Schriftenreihe des Forschungsinstituts für Politisch-Historische Studien der Dr. Wilfried Haslauer-Bibliothek Salzburg, Band 26); Die Bedeutung der Regionen im gemeinsamen Europa (= Occasional Papers 1/2006 des Instituts der Regionen Europas); Die Kommunalwahlen 2006 in der Slowakischen Republik. Analyse. (= IRE-Kurzstudien 1/2007, Institut der Regionen Europas)

Scheiber Matthias ÖVP
Landwirt, Leogang
* 11. 11. 1946, Leogang

1952 bis 1960 Pflichtschule in Leogang, 1963 bis 1965 Landwirtschaftsschule in Bruck an der Großglocknerstraße, seit 1975 Untermadreitbauer und Bausparberater in Leogang; 1971 bis 1986 Ortsparteiobmann der ÖVP in Leogang; 1974 bis 1987 Mitglied der Gemeindevertretung und 1987 bis 2004 Bürgermeister von Leogang; 1967 bis 1978 Mitglied des Pfarrgemeinderates von Leogang, 1970 bis 1975 Leiter des örtlichen Bildungswerkes, 1975 bis 2004 Mitglied des Vorstandes des Tourismusverbandes Leogang, 1965 Gründer und bis 1970 Obmann der Landjugend in Leogang; 2006 Ehrenbürger der Gemeinde Leogang.

Abg. zum Landtag (12. GP–)	ÖVP	27. 4. 1999–lfd.

Schemel Adolf, Dr. CSP, StL, StP, ÖVP
Landesbeamter, Salzburg
* 30. 6. 1880, Salzburg
† 24. 4. 1961, Salzburg

Volksschule und 1891 bis 1899 k.k. Staatsgymnasium in Salzburg, 1899 Matura, 1899 bis 1903 Studium der Rechtswissenschaften an der Universität Wien, 1903 Eintritt in den Landesdienst als Konzeptsbeamter, 1904 Dr. iur., 1911 bis 1922 Tätigkeit bei den Bezirkshauptmannschaften Zell am See und Salzburg sowie im Gewerbereferat, 1922 bis 1931 Beamter im Gewerbereferat der Landesregierung, 1931 bis 1934 Referatsleiter für Schulangelegenheiten beim Amt der Salzburger Landesregierung, 1934 bis 1938 Karenzierung, 1938 Entlassung aus dem Landesdienst, 1938/39 mehrmonatige politische Haft, 1945 Wiedereinstellung, 1949 Versetzung in den Ruhestand; 1919 bis 1931 Mitglied des Gemeinderates der Stadt Salzburg und Klubobmann der christlichsozialen Gemeinderatsfraktion; 1923 bis 1930 Mitglied des Sparkassenausschusses der Salzburger Sparkasse; 1929 Goldenes Ehrenzeichen für Verdienste um die Republik Österreich, 1960 Ehrenbürger der Stadt Salzburg, 1967 Straßenbenennung in Salzburg.

Landeshauptmann-Stellvertreter	CSP	19. 1. 1934–31. 10. 1934
Landeshauptmann	ÖVP	23. 5. 1945–12. 12. 1945
Landeshauptmann-Stellvertreter	ÖVP	12. 12. 1945–1. 12. 1949
Landesrat – Ständischer Landtag		1. 11. 1934–12. 3. 1938
Mitglied des Länderrates		29. 11. 1934–12. 3. 1938

Literatur: *Enderle-Burcel, Gertrude: Christlich-Ständisch-Autoritär. Mandatare im Ständestaat 1934 bis 1938, Wien 1991; Kriechbaumer, Robert: Salzburgs Landeshauptleute der 2. Republik, Salzburg 2002 (= Salzburg Dokumentationen Nr. 113)*

SCHERNTHANNER Wilhelm CSP
Korrektor, Salzburg
* 31. 1. 1882, Salzburg
† 21. 2. 1951, Salzburg

Volksschule, ab 1896 Lehre als Schriftsetzer in der Druckerei des »Salzburger Preßvereines«, Korrektor in der Salzburger Druckerei, 1915 bis 1918 Kriegsdienst, 1944 politische Haft; 1906 bis 1912 Obmann des Christlichsozialen Arbeitervereines und Landesvertrauensmann der christlichen Gewerkschaften, 1918 stellvertretender Landesparteiobmann der Salzburger Christlichsozialen, 1922 bis 1927 stellvertretender Klubobmann im Landtag.

Mitglied der Provisorischen Landesversammlung	CSP	3. 11. 1918–21. 4. 1919
Abg. zum Konstituierenden Landtag (1. WP)	CSP	23. 4. 1919–3. 5. 1922
Abg. zum Landtag (2. WP)	CSP	4. 5. 1922–3. 5. 1927
Erster Landtagspräsident-Stellvertreter		4. 5. 1922–3. 5. 1927
Landesrat	CSP	7. 11. 1918–16. 12. 1921
Landesrat	CSP	10. 1. 1922–4. 5. 1922

Literatur: *Klieber, Rupert J.: Politischer Katholizismus in der Provinz. Salzburgs Christlichsoziale in der Parteienlandschaft Alt-Österreichs, Wien-Salzburg 1994 (= Publikationen des Instituts für Kirchliche Zeitgeschichte, Band 28)*

SCHLAM Nikolaus DNSAP
Hüttenmeister, Hallein
* 16. 11. 1885, Salzburg
† 3. 2. 1946, Salzburg

Volks- und Hauptschule in Salzburg, 1900 Eintritt in den Dienst der k.k. Salinenverwaltung in Bad Ischl (Oberösterreich) und bis 1904 als Kanzleijunge beschäftigt, 1904 bis 1908 Huttenarbeiter und 1908 bis 1914 Manipulationszögling bzw. Hüttengehilfe bei der k.k. Salinenverwaltung in Bad Ischl (Oberösterreich), ab 1914 Rechnungsgehilfe bei der k.k. Salinenverwaltung in Hallein, 1915 bis 1918 Kriegsdienst, 1918/19 Dienst bei der Salinenverwaltung in Ebensee (Oberösterreich), 1919 Ernennung zum Unterbeamten, 1919 bis 1938 Hüttenmeister, Oberhüttenmeister und technischer Obersekretär bei der Salinenverwaltung in Hallein, 1938 Zwangspensionierung, 1945 Reaktivierung und Pensionierung aus gesundheitlichen Gründen; 1920 Gründung der Ortsgruppe Hallein der Deutschen Nationalsozialistischen Arbeiterpartei (DNSAP), 1925 bis 1931 Landesparteiobmann der Deutschen Nationalsozialistischen Arbeiterpartei in Salzburg, 1927 bis 1932 stellvertretender Klubobmann im Landtag; 1922 bis 1931 Mitglied des Gemeinderates und 1936 bis 1938 Mitglied des Gemeindetages der Stadt Hallein; 1928 bis 1930 Obmann der Deutschen Arbeitergewerkschaft Salzburg, Obmann der Deutschen Arbeitergewerkschaft für Österreich (1930), 1921 bis 1931 Arbeiterkammerrat, Gauorganisationsleiter der Heimwehr im Tennengau (1935), 1928 bis 1934 Obmann der Salzburger Vereinskrankenkasse.

Abg. zum Landtag (3. WP)	DNSAP	4. 5. 1927–18. 5. 1932

Literatur: *Hanisch, Ernst: Zur Frühgeschichte des Nationalsozialismus in Salzburg (1913–1925), in: MGSLK 117 (1977), Salzburg 1978, S. 37–1410; Voithofer, Richard: »Drum schließt Euch frisch an Deutschland an ...« Die Geschichte der Großdeutschen Volkspartei in Salzburg 1920–1936, Wien 2000 (= Schriftenreihe des Forschungsinstitutes für politisch-historische Studien der Dr.-Wilfried-Haslauer-Bibliothek, Band 9)*

Schliesslberger Josef — CSP, StL
Industrieller, Salzburg
* 14. 2. 1884, Salzburg-Maxglan
† 30. 9. 1953, Salzburg

Volksschule in Salzburg, 1895 bis 1902 k.k. Staatsrealschule in Salzburg, 1902 Matura, 1904 bis 1908 Gesangsausbildung an der Musikschule »Mozarteum« in Salzburg, Lehre als Kürschner, Gerber und Handschuhmacher im elterlichen Betrieb in Salzburg, bis 1950 Lederindustrieller in Salzburg; 1945 bis 1950 Landesinnungsmeister der Kürschner, Gerber und Handschuhmacher, 1932 bis 1936 Präsident der Salzburger Handelskammer, Präsident der Gewerbeförderungsinstitutes in Salzburg (1936); Kommerzialrat.

Landesrat	CSP	26. 2. 1934–31. 10. 1934
Landesrat-Ständischer Landtag		1. 11. 1934–12. 3. 1938

SCHLUDERMANN Iris FPÖ
Kaufmann, St. Gilgen
* 12. 3. 1936, Wien
† 9. 8. 2006, Salzburg

1942 bis 1945 Volksschule in Wien und 1945/46 in St. Gilgen, 1946 bis 1954 Gymnasium in Wien und Salzburg, 1954 Matura, 1956 bis 1959 Studium der englischen Sprache und gleichzeitige Ausbildung zur Krankenschwester in London, 1960 bis 1980 Hausfrau, 1980 bis 1996 selbstständige Trafikantin in St. Gilgen; 1971 Beitritt zur FPÖ, 1986 bis 1994 Ortsgruppenobfrau der FPÖ St. Gilgen; 1989 bis 1996 Mitglied der Gemeindevertretung von St. Gilgen, 2005 Austritt aus der FPÖ; Kammerrätin der Salzburger Wirtschaftskammer.

Abg. zum Landtag (10. GP)	FPÖ	3. 5. 1989–1. 1. 1994

SCHMIDINGER Hans ÖVP
Volksschuldirektor, Thalgau
* 12. 5. 1926, Holzhausen, Gemeinde St. Georgen bei Salzburg

1932 bis 1940 einklassige Volksschule in Holzhausen, 1940/41 Hauptschule in Oberndorf bei Salzburg, 1941 Eintritt in die Lehrerbildungsanstalt in Salzburg, 1944/45 Kriegsdienst, 1945 bis 1947 Lehrerbildungsanstalt in Salzburg, 1947 Matura, 1947/48 Volksschullehrer in Hintersee, 1948 bis 1983 Volksschullehrer in Thalgau und später Direktor der Volksschule in Eugendorf; 1959 bis 1979 Bezirksobmann des ÖAAB im Flachgau, 1978 bis 1987 Landesobmann des ÖAAB, 1968 bis 1974 Klubobmann der ÖVP im Landtag, Fraktionsobmann der ÖVP im Landesschulrat für Salzburg; 1954 bis 1959 Mitglied der Gemeindevorstehung, 1959 bis 1963 Vizebürgermeister und 1963 bis 1992 Bürgermeister von Thalgau; 1985 bis 1992 Präsident und in der Folge Ehrenpräsident des Salzburger Gemeindeverbandes; 1989 Großes Silbernes Ehrenzeichen am Bande für Verdienste um die Republik Österreich, 1984 Großes Ehrenzeichen des Landes Salzburg, 1976 Ehrenbürger von St. Georgen bei Salzburg, 1992 Ehrenbürger von Thalgau sowie Träger zahlreicher weiterer Bundes- und Landesauszeichnungen.

Abg. zum Landtag (4.–9. GP)	ÖVP	15. 7. 1959–2. 5. 1989
Präsident des Landtages		22. 5. 1974–2. 5. 1989

SCHNEGLBERGER Othmar SPÖ
Angestellter, Wals-Siezenheim
* 8. 1. 1962, Salzburg

1968 bis 1972 Volksschule in Siezenheim, 1972 bis 1976 Gymnasium der Herz-Jesu-Missionare in Salzburg-Liefering, 1976 bis 1981 2. Bundesgymnasium in Salzburg, 1981 Matura, 1981/82 Präsenzdienst, 1982 bis 1992 Vertragsbediensteter bzw. Beamter des Landesinvalidenamtes für Salzburg und zuletzt Leiter des Sozialservice in Salzburg, 1992 bis 2002 Bezirkssekretär der SPÖ im Flachgau, seit 2002 Angestellter der Salzburger Landesversicherung und der UNIQA Versicherung; 1990 bis 2002 Mitglied der Gemeindevertretung von Wals-Siezenheim;

Abg. zum Landtag (13. GP)	SPÖ	28. 4. 2004–13. 12. 2005

SCHNELL Karl, Dr. FPÖ
Arzt, Saalbach-Hinterglemm
* 7. 4. 1954, Flachau

1960 bis 1964 Volksschule und 1964/65 Hauptschule in Bruck an der Großglocknerstraße, 1965 bis 1973 Bundesrealgymnasium in Zell am See, 1973 Matura, Wehrdienst als Einjährig Freiwilliger, 1973 bis 1980 Studium der Medizin an der Universität Wien, 1980 Dr. med., 1981 bis 1985 Turnusarzt am Krankenhaus Zell am See, 1985 bis 1992 und seit 2006 praktischer Arzt in Saalbach-Hinterglemm; 1991/92 Generalsekretär der FPÖ, 1991/92 stellvertretender Landesparteiobmann und seit 1992 Landesparteiobmann der FPÖ Salzburg, 1994 bis 1998 und seit 2005 Bundesparteiobmann-Stellvertreter der FPÖ, seit 1997 Klubobmann der FPÖ im Landtag; 1989 bis 1992 und 1999 bis 2006 Mitglied der Gemeindevertretung von Saalbach-Hinterglemm.

Abg. zum Landtag (11. GP–)	FPÖ	12. 11. 1997–lfd.
Landesrat	FPÖ	21. 10. 1992–24. 10. 1997

SCHNIZER Karl, Dr. CSP
Bezirksschulinspektor, Zell am See
* 7. 1. 1879, Salzburg
† 23. 1. 1951, Salzburg

Volksschule, Untergymnasium, 1897 Matura an der k.k. Staatslehrerbildungsanstalt in Salzburg, 1897 bis 1905 Volksschullehrer an verschiedenen Schulen des Landes

Salzburg, 1899 Lehrberechtigung für Volksschulen, 1905 Lehrberechtigung für Bürgerschulen, 1905 bis 1910 Bürgerschullehrer in Salzburg, 1905 bis 1909 Studium der Physik und Mathematik an der Universität Wien, 1910 bis 1914 Studium der Physik, Mathematik und Germanistik an der Universität Innsbruck, 1914 bis 1916 Kriegsdienst, 1916 Lehramtsprüfung aus Mathematik und Physik, 1916 Dr. phil., 1918 Lehrer an der Infanteriekadettenschule in Innsbruck, 1919 bis 1924 Bezirksschulinspektor in Zell am See, 1924 bis 1928 Lehrer am Mädchengymnasium der Ursulinen in Salzburg, 1928 bis 1934 Lehrer an der Bundesrealschule in Salzburg, 1934 bis 1938 Direktor des Staatsgymnasiums in Salzburg, 1938 Entlassung aus dem Schuldienst und Pensionierung, 1945 Wiedereinstellung und bis zur Pensionierung 1948 abermals Direktor.

Abg. zum Konstituierenden Landtag (1. WP)	CSP	23. 4. 1919–3. 5. 1922

Schnöll Georg — ÖVP
Unterleisenbauer, Kuchl
* 7. 4. 1885, Kuchl
† 21. 11. 1970, Kuchl

Volksschule, 1914 bis 1918 Kriegsdienst, 1918/19 Kriegsgefangenschaft, 1920 Übernahme des elterlichen Unterleisengutes in Kuchl dort bis 1955 Bauer; 1945/46 kommissarischer Vizebürgermeister von Kuchl; ab 1904 aktives Mitglied und 1927 bis 1964 Hauptmann des Schützenkorps Kuchl, 1925 Gründungsmitglied der Raiffeisenkasse Kuchl und 1939 bis 1945 sowie 1950 bis 1960 deren Obmann.

Abg. zum Landtag (2. GP)	ÖVP	1. 12. 1949–10. 12. 1954

Schöppl Andreas, Dr. — FPÖ
Rechtsanwalt, Salzburg
* 12. 11. 1961, Salzburg

1968 bis 1972 Volksschule in Salzburg-Taxham, 1972 bis 1980 Akademisches Gymnasium in Salzburg, 1980 Matura, 1980/81 Einjährig-Freiwilliger beim Österreichischen Bundesheer, 1981 bis 1987 Studium der Rechtswissenschaften an der Universität Salzburg, 1987 Dr. iur., 1987 Gerichtsjahr in Salzburg, 1987 bis 1992 Rechtsanwaltsanwärter und seit 1992 Rechtsanwalt in Salzburg; 1987/88 Landesobmann des Ringes Freiheitlicher Jugend in Salzburg, 1998 bis 2006 stellvertretender Bezirksparteiobmann und seit 2007 Bezirksparteiobmann der FPÖ Salzburg-Stadt, 2004 bis 2006 Ortsparteiobmann der FPÖ Gneis-Morzg-Nonntal und seit 2006 Ortsparteiobmann der FPÖ Leopoldskron-Moos-Riedenburg-Gneis-Morzg, 1999 bis 2003 Landesparteisekretär und seit 1999 Mitglied des Landesparteivorstandes der FPÖ Salzburg, 1994 bis 1999 und seit 2006 Mitglied des Bundesparteigerichtes der FPÖ, 1999 bis 2004 stellvertretender Klubobmann der FPÖ im Landtag; seit 2004 Mitglied des Gemeinderates der Stadt Salzburg; 2004 Goldenes Verdienstzeichen des Landes Salzburg.

Abg. zum Landtag (12. GP) FPÖ 27. 4. 1999–27. 4. 2004

Schorn Fritz SPÖ
Gewerkschaftssekretär, Grödig
* 1. 7. 1919, Salzburg
† 19. 8. 2004, Grödig

1925 bis 1929 Volksschule und 1929 bis 1933 Hauptschule in Salzburg, 1933 bis 1935 jugendlicher Hilfsarbeiter, 1935 bis 1938 Maurerlehre und Besuch der Gewerbeschule sowie der gewerblichen Fortbildungsschule für das Bauhandwerk in Salzburg, 1938 Reichsarbeitsdienst, 1939 bis 1945 Kriegsdienst, 1945 Angestellter der Salzburger Arbeiterkammer, 1945 bis 1951 ÖGB-Jugendsekretär, 1951 bis 1954 Zweiter Sekretär und 1954 bis 1981 Landessekretär der ÖGB-Landesexekutive Salzburg; 1945 Beitritt zur SPÖ, 1948 bis 1975 SPÖ-Ortsparteivorsitzender von Grödig, 1949 bis 1964 Bezirksparteivorsitzender der SPÖ Flachgau, 1960 bis 1966 Mitglied des Landesparteivorstandes der SPÖ Salzburg; 1949 bis 1954 Mitglied der Gemeindevertretung, 1954 bis 1964 Vizebürgermeister und 1964 bis 1983 Bürgermeister von Grödig; 1945 bis 1981 Kammerrat der Salzburger Arbeiterkammer, 1959 bis 1982 Mitglied des Vorstandes der Salzburger Arbeiterkammer, 1964 bis 1969 Obmann der Salzburger Gebietskrankenkasse; Ehrenbürger der Gemeinde Grödig, 1979 Großes Ehrenzeichen der Republik Österreich, 1983 Goldenes Verdienstzeichen des Landes Salzburg und Träger zahlreicher weiterer Auszeichnungen.

Abg. zum Landtag (3.–5. GP) SPÖ 11. 12. 1954–23. 3. 1965

Literatur: *Thaler, Walter (Hrsg): Stark betroffen – wenig beachtet. Sozialdemokratie in Salzburger Gemeinden; Gespräche mit Salzburger Bürgermeistern, Salzburg 1999 (= Schriftenreihe der Arbeitsgemeinschaft Sozialdemokratischer Gemeindevertreter (ASG) Salzburg, Band 1)*

SCHREINER Helmut, Dr. ÖVP
Universitätsprofessor, Salzburg
* 4. 12. 1942, Krenglbach bei Wels (Oberösterreich)
† 26. 9. 2001, Salzburg

1949 bis 1953 Volksschule, 1953 bis 1961 Humanistisches Gymnasium in Wilhering bei Linz, 1961 Matura, 1961/62 Präsenzdienst, 1962 bis 1966 Studium der Rechtswissenschaften an der Universität Wien, 1966 Dr. iur., 1967 Rechtspraktikant beim Bezirksgericht Eferding (Oberösterreich), 1967 Assistent bei Univ.-Prof. Dr. René Marcic an der Lehrkanzel für Staatsrecht, österreichisches Verfassungsrecht und Rechtsphilosophie an der Universität Salzburg, 1979 Universitätsdozent für Rechtsphilosophie, Methodologie der Rechtswissenschaften, Allgemeine Staatslehre und Österreichisches Verfassungsrecht, 1982 Ernennung zum ao. Universitätsprofessor; 1974 bis 1977 stellvertretender Klubobmann und 1977 bis 1989 Klubobmann der ÖVP im Landtag, 1970 bis 1976 Landesobmann der »Jungen ÖVP«, 1983 bis 1989 ÖVP-Stadtparteiobmann von Salzburg.

Abg. zum Landtag (6.–12. GP)	ÖVP	14. 5. 1969–26. 9. 2001
Präsident des Landtages		3. 5. 1989–26. 9. 2001

Literatur: *Engagement und Bürgersinn. Helmut Schreiner zum Gedenken, Wien 2002 (= Schriftenreihe des Forschungsinstitutes für Politisch-Historische Studien der Dr.-Wilfried-Haslauer-Bibliothek Salzburg, Band 18); Verfassung und Bundesstaat. In memoriam Helmut Schreiner (1942–2001), Salzburg 2002 (= Salzburg. Geschichte und Politik. Mitteilungen der Dr.-Hans-Lechner-Forschungsgesellschaft Salzburg, 12. Jahrgang, Heft 1/2)*
Eigene Werke: *Die Intersubjektivität von Wertungen. Zur Begründbarkeit von Wertungen im Rechtsdenken durch ethisch verpflichtetes Argumentieren, Berlin 1980 (= Schriften zur Rechtstheorie, Band 91); Das Salzburger Raumordnungsgesetz 1992, Salzburg 1993 (= Schriftenreihe des ÖVP-Landtagsklubs Salzburg, Band 1); Das Salzburger Grundverkehrsgesetz 1993, Salzburg 1994 (= Schriftenreihe des ÖVP-Landtagsklubs Salzburg, Band 2);* ein ausführliches Werkverzeichnis findet sich in: *Engagement und Bürgersinn. Helmut Schreiner zum Gedenken, Wien 2002 (= Schriftenreihe des Forschungsinstitutes für Politisch-Historische Studien der Dr.-Wilfried-Haslauer-Bibliothek Salzburg, Band 18)*

SCHRÖCKER Alfons SPÖ
Arbeiterkammersekretär, St. Margarethen im Lungau
* 4. 9. 1941, Tamsweg

1947 bis 1955 Volksschule und 1955 bis 1957 landwirtschaftliche Berufsschule in St. Margarethen im Lungau, 1956 bis 1961 Arbeiter bei der Wildbach- und Lawinenverbauung, 1961 Präsenzdienst, 1963 bis 1970 Arbeiter bei verschiedenen Baufirmen, 1970/71 Sozialakademie der Arbeiterkammer Wien in Mödling, 1971 bis 1974 Sekretär der Gewerkschaft der Bau- und Holzarbeiter in Salzburg, 1974 bis 1987 Bezirkssekretär des ÖGB in Tamsweg, 1987 bis 2002 Amtsleiter der Arbeiterkammer in Tamsweg; 1963 Beitritt zur SPÖ, 1991 bis 2002 Bezirksparteivorsitzender der SPÖ Lungau, 1968 bis 2007 SPÖ-Ortsparteivorsitzender von St. Margarethen im Lungau; 1974 bis 1979 sowie 2004 bis 2007 Mitglied der Gemeindevertretung, 1979 bis 1984 Vizebürgermeister und 1984 bis 1991 Bürgermeister von St. Margarethen im Lungau; 1974 bis 1987 Kammerrat der Arbeiterkammer Salzburg; 2002 Großes Silbernes Ehrenzeichen für Verdienste um die Republik Österreich.

Abg. zum Landtag (10.–12. GP) SPÖ 22. 10. 1991–25. 9. 2001

SCHULLER Hellfried, Dr. FPÖ
Richter, St. Johann im Pongau
* 17. 10. 1938, Schladming (Steiermark)

1944 bis 1952 Volks- und Hauptschule in Schladming (Steiermark), 1952 bis 1957 Bundeslehrerbildungsanstalt in Salzburg, 1957 Matura, 1957 bis 1962 Studium der Rechtswissenschaften an der Universität Graz, 1962 Dr. iur., Rechtspraktikant bei verschiedenen Gerichten in Graz, Salzburg und Radstadt, 1966 Ernennung zum Richter, Bezirksrichter in Radstadt, Tamsweg und St. Johann im Pongau, 1984 bis 1999 Richter am Landesgericht Salzburg; 1983/84 Klubobmann der FPÖ im Landtag, 1980 bis 1983 Bezirksparteiobmann der FPÖ Tennengau, 2002 Austritt aus der FPÖ; 1969 bis 1974 Mitglied der Gemeindevertretung von St. Johann im Pongau; 1981 bis 1984 Präsident des Boxklubs Salzburg; 1979 Großes Ehrenzeichen für Verdienste um die Republik Österreich, 1984 Silbernes Ehrenzeichen des Landes Salzburg.

Abg. zum Landtag (6.–8. GP) FPÖ 14. 5. 1969–15. 5. 1984

SCHWAIGER Josef SDAP
Sekretär, Salzburg
* 12. 5. 1889, Rottenmann (Steiermark)
† nach 16. 12. 1951, ?

Bäckerlehre, bis 1907 Tätigkeit in Zürich (Schweiz), Tätigkeit als Bäcker in Salzburg (1907/08), 1921 bis 1924 Landessekretär des Verbandes der land- und forstwirtschaftlichen Arbeiter in Salzburg, 1924 bis 1926 Inhaber einer Handelsagentur in Salzburg,

1926 mehrmonatige Haftstrafe in Salzburg wegen Betruges, 1926 Übersiedlung nach Klagenfurt und dort bis 1930 Inhaber einer Handelsagentur.

Abg. zum Landtag (2. WP)	SDAP	4. 5. 1922–13. 1. 1925

Schwaighofer Cyriak — Grüne
Kulturmanager, Goldegg
* 7. 4. 1950, Werfen

Volksschule in Tenneck, Hauptschule in Werfen und Bischofshofen, Musischpädagogisches Gymnasium in St. Johann im Pongau, 1970 Matura, 1970 bis 1972 Pädagogische Akademie in Salzburg, 1972 bis 1993 Lehrer am Polytechnischen Lehrgang in Lend und in St. Johann im Pongau, 1993 bis 1995 Volksschullehrer in Goldegg, seit 1982 Leiter des Kulturzentrums Schloss Goldegg, Universitätslehrgang »Kulturmanagement«; seit 1999 Landessprecher der Salzburger Grünen, seit 1999 Fraktionssprecher der Grünen im Landtag; 1984 bis 1989 Mitglied der Gemeindevertretung von Goldegg für die ÖVP, 1994 Gründung der »Bürger-Initiative Goldegg« (BIG), 1994 bis 1999 Vizebürgermeister für die BIG und Obmann des Tourismusverbandes von Goldegg sowie 2002 bis 2004 abermals Mitglied der Gemeindevertretung von Goldegg.

Abg. zum Landtag (12. GP–)	Grüne	27. 4. 1999–lfd.

Schwaighofer Josef — ÖVP
Sägewerker, Rußbach am Paß Gschütt
* 3. 8. 1929, Rußbach am Paß Gschütt

1935 bis 1943 Volksschule in Rußbach, 1943 bis 1946 Lehrling im elterlichen Sägewerksbetrieb, 1945 Reichsarbeitsdienst, 1946 Facharbeiterprüfung, 1949 bis 1952 Sägemüllergehilfe in Wals-Siezenheim, ab 1953 Mitarbeit und 1975 bis 1983 Führung des elterlichen Betriebes; 1960 bis 1981 Ortsparteiobmann der ÖVP in Rußbach, 1980 bis 1984 Bezirksparteiobmann der ÖVP im Tennengau, 1958 bis 1984 Obmann des Österreichischen Wirtschaftsbundes in Rußbach, 1977 bis 1987 Mitglied des Bezirksgruppenausschusses des Österreichischen Wirtschaftsbundes im Tennengau; 1959 bis 1968 Mitglied der Gemeindevertretung und 1968 bis 1989 Bürgermeister von Rußbach; 1965 bis 1981 Mitglied des Bezirksstellenausschusses der Kammer der gewerblichen Wirtschaft; 1961 Gründer und bis 1994 Präsident des Union-Sportvereines in Rußbach; 1985 Großes Silbernes Ehrenzeichen für Verdienste um die Republik Österreich und Inhaber zahlreicher weiterer Auszeichnungen.

Abg. zum Landtag (7.–8. GP) ÖVP 29. 5. 1974–15. 5. 1984

Schwarzenbacher Josef, Ing. ÖVP
Landesbeamter und Landwirt, Annaberg-Lungötz
* 18. 11. 1956, Lungötz

1963 bis 1967 Volksschule in Lungötz, 1967 bis 1971 Hauptschule in Annaberg, 1971/72 Polytechnischer Lehrgang in Annaberg, 1972 bis 1976 Lehre als Maurer und Zimmerer in Bischofshofen, 1978 bis 1981 Bauhandwerkerschule an der Höheren Technischen Bundeslehranstalt in Salzburg, seit 1982 Rathgebbauer in Lungötz, seit 1984 Bauaufseher beim Amt der Salzburger Landesregierung; seit 1994 Bezirksobmann-Stellvertreter der ÖVP Tennengau, seit 1996 Landesobmann-Stellvertreter des Salzburger Bauernbundes; 1984 bis 1989 Mitglied der Gemeindevertretung, 1989 bis 1994 Vizebürgermeister und seit 1994 Bürgermeister von Annaberg-Lungötz.

Abg. zum Landtag (13. GP–) ÖVP 28. 4. 2004–lfd.

Schwarzenberger Georg ÖVP
Landwirt, St. Veit im Pongau
* 23. 1. 1942, St. Veit im Pongau

1948 bis 1952 Volksschule in St. Veit im Pongau, 1952 bis 1956 Hauptschule in Schwarzach im Pongau, 1957 bis 1959 landwirtschaftliche Berufsschule in St. Veit im Pongau, 1960 bis 1962 Landwirtschaftliche Fachschule in Bruck an der Großglocknerstraße, 1972 landwirtschaftliche Meisterprüfung, 1962/63 Präsenzdienst, seit 1976 Wirtslehenbauer in St. Veit im Pongau; 1979 bis 1987 Bezirksobmann des Salzburger Bauernbundes im Pongau, 1984 bis 1987 stellvertretender und 1987 bis 1990 Landesobmann des Salzburger Bauernbundes, 1989 bis 2001 Präsident des Österreichischen Bauernbundes, 1990 bis 2002 Klubobmann-Stellvertreter des Parlamentsklubs der ÖVP, seit 2007 Senioren-Ombudsmann des Österreichischen Bauernbundes; 1974 bis 1989 Mitglied des Gemeinderates von St. Veit im Pongau; 1970 bis 1975 Kammerrat und 1975 bis 1987 Obmann der Bezirksbauernkammer St. Johann im Pongau, 1987 bis 1991 Präsident der Kammer für Land- und Forstwirtschaft für Salzburg; 1992 Ökonomierat, 1997 Großes Silbernes Ehrenzeichen für Verdienste um die Republik Österreich mit dem Stern, 2002 Goldenes Ehrenzeichen des Landes Salzburg, 2003 Ehrenring der Gemeinde St. Veit im Pongau, 2004 Ehrenpräsident des Österreichischen Bauernbundes.

Abg. zum Nationalrat (XV.–XXI. GP) ÖVP 22. 4. 1982–19. 12. 2002

Schwarzenbrunner Josef FSB
Schlossermeister, St. Gilgen
* 17. 1. 1877, Kammer am Attersee, Gemeinde Schörfling (Oberösterreich)
† 1. 6. 1928, Wien

Volksschule in Kammer am Attersee (Oberösterreich), bis 1893 Schlosserlehre im väterlichen Schlossereibetrieb im Kammer am Attersee, 1893 bis 1898 Wanderjahre in Linz, Bayern, Tirol und in Meran, 1898 bis 1901 Militärdienst, 1901 bis 1903 Tätigkeit im väterlichen Schlossereibetrieb in Unterach am Attersee sowie in St. Gilgen, 1903 Übernahme des väterlichen Betriebes in St. Gilgen und bis 1928 selbstständiger Schlosser- und Mechanikermeister, 1914 und 1916/17 Kriegsdienst; 1909 bis 1913 Mitglied des Gemeinderates und 1913 bis 1920 Bürgermeister von St. Gilgen; 1919 Ehrenbürger von St. Gilgen, Straßenbenennung in St. Gilgen.

Abg. zum Konstituierenden Landtag (1. WP)	FSB	23. 4. 1919–3. 5. 1922

Schweinberger Johann CSP, ÖVP
Gastwirt, Neukirchen am Großvenediger
* 11. 5. 1894, Neukirchen am Großvenediger
† 2. 2. 1985, Neukirchen am Großvenediger

Volksschule, Holzknecht, 1914 bis 1919 Kriegsdienst und Gefangenschaft, ab 1921 selbstständiger Holzunternehmer und 1930 Eröffnung eines Gastgewerbebetriebes in Neukirchen am Großvenediger; 1945 bis 1966 Obmann-Stellvertreter des Österreichischen Wirtschaftsbundes im Pinzgau; ab 1921 Mitglied der Gemeindevertretung, ab 1928 Mitglied des Gemeinderates und 1932 bis 1934 Vizebürgermeister sowie 1934 bis 1938 und 1945 bis 1969 Bürgermeister von Neukirchen am Großvenediger; 1948 bis 1965 stellvertretender Obmann des Salzburger Gemeindeverbandes, ab 1960 stellvertretender Obmann der Sektion Fremdenverkehr in der Salzburger Handelskammer, Vorsitzender der Pinzgauer Bürgermeisterkonferenz; Obmann und Ehrenobmann des Österreichischen Kameradschaftsbundes im Pinzgau; Ehrenbürger von Neukirchen am Großvenediger, 1956 Silbernes Ehrenzeichen für Verdienste um die Republik Österreich, 1963 Kommerzialrat, 1970 Silbernes Verdienstzeichen des Landes Salzburg.

Abg. zum Landtag (4. WP)	CSP	19. 5. 1932–31. 10. 1934
Abg. zum Nationalrat (V. GP)	ÖVP	18. 2. 1948–8. 11. 1949

SCHWEMLEIN Emmerich SPÖ
Berufsschuldirektor, Bruck an der Großglocknerstraße
* 12. 7. 1950, Baja (Ungarn)

Volks- und Hauptschule, 1965 bis 1968 Handelsschule in Zell am See, Handelsakademie (Abendschule), 1971/72 Präsenzdienst, 1973 Matura, 1975/76 Berufspädagogische Akademie in Innsbruck, 1978 bis 1983 Studium der Politik- und Erziehungswissenschaften an der Universität Salzburg, 1982/83 Berufspädagogische Akademie in Graz, 1973 bis 2005 Lehrer und seit 2005 Direktor an der Landesberufsschule für kaufmännische Lehrberufe in Zell am See; 1975 Beitritt zur SPÖ, 1990 bis 1992 und seit 2005 stellvertretender Bezirksparteivorsitzender sowie 1992 bis 2005 Bezirksparteivorsitzender der SPÖ Pinzgau, seit 1992 Mitglied des Landesparteipräsidiums der SPÖ Salzburg, Mitglied des Landesparteivorstandes der SPÖ Salzburg, 1994 bis 2003 Bezirksvorsitzender des Sozialdemokratischen Lehrervereins Österreichs (SLÖ) Zell am See; 1984 bis 1994 und seit 2004 Mitglied der Gemeindevertretung und 1995 bis 2004 Mitglied des Gemeinderates sowie 1984 bis 1992 SPÖ-Fraktionsvorsitzender von Bruck an der Großglocknerstraße; 2003 Großes Goldenes Ehrenzeichen für Verdienste um die Republik Österreich.

Abg. zum Landtag (13. GP–)	SPÖ	28. 4. 2004–lfd.
Abg. zum Nationalrat (XVIII.–XXI. GP)	SPÖ	1. 4. 1992–19. 12. 2002

SEITLINGER Josef ÖVP
Denggbauer, Weißpriach im Lungau
* 22. 12. 1891, Mariapfarr
† 8. 11. 1976, Tamsweg

Volksschule, 1915 bis 1918 Kriegsdienst, 1919 bis 1953 Bauer am Dengggut in Weißpriach im Lungau; 1929 bis 1938 Obmann des Ortsbauernrates des Katholischen (Salzburger) Bauernbundes in Weißpriach im Lungau, 1947 bis 1951 Bezirksobmann des Salzburger Bauernbundes im Lungau; 1922 bis 1928 und 1931 bis 1936 Mitglied des Gemeinderates sowie 1936 bis 1938 und 1945 bis 1949 Bürgermeister von Weißpriach im Lungau;

Abg. zum Landtag (1. GP)	ÖVP	12. 11. 1947–30. 11. 1949

Siller Johann ÖVP
Hagenbauer, Kuchl
* 29. 3. 1896, Golling an der Salzach
† 11. 2. 1968, Kuchl

Volksschule, 1923 Kauf des Hagengutes in Kuchl und dort bis 1956 Bauer; 1929 bis 1936 Obmann der land- und forstwirtschaftlichen Bezirksgenossenschaft in Kuchl, 1936 bis 1938 Obmann der land- und forstwirtschaftlichen Bezirkskammer in Kuchl sowie Mitglied der Salzburger Landwirtschaftskammer; 1945 kommissarischer Bürgermeister und 1945 bis 1959 Bürgermeister von Kuchl; 1959 Ehrenbürger von Kuchl.

Abg. zum Landtag (1. GP) ÖVP 12. 12. 1945–30. 11. 1949

Simmerle Maria GDVP
Lehrerin, Salzburg
* 11. 2. 1882, Salzburg
† 19. 12. 1946, Salzburg

Volks- und Bürgerschule in Salzburg, 1902/03 Fortbildungskurs im Erziehungsinstitut Goldenstein in Elsbethen, Privat-Lehrerinnenbildungsanstalt der Ursulinen in Salzburg, 1903 Matura, 1905 Lehrbefähigungsprüfung für Volksschulen, bis 1912 Aushilfslehrerin in St. Gilgen und in Salzburg, 1912 bis 1914 Hilfslehrerin und ab 1915 Lehrerin (Professorin) an der Staatsgewerbeschule Salzburg, 1939 bis 1945 Leiterin der frauenberuflichen Abteilung an der Staatsgewerbeschule; ab 1926 Obfrau der »Vereinigung arbeitender Frauen-Volksgemeinschaft«, 1920 bis 1933 Obfrau des Landesfrauenausschusses und 1927 bis 1933 Mitglied der Landesparteileitung der Großdeutschen Volkspartei in Salzburg.

Abg. zum Konstituierenden Landtag
(1. WP) GDVP 23. 4. 1919–3. 5. 1922

Literatur: *Voithofer, Richard: »Drum schließt Euch frisch an Deutschland an…« Die Geschichte der Großdeutschen Volkspartei in Salzburg 1920–1936, Wien 2000 (– Schriftenreihe des Forschungsinstitutes für politisch-historische Studien der Dr.-Wilfried-Haslauer-Bibliothek, Band 9)*

Spann Franz ÖVP
Sozialversicherungsangestellter, Salzburg
* 5. 9. 1925, Salzburg

Volks- und Hauptschule in Salzburg, ab 1939 Kriegsvorschüler in der Deutschen Wehrmacht, Kriegsmatura, 1944/45 Kriegsdienst und Kriegsgefangenschaft, 1945 bis 1947 Hilfsarbeiter, 1947 bis 1950 Angestellter, 1950 bis 1973 Abteilungsleiter der Landwirtschaftskrankenkasse in Salzburg, ab 1974 Angestellter der Salzburger Gebietskrankenkasse; 1956 bis 1962 stellvertretender Landesführer und 1961 bis 1970 Landesführer (Landesobmann) der Österreichischen Jugendbewegung Salzburg (Junge Generation in der ÖVP); 1956 bis 1968 Betriebsrat und 1969 bis 1973 Betriebsratsobmann der Landwirtschaftskrankenkasse, 1959 bis 1964 Kammerrat der Arbeiterkammer Salzburg, 1960 bis 1973 Mitglied der Landesleitung der Gewerkschaft der Privatangestellten; 1974 Goldenes Ehrenzeichen für Verdienste um die Republik Österreich, 1985 Silbernes Ehrenzeichen des Landes Salzburg.

Abg. zum Landtag (5. GP)	ÖVP	30. 6. 1964–13. 5. 1969
Abg. zum Landtag (6.–8. GP)	ÖVP	4. 6. 1969–15. 5. 1984

Springenschmid Karl NSDAP
Fachlehrer, Salzburg
* 19. 3. 1897, Innsbruck
† 5. 3. 1981, Salzburg

1904 bis 1907 Volksschule in München-Bogenhausen, 1907 bis 1910 Bürgerschule in München, 1910/11 »Raineranum« in Bozen, 1911 Übersiedlung nach Salzburg, 1912 bis 1915 k.k. Staatslehrerbildungsanstalt in Salzburg, 1915 Matura, 1915 bis 1919 Kriegsdienst und Kriegsgefangenschaft, 1921 Lehramtsprüfung für Bürgerschulen, 1921 bis 1923 Wanderlehrer in Salzburg, 1923 bis 1925 Volksschullehrer in Wagrain, 1925 bis 1935 Volksschullehrer in Salzburg, 1931 Beitritt zur NSDAP, 1935 Entlassung aus dem Schuldienst, in der Folge Tätigkeit als freier Schriftsteller, 1938 bis 1945 Reichsgauamtsleiter für Erziehung und Unterricht sowie Schulungsleiter im Reichsgau Salzburg, 1938 bis 1945 Obmann des NS-Lehrerbundes, 1939 bis 1945 Kriegsdienst mit mehreren Unterbrechungen, 1945 bis 1951 schriftstellerische Tätigkeit und Leben unter falschem Namen (Karl Bauer), 1951 Amnestierung, freier Schriftsteller bis 1981.

Landesrat	NSDAP	13. 3. 1938–31. 3. 1940

Literatur: *Laserer, Wolfgang: Karl Springenschmid, Graz 1987; Hanisch, Ernst: Gau der guten Nerven. Die nationalsozialistische Herrschaft in Salzburg 1938–1945, Salzburg-München 1997*
Eigene Werke (Auswahl nach Gattungen): *Der Sepp (1928); Tiroler Buben 1809 (1933); Saat in der Nacht (1936); Ein Mensch unterwegs (1953); Die Meraner Traubenkur (1962); Der Waldgänger (1975); Der Rautter. Lamprechtshausener Weihespiel (1938); Tirol – Volk, Heimat, Brauchtum (1940); Das Bauernkind (1925); Großmächte unter sich (1934); Bauern in den Bergen (1936); Deutschland kämpft für Europa (1937); Die Männer von Narvik (1969); Schicksal Südtirol (1971); Am Seil vom Stabeler Much (1933); Helden in Tirol (1934); Tapfere Heimat Lamprechtshausen (1938); Ein Tiroler geht nicht unter (1939)*. Umfangreiches Werkverzeichnis in: *Laserer, Wolfgang: Karl Springenschmid, Graz 1987*

SPRINGLE Maria SPÖ
Hausfrau, Salzburg
* 14. 3. 1922, Rauris

Acht Klassen Volksschule in Rauris, zwei Jahre Mädchenfortbildungsschule in Rauris, kaufmännische Lehre, 1938 Pflichtjahr in Thüringen, 1943 bis 1945 Luftnachrichtenhelferin in Freimann bei München, Augsburg und Lend, 1948 Übersiedlung in die Stadt Salzburg, Hausfrau; 1955 Beitritt zur SPÖ, 1964 bis 1984 Mitglied des Landesparteivorstandes, 1970 bis 1984 Mitglied des Landesparteipräsidiums und 1966 bis 1978 stellvertretende Landesparteivorsitzende der Salzburger SPÖ, 1966 bis 1982 SPÖ-Landesfrauenvorsitzende, 1963 bis 1984 Mitglied des Landesfrauenkomitees; 1962 bis 1969 Mitglied des Gemeinderates der Stadt Salzburg; 1968 bis 1980 Landesobmann-Stellvertreterin der Salzburger Kinderfreunde, 1977 bis 1985 Präsidiumsmitglied der Salzburger Volkshilfe; 1979 Großes Ehrenzeichen für Verdienste um die Republik Österreich, 1985 Silbernes Ehrenzeichen des Landes Salzburg.

Abg. zum Landtag (6.–8. GP) SPÖ 14. 5. 1969–15. 5. 1984

STADLER Hans StL
Sägewerksbesitzer, St. Johann im Pongau
* 28. 5. 1894, Gasthof (Gemeinde Eben im Pongau)
† 27. 3. 1966, Schwarzach im Pongau

1913 Matura an der k.k. Staatsrealschule in Graz, 1913/14 Einjährig-Freiwilliger, 1914 bis 1918 Kriegsdienst, 1918 Eintritt in den elterlichen Sägewerksbetrieb in Eben im Pongau, ab 1919 Teilhaber und ab 1924 Alleininhaber des Sägewerkes in Kleinarl, Sägewerkbesitzer in St. Johann im Pongau; Mitglied der Gemeindevertretung von St. Johann im Pongau; Gremialvorsteher des Salzburger Holz- und Baustoffhandels, Mitglied des Vorstandes der Raiffeisenkasse St. Johann im Pongau, Vertreter der Salzburger Holzwirtschaft im Bundesholzwirtschaftsrat; 1948 Kommerzialrat.

Mitglied des Ständischen Landtages (Landstand) 22. 11. 1934–12. 3. 1938
(Vertreter der Industrie und des Bergbaues)

Stadlober-Steiner Roswitha ÖVP
Hausfrau, Radstadt
* 19. 6. 1963, Radstadt

1969 bis 1977 Volks- und Hauptschule in Radstadt, 1977 bis 1980 Schihandelsschule in Schladming (Steiermark), 1988 bis 1991 Bankangestellte in Radstadt, seit der Geburt des ersten Kindes 1991 Hausfrau, seit 2006 Projektleiterin von KA.DA (Karriere danach); 1986 und 1988 Slalom Weltcup-Gesamtsiegerin, 1987 Slalom Vize-Weltmeisterin in Crans Montana, zwischen 1980 und 1988 acht Slalom Weltcup-Einzelsiege; 1999 Silbernes Ehrenzeichen für Verdienste um die Republik Österreich, 2005 Goldenes Verdienstzeichen des Landes Salzburg.

Abg. zum Landtag (12. GP) ÖVP 27. 4. 1999–27. 4. 2004

Stampfl Benedikt CSP
Bauer und Bühelwirt, Oberndorf bei Salzburg
* 16. 2. 1869, St. Radegund (Oberösterreich)
† 19. 12. 1933, Oberndorf bei Salzburg

Volksschule, Landarbeiter, 1890 bis 1893 Militärdienst in Salzburg, 1894/95 Landarbeiter bei der bischöflichen Forst- und Domänenverwaltung in Gleink (Oberösterreich), 1895 bis 1933 Land- und Gastwirt (Bühelwirt) in Oberndorf bei Salzburg; 1909 bis 1919 und 1921 bis 1924 Mitglied des Gemeinderates von Oberndorf bei Salzburg.

Abg. zum Konstituierenden Landtag
(1. WP) CSP 23. 4. 1919–3. 5. 1922

Starkel Karl, Ing. NSDAP
Oberforstrat, Salzburg
* 5. 8. 1885, Leibnitz (Steiermark)
† 15. 12. 1960, Salzburg

Volksschule, 1896 bis 1904 k.k. II. Staatsgymnasium in Graz, 1904 Matura, 1904 bis 1907 Studium an der Hochschule für Bodenkultur in Wien, 1907 Studienabschluss und Graduierung zum Ing., 1914 bis 1918 Kriegsdienst, 1922 bis 1934 Wirtschaftsführer der Forstverwaltung in St. Johann im Pongau, 1935 Annahme der Staatsbürgerschaft des Deutschen Reiches, 1935 bis 1939 Oberforstrat im badischen Finanzministerium in Karlsruhe, 1939 bis 1945 Leiter des Landesforstamtes in Salzburg; 1919 Mitbegründer der ersten NSDAP-Ortsgruppe in der Steiermark in Mitterndorf, NSDAP-Ortsgruppenobmann von St. Johann im Pongau (1920), 1928 Beitritt zur NSDAP-Hitlerbewegung.

Abg. zum Landtag (4. WP) NSDAP 6. 12. 1932–30. 6. 1933

Literatur: *Schausberger, Franz: Ins Parlament, um es zu zerstören. Das parlamentarische Agi(ti)eren der Nationalsozialisten in den Landtagen von Wien, Niederösterreich, Salzburg und Vorarlberg nach den Landtagswahlen 1932, Wien-Köln-Weimar 1995 (= Schriftenreihe des Forschungsinstitutes für politisch-historische Studien der Dr.-Wilfried-Haslauer-Bibliothek, Band 1)*

Steidl Albert, Dkfm. Dr. ÖVP
Steuerberater, Leogang
* 12. 1. 1927, Dienten am Hochkönig

1933 bis 1937 Volksschule in Hütten bei Leogang, 1937 bis 1941 Hauptschule in Saalfelden am Steinernen Meer, 1941 bis 1944 Handelsakademie in Salzburg, 1944 Kriegsmatura, 1944/45 Reichsarbeits- und Kriegsdienst, 1945/46 Handelsakademie in Salzburg, 1946 Vollmatura, 1946 bis 1952 Werkstudent an der Hochschule für Welthandel in Wien (1949 Dkfm., 1952 Dr. rer. comm.), 1949 bis 1954 Tätigkeit bei einem Steuerberater in Wien und bei der AEG-Union, 1954 bis 1968 selbstständiger Steuerberater in Kitzbühel, 1968 bis 1992 selbstständiger Steuerberater in Saalfelden am Steinernen Meer; 1963 bis 1971 Ortsparteiobmann der ÖVP Leogang, 1971 bis 1986 Bezirksparteiobmann der ÖVP Pinzgau; 1964 bis 1977 Bürgermeister von Leogang, Vizepräsident der Arbeitsgemeinschaft der Freien Berufe (1981), 1958 bis 1964 Obmann des Sportklubs Leogang; Großes Goldenes Ehrenzeichen für Verdienste um die Republik Österreich.

Landesrat	ÖVP	20. 4. 1977–16. 5. 1979
Abg. zum Nationalrat (XV.–XVII. GP)	ÖVP	5. 6. 1979–14. 8. 1990

Eigene Werke: *Pinzgauer Perlen. Hundertmal unterwegs in den Hohen Tauern, auf den Grasbergen und den Kalkalpen, Saalfelden 2000; Wolfgang Schüssel – bergwärts. 50 Tourenepisoden, Graz 2002; Pinzgauer Almen, Saalfelden 2002; Almleben. Almleute berichten von ihren Erlebnissen auf Pinzgauer Almen zwischen 1924 und 2004, Saalfelden 2004; Vom Hof zur Alm. Pinzgauer Bauernhäuser und ihre Almen, Saalfelden 2007*

Steidl Walter SPÖ
Gewerkschaftssekretär, Salzburg
* 28. 8. 1957, Saalfelden am Steinernen Meer

1963 bis 1968 Volksschule und 1968 bis 1972 Hauptschule in Saalfelden am Steinernen Meer, 1973 bis 1975 Berufsschule in Hallein, 1972 bis 1976 Lehre als Elektroinstallateur in Saalfelden am Steinernen Meer, 1976/77 Präsenzdienst, 1976 bis 1978 Tätigkeit als Elektroinstallateur, 1978 bis 1983 Landesjugendsekretär des ÖGB in Salzburg, 1983/84 Sozialakademie der Arbeiterkammer Wien in Mödling, 1984 bis 2003 Regionalsekretär und seit 2003 Regionalgeschäftsführer der Gewerkschaft der Privatangestellten Salzburg; seit 1995 Vorsitzender der SPÖ Liefering-Süd und Mitglied im Bezirksausschuss der SPÖ Salzburg-Stadt, seit 1999 Mitglied im Bezirksparteivorstand der SPÖ Salzburg-Stadt, seit 1999 Mitglied im Landesparteivorstand der SPÖ Salzburg, seit 2004 stellvertretender Klubvorsitzender der SPÖ im Landtag; 1974 bis 1978 stellvertretender Landesvorsitzender der GPA-Jugend Salzburg, 1975 bis 1978 Bezirksvorsitzender der ÖGB-Jugend Pinzgau und stellvertretender Landesvorsitzender der ÖGB-Jugend Salzburg, 1977/78 Betriebsratsvorsitzender-Stellvertreter, seit 1989 Kammerrat der Arbeiterkammer Salzburg, 1989 bis 1999 Vorsitzender des Lehrlings- und Jugendausschusses der Arbeiterkammer Salzburg.

Abg. zum Landtag (12. GP–)	SPÖ	27. 4. 1999–lfd.

Steindl Katharina SPÖ
Hausfrau, Salzburg
* 8. 6. 1944, Mittersill

1950 bis 1958 Volksschule in Flachau, 1958 bis 1961 Lehre als Köchin in Altenmarkt im Pongau, 1961 bis 1965 Tätigkeit im erlernten Beruf, bis 1974 Hausfrau, 1974 bis 1976 Behindertenbetreuerin; 1980 bis 1991 Vorsitzende des SPÖ-Bezirksfrauenkomitees in der Stadt Salzburg sowie stellvertretende Landesfrauenvorsitzende, 1980 bis 1991 stellvertretende Bezirksparteivorsitzende der SPÖ in der Stadt Salzburg und Mitglied des Landesparteivorstandes der SPÖ Salzburg; 1978 bis 1992 Mitglied des Gemeinderates der Stadt Salzburg, 1987 bis 1992 stellvertretende Klubvorsitzende der SPÖ-Gemeinderatsfraktion und Mitglied des Stadtsenates.

Abg. zum Nationalrat (XVIII. GP) SPÖ 4. 5. 1994–6. 11. 1994

Steindl Konrad ÖVP
Unternehmer, Plainfeld
* 3. 9. 1955, Hof bei Salzburg

1962 bis 1967 Volksschule und 1967 bis 1971 Hauptschule in Hof bei Salzburg, 1971 bis 1974 Lehre als Bilanzbuchhalter und Steuersachbearbeiter bei einem Wirtschaftstreuhänder in Salzburg, 1974 bis 1978 Bilanzbuchhalter in einer Steuerberatungskanzlei in Hallein, 1979 Übernahme der Geschäftsführung der Neuhofer Betriebe in Kuchl und Eugendorf, 1984 Gründung der Steindl-Mayr OHG und Kauf des Mercedes-Betriebes in Kuchl, 1988 Mehrheitsbeteiligung am Autohaus Fisslthaler in Oberndorf bei Salzburg und Übernahme der Geschäftsführung, 1993 Kauf des Autohauses Scheidinger in Salzburg; 1997 bis 2003 Gemeindeparteiobmann der ÖVP in Plainfeld und seit 1998 Bezirksparteiobmann-Stellvertreter der ÖVP Flachgau; 1994 bis 1997 Mitglied der Gemeindevertretung und 1997 bis 2004 Vizebürgermeister von Plainfeld; seit 1993 Mitglied des Innungsausschusses und seit 1995 stellvertretender Landesinnungsmeister der Kraftfahrzeugtechniker, seit 2003 Obmann der Sparte Gewerbe und Handwerk der Wirtschaftskammer Salzburg, seit 2007 Obmann-Stellvertreter der Bundessparte Gewerbe und Handwerk; 2007 Kommerzialrat.

Abg. zum Nationalrat (XXII. GP–) ÖVP 20. 12. 2002–lfd.

Steiner Josef ÖVP
Eisenhofbauer, Altenmarkt im Pongau
* 3. 9. 1926, Altenmarkt im Pongau
† 24. 7. 1990, Altenmarkt im Pongau

Volksschule, 1942/43 Landwirtschaftliche Fachschule Winklhof in Oberalm, 1943 bis 1945 Reichsarbeits- und Kriegsdienst, Kriegsgefangenschaft, Landwirtschaftliche Fachschule in Rotholz (Tirol), 1952 bis 1957 Führung eines Pachtbetriebes, 1957 Übernahme des elterlichen Hofes (Eisenhof) in Altenmarkt im Pongau; 1965 bis 1985

Landesobmann-Stellvertreter des Salzburger Bauernbundes; 1959 bis 1989 Mitglied des Gemeinderates und 1964 bis 1989 Vizebürgermeister von Altenmarkt; ab 1962 Kammerrat und ab 1965 Vorstandsmitglied der Kammer für Land- und Forstwirtschaft für Salzburg, 1967 bis 1987 stellvertretender Landesjägermeister von Salzburg; 1978 Ökonomierat, 1981 Großes Goldenes Ehrenzeichen für Verdienste um die Republik Österreich.

Abg. zum Nationalrat (X.–XV. GP) ÖVP 3. 4. 1963–15. 4. 1982

Steiner Josef, Ing. ÖVP
Frächter, Golling an der Salzach
* 7. 6. 1928, Golling an der Salzach

1935 bis 1939 Volksschule in Golling an der Salzach, 1939 bis 1943 Hauptschule in Hallein, 1943 bis 1945 Fliegertechnische Schule in München, 1945 bis 1949 Staatsgewerbeschule für Elektrotechnik in Salzburg, 1949 Matura, 1951 Eröffnung eines Schottergewinnungsbetriebes und 1954 bis 1994 Transportunternehmer in Golling an der Salzach; 1959 bis 1964 Mitglied der Gemeindevertretung und 1964 bis 1974 Mitglied des Gemeinderates von Golling an der Salzach; 1960 bis 1988 verschiedene Funktionen in der Salzburger Handels- beziehungsweise Wirtschaftskammer (1965 bis 1988 Fachgruppenvorsteher des Güterbeförderungsgewerbes, 1977 bis 1998 Bundesfachverbandsvorsteher-Stellvertreter, 1977 bis 1988 Sektionsobmann der Salzburger Verkehrswirtschaft); 1978 Kommerzialrat, 1988 Goldenes Verdienstzeichen des Landes Salzburg.

Abg. zum Landtag (6. GP) ÖVP 14. 5. 1969–18. 1. 1973

Steinmetzer Christina ÖVP
Hausfrau, St. Gilgen
* 5. 1. 1941, Lambach (Oberösterreich)

1946 bis 1950 Volksschule und 1950 bis 1954 Gymnasium in Salzburg, 1954 bis 1958 Höhere Bundeslehranstalt für Frauenberufe in Salzburg, 1958 Matura, 1958/59 Studium der französischen Literatur an der Sorbonne in Paris, 1959 bis 1961 Redakteursaspirantin bei der »Presse« in Wien, 1961/62 Volontärin des Bühnebildners am Landestheater Salzburg, 1962/63 Lehre als Damenkleidermacherin, 1963 Gesellenprüfung, 1963/64 Tätigkeit im erlernten Beruf, seit 1964 Hausfrau und Ordinationshilfe in der Tierarztpraxis des Ehemannes in St. Gilgen, 1989 bis 1994 Studium der Psychologie und 1994 bis 2000 Studium der Kunstgeschichte an der Universität Salzburg, 2001

Mag. phil.; 1977 bis 1990 Bezirksleiterin der Österreichischen Frauenbewegung im Flachgau und stellvertretende Landesleiterin, 1979 bis 1989 Bundeskulturreferentin der Österreichischen Frauenbewegung; 1979 bis 1989 stellvertretende Vorsitzende des Kulturausschusses der Europäischen Frauenunion (EFU); 1985 Großes Ehrenzeichen für Verdienste um die Republik Österreich, 1989 Silbernes Ehrenzeichen des Landes Salzburg, 2006 Bundesehrenzeichen für kulturelle Verdienste.

Abg. zum Landtag (7.–10. GP)	ÖVP	29. 5. 1974–12. 9. 1989

Steinocher Karl SPÖ
Bundesbahnbeamter, Salzburg
* 13. 1. 1920, Bischofshofen

1926 bis 1934 Volks- und Hauptschule in Bischofshofen, 1935 bis 1938 kaufmännische Lehre, 1938 bis 1940 Bediensteter der Deutschen Reichsbahn (Fahrdienstleiter), 1940 bis 1945 Kriegsdienst, 1945 bis 1957 Bediensteter der ÖBB (Schulungsbeamter), 1951 Sozialakademie der Arbeiterkammer Wien; 1945 Beitritt zur SPÖ, 1945 bis 1950 Landesobmann der Sozialistischen Jugend Salzburg, ab 1946 Mitglied des Landesparteivorstandes, ab 1949 Bezirksparteivorsitzender der SPÖ Salzburg-Stadt, 1949 bis 1966 stellvertretender Landesparteivorsitzender und 1966 bis 1978 Landesparteivorsitzender der SPÖ Salzburg; 1953 bis 1957 Mitglied des Gemeinderates der Stadt Salzburg; 1949 bis 1966 Mitglied der Vollversammlung der Arbeiterkammer Salzburg sowie Vorsitzender der FSG-Fraktion, 1956 bis 1965 Vizepräsident und 1965/66 Präsident der Arbeiterkammer Salzburg und Vorsitzender der Landesexekutive Salzburg des ÖGB; 1967 bis 1977 stellvertretender Aufsichtsratsvorsitzender der SAFE.

Abg. zum Landtag (4.–7. GP)	SPÖ	2. 7. 1959–28. 5. 1974
Landeshauptmann-Stellvertreter	SPÖ	3. 11. 1966–31. 10. 1976
Mitglied des Bundesrates	SPÖ	31. 5. 1957–2. 7. 1959

Steinwender Leonhard, Dr. CSP
Chefredakteur, Salzburg
* 19. 9. 1889, Tamsweg
† 22. 8. 1961, Mattsee

1908 Matura am Erzbischöflichen Privatgymnasium »Borromäum« in Salzburg, 1908 Eintritt in das Priesterseminar in Salzburg, 1909 bis 1912 Studium der Theologie in Salzburg, 1914 Dr. theol., 1912 Priesterweihe, 1912 bis 1915 Pfarrer in Brixlegg und

1915 in Salzburg-Nonntal, 1915 Eintritt als Redakteur bei der »Salzburger Chronik«, 1917 bis 1938 deren Chefredakteur, 1927 bis 1961 Kanonikus in Mattsee, 1934 bis 1938 Werbeleiter der Vaterländischen Front und Herausgeber des Mitteilungsblattes »Die Front in Salzburg«, 1938 Verhaftung und bis 1940 Internierung im KZ Buchenwald, 1940 Gauverbot, 1940 bis 1946 Vikar in Petting (Bayern), 1946 bis 1958 Leiter des »Rupertiboten«; 1996 Straßenbenennung in Salzburg.

Mitglied der Provisorischen Landesversammlung	CSP	3. 11. 1918–6. 11. 1918

Literatur: *Steinwender, Ignaz: Die Auseinandersetzung der christlich-sozialen Tageszeitung »Salzburger Chronik« und ihres Chefredakteurs Leonhard Steinwender mit dem Nationalsozialismus von 1934 bis zum »Anschluss«, Diplomarbeit, Salzburg 1994; Klieber, Rupert J.: Politischer Katholizismus in der Provinz. Salzburgs Christlichsoziale in der Parteienlandschaft Alt-Österreichs, Wien-Salzburg 1994 (= Publikationen des Instituts für Kirchliche Zeitgeschichte, Band 28)*
Eigene Werke: *Christus im Konzentrationslager. Wege der Gnade und des Opfers, Salzburg 1946*

Stepski-Doliwa Ludwig StL
Oberst i. R., Salzburg
* 15. 12. 1875, Wien
† 4. 5. 1965, Salzburg

Volksschule in Wien, Gymnasium in Wien und Salzburg, Matura, 1893/94 Studium der Rechtswissenschaften an der Universität Wien, 1893 Beginn der Ausbildung zum Berufsoffizier in Salzburg, 1893 bis 1906 Berufsoffizier in Salzburg, 1906 Versetzung nach Galizien, 1908, 1912/13 und 1914 bis 1918 Kriegsdienst, 1918 bis 1920 Präsident des Salzburger Offiziersverbandes, 1920 bis 1924 Direktor der Salzburger Getreidegesellschaft, 1924 bis 1929 Leiter des Außendienstes und Mitglied des Vorstandes der Firma Stern & Hafferl, 1929 bis 1938 Direktor bei der Österreichischen Kraftwerke AG, 1935 bis 1938 Vizepräsident der SAFE, 1936 Vorsitzender der Verwaltungskommission der Österreichischen Bundesbahnen, 1939 bis 1945 Stabsoffizier beim Wehrkreiskommando XVIII in Salzburg, 1945 bis 1947 öffentlicher Verwalter und 1947 bis 1949 Vorstand der SAFE; 1931 bis 1938 Vizepräsident der Kammer für Handel, Gewerbe und Industrie in Salzburg, 1930 bis 1938 Präsident der Sektion Salzburg des Hauptverbandes der Industrie in Österreich, Vizepräsident der Salzburger Industriellenvereinigung (1947); Gründungsmitglied der Salzburger Offiziersgesellschaft; 1962 Ehrenpräsident der Salzburger Industriellenvereinigung.

Mitglied des Ständischen Landtages (Landstand) (Vertreter der Industrie und des Bergbaues)	22. 11. 1934–12. 3. 1938
Staatssekretär für Industrie im Bundesministerium für Handel und Verkehr	16. 2. 1938–11. 3. 1938

STOCKER Helmuth SPÖ
Sozialversicherungsangestellter, Salzburg
* 10. 10. 1938, Salzburg

Volksschule und Bundesrealgymnasium (Unterstufe) in Salzburg, Speditionsangestellter, 1959/60 Sozialakademie der Arbeiterkammer Wien in Mödling, ab 1960 Angestellter und 1980 bis 1998 Abteilungsleiter der Salzburger Gebietskrankenkasse; 1958 Beitritt zur SPÖ, Obmann der SPÖ-Sektion Lehen I, 1989 bis 1993 Bezirksparteivorsitzender der SPÖ Salzburg-Stadt, 1978 bis 1990 Mitglied des Landesparteivorstandes, 1988 bis 1990 Mitglied des Landesparteipräsidiums sowie 1990 bis 1993 stellvertretender Landessparteivorsitzender der SPÖ Salzburg, Mitglied der Bundeskontrollkommission der SPÖ (1981); 1967 bis 1983 Mitglied des Gemeinderates der Stadt Salzburg, 1972 bis 1980 Vorsitzender des städtischen Verkehrsausschusses, 1980 bis 1983 Mitglied des Stadtsenates; 1956 Jugendfunktionär im Österreichischen Gewerkschaftsbund, 1960 bis 1968 Landesobmann der Salzburger Gewerkschaftsjugend und Mitglied des Bundesvorstandes der Österreichischen Gewerkschaftsjugend, Mitglied der Landesexekutive Salzburg des Österreichischen Gewerkschaftsbundes; 1964 bis 1974 Kammerrat der Arbeiterkammer Salzburg; 1971 bis 1983 Mitglied der Kontrolle der Salzburger Volkshilfe; 1992 Silbernes Ehrenzeichen für Verdienste um die Republik Österreich.

Abg. zum Nationalrat (XVI.–XVIII. GP)	SPÖ	19. 5. 1983–6. 11. 1994

STOCKINGER Walter, Dkfm. SPÖ
Sparkassendirektor, Salzburg
* 21. 6. 1924, Salzburg
† 16. 6. 1999, Salzburg

1942 Matura an der Handelsakademie in Salzburg, Studium an der Hochschule für Welthandel in Wien, 1944 Dkfm., 1944/45 Kriegsdienst und Kriegsgefangenschaft, 1945 bis 1947 Lehrer an einer kaufmännischen Berufsschule, 1947 bis 1961 Leiter der Volkswirtschaftlichen Abteilung der Salzburger Arbeiterkammer, ab 1961 Abteilungsleiter und 1965 bis 1971 Direktor-Stellvertreter bei der Salzburger Sparkasse, 1967

Verleihung des Titels »Direktor«, 1971 bis 1979 Sparkassenleiter-Stellvertreter, 1973 Verleihung des Titels »Generaldirektor-Stellvertreter«; 1947 Beitritt zur SPÖ, 1976 bis 1980 Mitglied des Landesparteivorstandes der Salzburger SPÖ, 1969 bis 1980 stellvertretender Landesobmann des Freien Wirtschaftsverbandes, Leiter der BSA-Landesfachgruppe Wirtschaft (1953), Obmann der BSA-Landesfachgruppe Wirtschafter und Journalisten (1958), 1976 bis 1979 Klubvorsitzender der SPÖ im Landtag; 1972 bis 1980 Mitglied des Aufsichtsrates der Girozentrale und der Bank der Österreichischen Sparkassen AG.

Abg. zum Landtag (5.–8. GP) SPÖ 19. 6. 1964–15. 10. 1979

STÖLLINGER Alois SPÖ
Standesbeamter, Schwarzach im Pongau
* 29. 7. 1924, Schwarzach im Pongau

1930 bis 1939 Volks- und Hauptschule in St. Johann im Pongau, 1939 bis 1942 Lehre als Möbeltischler, 1942 bis 1945 Reichsarbeits- und Kriegsdienst, 1946 bis 1951 Bediensteter der Bezirkshauptmannschaft St. Johann im Pongau, 1951 bis 1984 Standesbeamter im Schwarzach im Pongau; 1946 Beitritt zur SPÖ, 1962 bis 1990 SPÖ-Ortsparteivorsitzender von Schwarzach im Pongau, 1969 bis 1984 Bezirksobmann der »Arbeitsgemeinschaft sozialistischer Gemeindevertreter« im Pongau, Mitglied des Landesparteivorstandes der Salzburger SPÖ; 1959 bis 1964 Mitglied der Gemeindevertretung und 1964 bis 1994 Bürgermeister von Schwarzach im Pongau; 1966 bis 1986 Obmann des Fremdenverkehrsverbandes von Schwarzach im Pongau, 1969 bis 2000 stellvertretender Vorstand des Österreichischen Roten Kreuzes, Vorstandsmitglied des Salzburger Gemeindeverbandes (1969); 1979 Großes Silbernes Ehrenzeichen für Verdienste um die Republik Österreich, 1986 Silbernes Ehrenzeichen des Landes Salzburg, 1994 Ehrenbürger von Schwarzach.

Abg. zum Landtag (6.–9. GP) SPÖ 14. 5. 1969 -21. 10. 1986

Literatur: *Thaler, Walter (Hrsg): Stark betroffen – wenig beachtet. Sozialdemokratie in Salzburger Gemeinden; Gespräche mit Salzburger Bürgermeistern, Salzburg 1999 (= Schriftenreihe der Arbeitsgemeinschaft Sozialdemokratischer Gemeindevertreter (ASG) Salzburg, Band 1)*

Stöllner Sebastian CSP
Gastwirt, Salzburg-Maxglan
* 19. 1. 1873, Wals-Siezenheim
† 22. 3. 1929, Salzburg

Volksschule, 1894 bis 1897 Militärdienst, 1898 bis 1928 Hartlwirt und bis 1929 Eigentümer des Fritzenlehens in Salzburg-Maxglan; Vorstandsmitglied des Freiheitlichen Salzburger Bauernbundes (1914); 1900 bis 1929 Mitglied des Gemeinderates sowie 1919 bis 1922 und 1925 bis 1928 Bürgermeister von Maxglan; Gauhauptmann der Feuerwehren im Flachgau; Straßenbenennung in Salzburg.

Mitglied der Provisorischen Landesversammlung	CSP	3. 11. 1918–21. 4. 1919

Stölzel Arthur, Dr. DF
Rechtsanwalt, Salzburg
* 1. 3. 1868, Wien
† 19. 3. 1933, Salzburg

Volksschule und k.k. Staatsgymnasium in Salzburg, 1886 Matura, 1886 bis 1890 Studium der Rechtswissenschaften an der Universität Wien, 1893 Dr. iur., Rechtspraktikant in Wien, Konzeptsbeamter bei der Finanzprokuratur in Salzburg, 1900 bis 1933 Rechtsanwalt in Salzburg; 1897 bis 1900 Bürgermeister von Maxglan, 1902 bis 1918 Landtagsabgeordneter der Stadt Salzburg, 1909 bis 1918 Landeshauptmann-Stellvertreter, 1907 bis 1918 Reichsratsabgeordneter; bis 1921 Direktor des Kuratoriums des Gewerbeförderungsinstituts in Salzburg; 1911 Ehrenbürger von Maxglan, Straßenbenennung in Salzburg.

Mitglied der Provisorischen Landesversammlung	DF	3. 11. 1918–21. 4. 1919
Landesrat	DF	3. 11. 1918–29. 11. 1918
Landeshauptmann-Stellvertreter	DF	29. 11. 1918–23. 4. 1919
Mitglied der Provisorischen Nationalversammlung	DNP	21. 10. 1918–16. 2. 1919

Literatur: *Voithofer, Richard: »Drum schließt Euch frisch an Deutschland an …« Die Geschichte der Großdeutschen Volkspartei in Salzburg 1920–1936, Wien 2000 (= Schriftenreihe des Forschungsinstitutes für politisch-historische Studien der Dr.-Wilfried-Haslauer-Bibliothek, Band 9)*

STRASSER Franz KPÖ
Stukkateur, Salzburg
* 28. 2. 1908, Salzburg
† 22. 12. 1981, Salzburg

Maler und Stukkateur, 1953 bis 1956 Bauleiter in Wien; Mitglied der Salzburger Kinderfreunde (1920), Mitglied der sozialdemokratischen Arbeiterjugend (1922), 1927 bis 1929 Mitglied der Sozialdemokratischen Partei, 1929 Beitritt zur KPÖ, ab 1934 Mitglied der illegalen Landesleitung der KPÖ in Salzburg, 1941 bis 1945 Kriegsdienst (währenddessen 18-monatige Haft wegen Wehrkraftzersetzung), 1945 bis 1954 Landesparteiobmann und 1957 bis 1969 Mitglied der Landesleitung der KPÖ Salzburg, 1946 bis 1957 Mitglied des Zentralkomitees der KPÖ.

Abg. zum Landtag (1. GP) KPÖ 12. 12. 1945–30. 11. 1949

STRASSER Johann CSP
Michlbauer, Obertrum am See
* 9. 5. 1875, Obertrum am See
† 25. 12. 1934, Obertrum am See

Volksschule, Tätigkeit auf dem elterlichen Hof, 1896 bis 1899 Militärdienst in Trient, 1908 bis 1934 Michlbauer in Obertrum am See, 1914 bis 1918 Kriegsdienst; 1925 bis 1934 Obmann des Ortbauernrates des Katholischen Bauernbundes in Obertrum am See; 1918 bis 1934 Mitglied der Gemeindevertretung sowie 1909 bis 1912 und 1918 bis 1928 Bürgermeister von Obertrum am See.

Abg. zum Landtag (3.–4. WP) CSP 4. 5. 1927–31. 10. 1934

STREBL Anita, Mag. SPÖ
AHS-Lehrerin, Grödig
* 9. 1. 1946, Schladming (Steiermark)

1952 bis 1956 Volksschule in Haus im Ennstal (Steiermark), 1956 bis 1958 Hauptschule in Schladming (Steiermark), 1958 bis 1964 Bundesgymnasium in Stainach-Irdning (Steiermark), 1964 Matura, 1964 bis 1971 Lehramtsstudium (Anglistik und Germanistik) an der Universität Salzburg, 1971 Mag. phil. und Lehramtsprüfung, 1968/69 Sprachassistentin in Glasgow (Schottland), 1971 bis 2006 Lehrerin am Bundesgymnasium Nonntal in Salzburg; 1973 Beitritt zur SPÖ, Vorsitzende der »Jungen Generation« der SPÖ im Flachgau, 1996 bis 2003 Vorsitzende des SPÖ-Bezirksfrauenkomitees im Flachgau, Vorstandsmitglied des BSA, Mitglied des Landesbildungsausschusses und des Landesparteivorstandes der Salzburger SPÖ; 1984 bis 2004 Mitglied der Gemeindevertretung von Grödig; 1983 bis 1987 Personalvertreterin im Fachausschuss des Landesschulrates; 2004 Silbernes Ehrenzeichen des Landes Salzburg.

Abg. zum Landtag (11.–12. GP) SPÖ 2. 5. 1994–27. 4. 2004

STRUBER Hermann StP
Vorsitzender des Gewerkschaftsbundes, Salzburg-Gnigl
* 31. 3. 1905, Salzburg
† 3. 1. 1945? (bestattet in Wesel, Deutschland)

Volksschule, Landwirtschafts- und Industriearbeiter, ab 1928 Sekretär der christlichen Gewerkschaften in Salzburg, 1934 bis 1938 Vorsitzender der Verwaltungskommission der Salzburger Arbeiterkammer und des Landeskartells Salzburg des Gewerkschaftsbundes der österreichischen Arbeiter und Angestellten, 1938 Enthebung aus allen Funktionen und Verhaftung, 1939 bis 1945 Kriegsdienst; 1929 bis 1932 Obmann des Überwachungsausschusses der Landwirtschaftskrankenkasse, 1928 bis 1934 Obmann-Stellvertreter und 1934 bis 1938 Obmann der Salzburger Vereinskrankenkasse, 1938 Landesleiter der »Österreichischen Kampffront« in Salzburg (Widerstandsbewegung).

Mitglied des Bundeswirtschaftsrates 1. 11. 1934–12. 3. 1938

Literatur: *Enderle-Burcel, Gertrude: Christlich-Ständisch-Autoritär. Mandatare im Ständestaat 1934 bis 1938, Wien 1991*
Eigene Werke: *Österreichs Wiederaufbau, Salzburg 1932*

STUCHLIK Inge SPÖ
Landessekretärin des Pensionistenverbandes, Salzburg
* 19. 4. 1942, Salzburg

1948 bis 1952 Volksschule und 1952 bis 1956 Frauenoberschule in Salzburg, 1956 bis 1959 kaufmännische Lehre in Salzburg, 1959 bis 1962 Ausübung des erlernten Berufes in Salzburg und 1962 bis 1966 in Deutschland, 1966 bis 1976 Leiterin der Einkaufsabteilung in der Werkzeug- und Baubranche, 1976 bis 1993 Landessekretärin des Pensionistenverbandes Salzburg; 1976 Beitritt zur SPÖ, 1980 bis 1993 Mitglied des SPÖ-Landesfrauenkomitees, 1978 bis 1993 Mitglied des SPÖ-Bezirksparteivorstandes in der Stadt Salzburg, 1982 bis 1993 Mitglied des Landesparteivorstandes, 1984 bis 1993 Mitglied des Landesparteipräsidiums und 1988 bis 1993 stellvertretende Landesparteivorsitzende der SPÖ Salzburg, 1984 bis 1989 Klubvorsitzende der SPÖ im Landtag.

Abg. zum Landtag (8.–10. GP)	SPÖ	24. 10. 1979–15. 9. 1993
Zweite Präsidentin des Landtages		3. 5. 1989–15. 9. 1993

Sylvester Julius, Dr. DNP
Rechtsanwalt, Salzburg
* 30. 6. 1854, Wien
† 13. 7. 1944, Seekirchen am Wallersee

Volksschule und bis 1867 Stiftsgymnasium in Kremsmünster (Oberösterreich), 1867 bis 1873 Piaristengymnasium in Krems (Niederösterreich), 1873 Matura, 1873/74 Militärdienst als Einjährig Freiwilliger, 1874 bis 1877 Studium der Rechtswissenschaften an der Universität Wien, 1877 bis 1880 Gerichtspraxis als Auskultant in Wien und Salzburg, 1880 Dr. iur., 1880 bis 1882 Rechtsanwaltsanwärter in Wien und von 1882 bis 1885 in Linz, ab 1885 Rechtsanwalt in Salzburg; 1897 bis 1918 Reichsratsabgeordneter, 1911 bis 1917 Präsident des Abgeordnetenhauses, 1901 bis 1906 und 1917/18 Mitglied der Delegation; 1894 bis 1898 Mitglied des Gemeinderates und 1896 bis 1898 Vizebürgermeister der Stadt Salzburg; 1915 bis 1922 Präsident der Internationalen Stiftung »Mozarteum«, 1922 Ehrenpräsident der Internationalen Stiftung »Mozarteum«, 1918/19 Mitglied des Reichsgerichtes, 1919 bis 1930 Mitglied des Verfassungsgerichtshofes; 1901 Ehrenbürger der Stadt Salzburg und von Bad Gastein, 1927 Dr. h.c. der Universität Wien, 1944 Straßenbenennung in Salzburg.

Mitglied der Provisorischen Nationalversammlung	DNP	21. 10. 1918–16. 2. 1919
Staatsnotar		30. 10. 1918–16. 2. 1919

Literatur: *Eder, Roswitha: Dr. Julius Sylvester, phil. Diss., Wien 1992; Höbelt, Lothar: Julius Sylvester, Wien 1994 (= Personengeschichtliche Schriftenreihe des Freiheitlichen Bildungswerkes, Band 6); Höbelt, Lothar: Kornblume und Kaiseradler. Die deutschfreiheitlichen Parteien Altösterreichs 1882–1918, Wien 1993; Gassner, Josef: Die Ehrenbürger der Landeshauptstadt Salzburg, Salzburg 1954; Voithofer, Richard: »Drum schließt Euch frisch an Deutschland an …« Die Geschichte der Großdeutschen Volkspartei in Salzburg 1920–1936, Wien 2000 (= Schriftenreihe des Forschungsinstitutes für politisch-historische Studien der Dr.-Wilfried-Haslauer-Bibliothek, Band 9)*

Eigene Werke: *Die brennende Frage. Ein flüchtiges Gedankenbild, Salzburg 1888; Prosit-Blume!, Wien 1892; Vom toten Parlament und seinen Trägern, Wien 1928*

THALER Walter, Mag. SPÖ
AHS-Direktor i. R., Zell am See
* 30. 10. 1941, St. Johann im Pongau

1947 bis 1951 Volksschule und 1951 bis 1960 Bundesrealgymnasium in St. Johann im Pongau, Matura, 1960 bis 1965 Studium der Anglistik, Germanistik und Philosophie an der Universität Innsbruck, 1965 Mag. phil., Lehramtsprüfung, 1963 bis 1965 Lehrtätigkeit an der Hotelfachschule »Villa Blanca« und an der Höheren Technischen Bundeslehr- und Versuchsanstalt in Innsbruck, ab 1965 Lehrer am BRG Zell am See und BORG Mittersill, 1978 bis 2000 Direktor des BRG Zell am See, Studium der Politikwissenschaft an der Universität Salzburg, 2005 Dr. phil.; 1971 bis 1982 SPÖ-Stadtparteivorsitzender von Zell am See, seit 1992 stellvertretender Bezirksparteivorsitzender der SPÖ Pinzgau, 1986 bis 2000 Landesvorsitzender der »Arbeitsgemeinschaft sozialdemokratischer Gemeindevertreter« (ASG), seit 1982 Obmann der SPÖ-Fraktion im Landesschulrat, seit 1984 Mitglied des Landesparteivorstandes und 1993 bis 2005 stellvertretender Landesparteivorsitzender der Salzburger SPÖ, 1989 bis 1999 stellvertretender Klubvorsitzender und 1999 bis 2004 Klubvorsitzender der SPÖ im Landtag; 1969 bis 1993 Mitglied der Gemeindevertretung, 1974 bis 1982 Vizebürgermeister und 1982 bis 1993 Bürgermeister von Zell am See; 1967 bis 1982 Leiter der Zweigstelle Zell am See der Salzburger Volkshochschule, 1999 bis 2002 stellvertretender Vorsitzender des Universitätsbeirates der Universität Salzburg, seit 2003 stellvertretender Vorsitzender des Stiftungsrates der Paracelsus Privaten Medizinischen Universität Salzburg, seit 1999 stellvertretender Vorsitzender des Vorstandes der Volkshochschule Salzburg, seit 2005 stellvertretender Vorsitzender des Aufsichtsrates der »Museum der Moderne – Rupertinum Betriebsges.m.b.H.«; 1994 Ehrenring der Stadtgemeinde Zell am See, 2001 Großes Ehrenzeichen des Landes Salzburg, 2002 Großes Ehrenzeichen für Verdienste um die Republik Österreich.

Abg. zum Landtag (8.–12. GP)	SPÖ	12. 5. 1982–27. 4. 2004
Zweiter Präsident des Landtages		20. 10. 1993–26. 4. 1999

Eigene Werke: *Gerhard Buchleitner. Ein politisches Leben, Salzburg-Linz 2000; Stark betroffen – wenig beachtet. Sozialdemokratie in Salzburger Gemeinden; Gespräche mit Salzburger Bürgermeistern, Salzburg 1999 (= Schriftenreihe der Arbeitsgemeinschaft Sozialdemokratischer Gemeindevertreter (ASG) Salzburg, Band 1); Literatur 1 und 2. Abriss der Literatur des deutschen Sprachraumes von ihren Anfängen bis zur Gegenwart, 2 Bände, 3. Aufl., Wien 1987* (gemeinsam mit Herbert Pochlatko und Karl Koweindl); *Gefesselte Riesen. Wechsel vom Proporz-*

zum Majorzsystem in Salzburg und Tirol, Wien 2006 (= Studien zur politischen Wirklichkeit 17); Die Seele als Bild, Evi Fersterer, Mystischer Realismus 1979, 2006, Saalbach 2006.

THALLER Robert, Dr. FPÖ
Notariatsanwärter, Salzburg
* 2. 6. 1952, St. Johann im Pongau

Volksschule und 1963 bis 1971 Akademisches Gymnasium in Salzburg, 1971 Matura, 1971/72 Wehrdienst als Einjährig-Freiwilliger, 1972 bis 1978 Studium der Rechtswissenschaften an den Universitäten Salzburg und Innsbruck, 1979 Dr. iur., 1979 Eintritt in die Notariatskanzlei Dr. Steiner in Salzburg, bis 1994 Berufslaufbahn als Notariatsanwärter, 1996 Ernennung zum Notar, 1999 bis 2004 Notar in Saalfelden am Steinernen Meer, seit 2004 Notar in Oberndorf bei Salzburg; 1975 Beitritt zur FPÖ, 1989 bis 1994 stellvertretender Klubobmann der FPÖ im Landtag, 1975/76 Mandatar der Österreichischen Hochschülerschaft an der Universität Salzburg und Obmann des Rings Freiheitlicher Studenten (RFS); 1999 Goldenes Ehrenzeichen des Landes Salzburg.

Abg. zum Landtag (10. GP)	FPÖ	3. 5. 1989–1. 5. 1994
Landesrat	FPÖ	2. 5. 1994–27. 4. 1999

TONČIĆ-SORINJ Lujo, Dr. ÖVP
Gutsbesitzer, Salzburg
* 12. 4. 1915, Wien
† 20. 5. 2005, Salzburg

Privatunterricht, 1925 bis 1933 Humanistisches Gymnasium in Salzburg, 1933 Matura, 1933/34 Abiturientenkurs an einer Handelsakademie in Wien, 1934 bis 1938 Studium der Rechtswissenschaften an der Universität Wien, 1938 Dr. iur., 1938 bis 1940 Studien an den Universitäten Wien und Zagreb (Psychologie, Medizin, Philosophie, Geschichte und Slawistik), 1940/41 Studium an der Hochschule für Politik in Paris, 1941 bis 1944 Kriegsdienst, 1946 bis 1949 Leiter der politischen Abteilung im Österreichischen Forschungsinstitut für Wirtschaft und Politik in Salzburg, Mitarbeit bei einer großen Anzahl von Zeitschriften und Zeitungen (z. B. »Berichte und Informationen«), Gutsbesitzer in Salzburg; 1956 bis 1966 sowie 1968/69 Mitglied der österreichischen Delegation zur beratenden Parlamentarischen Versammlung des Europarates, 1963/64 Mitglied der österreichischen Delegation bei der Vollversammlung der Vereinten Nationen, Mitglied der österreichischen UNESCO-Kommission, 1969 bis 1974 Generalsekretär des Europarates, 1961/62 Vizepräsident der Parlamentarischen Versammlung des Europarates, 1977 bis 1992 Präsident der Österreichischen Liga bei den Vereinten Nationen, 1959 bis 1966 Außenpolitischer Sprecher der ÖVP, 1980 bis 1992 Ständiger Repräsentant der ÖVP bei der Europäischen Volkspartei und der Europäischen Union Christlicher Demokraten (UEDC), ab 1991 Ständiger Repräsentant der Kroatischen Demokratischen Partei (HDZ) bei der Europäischen Union Christlicher Demokraten (UEDC), 1987 bis 1999 Präsident der Internationalen Union zum Schutz des Privateigentums an Grund und Boden; 1975 Großes Goldenes Ehrenzeichen am Bande für Verdienste um die Republik Österreich sowie Träger zahlreicher weiterer nationaler und internationaler Auszeichnungen.

Abg. zum Nationalrat (VI.–XI. GP)	ÖVP	8. 11. 1949–5. 6. 1966
Bundesminister für auswärtige Angelegenheiten	ÖVP	19. 4. 1966–19. 1. 1968

Eigene Werke: *Erfüllte Träume. Kroatien, Österreich, Europa, Wien 1982; Albanien – Grösse und Tragik der Skipetaren, Melle 1988 (= Straßburger Gespräche, Band 13); Am Abgrund vorbei. Die Überwindung der Katastrophen des 20. Jahrhunderts, Wien 1991; Kroatiens einsamer Kampf. Vom Sieg der Sprache zum Sieg der Waffen, Köln 1998*

Treml Hans SDAP
Oberschaffner, Bischofshofen
* 21. 11. 1883, Vöcklamarkt (Oberösterreich)
† 30. 6. 1941, Puch bei Hallein

Volksschule in Köstendorf, 1899 Eintritt in den Dienst der k.k. Staatsbahnen als Blocksignaldiener in Straßwalchen, 1904 bis 1907 Militärdienst, ab 1904 Kondukteur und 1928 bis 1934 Oberkondukteur in Bischofshofen, 1934 mehrmonatige politische Haft in Werfen; 1922 bis 1934 Mitglied der Landesparteikontrolle der Sozialdemokratischen Partei, Bezirksvertrauensmann (1925), Kreisobmann des Arbeiter-Radfahrer-Vereines Pongau Pinzgau (1928); 1922 bis 1934 Mitglied der Gemeindevertretung von Bischofshofen; 1958 Straßenbenennung in Bischofshofen.

Abg. zum Landtag (2.–4. WP)	SDAP	4. 5. 1922–16. 2. 1934

TRIFLINGER Engelbert StL
Fabriksbeamter, Lend
* 4. 12. 1878, Mauerkirchen (Oberösterreich)
† 27. 12. 1944, Oberalm

Volksschule, drei Klassen Gymnasium, Handelsschule, Fabriksbeamter (Kassier) der Salzburger Aluminium AG in Lend; Ortsgruppenleiter des Heimatschutzes in Lend (1934); 1934 bis 1936 Bürgermeister (Regierungskommissär) und 1936 bis 1938 Mitglied des Gemeindetages von Lend; 1936 bis 1938 Mitglied des Landesschulrates für Salzburg.

Mitglied des Ständischen Landtages (Landstand) 22. 11. 1934–12. 3. 1938
(Vertreter der Industrie und des Bergbaues)

TROYER Otto, Dr. DNSAP
Rechtsanwalt, Salzburg
* 4. 2. 1870, Steyr (Oberösterreich)
† 24. 7. 1949, Salzburg

Volksschule, 1880 bis 1888 k.k. Staatsgymnasium in Linz, 1888 Matura, 1888 bis 1892 Studium der Rechtswissenschaften an der Universität Wien, 1898/99 Auskultant beim Kreisgericht Steyr (Oberösterreich), 1899 bis 1901 Gerichtsadjunkt beim Bezirksgericht Tamsweg, 1902 Dr. iur., 1901 bis 1906 Rechtsanwaltsanwärter und 1906 bis 1949 Rechtsanwalt in Salzburg; 1905 bis 1931 Mitglied des Gemeinderates der Stadt Salzburg; 1919 bis 1930 Mitglied des Sparkassenausschusses der Salzburger Sparkasse; 1928 Großes Goldenes Ehrenzeichen für Verdienste um die Republik Österreich.

Landesrat DNSAP 4. 5. 1922–4. 5. 1927

Literatur: *Hanisch, Ernst: Zur Frühgeschichte des Nationalsozialismus in Salzburg (1913–1925), in: MGSLK 117 (1977), Salzburg 1978, S. 37–1410; Voithofer, Richard: »Drum schließt Euch frisch an Deutschland an…« Die Geschichte der Großdeutschen Volkspartei in Salzburg 1920–1936, Wien 2000 (= Schriftenreihe des Forschungsinstitutes für politisch-historische Studien der Dr.-Wilfried-Haslauer-Bibliothek, Band 9)*

ULRICH Heinrich SDAP
Oberrechnungsrat, Salzburg
* 10. 7. 1871, Maria Kumitz, Gemeinde Pichl-Kainisch (Steiermark)
† 29. 11. 1943, Salzburg

Volksschule, 1882 bis 1891 k.k. Staatsgymnasium in Salzburg, 1891 Matura, 1892/93 Militärdienst, 1891 Eintritt in den Dienst des Landesausschusses in Salzburg, 1891 bis 1894 provisorischer und ab 1894 definitiver Beamter, 1914/15 Kriegsdienst, 1919 Ernennung zum stellvertretenden Vorstand der Landesbuchhaltung, bis 1922 Oberrechnungsrat der Salzburger Landesregierung, ab 1921 geschäftsführender Direktor der Salzburger Volkskreditbank; 1919 bis 1923 und 1924 bis 1934 Mitglied der Landesparteikontrolle der SDAP Salzburg; 1927 bis 1934 Mitglied des Gemeinderates der Stadt Salzburg; 1928 bis 1932 Mitglied des Sparkassenausschusses der Salzburger Sparkasse.

Mitglied der Konstituierenden Nationalversammlung	SDAP	25. 5. 1919–9. 11. 1920
Abg. zum Nationalrat (I. GP)	SDAP	10. 11. 1920–2. 9. 1922

Ungar Hans ÖVP
Bundesbahnbeamter, Salzburg
* 2. 1. 1918, Wien
† 22. 4. 1983, Salzburg

Volksschule in Wien, 1935 Matura am Bundesrealgymnasium Wien X, 1935/36 Einjährig-Freiwilliger, 1936/37 Studium der Rechtswissenschaften an der Universität Wien, 1937 Eintritt als Praktikant bei den Österreichischen Bundesbahnen als Fahrdienstleiter, Kriegsdienst, 1944 schwere Verwundung, Kriegsgefangenschaft, Zolldeklarant bei den ÖBB, Bundesbahn-Oberrevident; ÖAAB- und ÖVP-Ortsparteiobmann von Gnigl, Landessektionsobmann der Eisenbahner im ÖAAB, 1961 bis 1965 Bezirksobmann des ÖAAB in der Stadt Salzburg; 1953 bis 1962 Mitglied des Gemeinderates der Stadt Salzburg.

Abg. zum Landtag (3.–5. GP)	ÖVP	1. 6. 1955–13. 5. 1969

Veichtlbauer Ricky SPÖ
Hausfrau, Salzburg
* 21. 1. 1948, Salzburg

1954 bis 1958 Volksschule in Salzburg-Itzling, 1958 bis 1962 Bundesrealgymnasium in Salzburg, 1962 bis 1964 Handelsschule in Salzburg, 1964/65 Mitarbeiterin im Büro des Soziallandesrates beim Amt der Salzburger Landesregierung, 1965/66 Auslandsaufenthalt (England) und Ablegung des »Certificate of Lower Cambridge«, 1966 bis 1968 Büroangestellte (Buchhaltung) bei der Wohnbaugenossenschaft »Salzburg«, 1968/69 Mitarbeiterin im Pressereferat der Tauernkraftwerke AG, 1969 bis 1984 Hausfrau

(Betreuung der beiden Kinder) beziehungsweise von 1972 bis 1984 diverse Teilzeitbeschäftigungen und Heimarbeit für die Kammer für Arbeiter und Angestellte, seit 1994 Geschäftsführerin der KOKO-GmbH (Kontakt- und Kommunikationszentrum für Kinder) in Salzburg, seit 2002 freiberufliches Coaching (personenorientierte Beratung im beruflichen Kontext), seit 2004 Vortragende auf der Fachhochschule für Soziale Arbeit in Salzburg; 1966 Beitritt zur SPÖ, 1982 bis 1994 Landesvorsitzende der SPÖ-Frauen Salzburg, 1982 bis 1994 Mitglied des Landesparteipräsidiums, 1984 bis 1994 stellvertretende Landesparteivorsitzende der Salzburger SPÖ, Mitglied des Bundesparteivorstandes der SPÖ, stellvertretende Bundesfrauenvorsitzende, 1980 bis 1994 Landesobmann-Stellvertreterin der Salzburger Kinderfreunde, 1980 bis 1984 Vorsitzende der SPÖ Sektion Lehen-Nord (erste weibliche Vorsitzende im Land Salzburg), 1989 bis 1994 Klubvorsitzende der SPÖ im Landtag; 1983 bis 1990 Vorsitzende des Vereines »Heimhilfedienst«, Mitglied des Familienpolitischen Beirates der Salzburger Landesregierung.

Abg. zum Landtag (9.–10. GP)	SPÖ	16. 5. 1984–1. 5. 1994
Mitglied des Bundesrates	SPÖ	31. 3. 1982–15. 5. 1984

Viehauser Andreas, Dr. ÖVP
Arzt, Salzburg
* 4. 6. 1901, Bad Hofgastein
† 3. 12. 1968, Salzburg

Volksschule in Bad Hofgastein, 1923 Matura am Erzbischöflichen Privatgymnasium »Borromäum« in Salzburg, 1923 bis 1929 Studium der Medizin an der Universität Innsbruck, 1929 Dr. med. univ., 1929 bis 1934 Turnusarzt im Krankenhaus der Barmherzigen Brüder in Wien und Salzburg sowie im Unfallkrankenhaus in Wien, 1934 bis 1967 praktischer Arzt in Salzburg, 1939 bis 1942 Kriegsdienst als Oberarzt; 1945 Gründungsmitglied der Salzburger ÖVP, 1946 bis 1954 Landesobmann-Stellvertreter des Österreichischen Wirtschaftsbundes-Landesgruppe Salzburg; 1945 bis 1968 Präsident des Salzburger Roten Kreuzes, 1948 bis 1955 Landesobmann des Österreichischen Kinderrettungswerkes, 1950 bis 1958 Landesobmann der Arbeitsgemeinschaft für Volksgesundheit, 1949 bis 1954 Mitglied des Landesstellenausschusses der AUVA Salzburg; 1947 Medizinalrat, 1969 Straßenbenennung in Salzburg.

Abg. zum Landtag (1.–2. GP)	ÖVP	12. 12. 1945–10. 12. 1954
Zweiter Landtagspräsident-Stellvertreter		28. 5. 1952–10. 12. 1954

VIEHAUSER Jakob SDAP
Bauer und Fuhrwerksunternehmer, Dienten am Hochkönig
* 22. 1. 1869, Dienten am Hochkönig
† 14. 12. 1950, Dienten am Hochkönig

Volksschule, Berg-, Holz- und Landarbeiter, 1895 bis 1934 Nebenerwerbsbauer (Verwaltergut) in Dienten, selbstständiger Frächter; 1897 Beitritt zur SDAP, Mitbegründer und ab 1913 Obmann-Stellvertreter des Sozialdemokratischen Vereines im Pinzgau; 1903 bis 1931 Mitglied des Gemeinderates sowie 1903 bis 1913 und 1926 bis 1928 Bürgermeister von Dienten und damit erster sozialdemokratischer Bürgermeister des Landes Salzburg.

Abg. zum Konstituierenden Landtag (1. WP)	SDAP	23. 4. 1919–3. 5. 1922
Abg. zum Nationalrat (I. GP)	SDAP	14. 9. 1922–20. 11. 1923

VOGGENHUBER Johannes Grüne
Angestellter, Salzburg
* 5. 6. 1950, Salzburg

1977 bis 1982 Sprecher der Vereinigten Bürgerinitiativen Salzburg und ihrer Gemeinderatsfraktion »Salzburger Bürgerliste«, Mitbegründer der Grünen Österreichs, 1988 bis 1992 Bundesgeschäftsführer der Grünen Alternative, 1990 bis 1992 Klubobmann der Grünen im Nationalrat; 1982 bis 1987 Mitglied des Gemeinderates und Stadtrat der Stadt Salzburg; 1999 bis 2002 und seit 2005 Vizepräsident des Ausschusses für konstitutionelle Fragen im Europäischen Parlament, 1999 bis 2002 und seit 2005 Leiter der österreichischen Delegation der Grünen im Europäischen Parlament, 2002 Mitglied des EU-Konventes; 2002 Großes Goldenes Ehrenzeichen für Verdienste um die Republik Österreich.

Abg. zum Nationalrat (XVIII.–XX. GP)	Grüne	5. 11. 1990–13. 3. 1996
Mitglied des Europäischen Parlamentes	Grüne	1. 1. 1995–lfd.

Eigene Werke. *Berichte an den Souverän. Der Bürger und seine Stadt, Wien-Salzburg 1988*

Vogl Otto NSDAP
Gast- und Landwirt, Anthering
* 18. 9. 1888, Anthering
† 28. 7. 1952, Anthering

Volksschule, Metzgerlehre, 1914 bis 1919 Kriegsdienst und Gefangenschaft, 1921 bis 1952 Gast- und Landwirt sowie Fleischhauermeister in Anthering; 1920/21 Obmann des Salzburger Heimatschutzes, Landesparteiobmann-Stellvertreter des Freiheitlichen Salzburger Bauernbundes (1921), 1924 bis 1929 Obmann der land- und forstwirtschaftlichen Bezirksgenossenschaft in Oberndorf bei Salzburg, 1932 Beitritt zur NSDAP, 1932/33 Klubobmann der NSDAP im Landtag, 1934 Inhaftierung in Anhaltelager Kaisersteinbruch, 1939 Ausschluss aus der NSDAP, 1946/47 zehnmonatige Haft wegen der Mitgliedschaft zur NSDAP.

Abg. zum Landtag (4. WP) NSDAP 19. 5. 1932–30. 6. 1933

Literatur: *Schausberger, Franz: Ins Parlament, um es zu zerstören. Das parlamentarische Agi(ti)eren der Nationalsozialisten in den Landtagen von Wien, Niederösterreich, Salzburg und Vorarlberg nach den Landtagswahlen 1932, Wien-Köln-Weimar 1995 (= Schriftenreihe des Forschungsinstitutes für politisch-historische Studien der Dr.-Wilfried-Haslauer-Bibliothek, Band 1)*

Vogl Walter, Mag. Dr. ÖVP
Sozialversicherungsjurist, Wals-Siezenheim
* 11. 6. 1927, Kufstein (Tirol)
† 29. 10. 1996, Salzburg

1933 bis 1938 Volksschule und 1938 bis 1946 Realgymnasium (Oberschule für Jungen) in Kufstein (Tirol), 1943 bis 1945 Kriegsdienst und Gefangenschaft, 1948 Abiturientenkurs an der Handelsakademie Innsbruck, 1948 bis 1953 Studium der Rechtswissenschaften an der Universität Innsbruck, 1953 Absolutorium der Rechts- und Staatswissenschaften, 1953/54 Gerichtspraxis am Bezirksgericht Kufstein und am Landesgericht Innsbruck, 1955 Dr. iur., 1980 Mag. iur., 1954 bis 1964 Rechtsreferent, 1964 bis 1971 Direktor-Stellvertreter und 1971 bis 1974 Direktor der Land- und Forstwirtschaftlichen Sozialversicherungsanstalt in Salzburg, 1974 bis 1987 Landesstellendirektor der Sozialversicherungsanstalt der Bauern in Salzburg; 1968 bis 1986 Landesobmann des Salzburger Seniorenbundes, 1984 bis 1987 Bundesobmann-Stellvertreter des Österreichischen Seniorenbundes, 1979 bis 1984 stellvertretender Klubobmann der ÖVP im Landtag, 1979 bis 1982 Fraktionsobmann der ÖVP im Landesschulrat für Salzburg; Vizepräsident der Österreichischen Gesellschaft »Rettet das Kind«, Kurator des Schwarzen Kreuzes, 1970 bis 1974 Vizepräsident des Österreichischen Wohlfahrtsdienstes in Salzburg; 1985 Großes Goldenes Ehrenzeichen für Verdienste um die Republik Österreich, 1989 Großes Ehrenzeichen des Landes Salzburg.

Abg. zum Landtag (7.–9. GP)	ÖVP	22. 5. 1974–2. 5. 1989
Dritter Präsident des Landtages		16. 5. 1984–2. 5. 1989

Eigene Werke: *»Ich wollte nie eine Rede halten«, Salzburg 1988*

VOITHOFER Josef SPÖ
Bundesbahnbeamter, Schwarzach im Pongau
* 16. 3. 1895, Goldegg
† 17. 10. 1982, Schwarzach im Pongau

Volksschule, landwirtschaftliche Ausbildung, Landarbeiter, 1911 Eintritt in den Dienst der k.k. Staatsbahnen, 1934 Entlassung aus dem Bahndienst, ab 1934 Forstarbeiter, zwischen 1934 und 1938 mehrere Verhaftungen aus politischen Gründen, 1942 Verurteilung zu einer vierjährigen Haftstrafe wegen Vorbereitung zum Hochverrat, 1942 bis 1945 KZ Dachau, ab 1945 Technischer Inspektor der Österreichischen Bundesbahnen; 1912 Beitritt zur SDAP, 1919 bis 1934 Vorstandsmitglied der Arbeiterkammer Salzburg, Mitglied des Aufsichtsrates der Konsumgenossenschaft, Funktionär der Eisenbahnergewerkschaft, Vorstandsmitglied des Österreichischen Arbeitsbauernbundes, 1955 bis 1962 Landesobmann der Salzburger Naturfreunde, 1945 Mitglied der Landesparteivertretung und 1946 bis 1961 Mitglied des Landesparteivorstandes der SPÖ Salzburg; Mitglied des Gemeinderates von Schwarzach im Pongau; 1970 Goldenes Verdienstzeichen des Landes Salzburg.

Abg. zum Nationalrat (V.–IX. GP)	SPÖ	19. 12. 1945–5. 1. 1961

WAGENBICHLER Alois, Dr. CSP, StL
Arzt, Bad Gastein
* 16. 2. 1895, Radstadt
† 27. 6. 1957, Baden bei Wien (Niederösterreich)

Volksschule, Gymnasium in Ried im Innkreis (Oberösterreich), 1915 bis 1918 Kriegsdienst, 1919 Matura, 1919 bis 1923 Studium der Medizin an der Universität Innsbruck, 1923 Dr. med., 1924 bis 1929 praktischer Arzt in Frankenmarkt (Oberösterreich), 1929 bis 1934 Assistenzarzt in Bad Gastein und 1936 bis 1938 Primar am Badehospiz in Bad Gastein, 1938 Gauverweis, 1938 bis 1957 Kurarzt sowie Leiter des Kurhauses in Baden bei Wien; 1929 Beitritt zur Heimwehr, Bezirksführer der Heimwehr im Gasteiner Tal, stellvertretender Landesführer der Heimwehr und stellvertretender Landesleiter der Vaterländischen Front (1934), 1934 Bestellung zum provisorischen Leiter der gesamten Ärzteschaft Österreichs, Bezirksärztevertreter in Baden bei Wien (1945); Medizinalrat.

Landeshauptmann-Stellvertreter	CSP	26. 2. 1934–31. 10. 1934
Landesstatthalter-Ständischer Landtag		1. 11. 1934–12. 3. 1938

Wagner Erich NSDAP
Arbeiter, Salzburg
* 5. 8. 1902, Salzburg
† 9. 7. 1989, Salzburg

1908 bis 1913 Volksschule und 1913 bis 1916 Hauptschule in Salzburg, 1916 bis 1919 Lehre als Fotograf und Gewerbliche Fortbildungsschule in Salzburg, 1919 Fotografengehilfe in Salzburg und Leoben, 1920 bis 1922 Lehre als Kunsttischler in Salzburg, 1922 bis 1925 Tätigkeit als Tischler in Salzburg, 1926 bis 1932 Tätigkeit als Fahrer in Salzburg, Bad Gastein und Bad Ischl, 1929 Beitritt zur NSDAP, ab 1932 Gaubetriebszellenleiter der NSBO, Jänner bis Mai 1934 Anhaltelager Wöllersdorf, 1934 bis 1938 Tätigkeit in Kassel (Deutschland) als Leiter der Abteilung »Kraft durch Freude« in der Deutschen Arbeitsfront, 1938/39 Gaupropagandawalter der Deutschen Arbeitsfront (DAF), 1939 bis 1942 Leiter der Abteilung »Propaganda« der Deutschen Arbeitsfront, 1940 Kriegsdienst, 1942/43 Angestellter der NSV Gauleitung Salzburg und 1943 bis 1945 Angestellter der NSV Reichsleitung, 1945 bis 1947 Internierung im Lager Glasenbach, 1947 bis 1950 Kraftfahrer und Magazineur, 1950 bis 1967 Angestellter einer Baufirma in Salzburg; 1977 Bürger der Stadt Salzburg, 1974 Ehrenmitglied des Kameradschaftsbundes, 1982 Silbernes Verdienstzeichen des Landes Salzburg.

Abg. zum Landtag (4. WP)	NSDAP	19. 5. 1932–30. 6. 1933

Literatur: *Schausberger, Franz: Ins Parlament, um es zu zerstören. Das parlamentarische Agi(ti)eren der Nationalsozialisten in den Landtagen von Wien, Niederösterreich, Salzburg und Vorarlberg nach den Landtagswahlen 1932, Wien-Köln-Weimar 1995 (= Schriftenreihe des Forschungsinstitutes für politisch-historische Studien der Dr.-Wilfried-Haslauer-Bibliothek, Band 1)*

WAGNER Hans DF, DNSAP
Redakteur, Salzburg
* 16. 10. 1891, Wien
† 1. 10. 1957, Wien

Telegrafenbediensteter der k.k. Staatsbahnen, 1911 Übersiedlung nach Salzburg, 1912 Gründer des »Deutschen Volksrufes«, 1912 bis 1914 und 1919/20 dessen Herausgeber, 1914 bis 1918 Kriegsdienst, Beamter der Alpenländischen Exportgesellschaft (1920), 1920 Gerichtsverfahren wegen des Verdachtes des Kettenhandels mit Zigaretten und Papier, 1921 Freispruch, 1921 bis 1925 Kaufmann in Salzburg, 1925 Übersiedlung nach Wien, 1925 bis 1928 Kaufmann in Wien, ab 1928 Bediensteter der Wiener Bezirkskrankenkasse (später Allgemeine Ortskrankenkasse bzw. Wiener Gebietskrankenkasse); 1913 Gründer und Obmann des »Allgemeinen Deutschen Gewerksvereins«, 1918 bis 1920 Landesparteiobmann der Deutschen Nationalsozialistischen Arbeiterpartei (DNSAP); 1919 Mitglied des Gemeinderates der Stadt Salzburg, 1928 bis 1932 Mitglied der Bezirksvertretung von Wien-Währing für die Einheitsliste; 1928/29 Mitglied des Gemeinsamen Ausschusses der Großdeutschen Volkspartei und der Nationalsozialistischen Partei, 1938 bis 1940 Kreisredner der Deutschen Arbeitsfront, 1942 Beitritt zur NSDAP.

Mitglied der Provisorischen Landesversammlung	DF	3. 11. 1918–21. 4. 1919
Abg. zum Konstituierenden Landtag (1. WP)	DNSAP	23. 4. 1919–25. 3. 1921
Landesrat	DNSAP	3. 11. 1918–29. 11. 1918

Literatur: *Hanisch, Ernst: Zur Frühgeschichte des Nationalsozialismus in Salzburg (1913–1925), in: MGSLK 117 (1977), Salzburg 1978, S. 37–1410*

WAGNER-SCHÖPPL Gertraud, MMag. Dr. ÖVP, OP
Tierärztin, Salzburg
* 21. 9. 1956, Salzburg

Pflichtschule in Salzburg, Lehrabschluss als Lebensmittelkauffrau, 1978 Matura am Abendgymnasium für Berufstätige in Salzburg, ab 1978 Studium der Veterinärmedizin in Wien, Mag. vet. med., 1988 Dr. vet. med., seit 1988 verschiedene Tätigkeiten als Amtstierärztin und Eröffnung einer eigenen Privatordination in Salzburg, 1997 bis 2004 Amtstierärztin der Bezirkshauptmannschaft Salzburg-Umgebung, 1999 bis 2004 Tierschutzbeauftragte des Landes Salzburg, seit 1998 Fachtierärztin für Tierschutz und Tierhaltung, Studium der Rechtswissenschaften an der Universität Salzburg, 2004 Mag.

iur.; 2000 Ausschluss aus dem ÖVP-Landtagsklub, dem sie bis dahin als parteifreie Abgeordnete angehörte; Vorstandsmitglied der Salzburger Tierärztekammer, Delegierte für Tierschutz der Österreichischen Bundeskammer für Tierärzte, 1996 bis 2000 Vizepräsidentin der Salzburger Amtstierärzte; 1997 Tierschutzpreis des Wiener Tierschutzvereines, 2004 Goldenes Verdienstzeichen des Landes Salzburg.

Abg. zum Landtag (12. GP)	ÖVP	27. 4. 1999–5. 7. 2000
Abg. zum Landtag (12. GP)	OP	6. 7. 2000–27. 4. 2004

Wahlhütter Reinhold SPÖ
Angestellter, St. Michael im Lungau
* 16. 12. 1946, Vordernberg bei Leoben (Steiermark)

1953 bis 1957 Volksschule in Vordernberg (Steiermark), 1957 bis 1961 Hauptschule in Trofaiach (Steiermark), 1961 bis 1963 Handelsschule in Leoben (Steiermark), 1967/68 Buchhalter in Tamsweg, 1968 bis 1972 Datenverarbeiter in Wien und Ausbildung zum Bilanzbuchhalter, seit 1972 im Lungau tätig, 1974 bis 1981 Mautstellenleiter und später Vertriebsleiter der Tauernautobahn AG (ab 1991 ÖSAG, heute: ASFINAG); 1970 Beitritt zur SPÖ, 1982 bis 1991 Bezirksparteivorsitzender der SPÖ Lungau und Mitglied des Landesparteivorstandes sowie 1981 bis 1991 Mitglied des Landesparteipräsidiums der SPÖ Salzburg, 1976 bis 1984 ÖGB-Obmann von St. Michael im Lungau; 1975 bis 1984 Mitglied der Gemeindevertretung, 1984 bis 1990 Mitglied des Gemeinderates und 1990 bis 1994 Bürgermeister von St. Michael im Lungau; 1993 Silbernes Ehrenzeichen für Verdienste um die Republik Österreich.

Abg. zum Landtag (8.–10. GP)	SPÖ	8. 7. 1981–21. 10. 1991

Waitz Sigismund, Dr. StL
Fürsterzbischof, Salzburg
* 29. 5. 1864, Brixen (Südtirol)
† 30. 10. 1941, Salzburg

Volksschule in Brixen, 1874 bis 1882 Bischöfliches Konvikt »Cassianeum« in Brixen, 1882 bis 1886 Studium der Theologie in Innsbruck und Brixen, 1886 Priesterweihe, 1886 Kooperator in Trins im Wipptal (Südtirol) und 1887 in Innichen (Südtirol), 1890 Dr. theol. an der Universität Innsbruck, 1891 bis 1897 Redakteur des »Tiroler Volksboten«, 1898/99 Provisor der Pfarre Dientenheim bei Bruneck (Südtirol), 1899 bis 1912 Lehrer am Priesterseminar in Brixen, 1904/05 Religionslehrer von Erzherzog Karl (der spätere Kaiser Karl I), 1913 bis 1925 Weihbischof von Brixen und Generalvikar für Vorarlberg, 1919/20 Delegatus Sanctae Sedis des nichtbesetzten Teil der Diözese Brixen, 1921 Ernennung zum Apostolischen Administrator des österreichischen Teils der Diözese Brixen, 1925 bis 1938 Administrator beziehungsweise Bischof der Apostolischen Administratur von Innsbruck-Feldkirch, 1934 bis 1941 Fürsterzbischof von Salzburg.

Mitglied des Ständischen Landtages (Landstand) 5. 2. 1935–12. 3. 1938
(Vertreter der katholischen Kirche)

Literatur: *Jablonka, Hans: Waitz, Bischof unter Kaiser und Hitler, Wien 1971; Scharnagl, Josef: Erzbischof Sigismund Waitz und der »Anschluß«. Die Kirche Salzburgs im März und April 1938, Diplomarbeit, Salzburg 1989; Gatz, Erwin: Die Bischöfe der deutschsprachigen Länder 1785/1803 bis 1945. Ein biographisches Lexikon, Berlin 1983; Giglmayr, Tobias: Die Erzbischöfe Rieder, Waitz und Rohracher als Diözesangesetzgeber im Spiegel der kirchlichen Amtsblätter. Ein kirchenrechtlicher und pastoralgeschichtlicher Überblick, Dipl.-Arb. Salzburg 1996; Erler, Blasius: Bischof Dr. Sigmund Waitz. Erinnerungen an sein Wirken in Südtirol, besonders in seiner Vaterstadt Brixen, Brixen ca. 1991*
Eigene Werke: *Wahrmunds Kampf für die Freie Schule, Brixen 1907; Kriegstrost. Predigten, gehalten in den Kriegsjahren 1914 und 1915, Feldkirch 1915; Christus und die Kranken, Innsbruck 1917; Die Botschaft von Konnersreuth, Feldkirch 1928; Die soziale Botschaft des Papstes. Vorträge über »Quadragesimo anno ...«, Wien 1931; Christus, König der Wahrheit, König der Universität, Salzburg 1933; Hirtenbrief, Salzburg 1935*

Wally Leopold SPÖ
Hauptschuldirektor, Salzburg
* 24. 3. 1918, Wien
† 11. 1. 1978, Salzburg

1924 bis 1928 Volksschule in Seekirchen am Wallersee, 1928 bis 1932 Hauptschule in Salzburg, 1932 bis 1937 Bundeslehrerbildungsanstalt in Salzburg, 1937/38 Einjährig-Freiwilliger beim Österreichischen Bundesheer, 1939 bis 1945 Kriegsdienst, nach 1945 Lehrbefähigungsprüfungen für Volks-, Haupt- und Sonderschulen sowie für Leibeserziehung, bis 1958 Lehrer an Volks- und Hauptschulen in der Stadt Salzburg, 1958 bis 1978 Direktor der Tagesheimschule in Salzburg (Hauptschuldirektor); 1972 bis 1978 Mitglied des Landesparteivorstandes der SPÖ Salzburg, bis 1972 Obmann des Sozialistischen Lehrervereines Salzburg-Stadt, stellvertretender Landesobmann des Sozialistischen Lehrervereines, 1953 bis 1972 Landessekretär und 1972 bis 1978 Landesobmann der Salzburger Kinderfreunde; Silbernes Ehrenzeichen für Verdienste um die Republik Österreich.

Abg. zum Landtag (5. GP)	SPÖ	3. 11. 1966–13. 5. 1969
Mitglied des Bundesrates	SPÖ	14. 5. 1969–11. 1. 1978

WANNER Hilde SPÖ
Magistratsbeamtin, Salzburg
* 20. 3. 1961, Linz

1967 bis 1975 Volks- und Hauptschule in Linz, 1975 bis 1980 Bundes-Oberstufenrealgymnasium in Linz, 1980 Matura, 1981 Übersiedlung nach Salzburg, 1981/82 Abiturientenlehrgang an der Bundeshandelsakademie in Salzburg, 1983 Eintritt in den Dienst des Magistrates Salzburg (1983 bis 1990 Sachbearbeiterin in der Finanzverwaltung, 1990 bis 2000 Mitarbeiterin in politischen Büros, seit 2000 Sachbearbeiterin im Wirtschaftsservice der Stadt Salzburg); seit 2000 Landesfrauenvorsitzende und seit 2001 stellvertretende Landesparteivorsitzende der SPÖ Salzburg, seit 2002 Mitglied des Bundesfrauenvorstandes der SPÖ Frauen sowie des Bundesparteivorstandes der SPÖ; 2000 bis 2006 Mitglied des Präsidiums und 2003 bis 2006 Vizepräsidentin der ASKÖ Salzburg, 1998 bis 2006 Mitglied der Landessportorganisation des Landes Salzburg.

Abg. zum Landtag (12. GP–)	SPÖ	27. 4. 1999–lfd.

WASSERBAUER Hedwig ÖVP
Hausfrau, Mühlbach am Hochkönig
* 6. 5. 1935, Neufisching bei Zeltweg (Steiermark)

1941 bis 1945 Volksschule in Zeltweg (Steiermark), 1945 bis 1950 Realschule in Knittelfeld (Steiermark), 1950 bis 1954 kaufmännische Lehre und Berufsschule in Leoben (Steiermark), 1954 bis 1957 kaufmännische Angestellte, 1957 bis 1960 Hotelassistentin in der Schweiz, 1962 bis 1966 Geschäftsführerin des Fremdenverkehrsbüros Mühlbach am Hochkönig, seit 1966 Hausfrau; 1981 bis 1985 Bezirksleiterin der Österreichischen Frauenbewegung im Pongau, 1984 bis 1995 Landesleiterin der Österreichischen Frauenbewegung in Salzburg; 1974 bis 1989 Mitglied der Gemeindevertretung und 1984 bis 1989 Vizebürgermeisterin von Mühlbach am Hochkönig.

Abg. zum Landtag (9.–10. GP)	ÖVP	16. 5. 1984–1. 5. 1994

Weichenberger Josef SPÖ
Landessekretär des ÖGB, Salzburg
* 10. 3. 1930, Salzburg

1936 bis 1944 Volks- und Hauptschule in Salzburg, 1944 bis 1947 Berufsschule und Lehre als Bau- und Möbeltischler, 1947 bis 1950 Facharbeiter (Tischler) in Salzburg, 1950 bis 1962 Jugendsekretär des ÖGB Salzburg, 1962 bis 1978 ÖGB-Bezirkssekretär für den Flachgau, 1967 bis 1978 Landessekretär der Gewerkschaft »Persönlicher Dienst«, 1978 bis 1981 Bildungssekretär des ÖGB Salzburg, 1978 bis 1981 stellvertretender Landessekretär und 1981 bis 1990 Landessekretär des ÖGB Salzburg; 1948 Beitritt zur SPÖ, 1982 bis 1989 Mitglied des Landesparteivorstandes der Salzburger SPÖ, 1979 bis 1984 stellvertretender Klubvorsitzender der SPÖ im Landtag; Gründer und 1947 bis 1950 Landesobmann der Bau- und Holzarbeiter Gewerkschaftsjugend Salzburg, 1949/50 Landesobmann der Österreichischen Gewerkschaftsjugend in Salzburg, 1971 bis 1990 Mitglied des Vorstandes der FSG in Salzburg, 1972 bis 1987 Fraktionsgeschäftsführer der FSG, 1969 bis 1990 Kammerrat und 1982 bis 1990 Mitglied des Vorstandes der Arbeiterkammer Salzburg, 1962 bis 1977 Mitglied des Bezirksschulrates Salzburg-Umgebung, 1982 bis 1988 Vizepräsident des Salzburger Zivilschutzverbandes, 1983 bis 1997 Mitglied des Kuratoriums des ARBÖ Salzburg, 1982 bis 1987 Präsident des Kuratoriums »Sicheres Österreich« in Salzburg, 1979 bis 1986 Vorstandsmitglied der Gesellschaft für Landesverteidigung und Sicherheitspolitik in Salzburg; 1989 Silbernes Ehrenzeichen des Landes Salzburg sowie zahlreiche weitere Auszeichnungen.

Abg. zum Landtag (7. -8. GP)	SPÖ	2. 11. 1976–15. 5. 1984
Mitglied des Bundesrates	SPÖ	16. 5. 1984–2. 5. 1989

Weidenhillinger Alois SDAP
Werkführer, Salzburg
* 10. 6. 1883, Neukirchen an der Enknach (Oberösterreich)
† 5. 2. 1942, Salzburg

Vier Klassen Volksschule, ab 1899 Wanderschaft, Schmiedlehre, 1904 bis 1907 Militärdienst, 1908 Eintritt in den Dienst der k.k. Staatsbahnen in Salzburg, 1934 politische Haft; ab 1908 Tätigkeit in der freien Eisenbahnergewerkschaft, bis 1921 Obmann und ab 1921 Obmann-Stellverteter der SDAP Salzburg-Stadt, 1919 bis 1932 Mitglied der Landesparteivertretung der SDAP Salzburg; 1921 bis 1934 Mitglied des Gemeinderates der Stadt Salzburg; 1931 Bürger der Stadt Salzburg, 1988 Straßenbenennung in Salzburg.

Abg. zum Landtag (3. WP)	SDAP	14. 2. 1929–18. 5. 1932
Mitglied des Bundesrates	SDAP	27. 5. 1932–17. 2. 1934

WEISER Josef, Ing. ÖVP
Spenglermeister, Salzburg
* 11. 3. 1920, Salzburg
† 21. 5. 1979, Mattsee

Volks- und Bundesrealschule in Salzburg, 1934 bis 1938 Lehre als Spengler, Dachdecker und Installateur im elterlichen Betrieb, 1938 Matura, 1938 bis 1940 Studium an der Technischen Hochschule in Wien, 1940 bis 1944 Kriegsdienst (schwere Verwundung und Amputation eines Beines), 1949 Übernahme des elterlichen Betriebes in Salzburg; 1969 bis 1976 Bezirksobmann des Österreichischen Wirtschaftsbundes in der Stadt Salzburg; 1949 bis 1953 Mitglied des Gemeinderates der Stadt Salzburg; 1960 bis 1970 Mitglied beziehungsweise ab 1965 stellvertretender Obmann der Sektion Gewerbe in der Salzburger Handelskammer, 1970 bis 1979 Vizepräsident der Salzburger Handelskammer, Innungsmeister der Spengler und Kupferschmiede; 1950 bis 1958 stellvertretender Obmann und 1958 bis 1978 Obmann des Kriegsopferverbandes Salzburg; 1959 Goldenes Ehrenzeichen für Verdienste um die Republik Österreich, 1972 Goldenes Verdienstzeichen des Landes Salzburg, 1974 Kommerzialrat.

Abg. zum Landtag (5.–6. GP)	ÖVP	19. 6. 1964–21. 5. 1974

WEISER Martha ÖVP
Volksschullehrerin, Salzburg
* 8. 3. 1913, Wien

Volks- und Bürgerschule in Wien, Tätigkeit als Erzieherin und Bibliothekarin, 1937 Matura an der Bundeslehrerbildungsanstalt in Wien-Döbling, 1937/38 Erzieherin beim Österreichischen Arbeitsdienst, 1938 Erzieherin im Stift Nonnberg in Salzburg, 1939/40 Volksschullehrerin in Krimml, Bramberg und St. Martin bei Lofer, 1940 bis 1950 Hausfrau, 1950 bis 1959 Volksschullehrerin in Salzburg; 1963 bis 1976 Landesleiterin der Österreichischen Frauenbewegung in Salzburg; 1964 bis 1976 Stadträtin von Salzburg; Mitglied des Vorstandes des Kinderhilfswerkes, 1962 Gründerin und Präsidentin der Salzburger Frauenhilfe; 1967 Goldenes Verdienstzeichen der Republik Österreich, 1970 Silbernes Verdienstzeichen des Landes Salzburg, 1976 Ring des Landes Salzburg.

Abg. zum Landtag (4.–5. GP)	ÖVP	2. 7. 1959–13. 5. 1969

WEISER Rosa StL
Spenglermeistersgattin, Salzburg-Gnigl
* 14. 11. 1891, St. Marienkirchen am Hausruck (Oberösterreich)
† 28. 9. 1969, Salzburg

Volks- und Bürgerschule, 1918 Übersiedlung nach Salzburg, Tätigkeit als Kellnerin und später im Betrieb des Ehegatten; 1945 Gründungsmitglied der Salzburger ÖVP, 1950 bis 1963 Landesleiterin der Österreichischen Frauenbewegung in Salzburg, 1963 Ernennung zur Ehrenlandesleiterin auf Lebenszeit, 1957 bis 1960 stellvertretende Bundesleiterin der Österreichischen Frauenbewegung; 1936 bis 1938 Mitglied des Landesschulrates für Salzburg, Leiterin des Kinderrettungswerkes Salzburg.

Mitglied des Ständischen Landtages (Landstand) 22. 11. 1934–12. 3. 1938
(Vertreterin des Erziehungswesens)

WEISSKIND Josef SPÖ
Kaufmann, Salzburg
* 6. 2. 1914, Salzburg
† 29. 1. 1977, Salzburg

Volks- und Bürgerschule in Salzburg, kaufmännische Lehre, bis 1939 Kaufmannsgehilfe und Dekorateur, 1938 Verhaftung und Ausweisung aus der Stadt Salzburg, Besuch der Werbeschule in Berlin, 1939 bis 1945 Kriegsdienst, 1945 Kriegsgefangenschaft, 1945 GEWA-Kaufhaus in Salzburg, 1946 Eröffnung eines Sportfachgeschäftes in Salzburg, 1951 Gründung von »Ryska Moden« in Salzburg; 1928 bis 1934 Obmann der Sozialistischen Jugend in Salzburg, SPÖ-Sektionsobmann Gstättenviertel in der Stadt Salzburg (1947), 1948 bis 1974 Mitglied des Landesparteivorstandes, 1970 bis 1972 Mitglied des Landesparteipräsidiums und 1966 bis 1972 stellvertretender Landesparteivorsitzender der SPÖ Salzburg, 1967 bis 1970 Mitglied des Bundesparteivorstandes der SPÖ, 1951 bis 1960 Landesobmann der Salzburger Kinderfreunde, 1962 bis 1967 Landesobmann des Freien Wirtschaftsverbandes; 1946 Mitglied des Gemeinderates der Stadt Salzburg; Gremialvorsteher des Lederwaren- und Sportartikelhandels, 1960 bis 1965 Kammerrat der Salzburger Handelskammer, 1962 bis 1968 Vizepräsident des Salzburger Zivilschutzverbandes, 1952 bis 1977 Vizepräsident des Salzburger Roten Kreuzes, 1947 Gründungsmitglied und bis 1971 und Vizepräsident der Salzburger Volkshilfe, 1952 bis 1955 und 1966 bis 1969 Präsident der ASKO Salzburg, 1968 bis 1977 Präsident des SV Casino Salzburg, 1952 bis 1974 Mitglied des Sparkassenausschusses der Salzburger Sparkasse, 1948/49 kooptiertes Mitglied der Salzburger Landesregierung; 1968 Kommerzialrat, 1961 Goldenes Ehrenzeichen für Verdienste um die Republik Österreich,

1968 Goldenes Ehrenzeichen des Landes Salzburg, 1968 Ehrenobmann des Freien Wirtschaftsverbandes, 1982 Straßenbenennung in Salzburg.

Abg. zum Landtag (1. GP)	SPÖ	29. 7. 1946–30. 11. 1949
Abg. zum Landtag (3. GP)	SPÖ	21. 7. 1954–10. 12. 1954
Abg. zum Landtag (3. GP)	SPÖ	29. 10. 1958–1. 7. 1959
Abg. zum Landtag (6. GP)	SPÖ	14. 5. 1969–26. 5. 1971
Landesrat	SPÖ	14. 7. 1949–14. 5. 1969

Literatur: *Ritschl, Karl Heinz: Sepp Weißkind – 20 Jahre Landesrat, Salzburg 1969; Zaisberger, Friederike/Heinisch, Reinhard R.: Leben über den Tod hinaus... Prominente im Salzburger Kommunalfriedhof, Salzburg 2006 (= Mitteilungen der Gesellschaft für Salzburger Landeskunde, 23. Ergänzungsband)*

Widrich Gerheid, Dr. ÖVP
Ärztin, Salzburg
* 9. 9. 1937, Wien

1943 bis 1947 Volksschule in Wien und Serfaus (Tirol), 1947/48 Stiftsgymnasium St. Gallus in Bregenz, 1948 bis 1955 Mädchenrealgymnasium in Salzburg, 1955 Matura, 1955/56 Studium an der Hochschule »Mozarteum« in Salzburg, 1956 bis 1964 Studium der Medizin an der Universität Graz, 1964 Dr. med. univ., 1968 Jus practicandi, 1970 bis 1989 selbstständige Ärztin in Salzburg, 2002 Diplom für Palliative Care; 1986 bis 1989 Mitglied des Vorstandes und Referentin für Vorsorgemedizin der Salzburger Ärztekammer, 1987 bis 1989 und 1995 bis 1999 Vorsitzende des Arbeitskreises für Vorsorgemedizin, 1984 bis 2002 Mitglied des Vorstandes des Salzburger Hilfswerkes; 1994 Goldenes Ehrenzeichen des Landes Salzburg, 2004 Bundesehrenzeichen sowie zahlreiche weitere Auszeichnungen.

Abg. zum Landtag (9. GP)	ÖVP	16. 5. 1984–2. 5. 1989
Landesrätin	ÖVP	3. 5. 1989–2. 5. 1994

Wiedermann Friedrich FPÖ
Gendarmeriebeamter, Wals-Siezenheim
* 18. 6. 1951, Thalgau

1957 bis 1961 Volksschule in Thalgau, 1961 bis 1965 Hauptschule in Mondsee (Oberösterreich), 1965 bis 1968 Lehre als Kfz-Elektriker, 1968 Gesellenprüfung, Präsenzdienst, 1970

Eintritt in den Dienst der Bundesgendarmerie, 1972 Ausmusterung als Gendarmeriebeamter und Versetzung zum Gendarmerieposten Wals-Siezenheim, 1976 Versetzung zur Kriminalabteilung beim Landesgendarmeriekommando Salzburg, 1979/80 Ausbildung zum dienstführenden Beamten an der Gendarmeriezentralschule in Mödling (Niederösterreich), 1993 bis 2001 stellvertretender Leiter des Ermittlungsbereiches »Organisierte Kriminalität«, 2002 Ernennung zum Chefinspektor und 2002 bis 2004 Leiter des Ermittlungsbereiches »Suchtmittelkriminalität«; 1994 Beitritt zur FPÖ, seit 1996 Ortsparteiobmann der FPÖ Wals-Siezenheim, 1998 bis 2002 stellvertretender Bezirksparteiobmann und seit 2003 Bezirksparteiobmann der FPÖ Flachgau; 1998 bis 2004 Mitglied der Gemeindevertretung von Wals-Siezenheim; 2004 Goldenes Verdienstzeichen des Landes Salzburg.

Abg. zum Landtag (12. GP) FPÖ 27. 4. 1999–27. 4. 2004

WIELANDNER Hermann SPÖ
Gemeindebeamter, Bischofshofen
* 15. 8. 1920, Bischofshofen
† 21. 11. 1974, Wien

1926 bis 1934 Volks- und Hauptschule in Bischofshofen, 1934 bis 1936 Handelsschule in Salzburg, 1936/37 Landarbeiter, 1937/38 Praktikant bei der Gemeinde Werfen, 1938 Tätigkeit bei der Sparkasse in St. Johann im Pongau, 1938 Eintritt als Kanzleiangestellter bei der Gemeinde Bischofshofen, 1940 Reichsarbeitsdienst, 1940 bis 1945 Kriegsdienst und Krieggefangenschaft, ab 1945 Verwaltungsangestellter und ab 1950 Kassenstellenleiter bei der Gemeinde Bischofshofen; 1956 bis 1974 Mitglied des Landesparteivorstandes der SPÖ Salzburg, 1963 bis 1974 Bezirksparteivorsitzender der SPÖ Pongau, Bezirksobmann der Gemeindebediensteten im Pongau (1948), Mitglied des Landesvorstandes und Bezirksobmann der ASG im Pongau; 1949 bis 1959 Mitglied des Gemeinderates und 1959 bis 1974 Bürgermeister von Bischofshofen; 1970 Ehrenring und 1974 (posthum) Ehrenbürger von Bischofshofen, 1976 Benennung der Hauptschule in »Hermann-Wielandner-Hauptschule«.

Abg. zum Nationalrat (X.–XIII. GP) SPÖ 14. 1. 1965–21. 11. 1974

WIESER Helga ÖVP
Gartenaubäuerin, Anif
* 9. 8. 1940, Salzburg

1946 bis 1951 Volksschule in Anif, 1951 bis 1955 Hauptschule in Salzburg, 1955 bis 1957 Landwirtschaftslehre im elterlichen Betrieb, 1957/58 Landwirtschaftsschule

Winklhof in Oberalm, 1967 Übernahme des elterlichen Hofes und Landwirtin sowie seit 1973 Gastwirtin in Anif; 1976 bis 1984 Landesleiterin der Österreichischen Frauenbewegung, 1980 bis 1984 Landesobmann-Stellvertreterin der ÖVP Salzburg; 1974 bis 1980 Mitglied der Gemeindevertretung von Anif; 1970 bis 1985 Kammerrätin und Vorstandsmitglied der Landwirtschaftskammer für Salzburg, 1973 bis 1985 Landesbäuerin von Salzburg sowie 1974 bis 1985 Bundesbäuerin, 1974 bis 1985 Vizepräsidentin der Präsidentenkonferenz der österreichischen Landwirtschaftskammern, 1978 bis 1983 Vorsitzende der europäischen Landfrauen im Verband europäischer Landwirtschaften; 1986 Großes Goldenes Ehrenzeichen für Verdienste um die Republik Österreich.

Abg. zum Nationalrat (XIII.–XVI. GP)	ÖVP	4. 11. 1971–16. 12. 1986

Wiesner Sepp FPÖ
Holzkaufmann, Mattsee
* 18. 9. 1927, Braunau am Inn (Oberösterreich)
† 4. 10. 2002, Mattsee

1933 bis 1935 Volksschule in Braunau am Inn (Oberösterreich), 1935 Übersiedlung nach Mattsee, 1935 bis 1937 Volksschule in Mattsee, 1937 bis 1941 Hauptschule in Seekirchen am Wallersee, 1941 Eintritt bei der Reichspost als Lehrling, 1944 Lehrabschluss, 1944/45 Reichsarbeitsdienst und dann Kriegsfreiwilliger bei der Waffen SS, 1945 Englische Kriegsgefangenschaft, zweijährige Lehre als Zimmerer, Tätigkeit als Angestellter sowie ab 1952 als Selbstständiger im Holzgeschäft (Holzhandelsagentur); 1949 Beitritt zum VdU, 1949 bis 1981 Ortsparteiobmann des VdU und später der FPÖ in Mattsee, 1960 bis 1967 stellvertretender Bezirksparteiobmann und 1967 bis 1983 Bezirksparteiobmann der FPÖ Flachgau, 1980 bis 1983 Klubobmann der FPÖ im Landtag, 1981/82 geschäftsführender und 1982 bis 1985 Landesparteiobmann der FPÖ Salzburg; 1967 bis 1981 Mitglied der Gemeindevertretung und 1979 bis 1981 Mitglied des Gemeinderates von Mattsee.

Abg. zum Landtag (6.–8. GP)	FPÖ	27. 10. 1971–15. 3. 1983
Landesrat	FPÖ	16. 3. 1983–16. 5. 1984

Wilhelmi Heinrich SDAP
Bundesbahnbeamter, Bad Gastein
* 17. 2. 1886, Prag
† 14. 11. 1945, Salzburg-Gnigl

Volksschule, 1899 bis 1904 k.k. Staatsgymnasium in Pilsen/Plzeň (Böhmen/Tschechien), 1906 Matura am k.k. Staatsgymnasium in Graz, 1906 bis 1910 Studium der Rechtswissenschaften an der Universität Graz, Eintritt in den Dienst der k.k. Staatsbahnen, 1914/15 Bahnbeamter in Arnoldstein (Kärnten), 1916 bis 1931 Bahnbeamter auf dem Bahnhof Bad Gastein, 1931 bis 1940 Beamter der Bundesbahndirektion Villach, 1940 bis 1945 Oberreichsbahnrat in Gießen an der Lahn (Deutschland); 1919 bis 1925 sozialdemokratischer Bürgermeister von Bad Gastein, nach parteiinternen Differenzen 1926 Mitglied der Gemeindevertretung von Bad Gastein für die »Unpolitische Arbeitsgemeinschaft«.

Abg. zum Konstituierenden Landtag (1. WP)	SDAP	15. 2. 1921–3. 5. 1922

WIMMER Karl ÖVP
Hotelier, Salzburg
* 4. 8. 1908, Lundenburg, Kreis Nikolsburg (Mähren) – Břeclav (Tschechien)
† 2. 10. 1985, Darmstadt (Deutschland)

1914 bis 1922 Volks- und Bürgerschule in Salzburg, 1922 bis 1925 Lehre als Kellner in Salzburg, 1926 bis 1928 Handelsschule in Salzburg, Tätigkeit in verschiedenen Hotels in Wien, London und Paris, 1932 bis 1935 Empfangschef und 1935 bis 1938 Direktor des Hotels Bristol in Salzburg, 1938 Gauverweis, 1938/39 Hoteldirektor in Karlsbad/Karlovy Vary (Böhmen/Tschechien), 1939 abermaliger Gauverweis, 1940 bis 1945 Kurhoteldirektor in Bad Driburg (Deutschland), 1945 bis 1951 Direktor des Hotels Stein in Salzburg, 1949 bis 1951 Direktor des Hotels Weismayr in Bad Gastein als Sitz der Salzburger Hotelfachschule, ab 1951 Kurhoteldirektor in Bad Driburg (Deutschland); 1934 bis 1938 Ausschussmitglied der Gastwirtezunft und Gruppenleiter der Vaterländischen Front, 1945/46 stellvertretender Obmann und 1946 bis 1952 Obmann der Sektion Fremdenverkehr in der Salzburger Handelskammer, 1946 bis 1952 Mitglied des Kuratoriums der Salzburger Hotelfachschule (bis 1948 in Mattsee und 1948 bis 1955 in Bad Gastein), Fachverbandsvorsteher des österreichischen Beherbergungsgewerbes; 1951 Kommerzialrat, 1970 Goldenes Verdienstzeichen des Landes Salzburg.

Abg. zum Landtag (1.–2. GP)	ÖVP	12. 12. 1945–20. 3. 1952
Zweiter Landtagspräsident-Stellvertreter		1. 12. 1949–20. 3. 1952

WIMMER Mathias FSB, LB
Schmiedbauer, Seeham
* 11. 1. 1879, Seeham
† 18. 12. 1943, Seeham

Volksschule, Landarbeiter in Berndorf, 1900 bis 1903 Militärdienst, bis 1912 Hotelportier in Meran (Südtirol), 1912 bis 1926 Schmiedbauer und Fischereibesitzer in Seeham, 1914 bis 1916 Kriegsdienst; 1910 bis 1912 und 1913 bis 1915 Obmann des Fremdenverkehrsvereines von Seeham.

Mitglied der Konstituierenden Nationalversammlung	FSB	4. 3. 1919–9. 11. 1920
Abg. zum Nationalrat (I. GP)	FSB, LB	10. 11. 1920–20. 11. 1923

Literatur: *Voithofer, Richard: »Drum schließt Euch frisch an Deutschland an…« Die Geschichte der Großdeutschen Volkspartei in Salzburg 1920–1936, Wien 2000 (= Schriftenreihe des Forschungsinstitutes für politisch-historische Studien der Dr.-Wilfried-Haslauer-Bibliothek, Band 9)*

WIMMER Viktor, Dr. DF
Rechtsanwalt, Salzburg
* 25. 4. 1888, Tyrnau (Ungarn) – Trnava/Nagyszombat (Slowakei)
† 12. 3. 1958, Salzburg

Volksschule und 1899 bis 1907 k.k. Staatsgymnasium in Salzburg, 1907 Matura, 1907 bis 1911 Studium der Rechtswissenschaften an der Universität Wien, 1913 Dr. iur., bis 1919 Sekretär der Kammer für Handel, Gewerbe und Industrie in Salzburg, 1919 bis 1958 Rechtsanwalt in Salzburg; 1919/20 Obmann der Deutschfreiheitlichen Vereinigung, 1920 Obmann der Deutschfreiheitlichen Partei für das Land Salzburg, 1920 bis 1933 Mitglied der Gauparteileitung der Großdeutschen Volkspartei in der Stadt Salzburg.

Mitglied der Provisorischen Landesversammlung	DF	3. 11. 1918–21. 4. 1919

Literatur: *Voithofer, Richard: »Drum schließt Euch frisch an Deutschland an…« Die Geschichte der Großdeutschen Volkspartei in Salzburg 1920–1936, Wien 2000 (= Schriftenreihe des Forschungsinstitutes für politisch-historische Studien der Dr.-Wilfried-Haslauer-Bibliothek, Band 9)*

Winkler Alois CSP
Domkapitular, Salzburg
* 7. 6. 1838, Waidring (Tirol)
† 11. 6. 1925, Salzburg

Volksschule, 1860 Matura am Erzbischöflichen Privatgymnasium »Borromäum« in Salzburg, 1863 Priesterweihe, 1864 bis 1866 Koadjutor in Erl (Tirol), 1866 in Söll (Tirol) 1867 in Brixlegg (Tirol) sowie 1868 bis 1870 in Mittersill, 1870 bis 1890 Benefiziat in Radstadt, 1890 bis 1894 Dechant und Pfarrer in Altenmarkt im Pongau, 1894 Ernennung zum Domkaptitular, 1908 Bestellung zum Domkustos und 1921 zum Domdechant; 1878 bis 1895 Landtagsabgeordneter für die Stadt Radstadt und 1896 bis 1918 für die Pongauer Landgemeinden, ab 1882 Mitglied des Landesausschusses, 1897 bis 1902 und 1909 bis 1918 Landeshauptmann von Salzburg, 1897 bis 1901 Reichsratsabgeordneter; 1887 bis 1897 Herausgeber der »Salzburger Chronik«; 1886 Ehrenbürger von Radstadt und 1917 Ehrenbürger der Stadt Salzburg, 1935 Straßenbenennung in Salzburg.

Mitglied der Provisorischen Landesversammlung	CSP	3. 11. 1918–21. 4. 1919
Präsident der Provisorischen Landesversammlung		7. 11. 1918–29. 11. 1918
Landesrat	CSP	3. 11. 1918–7. 11. 1918
Landeshauptmann	CSP	29. 11. 1918–23. 4. 1919

Literatur: *Zaisberger, Friederike/Heinisch, Reinhard R.: Leben über den Tod hinaus … Prominente im Salzburger Kommunalfriedhof, Salzburg 2006 (= Mitteilungen der Gesellschaft für Salzburger Landeskunde, 23. Ergänzungsband); Gassner, Josef: Die Ehrenbürger der Landeshauptstadt Salzburg, Salzburg 1954; Klieber, Rupert J.: Politischer Katholizismus in der Provinz. Salzburgs Christlichsoziale in der Parteienlandschaft Alt-Österreichs, Wien-Salzburg 1994 (= Publikationen des Instituts für Kirchliche Zeitgeschichte, Band 28)*

Winkler Volker FPÖ
Spengler- und Installateurmeister, Rauris
* 29. 7. 1945, Sachsenhausen (Deutschland)

1951 bis 1955 Volksschule in Rauris, 1955 bis 1959 Hauptschule in Mittersill und Lend, 1959 bis 1963 Lehre als Spengler, Wasserleitungsinstallateur und Zentralheizungsbauer in Salzburg und Rauris, 1969/70 Konzessions- und Meisterprüfungen, 1973 Übernahme des Familienbetriebes in Rauris; 1977 bis 1985 stellvertretender Bezirksparteiobmann und 1985 bis 1989 Bezirksparteiobmann der FPÖ im Pinzgau, 1975 bis 1992

Mitglied der Landesparteileitung der FPÖ Salzburg, 1987 bis 1992 Landesparteiobmann der FPÖ Salzburg; 1974 bis 1989 Mitglied der Gemeindevertretung von Rauris; 1972 bis 1989 Geschäftsführer beziehungsweise Vorstand und seit 1993 Aufsichtsratsvorsitzender der Rauriser Hochalmbahnen AG, 1972 bis 2002 Ausschussmitglied und zuletzt Finanzreferent des Rauriser Tourismusverbandes, seit 1974 Vorstandsmitglied beziehungsweise Obmann-Stellvertreter der Raiffeisenkasse Rauris; Wappenmedaille der Marktgemeinde Rauris, 1992 Goldenes Ehrenzeichen des Landes Salzburg, 2004 Kommerzialrat.

Abg. zum Landtag (9. GP)	FPÖ	16. 5. 1984–2. 5. 1989
Landesrat	FPÖ	3. 5. 1989–21. 10. 1992

WINTERSTEIGER Anton, Dipl.-Ing. NSDAP
Gauleiter, Salzburg
* 30. 4. 1900, Salzburg
† 8. 3. 1990, Salzburg

1906 bis 1911 Volksschule und 1911 bis 1918 k.k. Staatsrealschule in Salzburg, 1918 Matura und Kriegsdienst, 1919 bis 1925 Studium an der Technischen Hochschule in Wien, 1925 Dipl.-Ing., 1926 bis 1928 Bauführer beim Amt der Kärntner Landesregierung, 1928 bis 1934 Bediensteter des Bauamtes der Gemeinde Bad Gastein, 1934 Verhaftung und mehrmonatige Inhaftierung im Anhaltelager Wöllersdorf, 1934 Entlassung aus dem Gemeindedienst, ab 1934 im Deutschen Reich beschäftigt (1935 Bauleiter in Treptow, 1936 bis 1938 Bauleiter beim Autobahnbau in Traunstein), 1938 bis 1945 Leiter der Abteilung V (Bauabteilung) der Behörde des Reichsstatthalters in Salzburg, 1942/43 Kriegsdienst, 1945 Entlassung, 1945 bis 1947 Verhaftung und Inhaftierung im Lager Glasenbach, Tätigkeit in einem Ingenieurbüro in Salzburg, 1948 Verurteilung zu zweieinhalb Jahren Kerker unter Anrechnung der Untersuchungshaft, 1948 Eintritt in den Dienst der SAFE, 1950 Amnestierung, 1955 bis 1965 Leiter der Bauabteilung der SAFE, 1965 Ernennung zum Prokuristen, 1968 Pensionierung; 1923 Beitritt zur SA, 1930 Beitritt zur NSDAP, ab 1931 Ortsgruppenleiter der NSDAP Bad Gastein, 1931 bis 1933 Mitglied des Gemeinderates von Bad Gastein, 1938 Eintritt in die SS als SS-Staffelführer, 1939 SS-Oberführer, 1938 bis 1945 Mitglied des Reichstages, ab 1934 stellvertretender Gauleiter und 1936 bis 1938 illegaler Gauleiter der NSDAP in Salzburg, 1938 bis 1945 stellvertretender Gauleiter in Salzburg, 1938 bis 1945 Mitglied des Deutschen Reichstages; 1966 Silbernes Ehrenzeichen für Verdienste um die Republik Österreich.

Landeshauptmann	NSDAP	12. 3. 1938–22. 5. 1938
Landeshauptmann-Stellvertreter	NSDAP	22. 5. 1938–31. 3. 1940

Literatur: *Höffkes, Karl: Hitlers politische Generale. Die Gauleiter des Dritten Reiches, Tübingen 1986 (=Veröffentlichungen des Instituts für Deutsche Nachkriegsgeschichte 13); Lilla, Joachim: Statisten in Uniform. Die Mitglieder des Reichstags 1933–1945, Düsseldorf 2004; Krisch, Laurenz: Zersprengt die Dollfußketten. Die Entwicklung des Nationalsozialismus in Bad Gastein bis 1938, Salzburg 2003 (= Schriftenreihe des Forschungsinstitutes für politisch-historische Studien der Dr.-Wilfried-Haslauer-Bibliothek, Band 19); Hanisch, Ernst: Gau der guten Nerven. Die nationalsozialistische Herrschaft in Salzburg 1938–1945, Salzburg-München 1997*

WITTERNIGG Anna SDAP
Redakteursgattin, Salzburg
* 29. 5. 1890, Linz
† 29. 5. 1967, Salzburg

Volks- und Hauswirtschaftsschule in Linz; 1924 bis 1934 Mitglied des Landesparteivorstandes der SDAP Salzburg, 1927 bis 1934 Landesfrauenvorsitzende der SDAP Salzburg, 1949 bis 1957 Mitglied des Landesfrauenkomitees; Gründungsmitglied und 1947 bis 1958 Vizepräsidentin der Salzburger Volkshilfe, Ehrenmitglied der Salzburger Volkshilfe.

Abg. zum Landtag (2.–4. WP)	SDAP	14. 1. 1925–16. 2. 1934

WITTERNIGG Josef SDAP
Redakteur, Salzburg
* 12. 10. 1881, Bleiburg (Kärnten)
† 28. 2. 1937, Salzburg

Volksschule, Lehre als Hutmacher, Gesellenprüfung, Tätigkeit als Hutmacher in Wien, außerordentlicher Hörer an der Universität Wien in Nationalökonomie und Geschichte, 1902 Militärdienst, 1904 Mitbegründer der »Salzburger Wacht«, 1907 bis 1911 sowie 1919/20 Redakteur der »Salzburger Wacht«, 1907 bis 1920 Landesparteisekretär der SDAP Salzburg, 1914 bis 1917 Kriegsdienst, ab 1934 Reiseführer; 1918/19 und 1921 bis 1934 Mitglied des Gemeinderates der Stadt Salzburg, 1931 Klubvorsitzender der SDAP-Fraktion im Salzburger Gemeinderat; 1928 bis 1932 Mitglied des Sparkassenausschusses der Salzburger Sparkasse, 1921 bis 1927 Mitglied des Kuratoriums der Internationalen Stiftung »Mozarteum«; 1962 Straßenbenennung in Salzburg.

Mitglied der Provisorischen Landesversammlung	SDAP	3. 11. 1918–21. 4. 1919

Abg. zum Konstituierenden Landtag (1. WP)	SDAP	23. 4. 1919–3. 5. 1922
Landesrat	SDAP	3. 11. 1918–23. 4. 1919
Mitglied der Konstituierenden Nationalversammlung	SDAP	4. 3. 1919–9. 11. 1920
Abg. zum Nationalrat (I.–III. GP)	SDAP	10. 11. 1920–1. 10. 1930
Abg. zum Nationalrat (IV. GP)	SDAP	2. 12. 1930–17. 2. 1934

Wohl Johann SPÖ
Geschäftsführer, Mühlbach am Hochkönig
* 25. 6. 1920, Mühlbach am Hochkönig

1926 bis 1931 Volksschule in Thomasreuth (Oberösterreich), 1931 bis 1936 Hauptschule in Attnang-Puchheim (Oberösterreich), 1937 bis 1941 Bundeshandelsakademie in Linz, 1941 Matura, 1941 bis 1945 Kriegsdienst, ab 1945 Tätigkeit bei der Mitterberger Kupferbergbau GesmbH in Mühlbach am Hochkönig, 1949 bis 1954 kaufmännischer Leiter, 1954 bis 1957 öffentlicher Verwalter und 1957 bis 1977 Geschäftsführer der Mitterberger Kupferbergbau GesmbH, 1977 bis 1988 Geschäftsführer der Mühlbacher Fremdenverkehrsgesellschaft; 1945 Gründungsmitglied der SPÖ, 1945 bis 1955 SPÖ-Ortsparteivorsitzender von Mühlbach am Hochkönig, 1968 bis 1988 Mitglied des Landesparteivorstandes und Landesparteikassier sowie 1970 bis 1988 Mitglied des Landesparteipräsidiums der SPÖ Salzburg, Landesvorstandsmitglied der »Arbeitsgemeinschaft sozialistischer Gemeindevertreter«, 1966/67 stellvertretender Klubvorsitzender der SPÖ im Landtag; 1949 bis 1962 Vizebürgermeister und Finanzreferent von Mühlbach am Hochkönig; 1972 bis 1989 Mitglied des Beirates für die Statistik des Außenhandels (Kommerzialrat); 1986 Goldenes Ehrenzeichen des Landes Salzburg, 1965 Goldenes Ehrenzeichen für Verdienste um die Republik Österreich sowie zahlreiche weitere Auszeichnungen.

Abg. zum Landtag (3.–5. GP)	SPÖ	11. 12. 1954–10. 10. 1967

Wolfgruber Rupert ÖVP
Langerbauer, Göming
* 30. 12. 1913, Göming
† 9. 2. 1993, Göming

1920 bis 1928 Volksschule in Oberndorf bei Salzburg und in Arnsdorf, 1930 bis 1932 Landwirtschaftsschule Winklhof in Oberalm, 1931 Übernahme des elterlichen Hofes in Göming und dort Bauer bis 1973; bis 1938 Landesobmann-Stellvertreter des »Landwirtschaftlichen Absolventenvereines«; 1954 bis 1966 Bezirksobmann des Salzburger Bauernbundes im Flachgau, 1963 bis 1979 Landesobmann des Salzburger Bauernbundes, 1970 bis 1980 Vizepräsident des Österreichischen Bauernbundes; 1945 bis 1954 Mitglied der Gemeindevertretung von Göming, 1945 Ortsbauernobmann von Göming, 1950 bis 1960 Obmann der Bezirksbauernkammer Salzburg-Umgebung, 1950 bis 1964 Kammerrat und 1960 bis 1964 Vizepräsident der Salzburger Landwirtschaftskammer; 1979 Ehrenobmann des Salzburger Bauernbundes, 1963 Ökonomierat, 1973 Großes Ehrenzeichen des Landes Salzburg.

Abg. zum Landtag (3.–5. GP)	ÖVP	11. 12. 1954–29. 6. 1964
Abg. zum Landtag (6. GP)	ÖVP	14. 5. 1969–4. 6. 1969
Abg. zum Landtag (7. GP)	ÖVP	22. 5. 1974–28. 5. 1974
Landesrat	ÖVP	3. 4. 1963–20. 4. 1977

Wolfgruber Rupert, jun. ÖVP
Langerbauer, Göming
* 28. 9. 1941, Göming

1947 bis 1955 Volks- und Hauptschule in Oberndorf bei Salzburg, 1958 bis 1960 Landwirtschaftliche Fachschule Winklhof in Oberalm, Ausbildung zum Landwirtschaftsmeister, 1973 Übernahme des elterlichen Hofes in Göming; 1987 bis 1997 Landesobmann-Stellvertreter des Salzburger Bauernbundes; 1985 bis 1991 Kammerrat und 1990/91 Mitglied des Vorstandes der Kammer für Land- und Forstwirtschaft Salzburg; 1997 Ökonomierat.

Landesrat	ÖVP	11. 12. 1991–22. 4. 1997

Wörndl Heidelore SPÖ
Kauffrau, Neumarkt am Wallersee
* 14. 6. 1944, Ebenau

1950 bis 1955 Volksschule in Ebenau, 1955 bis 1959 Hauptschule in Salzburg, 1959 bis 1962 kaufmännische Lehre in Salzburg, 1962 bis 1970 kaufmännische Angestellte in Salzburg, Weiterbildung zur Bilanzbuchhalterin, 1970 bis 1975 Leiterin des Rechnungswesens in der Baubranche, ab 1973 Inhaberin eines selbstständigen Textileinzelhandels in Hallein und Salzburg (»Adriano Centro« und »Clou«), 1986 bis 2002 Geschäftsführerin von »Tom Tailor«; 1977 Beitritt zur SPÖ, 1979 bis 1989 Vorsitzende der SPÖ-Frauen im Flachgau, 1979 bis 1992 stellvertretende Landesfrauenvorsitzende der SPÖ Salzburg und Mitglied des Landesfrauenkomitees, 1979 bis 1989 stellvertretende Bezirksparteivorsitzende der SPÖ Flachgau, bis 1990 Mitglied des Landesparteivorstandes der SPÖ Salzburg, 1984 bis 1992 Mitglied der Bundeskontrolle der SPÖ, 1981 bis 1989 Mitglied des Vorstandes der ASG; 1977 bis 1989 Mitglied der Gemeindevertretung, 1994 bis 1999 Mitglied der Gemeindevorstehung und 1999 bis 2003 Vizebürgermeisterin von Neumarkt am Wallersee.

Abg. zum Nationalrat (XVI. GP)	SPÖ	1. 6. 1983–6. 9. 1984

Wowes Theresia SDAP
Heimarbeiterin, Salzburg-Gnigl
* 3. 4. 1869, Mettmach (Oberösterreich)
† 24. 3. 1929, Salzburg

Heimarbeiterin in Salzburg; 1905 Gründerin der Heimarbeiterinnen-Organisation in Itzling, 1918 bis 1927 Landesfrauenvorsitzende der SDAP Salzburg, Mitglied des SDAP-Bezirksausschusses Salzburg-Umgebung; 1918 bis 1928 Mitglied der Gemeindevertretung von Gnigl.

Abg. zum Landtag (2. WP)	SDAP	14. 1. 1925–3. 5. 1927

Zehentner Robert SPÖ
Landwirt, Taxenbach
* 2. 10. 1951, Zell am See

1958 bis 1966 Volksschule in Schüttdorf und in Zell am See, 1966/67 Volksschule in Eschenau, 1967 bis 1970 Landwirtschaftslehre auf dem elterlichen Hof in Taxenbach-Eschenau und landwirtschaftliche Berufsschule in Taxenbach, Tätigkeit auf dem elterlichen Hof, 1974 Gründer und 1974 bis 1979 Geschäftsführer des Maschinen- und Betriebshilferings Pinzgau, 1979 bis 1983 Pächter und seit 1983 Bauer (Hackerbauer) auf dem elterlichen Hof in Eschenau, 1979 Mitbegründer und seitdem Geschäftsführer der Tauernlammgenossenschaft sowie Obmann-Stellvertreter; seit 1989 SPÖ-Ortsparteivorsitzender in Taxenbach, seit 1985 Landesvorsitzender der SPÖ-Bauern, seit 1998 stellvertretender Bezirksparteivorsitzender der SPÖ Pinzgau; seit 1989 Mitglied der Gemeindevertretung von Taxenbach; 1967 bis 1971 Ortsobmann der Salzburger Landjugend in Eschenau, 1969 bis 1973 Pinzgauer Bezirksobmann und 1973 bis 1975 Landesobmann der Salzburger Landjugend; seit 1989 Kammerrat der Landwirtschaftskammer Salzburg; 1973 Gründungsmitglied der Österreichischen Bergbauernvereinigung.

Abg. zum Landtag (12. GP–)	SPÖ	9. 12. 1998–lfd.

Zeillinger Gustav WdU, FPÖ
Rechtsanwalt, Salzburg
* 1. 12. 1917, Wien
† 16. 8. 1997, Oberalm

Volksschule und Gymnasium in Wien, 1936 Matura, 1936/37 Einjährig-Freiwilliger, 1937 bis 1940 Studium der Rechtswissenschaften an der Universität Wien (Abschluss als Referendar), 1940 bis 1945 Kriegsdienst, 1945 Richteramtsanwärter, 1948 Rechtsanwaltsprüfung und Strafverteidiger, 1951 bis 1984 Rechtsanwalt in Salzburg; 1950 Beitritt zum VdU, 1950 bis 1956 Landesobmann des VdU Salzburg, 1955 bis 1965 Landesparteiobmann der FPÖ Salzburg, 1965 Ehrenobmann der FPÖ Salzburg, 1959 bis 1976 Bundesparteiobmann-Stellvertreter der FPÖ, 1956 bis 1990 Mitglied der Bundesparteileitung der FPÖ, 1956 bis 1978 Mitglied des Bundesparteivorstandes und 1976 bis 1978 Mitglied des Bundesparteipräsidiums der FPÖ, 1984 Ehrenmitglied der FPÖ; 1983 bis 1993 Obmann des Vereines Österreichischer Steuerzahler, 1966 bis 1977 Mitglied des Landesverteidigungsrates, 1970 bis 1977 Vorsitzender des parlamentarischen Justizausschusses; 1974 Goldenes Ehrenzeichen für Verdienste um die Republik Österreich.

Abg. zum Landtag (3. GP)	WdU	11. 12. 1954–26. 1. 1955
Abg. zum Nationalrat (VII. GP)	WdU	18. 3. 1953–8. 6. 1956
Abg. zum Nationalrat (VIII.–XIV. GP)	FPÖ	8. 6. 1956–25. 6. 1977
Volksanwalt		1. 7. 1977–30. 6. 1983

Literatur: *Marx, Erich: Gustav Zeillinger, in: Dachs, Herbert/Gerlich, Peter/Müller, Wolfgang C. (Hrsg.): Die Politiker der Zweiten Republik. Karrieren und Wirken bedeutender Persönlichkeiten, Wien 1995, S. 622–629; Piringer, Kurt: Die Geschichte der Freiheitlichen. Beitrag der Dritten Kraft zur österreichischen Politik, Wien 1982, Höbelt, Lothar: Von der Vierten Partei zur Dritten Kraft. Die Geschichte des VdU, Graz 1999*

ZILLER Josef StL
Hauslbauer, Salzburg-Aigen
* 28. 9. 1878, Salzburg-Aigen
† 17. 4. 1953, Salzburg-Aigen

Volksschule, 1899 bis 1902 Militärdienst und 1914 bis 1918 Kriegsdienst, 1904 bis 1933 Hauslbauer in Salzburg-Aigen; Obmann des Ortsbauernrates des Katholischen Bauernbundes in Aigen (1912), 1921 bis 1932 Gauführer der Salzburger Heimwehr im Flachgau, 1932 Zweiter Landesführer der Salzburger Heimwehr, ab 1933 geschäftsführender Landesführer der Salzburger Heimwehr; 1925 bis 1934 Mitglied des Gemeinderates und 1934 bis 1938 Bürgermeister (Regierungskommissär) von Aigen; 1935 Großes Ehrenzeichen für Verdienste um die Republik Österreich.

Mitglied des Ständischen Landtages (Landstand) 22. 11. 1934–12. 3. 1938
(Vertreter der Land- und Forstwirtschaft)

ZILLNER Alois FPÖ
Zillnerbauer, Salzburg
* 27. 4. 1915, Salzburg
† 14. 11. 2005, Salzburg

Volksschule in Salzburg-Mülln, Bürgerschule in Salzburg-Maxglan, Landwirtschaftslehre auf dem elterlichen Gut in Salzburg, 1935 Beitritt zur illegalen NSDAP, 1936/37 Militärdienst, 1938 Obmann der NSDAP-Ortsgruppe Leopoldskron-Moos, 1939 bis 1945 Kriegsdienst, 1945/46 13-monatige Internierung im Lager Glasenbach, 1947 Übernahme des elterlichen Zillnergutes in Salzburg; 1950 Beitritt zum VdU, 1969 bis 1980 Klubobmann der FPÖ im Landtag, 1960 bis 1981 Mitglied des Landesparteivorstandes und bis 2005 Mitglied der Landesparteileitung der FPÖ Salzburg, FPÖ-Ortsparteiobmann von Leopoldskron-Moos, 1971 bis 1995 Landesobmann des Freiheitlichen (Salzburger) Seniorenringes, Ehrenobmann des Salzburger Seniorenringes, Bundes- und Landesagrarreferent der FPÖ, ab 1980 Mitglied des Bundesaltenrates der FPÖ; 1962 bis 1964 Mitglied des Gemeinderates der Stadt Salzburg; 1959 bis 1964 Bezirksbauernkammerrat, 1964 bis 1969 Kammerrat der Landwirtschaftskammer Salzburg; Landes- und Bundesobmann sowie Ehrenobmann der »Wohlfahrtsvereinigung der Glasenbacher«; 1968 Ökonomierat, 1972 Verleihung des Ingenieurtitels, 1980 Bürger der Stadt Salzburg, Träger zahlreicher Bundes- und Landesauszeichnungen.

Abg. zum Landtag (5.–8. GP) FPÖ 30. 6. 1964–20. 5. 1980

Zillner Karl SPÖ
Bundesbahnbeamter, Bürmoos
* 19. 1. 1926, Laufen (Bayern)
† 11. 7. 1983, Bürmoos

Sechs Klassen Volksschule und zwei Klassen Hauptschule in Oberndorf bei Salzburg, 1940 Eintritt in den Dienst der Deutschen Reichsbahn, 1943 bis 1945 Kriegsdienst, 1945 Übernahme in den Dienst der Österreichischen Bundesbahnen; 1945 Beitritt zur SPÖ, 1956 bis 1968 SPÖ-Ortsparteivorsitzender von St. Georgen beziehungsweise von Bürmoos, 1962 und 1964 bis 1983 stellvertretender Bezirksparteivorsitzender der SPÖ Flachgau, 1970 bis 1983 Mitglied des Landesparteivorstandes und 1970 bis 1972 sowie 1978 bis 1983 Mitglied des Landesparteipräsidiums der SPÖ Salzburg, 1974 bis 1983 Obmann der »Arbeitsgemeinschaft sozialistischer Gemeindevertreter«, 1969 bis 1974 Klubvorsitzender der SPÖ im Landtag; 1959 bis 1964 Vizebürgermeister und von 1964 bis 1967 Bürgermeister von St. Georgen bei Salzburg, nach der Schaffung einer eigenen Gemeinde 1967 bis 1983 Bürgermeister von Bürmoos; Vorstandsmitglied des Salzburger Gemeindeverbandes; 1980 Großes Silbernes Ehrenzeichen mit dem Stern für Verdienste um die Republik Österreich.

Abg. zum Landtag (5.–8. GP)	SPÖ	19. 6. 1964–11. 7. 1983
Zweiter Präsident des Landtages		22. 5. 1974–11. 7. 1983

Zyla Hans ÖVP
Baukaufmann, Salzburg
* 5. 9. 1919, Aichhof bei Schwechat (Niederösterreich)
† 15. 2. 1999, Salzburg

1925 bis 1929 Volksschule in Schwechat (Niederösterreich), Matura am Neuland-Gymnasium in Wien XIX, Studium der slawischen Sprachen, Literatur und Kulturgeschichte an den Universitäten Prag und Wien, Dolmetscherdiplom und Lehrberechtigung, 1940 bis 1945 Kriegsdienst, 1945 bis 1949 Lehrer an der Handelsakademie in Salzburg, 1949 bis 1960 Kammersekretär und Bildungsreferent der Salzburger Landarbeiterkammer, 1960 bis 1978 Vorstandsmitglied und Geschäftsführer verschiedener Wohnbauunternehmungen (u. a. Bautreuhand-WEB-IMMAG); 1949 bis 1955 Landesobmann der Österreichischen Jugendbewegung, 1947 bis 1959 Bezirksobmann des ÖAAB im Flachgau, 1959 bis 1961 Bezirksobmann des ÖAAB in der Stadt Salzburg, 1961 bis 1982 Bezirksparteiobmann der ÖVP in der Stadt Salzburg, 1963 bis 1965 Klubobmann der ÖVP im Landtag; 1966 bis 1984 Vorstandsvorsitzender der Salzburger Sparkasse, ab 1961 Aufsichtsratsvorsitzender der Salzburger Flughafenbetriebsgesellschaft; 1969 Großes

Goldenes Ehrenzeichen mit Stern für Verdienste um die Republik Österreich, 1974
Großes Ehrenzeichen des Landes Salzburg.

Abg. zum Landtag (3.–7. GP)	ÖVP	11. 12. 1954–15. 5. 1979
Zweiter Landtagspräsident-Stellvertreter		22. 2. 1963–6. 10. 1965
Präsident des Landtages		6. 10. 1965–13. 5. 1969
Erster Landtagspräsident-Stellvertreter		14. 5. 1969–21. 5. 1974
Dritter Präsident des Landtages		22. 5. 1974–15. 5. 1979

Erläuterungen

Familien- und Vornamen sowie Berufsbezeichnungen wurden grundsätzlich aus den parlamentarischen Protokollen übernommen, wobei aber auch Korrekturen und Ergänzungen durchgeführt wurden. Kurzformen von Vornamen werden zum Teil auch im biografischen Teil übernommen, wenn diese Kurzform auch offiziell in Verwendung stand. Bei Landwirten wurden die Bezeichnungen »Bauer« oder »Landwirt« – sofern bekannt – durch die entsprechenden Vulgo- oder Hausnamen ersetzt. Ortsnamen hinter der Berufsbezeichnung beziehen sich jeweils auf den Wohnort. Die Berufsbezeichnungen beziehen sich immer auf die Zeit der politischen Tätigkeit. Spätere Änderungen werden im biografischen Teil berücksichtigt. Gleiches gilt auch für akademische Titel. Berufstitel sind grundsätzlich im biografischen Teil festgehalten. Bei Personen, deren Tätigkeit sich über mehrere Legislaturperioden erstreckte, wurde die jeweils letzte Berufsbezeichnung gewählt. Bei Mitgliedern der Landes- und Bundesregierung, die einem Berufsverbot unterliegen, wurde die jeweilige berufliche Tätigkeit vor Amtsantritt gewählt.

Die Ortsbezeichnungen wurden an die jeweils heute gültige Schreibweise angepasst. Bei nicht mehr bestehenden Gemeinden wird auf die jetzige Gemeindezugehörigkeit verwiesen. Bei Gemeinden im Bundesland Salzburg sowie bei Landeshauptstädten und Gemeinden von überregionaler Bekanntheit wird auf die Beifügung des Bundeslandes verzichtet. Bei Orten im ehemaligen Staatsgebiet der Österreichisch-Ungarischen Monarchie, die heute nicht mehr auf dem Gebiet der Republik Österreich liegen, wird neben der allfälligen deutschen Bezeichnung die jeweils heute gültige amtliche Schreibweise angegeben, soweit diese bekannt ist. Bei Orten mit überregionaler Bekanntheit (z. B. Prag) wird hierauf verzichtet.

Bei der Erstellung des biografischen Teiles wurde nach folgendem Gliederungsschema vorgegangen: Schul- und Berufsausbildung, berufliche Tätigkeit, Funktionen in der Partei, Funktionen in der Gemeinde, weitere öffentliche Funktionen, Ehrungen. Die jeweiligen Bereiche sind durch Semikolon (;) voneinander getrennt, wobei zum besseren Verständnis der Biografien von dieser Reihung auch abgewichen wurde. In den Bereichen der beruflichen Tätigkeit kommt es jedoch immer wieder zu Überschneidungen mit Tätigkeiten in der Partei, in der Gemeinde oder in sonstigen öffentlichen Funktionen, wodurch eine eindeutige Trennung oftmals nicht möglich ist. Bei den Ehrungen werden jeweils Gemeinde-, Landes- und/oder Bundesauszeichnung sowie internationale Ehrungen angeführt, wobei angesichts der Vielzahl von Auszeichnungen oftmals auf eine detaillierte Darstellung verzichtet wurde. Die Berufstitel wurden in zeitlicher Reihung aufgenommen.

Die Setzung einer Jahreszahl in runden Klammern z. B. (1945) bedeutet im biografischen Teil, dass die angegebene Tätigkeit zwar in dem jeweiligen Jahr nachweisbar, jedoch die exakte Dauer nicht feststellbar ist. Die Jahreszahl wird in solchen Fällen nachgestellt. Die Jahreszahl ohne runde Klammern weist darauf hin, dass das Ereignis oder die Tätigkeit nur im angegebenen Jahr eintrat oder ausgeübt wurde.

Im Datenfeld »Eigene Werke« werden nur selbstständige Publikationen angeführt. Aufsätze und Beiträge in Sammelwerken bleiben unberücksichtigt. Im Datenfeld »Literatur« erfolgen Literaturangaben zu Werken, die überwiegend oder ausschließlich die jeweilige Person zum Gegenstand haben beziehungsweise ergänzende Informationen enthalten.

Hinsichtlich der Definition eines »Salzburger Mandats« im Nationalrat wurde der Weg gewählt, dass sich dies grundsätzlich auf Mandate bezieht, die entsprechend den geltenden Wahlordnungen im Bundesland Salzburg erzielt wurden. Mandate von Salzburger Kandidaten, die im Wahlkreisverband oder auf dem Bundeswahlvorschlag zugewiesen wurden, werden ebenfalls dem Land Salzburg zugeordnet. Davon ausgenommen sind Mandatsträger, die zwar auf einer Salzburger Liste kandidiert haben, sich jedoch kein dauerhafter Bezug zum Land Salzburg herstellen lässt. Bei Mandaten im Europäischen Parlament erfolgt die Aufnahme in diese Darstellung unter Berücksichtigung eines Bezuges zum Land Salzburg. Da eine klare Abgrenzung in einigen Fällen nicht immer zu treffen ist, sind bei den einzelnen Wahlen gegebenenfalls entsprechende Erläuterungen beigefügt.

Landtagsmandate beginnen in dieser Darstellung grundsätzlich mit dem Tag der Angelobung. Das Datum der Mandatszuweisung durch die Wahlbehörden bleibt aus Gründen der Einheitlichkeit unberücksichtigt. Bei den Nationalrats- und Bundesratsmandaten sowie Mandaten im Europäischen Parlament wurden die Daten der Parlamentsdirektion übernommen.

Die Bezeichnung der Klubzugehörigkeit orientiert an den jeweiligen gesetzlichen Bestimmungen. Von diesem Grundsatz wird bei Austritten/Ausschlüssen insofern abgewichen, wenn gesetzliche Bestimmungen einen Austritt/Ausschluss zwar nicht vorsehen, jedoch diese faktisch erfolgt sind. Damit soll die politische Realität möglichst genau wiedergegeben werden.

Aus drucktechnischen Gründen wurde der 30. Juni 2007 als letzter Aktualisierungstermin festgelegt.

Landtagsabgeordnete seit 1918

Provisorische Landesversammlung 1918/1919 (Konstituierung: 3. 11. 1918)[1]

Christlichsoziale Partei (19 Mandate)

Bartholomäus Angelberger, Großfuhrwerksinhaber und Holzhändler, Salzburg
Daniel Etter, Kapitularkanonikus, Mattsee
Nikolaus Gumpold, Bauerngutbesitzer, Hallein-Burgfried*
Johann Hasenauer, Kooperator, Mittersill
Johann Haslauer, Bauerngutbesitzer, Bergheim
Alois Hölzl, Großgrundbesitzer, Saalfelden am Steinernen Meer
Johann Huber, Kaufmann, Oberalm
Melchior Kreuzberger, Bauerngutbesitzer, St. Johann im Pongau
Johann Lackner, Großgrundbesitzer, Reitdorf bei Altenmarkt im Pongau
Johann Nitzinger, Bauerngutbesitzer, Fusch an der Großglocknerstraße
Jakob Perner, Bauerngutbesitzer, Göriach
Josef Piesinger, Oberkondukteur i. R., Salzburg*
Alois Posch, Pfarrer, Mariapfarr*
Josef Preis, Färbermeister, Salzburg
Josef Rainer, Gemeindesekretär, Saalbach-Hinterglemm
Dr. Franz Rehrl, Landeskommissär, Salzburg
Dr. Alois Rottensteiner, Rechtsanwalt, Salzburg
Wilhelm Schernthanner, Buchdrucker, Salzburg
Leonhard Steinwender, Chefredakteur, Salzburg*
Sebastian Stöllner, Gastwirt und Ökonom, Salzburg-Maxglan**
Alois Winkler, Domscholastikus, Salzburg

1 Auf Grund des Auftrages des Vollzugsausschusses der provisorischen Nationalversammlung vom 29. 10. 1918, in den Ländern provisorische Landesversammlungen einzusetzen und provisorische Landesverfassungen zu erlassen, konstituierte sich am 3. 11. 1918 unter dem Vorsitz von Johann Lackner, Robert Preußler und Max Ott die aus 38 Mitgliedern bestehende provisorische Landesversammlung. Die Zusammensetzung erfolgte auf Grundlage des Ergebnisses der Reichsratswahlen 1911, wodurch die Christlichsozialen 19, die Deutschfreiheitlichen 10 und die Sozialdemokraten neun Mandatare stellten. Am 7. 11. 1918 beschloss die provisorische Landesversammlung sowohl die provisorische Landesverfassung (Landesgesetz- und Verordnungsblatt für das Land Salzburg Nr. 59/1918) wie auch den Beitritt Salzburgs zum Staat »Deutschösterreich«.

Deutschfreiheitliche Partei (10 Mandate)

Anton Christoph, Notar, Werfen
Johann Gmachl, Großgrundbesitzer, Elixhausen
Julius Haagn, Kaufmann, Salzburg
Anton Hueber, Direktor des Gewerbeförderungsinstituts, Salzburg
Ing. Karl Irresberger, Fabrikdirektor i. R., Salzburg
Max Ott, Bürgermeister der Landeshauptstadt, Salzburg
Leopold Schaschko, Magazinmeister der Staatsbahnen, Salzburg-Gnigl
Dr. Arthur Stölzel, Rechtsanwalt, Salzburg
Hans Wagner, Redakteur, Salzburg
Dr. Viktor Wimmer, Rechtsanwalt, Salzburg

Sozialdemokratische Partei (9 Mandate)

Eduard Baumgartner, Fachlehrer, Salzburg*
Josef Breitenfelder, Oberwerkmann der Staatsbahnen, Salzburg-Itzling
Karl Emminger, Werkmann der Staatsbahnen, Salzburg-Itzling
Josef Gaubinger, Brauer, Hallein
Alois Keil, Oberkondukteur, Saalfelden am Steinernen Meer
Heinrich Leukert, Gewerkschaftssekretär, Salzburg-Maxglan
Johann Mühlberger, Kondukteur, Bischofshofen
Wenzel Müller, Direktor des Konsumvereines, Salzburg*
Robert Preussler, Redakteur, Salzburg
Josef Witternigg, Redakteur, Salzburg

* Bis zur ersten Vollsitzung am 7. 11. 1918 wurden noch einige Änderungen hinsichtlich der personellen Zusammensetzung vorgenommen. Bei den Sozialdemokraten wurde Wenzel Müller durch Eduard Baumgartner und bei den Christlichsozialen Leonhard Steinwender und Alois Posch durch Nikolaus Gumpold und Josef Piesinger ersetzt.

** Sebastian Stöllner wurde vom Freiheitlichen Salzburger Bauernbund auf die Liste der Christlichsozialen nominiert.

Konstituierender Landtag, 1. Wahlperiode 1919/1922 (Wahl: 6. 4. 1919, Konstituierung: 23. 4. 1919)

Christlichsoziale Partei (19 Mandate)

Thomas Auer, Unterzehenthofbauer, Abtenau

Johann Brandner, Wagnermeister, Bad Hofgastein
Johann Eiböck, Sattlermeister, Saalfelden am Steinernen Meer
Daniel Etter, Domkapitular, Salzburg
Simon Geisler, Bauer und Gastwirt, Krimml*
Isidor Gugg, Postmeister, Mauterndorf
Josef Hauthaler, Wirt, Viehhausen
Johann Kirchner, Neuhofbauer, Radstadt
Paul Költringer, Maisenthalbauer, Mattsee
Johann Lackner, Zehenthofbauer, Reitdorf bei Altenmarkt im Pongau
Ing. Oskar Meyer, Landesbeamter, Salzburg
Michael Neureiter, Dechant, St. Johann im Pongau
Johann Nitzinger, Bauer, Fusch an der Großglocknerstraße*
Jakob Perner, Bauer, Göriach
Josef Preis, Färbermeister, Salzburg
Josef Rainer, Gemeindesekretär, Saalbach-Hinterglemm
Dr. Franz Rehrl, Landesbeamter, Salzburg
Wilhelm Schernthanner, Korrektor, Salzburg
Dr. Karl Schnizer, Bezirksschulinspektor, Zell am See
Benedikt Stampfl, Bauer und Bühelwirt, Oberndorf bei Salzburg

* Johann Nitzinger trat am 19. 11. 1919 für den ausgeschiedenen Simon Geisler ein.

Sozialdemokratische Partei (12 Mandate)

Eduard Baumgartner, Fachlehrer, Salzburg
Josef Breitenfelder, Werkmeister, Salzburg
Leopold Bruckner, Werkmeister, Schwarzach im Pongau*
Karl Emminger, Werkführer, Salzburg
Aloisia Franek, Bundesbahnpensionistin, Salzburg
Josef Gobes, Oberschaffner, Salzburg-Kasern
Alois Keil, Staatsbahnschaffner, Saalfelden am Steinernen Meer**
Heinrich Leukert, Gewerkschaftssekretär, Salzburg-Maxglan
Anton Neumayr, Fachlehrer, Hallein
Robert Preussler, Redakteur, Salzburg
Josef Riedler, Fachlehrer, Saalfelden am Steinernen Meer**
Jakob Viehauser, Bauer und Fuhrwerksunternehmer, Dienten am Hochkönig
Heinrich Wilhelmi, Bundesbahnbeamter, Bad Gastein*
Josef Witternigg, Redakteur, Salzburg

* Heinrich Wilhelmi trat am 15. 2. 1921 für den verstorbenen Leopold Bruckner ein.

** Für den verstorbenen Alois Keil trat am 19. 11. 1919 Josef Riedler ein.

Deutschfreiheitliche (Großdeutsche Volks-) Partei (8 Mandate)[2]

Anton Christoph, Notar, Salzburg
Margarethe Diller, Postoberoffizialin, Salzburg*
Johann Ober, Frankbauer, Seekirchen am Wallersee
Max Ott, Kaminkehrermeister, Salzburg
Hans Prodinger, Handelsangestellter, Salzburg
Johann Rettenbacher, Hackerbauer, Golling an der Salzach
Josef Schwarzenbrunner, Schlossermeister, St. Gilgen
Maria Simmerle, Lehrerin, Salzburg
Hans Wagner, Arbeitersekretär, Salzburg*

* Hans Wagner schied am 25. 3. 1921 aus. Seine Nachfolge trat am 28. 4. 1921 Margarethe Diller an.

Pinzgauer Wirtschaftspartei (1 Mandat)

Johann Hasenauer, Kooperator, Mittersill*

* Johann Hasenauer erzielte sein Mandat auf der Liste »Pinzgauer Wirtschaftspartei«, schloss sich aber dem christlichsozialen Landtagsklub an.

2. Wahlperiode 1922/1927 (Wahl: 9. 4. 1922, Konstituierung: 4. 5. 1922)

Christlichsoziale Partei (14 Mandate)[3]

Josef Bachinger, Arbeitersekretär, Salzburg
Daniel Etter, Domkapitular, Salzburg
Bartholomäus Fersterer, Kühmaierbauer, Saalfelden am Steinernen Meer*
Johann Hasenauer, Kooperator, Mittersill*
Josef Hauthaler, Bauer und Wirt, Viehhausen

2 Die Landtagspartei war die Zusammenfassung aller Mandatare, die auf den Listen: Freiheitliche Bürger-, Bauern- und Arbeiterpartei, Deutsche Arbeiterpartei, Freiheitlicher Salzburger Bauernbund oder Deutschfreiheitlicher Volksverein kandidiert hatten.

3 Die Christlichsozialen kandidierten bei den Landtagswahlen gemeinsam mit der Deutschen Nationalsozialistischen Arbeiterpartei (DNSAP) und dem Freiheitlichen Salzburger Bauernbund auf der Liste »Christlichnationale Wahlgemeinschaft«. Die interne Mandatsverteilung lautete: 14 Christlichsoziale, 1 Freiheitlicher Bauernbund und 1 DNSAP.

Johann Huber, Krämer und Hausbesitzer, Oberalm
Johann Kirchner, Bauer, Radstadt
Johann Kriechhammer, Knecht, Salzburg-Leopoldskron
Michael Neureiter, Dechant, St. Johann im Pongau
Johann Nitzinger, Linzerbauer, Fusch an der Großglocknerstraße
Jakob Perner, Vordergrubbauer, Göriach**
Josef Preis, Färbermeister und Bürgermeister, Salzburg
Johann Rainer, Wögerkeuschler, Tamsweg**
Josef Rainer, Gemeindesekretär, Saalbach-Hinterglemm
Dr. Franz Rehrl, Landeshauptmann, Salzburg
Wilhelm Schernthanner, Korrektor, Salzburg

* Bartholomäus Fersterer trat am 1. 12. 1925 für den am 24. 11. 1925 ausgeschiedenen Johann Hasenauer ein.
** Johann Rainer trat am 17. 11. 1925 für den verstorbenen Jakob Perner ein.

Sozialdemokratische Partei (10 Mandate)

Eduard Baumgartner, Bürgerschuldirektor, Salzburg
Josef Breitenfelder, Werkmeister der Bundesbahnen, Salzburg
Karl Emminger, Werkführer der Bundesbahnen, Salzburg
Marie Klaushofer, Oberlehrerin, Salzburg-Maxglan*
Heinrich Leukert, Gewerkschaftssekretär, Salzburg-Maxglan
Anton Neumayr, Fachlehrer und Bürgermeister, Hallein
Robert Preussler, Redakteur, Salzburg
Josef Riedler, Fachlehrer, Saalfelden am Steinernen Meer
Josef Schwaiger, Sekretär, Salzburg*
Johann Treml, Oberschaffner, Bischofshofen
Anna Witternigg, Redakteursgattin, Salzburg*
Theresia Wowes, Heimarbeiterin, Salzburg*

* Anna Witternigg und Theresia Wowes traten am 14. 1. 1925 für die ausgeschiedenen Marie Klaushofer und Josef Schwaiger ein.

Großdeutsche Volkspartei (2 Mandate)

Anton Christoph, Notar, Salzburg*
Alois Kalschegg, Sattlermeister, Hallein*
Max Ott, Kaminkehrermeister, Salzburg

* Alois Kalschegg trat am 28. 11. 1924 für den verstorbenen Anton Christoph ein.

Ohne Klubzugehörigkeit (2 Mandate)[4]

Franz FREUNDLINGER, Bauer, Hallwang*
Johann OBER, Frankbauer, Seekirchen am Wallersee*
Hans PRODINGER, Privatangestellter, Salzburg

* Franz Freundlinger trat am 2. 5. 1924 für den ausgeschiedenen Johann Ober ein.

3. WAHLPERIODE 1927/1932[5]
(WAHL: 3. 4. 1927, KONSTITUIERUNG: 4. 5. 1927)

Christlichsoziale Partei (13 Mandate)

Peter ACKERER, Bezirksoberförster, St. Johann im Pongau
Franz BACHER, Wimmerbauer, Hollersbach im Pinzgau
Josef BACHINGER, Arbeitersekretär, Salzburg
Karl ENGL, Redakteur, Salzburg
Bartholomäus FERSTERER, Kühmaierbauer, Saalfelden am Steinernen Meer
Josef HAUTHALER, Bauer und Wirt, Viehhausen
Adolf HOCHLEITNER, Bezirksoberförster, Golling an der Salzach*
Johann HUBER, Krämer und Hausbesitzer, Oberalm*
Johann KIRCHNER, Bauer, Radstadt
Michael NEUREITER, Domkapitular, Salzburg
Josef PREIS, Färbermeister, Salzburg
Johann RAINER, Wögerkeuschler, Tamsweg
Dr. Franz REHRL, Landeshauptmann, Salzburg
Johann STRASSER, Michlbauer, Obertrum am See

* Adolf Hochleitner trat am 19. 11. 1929 für den verstorbenen Johann Huber ein.

4 Diese zwei Mandate wurden auf der Liste »Christlichnationale Wahlgemeinschaft« erzielt und sind jeweils der Deutschen Nationalsozialistischen Arbeiterpartei (Hans Prodinger) und dem Freiheitlichen Salzburger Bauernbund (Johann Ober beziehungsweise Franz Freundlinger) zuzuordnen. Die Mandatare schlossen sich nicht dem Klub der Christlichsozialen an, sondern arbeiteten informell mit den Großdeutschen zusammen.

5 Mit der 3. Landes-Verfassungsgesetznovelle wurde die Zahl der Mitglieder des Landtages von bisher 28 auf 26 Abgeordnete reduziert (LGBl. Nr. 1/1926).

Sozialdemokratische Partei (9 Mandate)

Eduard BAUMGARTNER, Bürgerschuldirektor i.R. Salzburg
Josef BREITENFELDER, Werkmeister der Bundesbahnen, Salzburg*
Karl EMMINGER, Werkführer der Bundesbahnen, Salzburg
Heinrich LEUKERT, Parteisekretär, Salzburg-Maxglan
Anton NEUMAYR, Fachlehrer, Hallein
Robert PREUSSLER, Redakteur, Salzburg
Josef RIEDLER, Fachlehrer, Saalfelden am Steinernen Meer
Hans TREML, Oberschaffner, Bischofshofen
Alois WEIDENHILLINGER, Oberwerkmann, Salzburg*
Anna WITTERNIGG, Redakteursgattin, Salzburg

* Alois Weidenhillinger trat am 14. 2. 1929 für den verstorbenen Josef Breitenfelder ein.

Großdeutsche und Nationalsozialisten (3 Mandate)

Richard KÜRTH, Schlossermeister, Salzburg
Max OTT, Kaminkehrermeister und Bürgermeister, Salzburg
Nikolaus SCHLAM, Hüttenmeister, Hallein

Salzburger Landbund (1 Mandat)

Franz FREUNDLINGER, Bauer, Hallwang

4. WAHLPERIODE 1932/1934
(WAHL: 24. 4. 1932, KONSTITUIERUNG: 19. 5. 1932)[6]

Christlichsoziale Partei (12 Mandate)

Josef BACHINGER, Sekretär des Katholischen Arbeitervereines, Salzburg
Karl ENGL, Redakteur, Salzburg
Bartholomäus FERSTERER, Kühmaierbauer, Saalfelden am Steinernen Meer
Josef HAUTHALER, Laschenskywirt, Viehhausen

6 Mit Landesverfassungsgesetz vom 26. 2. 1934, LGBl. Nr. 47/1934 übertrug der Landtag seine ihm zustehenden Rechte, insbesondere das Recht der Gesetzgebung, darunter auch der Verfassungsgesetzgebung, bis zur Neuordnung der verfassungsrechtlichen Verhältnisse auf berufsständischer Grundlage an die Landesregierung.

Adolf Hochleitner, Bezirksoberförster, Golling an der Salzach
Matthias Hutter, Hinterweglehenbauer, Pfarrwerfen
Johann Kirchner, Neuhofbauer, Radstadt*
Michael Neureiter, Domkapitular, Salzburg*
Josef Preis, Färbermeister, Salzburg
Johann Rainer, Wögerkeuschler, Tamsweg
Dr. Franz Rehrl, Hofrat, Salzburg
Johann Schweinberger, Gastwirt, Neukirchen am Großvenediger
Johann Strasser, Michlbauer, Obertrum am See

* Johann Kirchner trat am 19. 1. 1934 für den ausgeschiedenen Michael Neureiter ein.

Sozialdemokratische Partei (8 Mandate)[7]

Eduard Baumgartner, Schuldirektor i.R. Salzburg
Karl Emminger, Werkführer der Bundesbahnen, Salzburg
Anton Neumayr, Fachlehrer, Hallein
Stanislaus Pacher, Bergarbeiter, Mühlbach am Hochkönig
Robert Preussler, Redakteur, Salzburg
Josef Riedler, Fachlehrer, Saalfelden am Steinernen Meer
Hans Treml, Oberschaffner, Bischofshofen
Anna Witternigg, Private, Salzburg

Nationalsozialistische Deutsche Arbeiterpartei (6 Mandate)[8]

Franz Koweindl, Schmiedemeister, Rauris
Dr. Max Peisser, Gerichtsvorsteher, Radstadt*
Alois Reichl, Bergarbeiter, St. Leonhard bei Grödig
Leopold Schaschko, Bundesbahnbeamter, Salzburg
Ing. Karl Starkel, Oberforstrat, Bischofshofen*
Otto Vogl, Gast- und Landwirt, Anthering
Erich Wagner, Arbeiter, Salzburg

* Ing. Karl Starkel trat am 6. 12. 1932 für den ausgeschiedenen Dr. Max Peisser ein.

7 Mit Verordnung der Bundesregierung vom 16. 2. 1934, BGBl. Nr. 100/1934, wurden die Mandate der Sozialdemokratischen Arbeiterpartei Österreichs als erloschen erklärt.

8 Die Mandate der NSDAP wurden mit Landesverfassungsgesetz vom 30. 6. 1933 über das Ruhen der Mandate der Nationalsozialistischen Deutschen Arbeiterpartei (Hitlerbewegung), LGBl. Nr. 66/1933, für ruhend erklärt.

Ständischer Landtag 1934/1938 (Ernennung: 1. 11. 1934, Konstituierung: 22. 11. 1934)[9]

Vertreter der Kirche

Dr. Johannes Filzer, Weihbischof, Salzburg*
Dr. Sigismund Waitz, Erzbischof, Salzburg*

Vertreter des Schul- und Volksbildungswesens

Dr. Otto Haustein, Professor, Salzburg

Vertreter des Erziehungswesens

Rosa Weiser, Spenglermeistersgattin, Salzburg

Vertreter der Kunst und Musik

Dr. Bernhard Paumgartner, Direktor des Mozarteums, Salzburg

Vertreter der Land- und Forstwirtschaft

Franz Dürlinger, Stallmeister, Oberalm**
Bartholomäus Fersterer, Kühmaierbauer, Saalfelden am Steinernen Meer
Isidor Griessner, Landarbeiter, Fusch an der Großglocknerstraße**
Adolf Hochleitner, Bezirksoberförster, Golling an der Salzach
Franz Hofer, Gutsmeier, Plainfeld
Matthias Hutter, Hinterweglehenbauer, Pfarrwerfen
Johann Mayrhofer, Kasparbauernsohn, Radstadt
Ing. Karl Nölscher, Forstdirektor, Werfen
Michael Sagmeister, Lenzbauer, Lessach
Josef Ziller, Hanslbauer, Salzburg-Aigen

---

9 Mit Verordnung der Landesregierung vom 14. September 1934, LGBl. Nr. 116/1934, wurde die auf ständischer Grundlage beruhende Landesverfassung 1934 mit Wirkung vom 1. 11. 1934 in Kraft gesetzt. Gleichzeitig trat die Landesverfassung 1921 außer Kraft. Die Gesetzgebungskompetenz des Landtages endete mit 17. 3. 1938 durch den Zweiten Führererlass über die Einführung deutscher Reichsgesetze in Österreich (Gesetzblatt für das Land Österreich Nr. 8/1938), mit dem die sinngemäße Anwendung des Gesetzes vom 30. 1. 1934 über den Neuaufbau des Reiches angeordnet wurde, wodurch die bisherigen Volksvertretungen der Länder aufgelöst wurden.

Vertreter des Gewerbes

Friedrich GUGG, Gastwirt, Straßwalchen
Johann HOFER, Partieführer, Stuhlfelden***
Rupert KASTNER, Stadtbaumeister, Salzburg
Johann KAUFMANN, Schriftsetzer, Salzburg***

Vertreter der Industrie und des Bergbaues

Josef RADAUER, Fabrikarbeiter, Hallein
Hans STADLER, Sägewerksbesitzer, St. Johann im Pongau
Ludwig STEPSKI-DOLIWA, Oberst i. R., Salzburg
Engelbert TRIFLINGER, Fabrikbeamter, Lend

Vertreter des Geld-, Kredit- und Versicherungswesens

Alfred BAYR, Bankbeamter, Salzburg

Vertreter der freien Berufe

Dr. Walter HAUPOLTER, Rechtsanwalt, Salzburg

Vertreter des öffentlichen Dienstes

Erich ASCHAUER-LICHTENTHURN, Finanzbeamter, St. Johann im Pongau

Vertreter des Handels und des Verkehrs

Alois DICK d.J., Kaufmann, Saalfelden am Steinernen Meer
Franz HELL, Arbeiterkammersekretär, Salzburg
Josef KNOSP, Bundesbahnbeamter, Salzburg-Gnigl

* Weihbischof Dr. Johannes Filzer vertrat Erzbischof Dr. Sigismund Waitz bis 5. 2. 1935.

** Isidor Grießner schied anlässlich seiner Berufung in die Landesregierung aus dem Landtag aus. An seiner Stelle trat am 1. 3. 1938 Franz Dürlinger ein.

*** Johann Hofer trat am 1. 12. 1937 für den ausgeschiedenen Johann Kaufmann ein, der in den Gemeindetag der Stadt Salzburg als Stadtrat wechselte.

1. Gesetzgebungs- (5. Wahl-) periode 1945/1949 (Wahl: 25. 11. 1945, Konstituierung: 12. 12. 1945)

Österreichische Volkspartei (15 Mandate)

Josef Ausweger, Elektromeister und Präsident der Wirtschaftskammer, Salzburg
Franz Freundlinger, Reichartigerbauer, Hallwang-Esch
Peter Hager, Fabrikschlosser, Hallein
Franz Hell, Sekretär, Salzburg
Anton Huber, Schütterbauer, Rauris
Fritz Moser, Bauer, Seekirchen am Wallersee
Dr. Adalbert Mueller, Oberregierungsrat, Salzburg
Hans Müller, Hauptschuldirektor, Salzburg
Johann Neureiter, Landarbeiter, St. Georgen bei Salzburg
Johann Rainer, Wögerbauer, Tamsweg*
Peter Röck, Maschlbauer, Embach-Lend
Martin Saller, Lehenbauer, Bischofshofen
Josef Seitlinger, Bauer, Weißpriach im Lungau*
Johann Siller, Hagenbauer, Kuchl
Dr. Andreas Viehauser, Arzt, Salzburg-Morzg
Karl Wimmer, Hotelier, Salzburg

* Josef Seitlinger trat am 12. 11. 1947 für den am 15. 10. 1947 ausgeschiedenen Johann Rainer ein.

Sozialistische Partei Österreichs (10 Mandate)

Johann Brunauer, Schuhmacher- und Innungsmeister, Salzburg
Maria Emhart, Arbeitersfrau, Bischofshofen
Thomas Ganisl, Gasmeister, Salzburg
Konrad Hölzl, Tabakarbeiter, Hallein
Franz Illig, Oberlehrer, Mariapfarr
Dr. Eduard Kofler, Regierungsrat, Salzburg*
Benedikt Meissnitzer, Bauer, Ennswald bei Radstadt
Anton Neumayr, Oberregierungsrat und Bürgermeister der Landeshauptstadt, Salzburg
Franz Peyerl, Landeshauptmann-Stellvertreter, Salzburg
Karl Reinthaler, Lokomotivführer, Saalfelden am Steinernen Meer**
Rupert Rindler, Bahnbediensteter, Taxenbach**
Josef Weisskind, Angestellter, Salzburg*

* Josef Weißkind trat am 29. 7. 1946 für den am ausgeschiedenen Dr. Eduard Kofler ein.
** Rupert Rindler trat am 2. 8. 1946 für den beurlaubten Karl Reinthaler ein.

Kommunistische Partei Österreichs (1 Mandat)

Franz STRASSER, Stukkateur, Salzburg

2. GESETZGEBUNGS- (6. WAHL-) PERIODE 1949/1954 (WAHL: 9. 10. 1949, KONSTITUIERUNG: 1. 12. 1949)

Österreichische Volkspartei (12 Mandate)

Josef EISL, Bauer, St. Gilgen
Franz FREUNDLINGER, Reichartigerbauer, Hallwang-Esch
Karl GLASER, Postbediensteter, Salzburg
Michael HASLINGER, Buchsachverständiger, Zell am See*
Franz HELL, Sekretär der Arbeiterkammer, Salzburg
Dr. Adalbert MUELLER, Hofrat, Salzburg
Johann PRODINGER, Bauer, Mariapfarr
Josef REHRL, Direktor der Landestaubstummenanstalt, Salzburg
Peter RÖCK, Maschlbauer, Embach-Lend
Martin SALLER, Lehenbauer, Bischofshofen
Georg SCHNÖLL, Bauer, Kuchl
Dr. Andreas VIEHAUSER, Arzt, Salzburg-Morzg
Karl WIMMER, Hotelier, Salzburg*

* Michael Haslinger trat am 28. 5. 1952 für den am 20. 3. 1952 ausgeschiedenen Karl Wimmer ein.

Sozialistische Partei Österreichs (9 Mandate)

Johann BRUNAUER, Schuhmachermeister und Vizepräsident der Handelskammer, Salzburg
Bruno EDER, Landwirt, Lofer
Maria EMHART, Hausfrau, Bischofshofen*
Katharina GRUBER, Hausfrau, Schwarzach im Pongau*
Ernst HALLINGER, Bauelektriker, Landesparteisekretär, Salzburg
Franz ILLIG, Oberlehrer, Mariapfarr
Anton KIMML, Sekretär der Arbeiterkammer, Salzburg
Anton NEUMAYR, Hofrat und Bürgermeister der Landeshauptstadt, Salzburg**
Franz PEYERL, Buchhalter, Landeshauptmann-Stellvertreter, Salzburg
Hans PEXA, Angestellter, Puch bei Hallein
Josef WEISSKIND, Landesrat und Kaufmann, Salzburg**

* Katharina Gruber trat am 10. 4. 1953 für die am 7. 4. 1953 ausgeschiedene Maria Emhart ein.
** Josef Weißkind trat am 21. 7. 1954 für den am 18. 6. 1954 verstorbenen Anton Neumayr ein.

Wahlpartei der Unabhängigen (5 Mandate)

Dipl.-Vwt. Franz Buchinger, Buchhalter, Zell am See***
Hans Friedrich Freyborn, Jurist, Salzburg
Florian Groll, Major a.D., Landesrat, Salzburg* ***
Manfred Krüttner, Landesangestellter, Salzburg*
Karl Mayr, Dipl. Architekt, Salzburg**
Hubert Rotter, Schlosser, Mittersill**
Alois Ruhdorfer, Gast- und Landwirt, Radstadt

* Manfred Krüttner trat am 23. 1. 1950 für den am 2. 1. 1950 ausgeschiedenen Florian Groll ein.
** Hubert Rotter trat am 10. 4. 1953 für den ausgeschiedenen Karl Mayr ein.
*** Florian Groll trat am 26. 5. 1954 für den am 18. 4. 1954 verstorbenen Dipl.-Vwt. Franz Buchinger ein.

3. Gesetzgebungs- (7. Wahl-) periode 1954/1959[10]
(Wahl: 17. 10. 1954, Konstituierung: 11. 12. 1954)

Österreichische Volkspartei (15 Mandate)

Fritz Daghofer, Fleischhauermeister, Salzburg
Josef Eisl, Bauer, St. Gilgen
Fritz Gruber, Hotelier, Bad Gastein*
Karl Glaser, Postbediensteter, Salzburg*
Michael Haslinger, Buchsachverständiger, Zell am See
Franz Hell, Arbeiterkammersekretär, Salzburg
Dr. Josef Klaus, Rechtsanwalt, Salzburg**
Dr. Moritz Kumpfmiller, Brauereidirektor, Hallein***
Ing. Helmut Langer, Berufsschullehrer, Mittersill***
Peter Meikl, Landarbeiter, Werfen
Johann Prodinger, Mitterlingbauer, Mariapfarr
Josef Rehrl, Hofrat, Salzburg
Josef Renner, Landesbeamter, Salzburg****

10 Mit einer Novelle zum Landes-Verfassungsgesetz (LGBl. Nr. 79/1954) wurde die Zahl der Mitglieder des Landtages von bisher 26 auf 32 Abgeordnete erhöht.

Heinrich Rettenbacher, Sattlermeister, Abtenau****
Peter Röck, Maschlbauer, Embach-Lend
Martin Saller, Lehenbauer, Bischofshofen
Hans Ungar, Bundesbahnbeamter, Salzburg**
Rupert Wolfgruber, Langerbauer, Göming
Johann Zyla, Angestellter, Salzburg

* Fritz Gruber trat am 2. 3. 1955 für den am 7. 2. 1955 ausgeschiedenen Karl Glaser ein.
** Hans Ungar trat am 1. 6. 1955 für den ausgeschiedenen Dr. Josef Klaus ein.
*** Ing. Helmut Langer trat am 2. 4. 1958 für den am 16. 2. 1958 verstorbenen Dr. Moritz Kumpfmiller ein.
**** Heinrich Rettenbacher trat am 2. 4. 1958 für den am 8. 2. 1958 verstorbenen Josef Renner ein.

Sozialistische Partei Österreichs (13 Mandate)

Alfred Bäck, Sparkassendirektor, Salzburg
Josef Brunauer, Gewerkschaftssekretär, Salzburg*
Johann Brunauer, Schuhmachermeister, Salzburg**
Bruno Eder, Landwirt, Lofer
Josef Grani, Gartenmeister, Mittersill
Katharina Gruber, Hausfrau, Schwarzach im Pongau
Ernst Hallinger, Bauelektriker, Salzburg
Franz Illig, Oberlehrer, Mariapfarr
Josef Kaut, Chefredakteur, Salzburg*
Anton Kimml, Arbeiterkammersekretär, Salzburg
Franz Peyerl, Buchhalter, Salzburg
Hans Pexa, Angestellter, Puch bei Hallein
Fritz Schorn, Gewerkschaftssekretär, Grödig-Gartenau
Johann Wohl, Bergwerksbeamter, Mühlbach am Hochkönig
Josef Weisskind, Kaufmann, Salzburg**

* Josef Brunauer trat am 4. 7. 1956 für den ausgeschiedenen Josef Kaut ein.
** Josef Weißkind trat am 29. 10. 1958 für den am 16. 9. 1958 verstorbenen Johann Brunauer ein.

Wahlpartei der Unabhängigen (4 Mandate)[11]

Walter Aichinger, Privatbeamter, Salzburg*
Florian Groll, Major a.D., Salzburg

11 Ab 8. 6. 1956 Freiheitliche Partei Österreichs (FPÖ)

Manfred Krüttner, Landesbediensteter, Salzburg
Alois Ruhdorfer, Gast- und Landwirt, Radstadt
Gustav Zeillinger, Rechtsanwalt, Salzburg*

* Walter Aichinger trat am 27. 1. 1955 für den ausgeschiedenen Gustav Zeillinger ein.

4. Gesetzgebungs- (8. Wahl-) periode 1959/1964 (Wahl: 10. 5. 1959, Konstituierung: 2. 7. 1959)

Österreichische Volkspartei (14 Mandate)

Fritz Daghofer, Fleischhauer, Salzburg
Josef Eisl, Landwirt, St. Gilgen
Josef Erber, Forstangestellter, Bischofshofen
Michael Haslinger, Buchprüfer und Steuerberater, Zell am See** ***
Dr. Wilfried Haslauer, Kammeramtsdirektor, Salzburg**
Franz Hell, Arbeiterkammersekretär, Salzburg***
Dr. Josef Klaus, Rechtsanwalt, Salzburg*
Johann Prodinger, Mitterlingbauer, Mariapfarr
Heinrich Rettenbacher, Tapezierer- und Sattlermeister, Abtenau
Peter Röck, Maschlbauer, Embach-Lend
Martin Saller, Lehenbauer, Bischofshofen
Johann Schmidinger, Volksschullehrer, Thalgau*
Hans Ungar, Bundesbahnbeamter, Salzburg
Martha Weiser, Volksschullehrerin, Salzburg
Rupert Wolfgruber, Langerbauer, Göming
Hans Zyla, Geschäftsführer, Salzburg

* Johann Schmidinger trat am 15. 7. 1959 für den aus Anlass seiner Wahl zum Landeshauptmann ausgeschiedenen Dr. Josef Klaus ein.
** Dr. Wilfried Haslauer trat am 17. 4. 1961 für den aus Anlass seiner Wahl zum Landesrat ausgeschiedenen Michael Haslinger ein.
*** Michael Haslinger trat am 22. 2. 1963 für den am 16. 1. 1963 verstorbenen Franz Hell ein.

Sozialistische Partei Österreichs (13 Mandate)

Alfred Bäck, Sparkassendirektor, Salzburg
Josef Brandauer, Gemeindebeamter, Hallein
Josef Brunauer, Gewerkschaftssekretär, Salzburg

Josef GRANI, Gartenmeister, Mittersill
Jakob GRUBER, Landwirt, Zell am See
Katharina GRUBER, Hausfrau, Schwarzach im Pongau
Franz ILLIG, Schuldirektor, Mariapfarr
Anton KIMML, Arbeiterkammersekretär, Salzburg
Franz PEYERL, Angestellter, Salzburg
Hans PEXA, Angestellter, Puch bei Hallein
Fritz SCHORN, Gewerkschaftssekretär, Grödig-Gartenau
Karl STEINOCHER, Bundesbahnbeamter, Salzburg
Johann WOHL, Geschäftsführer, Mühlbach am Hochkönig

Freiheitliche Partei Österreichs (5 Mandate)

Walter AICHINGER, Angestellter, Salzburg**
Otto KARL, Pensionist, Schwarzach im Pongau*
Manfred KRÜTTNER, Landesbeamter, Salzburg
Walter LEITNER, Industrieangestellter, Salzburg* **
Michael PÖLLHUBER, Obersäger, Wald im Pinzgau
Dr. Kurt RICHTER, Wirtschaftstreibender, Salzburg

* Otto Karl trat am 15. 7. 1959 für den aus Anlass seiner Wahl als Landesrat ausgeschiedenen Walter Leitner ein.

** Walter Leitner trat am 18. 2. 1964 für den ausgeschiedenen Walter Aichinger ein.

5. GESETZGEBUNGS- (9. WAHL-) PERIODE 1964/1969 (WAHL: 26. 4. 1964, KONSTITUIERUNG: 19. 6. 1964)

Österreichische Volkspartei (15 Mandate)

Dipl.-Ing. Anton BONIMAIER, Leiter der Landwirtschaftsschule Kleßheim, Wals-Siezenheim*
Johann BRUNNER, Lagerhausangestellter, Maishofen*
Josef EISL, Landwirt, St. Gilgen***
Josef ERBER, Forstangestellter, Bischofshofen
Michael HASLINGER, Buchprüfer und Steuerberater, Zell am See*
Dr. Wilfried HASLAUER, Kammeramtsdirektor, Salzburg
Josef HÖRL, Landwirt, Saalfelden am Steinernen Meer
Simon ILLMER, Landwirt, Pfarrwerfen**
Dipl.-Ing. Dr. Ferdinand KIRCHNER, Leiter der Landwirtschaftsschule, Tamsweg

Dipl.-Ing. DDr. Hans LECHNER, Landesbeamter, Salzburg*
Christian PONGRUBER. Landwirt, Bergheim***
Heinrich RETTENBACHER, Tapezierer- und Sattlermeister, Abtenau
Martin SALLER, Lehenbauer, Bischofshofen**
Johann SCHMIDINGER, Volksschullehrer, Thalgau
Franz SPANN, Sozialversicherungsangestellter, Salzburg*
Hans UNGAR, Bundesbahnbeamter, Salzburg
Ing. Josef WEISER, Dachdecker- und Spenglermeister, Salzburg
Martha WEISER, Lehrerin, Salzburg
Rupert WOLFGRUBER, Langerbauer, Göming*
Hans ZYLA, Geschäftsführer, Salzburg

* Für die aus Anlass ihrer Wahl in die Landesregierung ausgeschiedenen Dipl.-Ing. DDr. Hans Lechner, Michael Haslinger und Rupert Wolfgruber traten am 30. 6. 1964 Johann Brunner, Dipl.-Ing. Anton Bonimaier und Franz Spann ein.

** Simon Illmer trat am 6. 10. 1965 für den verstorbenen Martin Saller ein.

*** Christian Pongruber trat am 7. 2. 1968 für den am 19. 1. 1968 verstorbenen Josef Eisl ein.

Sozialistische Partei Österreichs (13 Mandate)

Josef BRANDAUER, Gemeindebeamter, Hallein
Josef BRUNAUER, Gewerkschaftssekretär, Salzburg
Jakob GRUBER, Landwirt, Zell am See
Katharina GRUBER, Hausfrau, Schwarzach im Pongau
Kurt HUFLER, Hauptschullehrer, Mittersill
Franz ILLIG, Volksschuldirektor, Mariapfarr im Lungau
Robert JANSCHITZ, Offizier, Elsbethen-Glasenbach*
Franz PEYERL, Angestellter, Salzburg**
Hans PEXA, Angestellter, Puch bei Hallein
Josef PICHLER, Bezirkssekretär, Saalfelden am Steinernen Meer***
Fritz SCHORN, Gewerkschaftssekretär, St. Leonhard bei Grödig*
Karl STEINOCHER, Bundesbahnbeamter, Salzburg
Dkfm. Walter STOCKINGER, Sparkassenbeamter, Salzburg
Leopold WALLY, Hauptschuldirektor, Salzburg**
Johann WOHL, Geschäftsführer, Mühlbach am Hochkönig***
Karl ZILLNER, Eisenbahner, St. Georgen bei Salzburg

* Robert Janschitz trat am 24. 3. 1965 für den ausgeschiedenen Fritz Schorn ein.

** Leopold Wally trat am 3. 11. 1966 für den ausgeschiedenen Franz Peyerl ein.

*** Josef Pichler trat am 11. 10. 1967 für den am 10. 10. 1967 ausgeschiedenen Johann Wohl ein.

Freiheitliche Partei Österreichs (4 Mandate)

Otto KARL, Pensionist, Schwarzach im Pongau
Manfred KRÜTTNER, Landesbeamter, Salzburg
Walter LEITNER, Industrieangestellter, Salzburg*
Dr. Kurt RICHTER, Wirtschaftstreibender, Salzburg**
Michael PÖLLHUBER, Obersäger, Wald im Pinzgau**
Alois ZILLNER, Landwirt, Salzburg*

* Alois Zillner trat am 30. 6. 1964 für den aus Anlass seiner Wahl als Landesrat ausgeschiedenen Walter Leitner ein.

** Michael Pöllhuber trat am 4. 11. 1964 für den ausgeschiedenen Dr. Kurt Richter ein.

6. GESETZGEBUNGS- (10. WAHL-) PERIODE 1969/1974 (WAHL: 23. 3. 1969, KONSTITUIERUNG: 14. 5. 1969)

Österreichische Volkspartei (13 Mandate)

Dipl.-Ing. Anton BONIMAIER, Leiter der Landwirtschaftsschule Kleßheim, Wals-Siezenheim
Johann BRUNNER, Lagerhausangestellter, Maishofen*
Annemarie DENGG, Hausfrau, St. Johann im Pongau
Dr. Wilfried HASLAUER, Kammeramtsdirektor, Salzburg
Michael HASLINGER, Buchprüfer, Zell am See*
Josef HÖRL, Landwirt, Saalfelden am Steinernen Meer
Simon ILLMER, Landwirt, Pfarrwerfen
Dipl.-Ing. Dr. Ferdinand KIRCHNER, Leiter der Landwirtschaftsschule, Tamsweg*
Dipl.-Ing. DDr. Hans LECHNER, Landesbeamter, Salzburg*
Dr. Viktor MAYER-SCHÖNBERGER, Steuerberater, Zell am See**
Johann SCHMIDINGER, Volksschullehrer, Thalgau
Dr. Helmut SCHREINER, Universitätsassistent, Salzburg
Franz SPANN, Sozialversicherungsangestellter, Salzburg*
Ing. Josef STEINER, Frächter, Golling an der Salzach**
Ing. Josef WEISER, Dachdecker- und Spenglermeister, Salzburg
Rupert WOLFGRUBER, Langerbauer, Göming*
Hans ZYLA, Geschäftsführer, Salzburg

* Für die aus Anlass ihrer Wahl in die Landesregierung ausgeschiedenen Dipl.-Ing. DDr. Hans Lechner, Michael Haslinger und Rupert Wolfgruber traten am 4. 6. 1969 Johann Brunner, Dipl.-Ing. Dr. Ferdinand Kirchner und Franz Spann ein.

** Dr. Viktor Mayer-Schönberger trat am 14. 2. 1973 für den am 18. 1. 1973 ausgeschiedenen Ing. Josef Steiner ein.

Sozialistische Partei Österreichs (13 Mandate)

Josef BRANDAUER, Gemeindebeamter, Hallein
Josef BRUNAUER, Arbeiterkammerpräsident, Salzburg
Othmar BRUNNER, Sonderschuldirektor, Tamsweg
Jakob GRUBER, Landwirt, Zell am See
Karl HOFMANN, Bundesbahnbeamter, St. Johann im Pongau
Robert JANSCHITZ, Offizier, Elsbethen-Glasenbach
Josef OBERKIRCHNER, Landesparteisekretär, Salzburg*
Josef PICHLER, Geschäftsführer, Saalfelden am Steinernen Meer
Maria SPRINGLE, Hausfrau, Salzburg
Karl STEINOCHER, Bundesbahnbeamter, Salzburg
Dkfm. Walter STOCKINGER, Sparkassendirektor, Salzburg
Alois STÖLLINGER, Standesbeamter, Schwarzach im Pongau
Josef WEISSKIND, Kaufmann, Salzburg*
Karl ZILLNER, Bundesbahnbeamter, Bürmoos

* Josef Oberkirchner trat am 26. 5. 1971 für den beurlaubten Josef Weißkind ein, der bis zum Ende der Gesetzgebungsperiode sein Mandat nicht wieder in Anspruch nahm.

Freiheitliche Partei Österreichs (6 Mandate)

Manfred KRÜTTNER, Landesbeamter, Salzburg
Ing. Fritz LEDERMANN, Gewerbetreibender, Salzburg
Michael PÖLLHUBER, Obersäger, Wald im Pinzgau*
Ing. Walter RUD, Zimmermeister, Bad Gastein
Dr. Hellfried SCHULLER, Richter, St. Johann im Pongau
Sepp WIESNER, Holzkaufmann, Mattsee*
Alois ZILLNER, Landwirt, Salzburg

* Sepp Wiesner trat am 27. 10. 1971 für den am 23. 10. 1971 ausgeschiedenen Michael Pöllhuber ein

7. Gesetzgebungs- (11. Wahl-) periode 1974/1979[12] (Wahl: 31. 3. 1974, Konstituierung: 22. 5. 1974)

Österreichische Volkspartei (18 Mandate)

Dipl.-Ing. Anton Bonimaier, Leiter der Landwirtschaftsschule Kleßheim, Wals-Siezenheim**
Annemarie Dengg, Hausfrau, St. Johann im Pongau
Johann Eder, Landwirt, Lamprechtshausen**
Dr. Wolfgang Gmachl, Direktor des Österreichischen Wirtschafsbundes, Salzburg
Dr. Wilfried Haslauer, Kammeramtsdirektor, Salzburg*
Wolfgang Haunsberger, Tischlermeister, Elsbethen
Josef Hörl, Landwirt, Saalfelden am Steinernen Meer
Simon Illmer, Landwirt, Pfarrwerfen
Dipl.-Ing. DDr. Hans Lechner, Landesbeamter, Salzburg*
Dr. Viktor Mayer-Schönberger, Steuerberater, Zell am See
Leonhard Neumayer, Rot-Kreuz-Kraftfahrer, St. Johann im Pongau
Karl Nindl, Landesbeamter, Bramberg*
Ing. Christian Posch, Sekretär der Bezirksbauernkammer Tennengau, Hallein
Franz Sampl, Landwirt, St. Michael im Lungau
Hans Schmidinger, Volksschuldirektor, Thalgau
Dr. Helmut Schreiner, Hochschulassistent, Salzburg
Josef Schwaighofer, Sägewerker, Rußbach am Paß Gschütt*
Franz Spann, Sozialversicherungsangestellter, Salzburg
Christina Steinmetzer, Hausfrau, St. Gilgen*
Dr. Walter Vogl, Sozialversicherungsjurist, Wals-Siezenheim
Rupert Wolfgruber, Langerbauer, Göming*
Hans Zyla, Baukaufmann, Salzburg

* Für die aus Anlass ihrer Wahl in die Landesregierung ausgeschiedenen Dipl.-Ing. DDr. Hans Lechner, Dr. Wilfried Haslauer und Rupert Wolfgruber traten am 29. 5. 1974 Christina Steinmetzer, Karl Nindl und Josef Schwaighofer ein.

** Johann Eder trat am 20. 4. 1977 für den aus Anlass seiner Wahl in die Landesregierung ausgeschiedenen Dipl.-Ing. Anton Bonimaier ein.

12 Mit einer Novelle zum Landes-Verfassungsgesetz (LGBl. Nr. 98/1973) wurde die Zahl der Mitglieder des Landtages von bisher 32 auf 36 Abgeordnete erhöht.

Sozialistische Partei Österreichs (13 Mandate)

Josef BRUNAUER, Arbeiterkammerpräsident, Salzburg
Othmar BRUNNER, Sonderschuldirektor, Tamsweg
Jakob GRUBER, Landwirt, Zell am See
Karl HOFMANN, Bundesbahnbeamter, St. Johann im Pongau*
Robert JANSCHITZ, Oberst, Elsbethen-Glasenbach
Georg MAIER, Mechaniker, Hallein*
Dr. Herbert MORITZ, Chefredakteur, Salzburg*
Josef OBERKIRCHNER, Angestellter, Salzburg* **
Hans PEXA, Angestellter, Puch bei Hallein*
Josef PICHLER, Geschäftsführer, Saalfelden am Steinernen Meer
Johann PITZLER, Orthopädietechniker, Hallein
Maria SPRINGLE, Hausfrau, Salzburg
Karl STEINOCHER, Bundesbahnbeamter, Salzburg*
Dkfm. Walter STOCKINGER, Generaldirektor-Stellvertreter, Salzburg
Alois STÖLLINGER, Standesbeamter, Schwarzach im Pongau
Josef WEICHENBERGER, Sekretär, Salzburg**
Karl ZILLNER, Bundesbahnbeamter, Bürmoos

* Für die aus Anlass ihrer Wahl in die Landesregierung ausgeschiedenen Dr. Herbert Moritz und Karl Steinocher sowie des ausgeschiedenen Hans Pexa traten am 29. 5. 1974 Karl Hofmann, Georg Maier und Josef Oberkirchner ein.

** Josef Weichenberger trat am 2. 11. 1976 für den aus Anlass seiner Wahl in die Landesregierung ausgeschiedenen Josef Oberkirchner ein.

Freiheitliche Partei Österreichs (5 Mandate)

Ing. Fritz LEDERMANN, Gewerbetreibender, Salzburg
Walter LEITNER, Industrieangestellter, Salzburg*
Ing. Walter RUD, Zimmermeister, Bad Gastein*
Dr. Hellfried SCHULLER, Landesgerichtsrat, Vigaun
Sepp WIESNER, Holzkaufmann, Mattsee
Alois ZILLNER, Landwirt, Salzburg

* Ing. Walter Rud trat am 29. 5. 1974 für den aus Anlass seiner Wahl in die Landesregierung ausgeschiedenen Walter Leitner ein.

8. Gesetzgebungs- (12. Wahl-) periode 1979/1984 (Wahl: 25. 3. 1979, Konstituierung: 16. 5. 1979)

Österreichische Volkspartei (17 Mandate)

Annemarie Dengg, Hausfrau, St. Johann im Pongau
Bertl Emberger, Landwirt, Wagrain
Dr. Wolfgang Gmachl, Direktor des Österreichischen Wirtschafsbundes, Salzburg
Ing. Georg Griessner, Landwirtschaftlicher Fachlehrer, Bruck an der Großglocknerstraße
Wolfgang Haunsberger, Tischlermeister, Elsbethen
Josef Hörl, Landwirt, Saalfelden am Steinernen Meer
Dr. Viktor Mayer-Schönberger, Steuerberater, Zell am See
Leonhard Neumayer, Angestellter, St. Johann im Pongau
Ing. Christian Posch, Kammersekretär, Hallein
Peter Rotschopf, Kammerbeamter, Tamsweg
Dr. Franz Schausberger, Landesbediensteter, Salzburg
Hans Schmidinger, Volksschuldirektor, Thalgau
Dr. Helmut Schreiner, Universitätsprofessor, Salzburg
Josef Schwaighofer, Sägewerksbesitzer, Rußbach am Paß Gschütt
Franz Spann, Angestellter, Salzburg
Christina Steinmetzer, Hausfrau, St. Gilgen
Mag. Dr. Walter Vogl, Sozialversicherungsjurist, Wals-Siezenheim

Sozialistische Partei Österreichs (14 Mandate)

Josef Brunauer, Arbeiterkammerpräsident, Salzburg**
Othmar Brunner, Sonderschuldirektor, Tamsweg*****
Mag. Karl Fink, Kammeramtsdirektor-Stellvertreter, Salzburg**
Jakob Gruber, Landwirt, Zell am See******
Karl Hofmann, Bundesbahnbeamter, St. Johann im Pongau
Robert Janschitz, Oberst, Elsbethen-Glasenbach****
Georg Maier, Mechaniker, Hallein
Othmar Nacovsky, Postbeamter, Seekirchen am Wallersee****
Josef Pichler, Geschäftsführer, Saalfelden am Steinernen Meer
Johann Pitzler, Bandagist und Orthopädietechniker, Hallein
Dr. Othmar Raus, Landessekretär der Gewerkschaft der Privatangestellten, Salzburg
Walter Rieser, Vizeleutnant, Wals-Siezenheim*
Maria Springle, Hausfrau, Salzburg
Dkfm. Walter Stockinger, Generaldirektor-Stellvertreter, Salzburg***

Alois STÖLLINGER, Standesbeamter, Schwarzach im Pongau
Inge STUCHLIK, Landessekretärin des Pensionistenverbandes Salzburg, Salzburg***
Mag. Walter THALER, Direktor des Bundesrealgymnasiums, Zell am See******
Reinhold WAHLHÜTTER, Mautstellenleiter, St. Michael im Lungau*****
Josef WEICHENBERGER, ÖGB-Landessekretär, Salzburg
Karl ZILLNER, Bundesbahnbeamter, Bürmoos*

* Walter Rieser trat am 21. 9. 1983 für den am 11. 7. 1983 verstorbenen Karl Zillner ein.
** Mag. Karl Fink trat am 19. 10. 1983 für den ausgeschiedenen Josef Brunauer ein.
*** Inge Stuchlik trat am 24. 10. 1979 für den am 15. 10. 1979 ausgeschiedenen Dkfm. Walter Stockinger ein.
**** Othmar Nacovsky trat am 17. 2. 1982 für den ausgeschiedenen Robert Janschitz ein.
***** Reinhold Wahlhütter trat am 8. 7. 1981 für den ausgeschiedenen Othmar Brunner ein.
****** Mag. Walter Thaler trat am 12. 5. 1982 für den ausgeschiedenen Jakob Gruber ein.

Freiheitliche Partei Österreichs (5 Mandate)

Dr. Robert ASPÖCK, Rechtsanwalt, Salzburg* ***
Hans BACHMANN, Molkereifacharbeiter, Mittersill
Andreas EISL, Landwirt, St. Georgen bei Salzburg**
Dipl.-Vwt. Margot HOFER, Hausfrau, Salzburg***
Ing. Walter RUD, Zimmermeister, Bad Gastein
Dr. Hellfried SCHULLER, Richter, Vigaun
Sepp WIESNER, Holzkaufmann, Mattsee**
Alois ZILLNER, Landwirt, Salzburg*

* Dr. Robert Aspöck trat am 21. 5. 1980 für den ausgeschiedenen Alois Zillner ein.
** Andreas Eisl trat am 16. 3. 1983 für den aus Anlass seiner Wahl in die Landesregierung ausgeschiedenen Sepp Wiesner ein.
*** Dipl.-Vwt. Margot Hofer trat am 19. 10. 1983 für den ausgeschiedenen Dr. Robert Aspöck ein.

9. GESETZGEBUNGS- (13. WAHL-) PERIODE 1984/1989 (WAHL: 25. 3. 1984, KONSTITUIERUNG: 16. 5. 1984)

Österreichische Volkspartei (19 Mandate)

Rudolf EDER, Landwirt, Lofer
Bertl EMBERGER, Landwirt und Gewerbetreibender, Wagrain
Dr. Wolfgang GMACHL, Kammeramtsdirektor, Salzburg
Ing. Georg GRIESSNER, Landwirtschaftslehrer, Bruck an der Großglocknerstraße

Wolfgang HAUNSBERGER, Tischlermeister, Elsbethen
Hans KARL, Bauernbunddirektor, Ebenau
Johann LIENBACHER, ÖBB-Maschinenmeister und Nebenerwerbsbauer, Bad Dürrnberg
Dr. Christian MENZEL, Primararzt und Ärztlicher Direktor der Landeskrankenanstalten, Salzburg
Leonhard NEUMAYER, Angestellter, St. Johann im Pongau
MMag. Michael NEUREITER, Generalsekretär des Österreichischen Borromäumswerkes, Vigaun
Dr. Gottfried NINDL, Gastwirt, Kaprun
Peter ROTSCHOPF, Kammerangestellter, Tamsweg
Dr. Franz SCHAUSBERGER, Landesparteisekretär, Salzburg
Hans SCHMIDINGER, Volksschuldirektor, Thalgau
Dr. Helmut SCHREINER, Universitätsprofessor, Salzburg
Christina STEINMETZER, Hausfrau, St. Gilgen
Mag. Dr. Walter VOGL, Jurist, Wals-Siezenheim
Hedwig WASSERBAUER, Hausfrau, Mühlbach am Hochkönig
Dr. Gerheid WIDRICH, praktische Ärztin, Salzburg

Sozialistische Partei Österreichs (14 Mandate)

Ingo BAUMGARTNER, Hauptschullehrer, Abtenau***
Mag. Karl FINK, Kammeramtsdirektor, Salzburg
Manfred GRUBER, Technischer Beamter der Post- und Telegrafenverwaltung, Böckstein
Franz KURZ, Nebenerwerbsbauer, Bad Dürrnberg***
Dr. Harald LETTNER, Rechtsanwalt, Salzburg*
Josef MAYR, Optikermeister, Pfarrwerfen**
Othmar NACOVSKY, Postbeamter, Seekirchen am Wallersee
Josef PICHLER, Geschäftsführer, Saalfelden am Steinernen Meer
Johann PITZLER, Bandagist und Orthopädietechniker, Hallein
Dr. Othmar RAUS, Landessekretär der Gewerkschaft der Privatangestellten, Salzburg*
Walter RIESER, Vizeleutnant, Wals-Siezenheim
Alois STÖLLINGER, Standesbeamter, Schwarzach im Pongau**
Inge STUCHLIK, Landessekretärin des Pensionistenverbandes Salzburg, Salzburg
Mag. Walter THALER, AHS-Direktor, Zell am See
Ricky VEICHTLBAUER, Hausfrau, Salzburg
Reinhold WAHLHÜTTER, Angestellter, St. Michael im Lungau

* Dr. Harald Lettner trat am 19. 9. 1984 für den aus Anlass seiner Wahl in die Landesregierung ausgeschiedenen Dr. Othmar Raus ein.

** Josef Mayr trat am 22. 10. 1986 für den ausgeschiedenen Alois Stöllinger ein.
*** Ingo Baumgartner trat am 4. 2. 1987 für den ausgeschiedenen Franz Kurz ein.

Freiheitliche Partei Österreichs (4 Mandate)

Dr. Johann Buchner, Landesbeamter, Salzburg
Andreas Eisl, Landwirt, St. Georgen bei Salzburg
Dipl.-Vwt. Margot Hofer, Hausfrau, Salzburg
Volker Winkler, Installateurmeister, Rauris

10. Gesetzgebungs- (14. Wahl-) periode 1989/1994 (Wahl: 12. 3. 1989, Konstituierung: 3. 5. 1989)

Österreichische Volkspartei (16 Mandate)

Ludwig Bieringer, Bürgermeister, Wals Siezenheim**
Rudolf Eder, Bürgermeister und Bauer, Lofer
Bertl Emberger, Bauer und Gewerbetreibender, Wagrain
Dr. Wolfgang Gmachl, Kammeramtsdirektor, Salzburg***
Ing. Georg Griessner, Landwirtschaftslehrer, Bruck an der Großglocknerstraße
Wolfgang Haunsberger, Tischlermeister, Elsbethen
Reinhard Martin Herok, Student, Salzburg
Anton Karl, Fleischhauermeister, Salzburg***
Hans Karl, Bauernbunddirektor, Ebenau
Johann Lienbacher, ÖBB-Bediensteter und Nebenerwerbsbauer, Bad Dürrnberg
MMag. Michael Neureiter, Generalsekretär des Österreichischen Borromäumswerkes, Vigaun
Dr. Gottfried Nindl, Hotelier, Kaprun
Werner Rossmann, Bauer und Taxiunternehmer, St. Margarethen im Lungau
Wolfgang Saliger, Angestellter, Plainfeld**
Josef Saller, Vizebürgermeister und Hauptschuldirektor, Bischofshofen*
Dr. Franz Schausberger, Geschäftsführer, Salzburg
Dr. Helmut Schreiner, Universitätsprofessor, Salzburg
Christina Steinmetzer, Hausfrau, St. Gilgen*
Hedwig Wasserbauer, Hausfrau, Mühlbach am Hochkönig

* Josef Saller trat am 13. 9. 1989 für die ausgeschiedene Christina Steinmetzer ein.
** Wolfgang Saliger trat am 20. 3. 1991 für den ausgeschiedenen Ludwig Bieringer ein.
*** Anton Karl trat am 30. 1. 1992 für den am 31. 12. 1991 ausgeschiedenen Dr. Wolfgang Gmachl ein.

Sozialistische Partei Österreichs (12 Mandate)[13]

Alexander BÖHM, Angestellter, Kaprun
Dr. Klaus FIRLEI, Universitätsprofessor, Salzburg*
Norbert GRINNINGER, Magistratsbediensteter, Salzburg******
Manfred GRUBER, Technischer Beamter der Post- und Telegrafenverwaltung, Böckstein
Anni HÖDLMOSER, Kindergartenhelferin, Strobl-Abersee
Johann HOLZTRATTNER, Versicherungsangestellter, Elsbethen****
Peter KÖPF, Versicherungsdirektor, Salzburg** ***
Ing. Ernst LÄNGAUER, Verwalter, Hallein
Dr. Harald LETTNER, Rechtsanwalt, Salzburg*
Josef MAYR, Optikermeister, Pfarrwerfen
Othmar NACOVSKY, Postbeamter, Seekirchen am Wallersee****
Siegfried PICHLER, Landessekretär der Gewerkschaft der Privatangestellten, Salzburg**
Dr. Liane PLUNTZ, Sozialwissenschafterin, Salzburg***
Alfons SCHRÖCKER, AK-Amtsstellenleiter, St. Margarethen im Lungau*****
Inge STUCHLIK, Landessekretärin des Pensionistenverbandes Salzburg, Anif******
Mag. Walter THALER, Bürgermeister und AHS-Direktor, Zell am See
Ricky VEICHTLBAUER, Hausfrau, Salzburg
Reinhold WAHLHÜTTER, Angestellter, St. Michael im Lungau*****

* Dr. Klaus Firlei trat am 13. 9. 1989 für den ausgeschiedenen Dr. Harald Lettner ein.
** Peter Köpf trat am 7. 2. 1990 für den ausgeschiedenen Siegfried Pichler ein.
*** Dr. Liane Pluntz trat am 6. 2. 1991 für den ausgeschiedenen Peter Köpf ein.
**** Johann Holztrattner trat am 8. 7. 1992 für den ausgeschiedenen Othmar Nacovsky ein.
***** Alfons Schröcker trat 22. 10. 1991 für den ausgeschiedenen Reinhold Wahlhütter ein.
****** Norbert Grinninger trat am 20. 10. 1993 für die am 15. 9. 1993 ausgeschiedene Inge Stuchlik ein.

Freiheitliche Partei Österreichs (6 Mandate)

Dr. Johann BUCHNER, Landesbediensteter, Salzburg*
Andreas EISL, Landwirt, St. Georgen bei Salzburg
Herbert HAUZAR, Offizier, St. Johann im Pongau**
Dipl.-Vwt. Margot HOFER, Hausfrau, Salzburg
Gerhard HÖGGERL, Unternehmer, Salzburg*
Ingo Othmar SCHARFETTER, Hauptschullehrer, St. Michael im Lungau
Iris SCHLUDERMANN, Kaufmann, St. Gilgen**

13 Ab 15. 6. 1991 Sozialdemokratische Partei Österreichs

Dr. Robert THALLER, Notariatsanwärter, Salzburg

* Gerhard Höggerl trat am 19. 5. 1993 für den ausgeschiedenen Dr. Johann Buchner ein.
** Herbert Hauzar trat am 16. 2. 1994 für die am 1. 1. 1994 ausgeschiedene Iris Schludermann ein.

Bürgerliste Salzburg-Land (2 Mandate)

Dr. Christian BURTSCHER, Lehrer, St. Leonhard bei Grödig
Dr. Karoline HOCHREITER, Psychologin, Salzburg

11. Gesetzgebungs- (15. Wahl-) periode 1994/1999 (Wahl: 13. 3. 1994, Konstituierung: 2. 5. 1994)

Österreichische Volkspartei (14 Mandate)

Ing. Georg GRIESSNER, Fachlehrer, Bruck an der Großglocknerstraße
Theresia FLETSCHBERGER, Bäuerin, Henndorf am Wallersee
Martin FORSTHUBER, Landesgeschäftsführer, Salzburg*
Margit HOFER, Angestellte, Salzburg
Simon ILLMER, Landwirt und Schischulleiter, Pfarrwerfen
Anton KARL, Fleischermeister, Salzburg
Johann LIENBACHER, Nebenerwerbsbauer und Pensionist, Bad Dürrnberg
Helmut MÖDLHAMMER, Journalist, Hallwang
MMag. Michael NEUREITER, Generalsekretär des Österreichischen Borromäumswerkes, Vigaun
Dr. Gottfried NINDL, Hotelier, Kaprun
Werner ROSSMANN, Bauer und Taxiunternehmer, St. Margarethen im Lungau
Wolfgang SALIGER, Prokurist, Plainfeld
Josef SALLER, Hauptschuldirektor, Bischofshofen
Dr. Franz SCHAUSBERGER, Geschäftsführer, Salzburg*
Dr. Helmut SCHREINER, Universitätsprofessor, Salzburg

* Martin Forsthuber trat am 24. 4. 1996 für den aus Anlass seiner Wahl in die Landesregierung ausgeschiedenen Dr. Franz Schausberger ein.

Sozialdemokratische Partei Österreichs (11 Mandate)

Maria BOMMER, Hausfrau, St. Johann im Pongau
Alexander BÖHM, Angestellter, Kaprun*

Mag. Gabriele BURGSTALLER, Konsumentenberaterin, Salzburg
Dr. Klaus FIRLEI, Universitätsprofessor, Salzburg
Johann HOLZTRATTNER, Versicherungsangestellter, Elsbethen
Josef MAYR, Optikermeister, Pfarrwerfen
Monika OBERNDORFER, Diplomkrankenschwester, Oberndorf bei Salzburg
Wolfgang RAINER, ÖGB-Sekretär, Hallein
Alfons SCHRÖCKER, AK-Amtsstellenleiter, St. Margarethen im Lungau
Mag. Anita STREBL, AHS-Lehrerin, Grödig
Mag. Walter THALER, AHS-Direktor, Zell am See
Robert ZEHENTNER, Landwirt, Taxenbach*

* Robert Zehentner trat am 9. 12. 1998 für den ausgeschiedenen Alexander Böhm ein.

Freiheitliche Partei Österreichs (8 Mandate)[14]

Rosemarie BLATTL, Gastwirtin, Maria Alm am Steinernen Meer
Josef Franz FRITZENWALLNER, Gastwirt, Kleinarl
Wolfgang HAIDER, Gastwirt, Saalbach-Hinterglemm
Dipl.-Vwt. Margot HOFER, Hausfrau, Salzburg*
Gerhard HÖGGERL, Unternehmer, Salzburg
Franz HORNEGGER, Landwirt, Untertauern
Dr. Peter LECHENAUER, Rechtsanwalt, Salzburg
Helmut NADERER, Gendarmeriebeamter, Seekirchen am Wallersee
Dr. Karl SCHNELL, Arzt, Saalbach-Hinterglemm*

* Dr. Karl Schnell trat am 12. 11. 1997 für die aus Anlass ihrer Wahl in die Landesregierung ausgeschiedene Dipl.-Vwt. Margot Hofer ein.

Bürgerliste Salzburg-Land (Grüne) (3 Mandate)

Dr. Christian BURTSCHER, Lehrer, St. Leonhard bei Grödig
Dr. Karoline HOCHREITER, Psychotherapeutin, Salzburg
Dr. Matthias MEISL, AHS-Lehrer, Kuchl

14 Ab 28. 5. 1995 »Die Freiheitlichen« (F) und ab 20. 9. 1998 Freiheitliche Partei Österreichs (FPÖ) – Die Freiheitlichen

12. Gesetzgebungs- (16. Wahl-) periode 1999/2004 (Wahl: 7. 3. 1999, Konstituierung: 27. 4. 1999)

Österreichische Volkspartei (15 Mandate)

Ilse Breitfuss, Kauffrau, Mittersill
Ing. Georg Griessner, Landesschulinspektor, Bruck an der Großglocknerstraße
Theresia Fletschberger, Bäuerin, Henndorf am Wallersee
Mag. Margit Hofer, Angestellte, Salzburg
Simon Illmer, Landwirt und Unternehmer, Pfarrwerfen
Helmut Lindenthaler, Geschäftsführer, Abtenau
MMag. Michael Neureiter, Geschäftsführer, Bad Vigaun
Dr. Bernd Petrisch, Unternehmer, Salzburg
Mag. Gerlinde Rogatsch, Geschäftsführerin, Salzburg
Werner Rossmann, Bauer und Taxiunternehmer, St. Margarethen im Lungau
Wolfgang Saliger, Marketingberater, Plainfeld
Dr. Josef Sampl, Direktor der Pädagogischen Akademie Salzburg, Elsbethen**
Matthias Scheiber, Landwirt, Leogang
Dr. Helmut Schreiner, Universitätsprofessor, Salzburg**
Roswitha Stadlober-Steiner, Hausfrau, Radstadt
Dr. Gertraud Wagner-Schöppl, Tierärztin, Salzburg*

* Dr. Gertraud Wagner-Schöppl wurde am 5. 7. 2000 aus dem ÖVP-Landtagsklub ausgeschlossen.
** Dr. Josef Sampl trat am 24. 10. 2001 für den am 26. 9. 2001 verstorbenen Dr. Helmut Schreiner ein.

Sozialdemokratische Partei Österreichs (12 Mandate)

Maria Bommer, kaufmännische Angestellte, St. Johann im Pongau
Mag. David Brenner, Angestellter, Salzburg
Helga Hammerschmied, Büroangestellte, Leogang*
Johann Holztrattner, Versicherungskaufmann, Elsbethen
Josef Mayr, Optikermeister, Pfarrwerfen
Gudrun Mosler-Törnström, Selbstständige, Salzburg
Hilde Ossberger (Wanner), Beamtin, Salzburg***
Wolfgang Rainer, ÖGB-Sekretär, Hallein**
Alfons Schröcker, Arbeiterkammersekretär, St. Margarethen im Lungau*
Walter Steidl, Gewerkschaftssekretär, Salzburg
Mag. Anita Strebl, AHS-Lehrerin, Grödig
Mag. Walter Thaler, AHS-Direktor i. R., Zell am See
Robert Zehentner, Landwirt, Taxenbach

* Helga Hammerschmied trat am 26. 9. 2001 für den ausgeschiedenen Alfons Schröcker ein. Da während der Angelobung am 26. 9. 2001 Landtagspräsident Dr. Helmut Schreiner zusammenbrach und in der Folge verstarb, erfolgte die endgültige Angelobung erst am 24. 10. 2001.

** Wolfgang Rainer trat am 18. 3. 2002 aus dem SPÖ-Landtagsklub aus.

*** Ab 14. 6. 2002 durch Verehelichung: Hilde Wanner

Freiheitliche Partei Österreichs (7 Mandate)

Rosemarie Blattl, Gastwirtin, Maria Alm am Steinernen Meer
Rupert Doppler, Betriebsratsvorsitzender, St. Veit im Pongau
Lukas Essl, Karosseur, Golling an der Salzach
Helmut Naderer, Gendarmeriebeamter, Seekirchen am Wallersee*
Dr. Karl Schnell, Arzt, Saalbach-Hinterglemm
Dr. Andreas Schöppl, Rechtsanwalt, Salzburg
Friedrich Wiedermann, Gendarmeriebeamter, Wals-Siezenheim

* Helmut Naderer trat am 25. 8. 2003 aus der FPÖ aus.

Die Grünen (2 Mandate)

Dr. Heidi Reiter, Fremdenführerin, Eugendorf
Cyriak Schwaighofer, Kulturmanager, Goldegg

13. Gesetzgebungs- (17. Wahl-) periode 2004/2009 (Wahl: 7. 3. 2004, Konstituierung: 28. 4. 2004)

Sozialdemokratische Partei Österreichs (17 Mandate)

Mag. Martin Apeltauer, Landesgeschäftsführer, Salzburg**
Mag. David Brenner, Klubvorsitzender, Salzburg
Hannes Ebner, Werkmeister der Salzburg AG, Koppl*
Mag. Hilde Eisl, Abteilungsleiterin, Henndorf am Wallersee
Dipl.-Ing. Sonja Hartl, Architektin, Zell am See
Heidi Hirschbichler, MBA, ÖGB-Landesgeschäftsführerin, Grödig
Johann Holztrattner, Versicherungskaufmann, Elsbethen
Arno Kosmata, Polizeibeamter, St. Johann im Pongau
Nikolaus Michael Kretz, Unternehmensberater, Golling an der Salzach**
Ing. Mag. Roland Meisl, Jurist, Kuchl**
Gudrun Mosler-Törnström, Systemanalytikerin, Puch bei Hallein

Margit Pfatschbacher, Betriebsratsvorsitzende, Saalfelden am Steinernen Meer
Peter Pfeifenberger, Polizeibeamter, St. Michael im Lungau
Ingrid Riezler, Angestellte, Radstadt
Othmar Schneglberger, Angestellter, Wals-Siezenheim*
Emmerich Schwemlein, Berufsschuldirektor, Bruck an der Großglocknerstraße
Walter Steidl, Gewerkschaftssekretär, Salzburg
Hilde Wanner, Beamtin, Salzburg
Robert Zehentner, Landwirt, Taxenbach

* Hannes Ebner trat am 14. 12. 2005 für den ausgeschiedenen Othmar Schneglberger ein.
** Nikolaus Michael Kretz verzichtete am 7. 12. 2006 auf die Ausübung seines Mandates (Wahlbezirk 1–Hallein). Am 13. 12. 2006 trat er auf einem Landeslistenmandat für den am 15. 11. 2006 verstorbenen Mag. Martin Apeltauer wieder ein. Ing. Mag. Roland Meisl trat am 13. 12. 2006 für den ausgeschiedenen Nikolaus Michael Kretz ein.

Österreichische Volkspartei (14 Mandate)

Waltraud Ebner, Landesbedienstete, Faistenau**
Theresia Fletschberger, Bäuerin, Henndorf am Wallersee
Dr. Wilfried Haslauer jun., Rechtsanwalt, Salzburg*
Simon Illmer, Landwirt und Unternehmer, Pfarrwerfen
Dr. Florian Kreibich, Rechtsanwalt, Salzburg*
Johannes Miller, Volksschuldirektor i. R., St. Georgen bei Salzburg**
MMag. Michael Neureiter, Konsulent und Uhrmacher, Bad Vigaun
Michael Obermoser, Gastwirt, Wald im Pinzgau
Dr. Bernd Petrisch, Unternehmer, Salzburg
Mag. Gerlinde Rogatsch, Klubobfrau, Salzburg
Werner Rossmann, Bauer und Taxiunternehmer, St. Margarethen im Lungau***
Wolfgang Saliger, Marketingberater, Plainfeld
Dr. Josef Sampl, Rektor der Pädagogischen Hochschule Salzburg, Elsbethen
Ing. Manfred Sampl, Bankangestellter, St. Michael im Lungau***
Matthias Scheiber, Landwirt, Leogang
Mag. Johann Scharfetter, Landwirt und Unternehmer, Bad Hofgastein
Ing. Josef Schwarzenbacher, Landesbeamter und Landwirt, Annaberg-Lungötz

* Dr. Florian Kreibich trat am 7. 7. 2004 für den ausgeschiedenen Dr. Wilfried Haslauer jun. ein.
** Waltraud Ebner trat am 18. 10. 2006 für den ausgeschiedenen Johannes Miller ein.
*** Ing. Manfred Sampl trat am 7. 2. 2007 für den ausgeschiedenen Werner Roßmann ein.

Freiheitliche Partei Österreichs (3 Mandate)

Rosemarie Blattl, Gastwirtin, Maria Alm am Steinernen Meer
Lukas Essl, Karosseur, Golling an der Salzach
Dr. Karl Schnell, Arzt, Saalbach-Hinterglemm

Die Grünen (2 Mandate)

Dr. Heidi Reiter, Fremdenführerin, Eugendorf
Cyriak Schwaighofer, Kulturmanager, Goldegg

Landtagspräsidium seit 1921

<table>
<tr><td colspan="2">Landtagspräsident
Michael Neureiter (CSP)
(18. 5. 1921–3. 5. 1922)</td></tr>
<tr><td>Erster Landtagspräsident-Stellvertreter
Josef Breitenfelder (SDAP)
(18. 5. 1921–3. 5. 1922)</td><td>Zweiter Landtagspräsident-Stellvertreter
Josef Rainer (CSP)
(18. 5. 1921–3. 5. 1922)</td></tr>
</table>

<table>
<tr><td colspan="2">Landtagspräsident
Josef Breitenfelder (SDAP)
(4. 5. 1922–3. 5. 1927)</td></tr>
<tr><td>Erster Landtagspräsident-Stellvertreter
Wilhelm Schernthanner (CSP)
(4. 5. 1922–3. 5. 1927)</td><td>Zweiter Landtagspräsident-Stellvertreter
Josef Rainer (CSP)
(4. 5. 1922–3. 5. 1927)</td></tr>
</table>

<table>
<tr><td colspan="2">Landtagspräsident
Josef Breitenfelder (SDAP)
(4. 5. 1927–13. 12. 1928)
Anton Neumayr (SDAP)
(14. 2. 1929–18. 5. 1932)</td></tr>
<tr><td>Erster Landtagspräsident-Stellvertreter
Johann Kirchner (CSP)
(4. 5. 1927–18. 5. 1932)</td><td>Zweiter Landtagspräsident-Stellvertreter
Max Ott (GDVP)
(4. 5. 1927–18. 5. 1932)</td></tr>
</table>

Landtagspräsident Josef Hauthaler (CSP) (19. 5. 1932–19. 1. 1934) Johann Kirchner (CSP) (19. 1. 1934–31. 10. 1934)	
Erster Landtagspräsident-Stellvertreter Anton Neumayr (SDAP) (19. 5. 1932–16. 2. 1934)	Zweiter Landtagspräsident-Stellvertreter Franz Koweindl (NSDAP) (19. 5. 1932–30. 6. 1933)

Landtagspräsident (Ständischer Landtag) Josef Knosp (StL) (22. 11. 1934–12. 3. 1938)	
Landtagsvizepräsident Matthias Hutter (StL) (22. 11. 1934–12. 3. 1938)	Landtagsvizepräsident Rupert Kastner (StL) (22. 11. 1934–12. 3. 1938)

Landtagspräsident Franz Hell (ÖVP) (12. 12. 1945–30. 11. 1949)	
Erster Landtagspräsident-Stellvertreter Franz Illig (SPÖ) (12. 12. 1945–30. 11. 1949)	Zweiter Landtagspräsident-Stellvertreter Josef Ausweger (ÖVP) (12. 12. 1945–30. 11. 1949)

Landtagspräsident Franz Hell (ÖVP) (1. 12. 1949–10. 12. 1954)	
Erster Landtagspräsident-Stellvertreter Franz Illig (SPÖ) (1. 12. 1949–10. 12. 1954)	Zweiter Landtagspräsident-Stellvertreter Karl Wimmer (ÖVP) (1. 12. 1949–20. 3. 1952) Dr. Andreas Viehauser (ÖVP) (28. 5. 1952–10. 12. 1954)

Landtagspräsident Franz Hell (ÖVP) (11. 12. 1954–1. 7. 1959)	
Erster Landtagspräsident-Stellvertreter Franz Illig (SPÖ) (11. 12. 1954–1. 7. 1959)	Zweiter Landtagspräsident-Stellvertreter Michael Haslinger (ÖVP) (11. 12. 1954–1. 7. 1959)

Landtagspräsident Franz Hell (ÖVP) (2. 7. 1959–16. 1. 1963) Martin Saller (ÖVP) (22. 2. 1963–18. 6. 1964)	
Erster Landtagspräsident-Stellvertreter Anton Kimml (SPÖ) (2. 7. 1959–18. 6. 1964)	Zweiter Landtagspräsident-Stellvertreter Michael Haslinger (ÖVP) (2. 7. 1959–16. 4. 1961) Martin Saller (ÖVP) (17. 4. 1961–22. 2. 1963) Hans Zyla (ÖVP) (22. 2. 1963–18. 6. 1964)

Landtagspräsident Martin Saller (ÖVP) (19. 6. 1964–28. 7. 1965) Hans Zyla (ÖVP) (6. 10. 1965–13. 5. 1969)	
Erster Landtagspräsident-Stellvertreter Hans Pexa (SPÖ) (19. 6. 1964–13. 5. 1969)	Zweiter Landtagspräsident-Stellvertreter Hans Zyla (ÖVP) (19. 6. 1964–6. 10. 1965) Josef Eisl (ÖVP) (6. 10. 1965–19. 1. 1968) Dipl.-Ing. Anton Bonimaier (ÖVP) (7. 2. 1968–13. 5. 1969)

Landtagspräsident Josef Brandauer (SPÖ) (14. 5. 1969–21. 5. 1974)	
Erster Landtagspräsident-Stellvertreter Hans Zyla (ÖVP) (14. 5. 1969–21. 5. 1974)	Zweiter Landtagspräsident-Stellvertreter Manfred Krüttner (FPÖ) (14. 5. 1969–21. 5. 1974)

Landtagspräsident Hans Schmidinger (ÖVP) (22. 5. 1974–15. 5. 1979)	
Zweiter Landtagspräsident Karl Zillner (SPÖ) (22. 5. 1974–15. 5. 1979)	Dritter Landtagspräsident Hans Zyla (ÖVP) (22. 5. 1974–15. 5. 1979)
Mit Landesverfassungsgesetz vom 11. Juli 1974, LGBl. 75/1974, wurde die Bezeichnung Erster und Zweiter Landtagspräsident-Stellvertreter durch die Bezeichnung Zweiter und Dritter Präsident ersetzt. Die Änderung trat mit 1. Oktober 1974 in Kraft (Art. 17 L-VG 1945). Aus Gründen der Übersichtlichkeit werden die neuen Bezeichnungen hier bereits mit Beginn der 7. GP verwendet.	

Landtagspräsident Hans Schmidinger (ÖVP) (16. 5. 1979–15. 5. 1984)	
Zweiter Landtagspräsident Karl Zillner (SPÖ) (16. 5. 1979–11. 7. 1983) Johann Pitzler (SPÖ) (21. 9. 1983–15. 5. 1984)	Dritter Landtagspräsident Josef Hörl (ÖVP) (16. 5. 1979–15. 5. 1984)

Landtagspräsident Hans Schmidinger (ÖVP) (16. 5. 1984–2. 5. 1989)	
Zweiter Landtagspräsident Johann Pitzler (SPÖ) (16. 5. 1984–2. 5. 1989)	Dritter Landtagspräsident Mag. Dr. Walter Vogl (ÖVP) (16. 5. 1984–2. 5. 1989)

Landtagspräsident Dr. Helmut Schreiner (ÖVP) (3. 5. 1989–1. 5. 1994)	
Zweite(r) Landtagspräsident(in) Inge Stuchlik (SPÖ) (3. 5. 1989–15. 9. 1993) Mag. Walter Thaler (SPÖ) (20. 10. 1993–1. 5. 1994)	Dritter Landtagspräsident Bertl Emberger (ÖVP) (3. 5. 1989–1. 5. 1994)

Landtagspräsident Dr. Helmut Schreiner (ÖVP) (2. 5. 1994–26. 4. 1999)	
Zweiter Landtagspräsident Mag. Walter Thaler (SPÖ) (2. 5. 1994–26. 4. 1999)	Dritte(r) Landtagspräsident(in) Dipl.-Vwt. Margot Hofer (FPÖ) (2. 5. 1994–11. 11. 1997) Wolfgang Haider (FPÖ) (12. 11. 1997–26. 4. 1999)

Landtagspräsident Dr. Helmut Schreiner (ÖVP) (27. 4. 1999–26. 9. 2001) Ing. Georg Griessner (ÖVP) (24. 10. 2001–27. 4. 2004)	
Zweiter Landtagspräsident Johann Holztrattner (SPÖ) (27. 4. 1999–27. 4. 2004)	Dritte Landtagspräsidentin Maria Bommer (SPÖ) (27. 4. 1999–27. 4. 2004)

Landtagspräsident Johann Holztrattner (SPÖ) (28. 4. 2004–lfd.)	
Zweiter Landtagspräsident MMag. Michael Neureiter (ÖVP) (28. 4. 2004 lfd.)	Dritte(r) Landtagspräsident(in) Gudrun Mosler-Törnström (SPÖ) (28. 4. 2004–17. 10. 2006) Wolfgang Saliger (ÖVP) (18. 10. 2006–lfd.)

Salzburger Nationalratsabgeordnete seit 1918

Provisorische Nationalversammlung (Konstituierung: 21. 10. 1918)[15]

Christlichsoziale Partei

Dr. Viktor Freiherr von Fuchs, Rechtsanwalt, Wien
Franz Heilmayer, Färbermeister, Mattsee
Josef Perwein, Gutsbesitzer, Werfen

Deutschfreiheitliche (Deutschnationale) Partei

Anton Hueber, Direktor des Gewerbeförderungsinstitutes, Salzburg
Dr. Arthur Stölzel, Rechtsanwalt, Salzburg
Dr. Julius Sylvester, Rechtsanwalt, Salzburg

Konstituierende Nationalversammlung (Wahl: 16. 2. 1919)

Christlichsoziale Partei

Simon Geisler, Gastwirt, Krimml*
Johann Huber, Kaufmann, Oberalm
Johann Lackner, Großgrundbesitzer, Reitdorf bei Altenmarkt im Pongau*
Dr. Rudolf Ramek, Rechtsanwalt, Salzburg

* Simon Geisler trat am 17. 5. 1919 für den am 8. 5. 1919 ausgeschiedenen Johann Lackner ein.

---

15 Am 21. 10. 1918 versammelten sich 208 deutschsprachige Abgeordnete des Reichsrates im niederösterreichischen Landhaus zu konstituierenden Sitzung der »Provisorischen Nationalversammlung für Deutschösterreich«. Die Zusammensetzung erfolgte auf Grundlage des Ergebnisses der Reichsratswahlen 1911. Da die Mandate bereits 1917 erloschen wären und auf Grund des Krieges keine Neuwahlen durchgeführt wurden, wurde die Mandatsdauer bereits im Juli 1917 bis zum 31. 12. 1918 verlängert. Von den sieben Salzburger Mandaten im Abgeordnetenhaus waren nur mehr sechs besetzt, weil der Reichsratsabgeordnete Paul Krennwallner, Bauer in Salzburg-Itzling, 1914 verstorben war. Das Virilmandat des Erzbischofs von Salzburg im Herrenhaus blieb unbesetzt.

Sozialdemokratische Partei

Robert Preussler, Redakteur, Salzburg*
Heinrich Ulrich, Oberrechnungsrat, Salzburg*
Josef Witternigg, Redakteur, Salzburg

* Heinrich Ulrich trat am 25. 5. 1919 für den ausgeschiedenen Robert Preußler ein.

Demokratische Ständevereinigung

Heinrich Clessin, Magistratsbeamter, Salzburg

Freiheitlicher Salzburger Bauernbund

Mathias Wimmer, Schmiedbauer, Seeham

I. Gesetzgebungsperiode (Wahl: 17. 10. 1920)

Christlichsoziale Partei

Simon Geisler, Gastwirt, Krimml
Otto Mayr, Bundesbahnbeamter, Schwarzach im Pongau
Michael Neuhofer, Bäckermeister, Mattsee
Dr. Rudolf Ramek, Rechtsanwalt, Salzburg

Sozialdemokratische Partei

Heinrich Ulrich, Oberrechnungsrat, Salzburg*
Jakob Viehhauser, Bauer und Fuhrwerksunternehmer, Dienten am Hochkönig*
Josef Witternigg, Redakteur, Salzburg

* Jakob Viehauser trat am 14. 9. 1922 für den ausgeschiedenen Heinrich Ulrich ein.

Großdeutsche Volkspartei

Heinrich Clessin, Magistratsbeamter, Salzburg

Freiheitlicher Salzburger Bauernbund[16]

Mathias WIMMER, Schmiedbauer, Seeham

II. GESETZGEBUNGSPERIODE (WAHL: 21. 10. 1923)

Christlichsoziale Partei

Simon GEISLER, Gastwirt, Krimml
August HEUBERGER, Sägewerksbesitzer, Thalgau
Otto MAYR, Bundesbahnbeamter, Schwarzach im Pongau
Dr. Rudolf RAMEK, Rechtsanwalt, Salzburg

Sozialdemokratische Partei

Josef WITTERNIGG, Redakteur, Salzburg

Großdeutsche Volkspartei

Heinrich CLESSIN, Magistratsbeamter, Salzburg

III. GESETZGEBUNGSPERIODE (WAHL: 24. 4. 1927)

Christlichsoziale Partei

Simon GEISLER, Gastwirt, Krimml
August HEUBERGER, Sägewerksbesitzer, Thalgau
Dr. Rudolf RAMEK, Rechtsanwalt, Salzburg

Sozialdemokratische Partei

Franz MOSSHAMMER, Maschinenmeister der ÖBB, Bischofshofen
Josef WITTERNIGG, Redakteur, Salzburg

16 Ab 21. 12. 1922 Salzburger Landbund beziehungsweise Landbund für Österreich.

*Großdeutsche Volkspartei**

Heinrich CLESSIN, Magistratsbeamter, Salzburg
Hans PRODINGER, Handelsangestellter, Salzburg**

* Christlichsoziale und Großdeutsche kandidierten gemeinsam unter der Listenbezeichnung »Salzburger Einheitsliste«.

** Hans Prodinger trat am 7. 11. 1928 für den ausgeschiedenen Dr. Franz Dinghofer (Wahlkreisverband-West) ein.

IV. GESETZGEBUNGSPERIODE (WAHL: 9. 11. 1930)

Christlichsoziale Partei

Simon GEISLER, Gastwirt, Krimml*
Bartholomäus HASENAUER, Stoffengutbauer, Maishofen*
Josef KNOSP, Bundesbahnangestellter, Salzburg-Itzling
Dr. Rudolf RAMEK, Rechtsanwalt, Salzburg

* Bartholomäus Hasenauer trat am 28. 4. 1931 für den verstorbenen Simon Geisler ein.

Sozialdemokratische Partei

Franz MOSSHAMMER, Maschinenmeister der ÖBB, Bischofshofen*
Josef WITTERNIGG, Redakteur, Salzburg*

* Mit Verordnung der Bundesregierung vom 16. 2. 1934, BGBl. Nr. 100/1934, wurden die Mandate der Sozialdemokratischen Arbeiterpartei Österreichs als erloschen erklärt.

Großdeutsche Volkspartei[17]

Hans PRODINGER, Handelsangestellter, Salzburg

17 Die Großdeutsche Volkspartei kandidierte unter der Listenbezeichnung »Nationaler Wirtschaftsblock und Landbund (Führung Dr. Johann Schober)«.

Heimatblock

August Elshuber, Postinspektor, Bischofshofen*
Dr. Franz Hueber, Notar, Mattsee*

* August Elshuber trat am 1. 8. 1932 für den ausgeschiedenen Dr. Franz Hueber ein.

Haus der Bundesgesetzgebung (1. 11. 1934–12. 3. 1938)

Staatsrat

Erich Braumüller-Tannbruck, Prokurist, Salzburg
Dr. h.c. Franz Karl Ginzkey, Schriftsteller und Technischer Oberrat i.R., Salzburg
Dr. Albert Rechfeld, Leitender Staatsanwalt, Salzburg

Bundeskulturrat

Dr. Georg Baumgartner, Universitätsprofessor, Salzburg
Dr. Franz Hörburger, Direktor der Bundeslehrerbildungsanstalt, Salzburg
Anton Hufler, Volksschuldirektor, Böckstein

Bundeswirtschaftsrat

Bartholomäus Hasenauer, Stoffengutbauer, Maishofen
Ferdinand Kainz, Bauarbeiter, Salzburg
Erasmus Mösenbichler, Forstarbeiter, Hintersee
Hermann Struber, Vorsitzender des Gewerkschaftsbundes, Salzburg-Gnigl

Bundestag

Bartholomäus Hasenauer, Stoffengutbauer, Maishofen
Anton Hufler, Volksschuldirektor, Böckstein
Ferdinand Kainz, Bauarbeiter, Salzburg
Dr. Franz Rehrl, Landesbeamter, Salzburg

Länderrat

Dr. Franz Rehrl, Landesbeamter, Salzburg
Dr. Adolf Schemel, Landesbeamter, Salzburg

V. Gesetzgebungsperiode (Wahl: 25. 11. 1945)

Österreichische Volkspartei

Martin Gassner, Landwirt, Werfen-Sulzau
Isidor Griessner, Landwirt, Fusch an der Großglocknerstraße
Fritz Obrutschka, Hotelier, Bad Gastein*
Hermann Rainer, Direktor der Landwirtschaftskrankenkasse, Salzburg
Johann Schweinberger, Gastwirt, Neukirchen am Großvenediger*

* Johann Schweinberger trat am 18. 2. 1948 für den am 11. 2. 1948 ausgeschiedenen Fritz Obrutschka ein.

Sozialistische Partei Österreichs

Rudolf Forsthuber, Angestellter, Salzburg
Josef Voithofer, Bundesbahnbeamter, Schwarzach im Pongau

VI. Gesetzgebungsperiode (Wahl: 9. 10. 1949)

Österreichische Volkspartei

Isidor Griessner, Landwirt, Fusch an der Großglocknerstraße
Hermann Rainer, Direktor der Landwirtschaftskrankenkasse, Salzburg
Dr. Lujo Tončić-Sorinj, Journalist, Salzburg

Sozialistische Partei Österreichs

Kurt Preussler, Direktor, Salzburg
Josef Voithofer, Bundesbahnbeamter, Schwarzach im Pongau

Wahlpartei der Unabhängigen

Thomas Neuwirth, Gewerkschaftssekretär, Salzburg*
Dr. Viktor Reimann, Journalist, Salzburg

* Thomas Neuwirth trat am 12. 12. 1952 aus dem VdU aus und war bis zum Ende der Gesetzgebungsperiode als Abgeordneter ohne Parteizugehörigkeit tätig.

VII. Gesetzgebungsperiode (Wahl: 22. 2. 1953)

Österreichische Volkspartei

Karl Glaser, Postbeamter, Salzburg*
Isidor Griessner, Landwirt, Fusch an der Großglocknerstraße
Hermann Rainer, Direktor der Landwirtschaftskrankenkasse, Salzburg*
Dr. Lujo Tončić-Sorinj, Journalist, Salzburg

* Karl Glaser trat am 20. 1. 1955 für den am 4. 1. 1955 ausgeschiedenen Hermann Rainer ein.

Sozialistische Partei Österreichs

Maria Emhart, Hausfrau, Bischofshofen
Kurt Preussler, Direktor der Pensionsversicherungsanstalt der Arbeiter, Salzburg
Josef Voithofer, Bundesbahnbeamter, Schwarzach im Pongau

Wahlpartei der Unabhängigen

Gustav Zeillinger, Rechtsanwalt, Salzburg

VIII. Gesetzgebungsperiode (Wahl: 13. 5. 1956)

Österreichische Volkspartei

Karl Glaser, Postbeamter, Salzburg
Isidor Griessner, Landwirt, Fusch an der Großglocknerstraße
Dr. Lujo Tončić-Sorinj, Journalist, Salzburg

Sozialistische Partei Österreichs

Maria Emhart, Hausfrau, Bischofshofen
Kurt Preussler, Direktor der Pensionsversicherungsanstalt der Arbeiter, Salzburg
Josef Voithofer, Bundesbahnbeamter, Schwarzach im Pongau

Freiheitliche Partei Österreichs

Gustav Zeillinger, Rechtsanwalt, Salzburg

IX. Gesetzgebungsperiode (Wahl: 10. 5. 1959)

Österreichische Volkspartei

Karl Glaser, Postbeamter, Salzburg
Isidor Griessner, Landwirt, Fusch an der Großglocknerstraße
Dr. Lujo Tončić-Sorinj, Journalist, Salzburg

Sozialistische Partei Österreichs

Maria Emhart, Hausfrau, Bischofshofen
Adam Pichler, Kaufmann, Saalfelden am Steinernen Meer*
Kurt Preussler, Direktor der Pensionsversicherungsanstalt der Arbeiter, Salzburg
Josef Voithofer, Bundesbahnbeamter, Schwarzach im Pongau*

* Adam Pichler trat am 30. 1. 1961 für den am 5. 1. 1961 ausgeschiedenen Josef Voithofer ein.

Freiheitliche Partei Österreichs

Gustav Zeillinger, Rechtsanwalt, Salzburg

X. Gesetzgebungsperiode (Wahl: 18. 11. 1962)

Österreichische Volkspartei

Karl Glaser, Postbeamter, Salzburg
Isidor Griessner, Landwirt, Fusch an der Großglocknerstraße
Dr. Josef Klaus, Rechtsanwalt, Salzburg*
Josef Steiner, Landwirt, Altenmarkt im Pongau*
Dr. Lujo Tončić-Sorinj, Gutsbesitzer, Salzburg

* Josef Steiner trat am 3. 4. 1963 für den ausgeschiedenen Dr. Josef Klaus ein.

Sozialistische Partei Österreichs

Maria Emhart, Hausfrau, Bischofshofen*
Adam Pichler, Kaufmann, Saalfelden am Steinernen Meer
Kurt Preussler, Direktor der Pensionsversicherungsanstalt der Arbeiter, Salzburg
Hermann Wielandner, Gemeindebeamter, Bischofshofen*

* Hermann Wielandner trat am 14. 1. 1965 für die am 3. 1. 1965 ausgeschiedene Maria Emhart ein.

Freiheitliche Partei Österreichs

Gustav Zeillinger, Rechtsanwalt, Salzburg

XI. Gesetzgebungsperiode (Wahl: 6. 3. 1966)

Österreichische Volkspartei[18]

Karl Glaser, Postbeamter, Salzburg
Johann Hagenauer, Kaufmann, Tamsweg**
Isidor Griessner, Landwirt, Fusch an der Großglocknerstraße
Ernst Leimböck, Kaufmann, Bad Gastein* **
Josef Steiner, Landwirt, Altenmarkt im Pongau
Dr. Lujo Tončić-Sorinj, Gutsbesitzer, Salzburg*

* Ernst Leimböck trat am 7. 6. 1966 für den ausgeschiedenen Dr. Lujo Tončić-Sorinj ein.
** Johann Hagenauer trat 11. 10. 1968 für den am 4. 10. 1968 ausgeschiedenen Ernst Leimböck ein.

Sozialistische Partei Österreichs

Adam Pichler, Kaufmann, Saalfelden am Steinernen Meer
Kurt Preussler, Direktor der Pensionsversicherungsanstalt der Arbeiter, Salzburg
Hermann Wielandner, Gemeindebeamter, Bischofshofen

Freiheitliche Partei Österreichs

Gustav Zeillinger, Rechtsanwalt, Salzburg

18 Der ehemalige Salzburger Landeshauptmann Dr. Josef Klaus gehörte während der gesamten XI. Gesetzgebungsperiode auf einem Mandat des Wahlkreises Wien Innen-Ost dem Nationalrat an.

XII. Gesetzgebungsperiode (Wahl: 1. 3. 1970)

Österreichische Volkspartei[19]

Dkfm. Dr. Helmut Frauscher, Kaufmann, Salzburg
Karl Glaser, Postbeamter, Salzburg
Josef Steiner, Landwirt, Altenmarkt im Pongau

Sozialistische Partei Österreichs

Adam Pichler, Kaufmann, Saalfelden am Steinernen Meer
Kurt Preussler, Direktor der Pensionsversicherungsanstalt der Arbeiter, Salzburg
Hermann Wielandner, Gemeindebeamter, Bischofshofen

Freiheitliche Partei Österreichs

Gustav Zeillinger, Rechtsanwalt, Salzburg

XIII. Gesetzgebungsperiode (Wahl: 10. 10. 1971)

Sozialistische Partei Österreichs

Josef Hirscher, Finanzbeamter, St. Johann im Pongau*
Elfriede Karl, Kammerangestellte, Salzburg**
Eduard Kittl, Landesbeamter, Salzburg
Kurt Maier, Technischer Fachbeamter, Uttendorf im Pinzgau
Hermann Wielandner, Gemeindebeamter, Bischofshofen*

* Josef Hirscher trat am 27. 11. 1974 für den am 21. 11. 1974 ausgeschiedenen Hermann Wielandner ein.

** Elfriede Karl trat am 11. 12. 1974 für den am 5. 12. 1974 verstorbenen Wiener Abgeordneten Ernst Ulbrich ein.

Österreichische Volkspartei

Dkfm. Dr. Helmut Frauscher, Kaufmann, Salzburg
Karl Glaser, Postbeamter, Salzburg

19 Der ehemalige Salzburger Landeshauptmann Dr. Josef Klaus gehörte in der XII. Gesetzgebungsperiode bis 12. 10. 1970 auf einem Mandat des Wahlkreises Wien Innen-Ost dem Nationalrat an.

Josef Steiner, Landwirt, Altenmarkt im Pongau
Helga Wieser, Landwirtin, Anif

Freiheitliche Partei Österreichs

Gustav Zeillinger, Rechtsanwalt, Salzburg

XIV. Gesetzgebungsperiode (Wahl: 5. 10. 1975)

Sozialistische Partei Österreichs

Josef Hirscher, Finanzbeamter, St. Johann im Pongau
Elfriede Karl, Kammerangestellte, Salzburg
Eduard Kittl, Landesbeamter, Salzburg
Kurt Maier, Technischer Fachbeamter, Uttendorf im Pinzgau

Österreichische Volkspartei

Dkfm. Dr. Helmut Frauscher, Kaufmann, Salzburg
Karl Glaser, Postbeamter, Salzburg
Josef Steiner, Landwirt, Altenmarkt im Pongau
Helga Wieser, Landwirtin, Anif

Freiheitliche Partei Österreichs

Gustav Zeillinger, Rechtsanwalt, Salzburg*
Dr. Friedhelm Frischenschlager, Universitätsassistent, Salzburg*

* Dr. Friedhelm Frischenschlager trat am 26. 6. 1977 für den aus Anlass seiner Wahl zum Volksanwalt ausgeschiedenen Gustav Zeillinger ein.

XV. Gesetzgebungsperiode (Wahl: 6. 5. 1979)

Sozialistische Partei Österreichs

Anton Brennsteiner, Hauptschuldirektor, Uttendorf im Pinzgau*
Josef Hirscher, Finanzbeamter, St. Johann im Pongau
Elfriede Karl, Kammerangestellte, Salzburg

Eduard Kittl, Landesbeamter, Salzburg
Kurt Maier, Technischer Fachbeamter, Uttendorf im Pinzgau*

* Anton Brennsteiner trat am 27. 4. 1982 für den ausgeschiedenen Kurt Maier ein.

Österreichische Volkspartei

Karl Glaser, Postbeamter, Salzburg*
Mag. Gerhard Schäffer, Mittelschulprofessor, Salzburg*
Georg Schwarzenberger, Landwirt, St. Veit im Pongau**
Dkfm. Dr. Albert Steidl, Steuerberater, Leogang
Josef Steiner, Landwirt, Altenmarkt im Pongau**
Helga Wieser, Landwirtin, Anif

* Mag. Gerhard Schäffer trat am 31. 3. 1982 für den ausgeschiedenen Karl Glaser ein.
** Georg Schwarzenberger trat am 22. 4. 1982 für den am 15. 4. 1982 ausgeschiedenen Josef Steiner ein.

Freiheitliche Partei Österreichs

Dr. Friedhelm Frischenschlager, Universitätsassistent, Salzburg

XVI. Gesetzgebungsperiode (Wahl: 24. 4. 1983)

Österreichische Volkspartei

Dr. Helga Rabl-Stadler, Prokuristin, Salzburg
Mag. Gerhard Schäffer, Amtsführender Präsident des Landesschulrates, Salzburg
Georg Schwarzenberger, Landwirt, St. Veit im Pongau
Dkfm. Dr. Albert Steidl, Steuerberater, Leogang
Helga Wieser, Land- und Gastwirtin, Anif

Sozialistische Partei Österreichs

Anton Brennsteiner, Hauptschuldirektor, Uttendorf im Pinzgau
Harald Hofmann, Versicherungsbereichsleiter, Bischofshofen
Elfriede Karl, Arbeiterkammerangestellte, Grödig*
Helmuth Stocker, Sozialversicherungsangestellter, Salzburg
Heidelore Wörndl, Kauffrau, Neumarkt am Wallersee*

* Für die am 31. 5. 1983 ausgeschiedene Elfriede Karl trat am 1. 6. 1983 Heidelore Wörndl ein. Elfriede Karl trat am 11. 9. 1984 für die am 6. 9. 1984 ausgeschiedene Heidelore Wörndl ein.

Freiheitliche Partei Österreichs

Dr. Friedhelm FRISCHENSCHLAGER, Universitätsassistent, Salzburg*
Helmut HAIGERMOSER, kaufmännischer Angestellter, Elsbethen*

* Helmut Haigermoser trat am 1. 7. 1983 für den am 16. 6. 1983 aus Anlass seiner Bestellung zum Bundesminister für Landesverteidigung ausgeschiedenen Dr. Friedhelm Frischenschlager ein.

XVII. GESETZGEBUNGSPERIODE (WAHL: 23. 11. 1986)

Österreichische Volkspartei

Dr. Helga RABL-STADLER, Prokuristin, Salzburg
Mag. Gerhard SCHÄFFER, Amtsführender Präsident des Landesschulrates, Salzburg
Georg SCHWARZENBERGER, Landwirt, St. Veit im Pongau
Dkfm. Dr. Albert STEIDL, Steuerberater, Leogang

Sozialistische Partei Österreichs

Anton BRENNSTEINER, Hauptschuldirektor, Uttendorf im Pinzgau
Harald HOFMANN, Versicherungsbereichsleiter, Bischofshofen
Elfriede KARL, Arbeiterkammerangestellte, Grödig
Helmuth STOCKER, Sozialversicherungsangestellter, Salzburg

Freiheitliche Partei Österreichs

Dr. Friedhelm FRISCHENSCHLAGER, Hochschullehrer, Salzburg
Helmut HAIGERMOSER, Kaufmann, Elsbethen*

* Die Wahl Helmut Haigermosers erfolgte über die Reststimmenliste des Wahlkreisverbandes II.

Die Grüne Alternative – Liste Freda Meissner-Blau

Herbert FUX, Schauspieler, Salzburg*

* Die Wahl von Herbert Fux erfolgte über die Reststimmenliste des Wahlkreisverbandes II. Er schied am

23. 12. 1988 aus und wurde durch Holda Harrich ersetzt. Am 7. 11. 1989 trat Herbert Fux für die ausgeschiedene Astrid Kuttner wieder ein.

XVIII. Gesetzgebungsperiode (Wahl: 7. 10. 1990)

Sozialistische Partei Österreichs[20]

Anton Brennsteiner, Schuldirektor i. R., Uttendorf im Pinzgau*
Harald Hofmann, Versicherungsbereichsleiter, Bischofshofen
Annemarie Reitsamer, Landesfrauengeschäftsführerin, St. Gilgen
Emmerich Schwemlein, Berufsschullehrer, Bruck an der Großglocknerstraße*
Katharina Steindl, Hausfrau, Salzburg**
Helmuth Stocker, Angestellter, Salzburg

* Emmerich Schwemlein trat am 1. 4. 1992 für den ausgeschiedenen Anton Brennsteiner ein.
** Katharina Steindl trat am 4. 5. 1994 für den ausgeschiedenen Alfred Kollmann auf einem Mandat des Wahlkreisverbandes II ein.

Österreichische Volkspartei

Dr. Günther Leiner, Chefarzt, Bad Hofgastein
Dkfm. Dr. Günther Puttinger, Gastronom, Fuschl am See*
Hans Rieder, Betonwarenerzeuger, Maishofen*
Georg Schwarzenberger, Landwirt, St. Veit im Pongau

* Dkfm. Dr. Günther Puttinger trat 10. 11. 1993 für den ausgeschiedenen Hans Rieder ein.

Freiheitliche Partei Österreichs

Hermann Böhacker, Steuerberater, Bergheim
Dr. Friedhelm Frischenschlager, Hochschullehrer, Salzburg*
Helmut Haigermoser, Kaufmann, Elsbethen

* Die Wahl Dr. Friedhelm Frischenschlagers erfolgte über die Reststimmenliste des Wahlkreisverbandes II. Mit Wirkung vom 4. 2. 1993 ist Dr. Frischenschlager aus der FPÖ ausgetreten und war in der Folge Abgeordneter für das Liberale Forum (LiF).

20 Ab 15. 6. 1991 Sozialdemokratische Partei Österreichs

Die Grüne Alternative

Johannes VOGGENHUBER, Privatangestellter, Salzburg

* Die Wahl von Johannes Voggenhuber erfolgte über die Reststimmenliste des Wahlkreisverbandes II.

XIX. GESETZGEBUNGSPERIODE (WAHL: 9. 10. 1994)

Sozialdemokratische Partei Österreichs

Harald HOFMANN, Versicherungskaufmann, Bischofshofen
Annemarie REITSAMER, Landesfrauengeschäftsführerin, St. Gilgen
Emmerich SCHWEMLEIN, Berufsschullehrer, Bruck an der Großglocknerstraße

Österreichische Volkspartei

Dr. Günther LEINER, Chefarzt, Bad Hofgastein
Dkfm. Dr. Günther PUTTINGER, Gastronom, Fuschl am See
Dr. Helga RABL-STADLER, Prokuristin, Salzburg*
Georg SCHWARZENBERGER, Landwirt, St. Veit im Pongau

* Dr. Helga Rabl-Stadler legte am 30. 11. 1994 ihr auf dem Bundeswahlvorschlag erzieltes Mandat zurück. Für sie trat die Burgenländerin Edeltraud Lentsch ein.

Freiheitliche Partei Österreichs[21]

Hermann BÖHACKER, Steuerberater, Bergheim
Helmut HAIGERMOSER, Kaufmann, Elsbethen

Grüne Alternative

Johannes VOGGENHUBER, Privatangestellter, Salzburg

Liberales Forum

Dr. Friedhelm FRISCHENSCHLAGER, Hochschullehrer, Wien

21 Ab 14. 1. 1995 »Die Freiheitlichen« (F)

XX. Gesetzgebungsperiode (Wahl: 17. 12. 1995)

Sozialdemokratische Partei Österreichs

Mag. Johann Maier, Leiter der AK-Konsumentenberatung, Salzburg[22]
Annemarie Reitsamer, Landesfrauengeschäftsführerin, St. Gilgen
Emmerich Schwemlein, Berufsschullehrer, Bruck an der Großglocknerstraße

Österreichische Volkspartei

Dr. Günther Leiner, Chefarzt, Bad Hofgastein
Dkfm. Dr. Günther Puttinger, Gastronom, Fuschl am See
Georg Schwarzenberger, Landwirt, St. Veit im Pongau

Freiheitliche Partei Österreichs[23]

Hermann Böhacker, Steuerberater, Bergheim
Helmut Haigermoser, Kaufmann, Elsbethen

Liberales Forum

Dr. Friedhelm Frischenschlager, Hochschullehrer, Wien*

* Dr. Friedhelm Frischenschlager legte sein Nationalratsmandat am 29. 10. 1996 zurück und wurde am 11. 11. 1996 Mitglied des Europäischen Parlaments.

Grüne Alternative

Johannes Voggenhuber, Privatangestellter, Salzburg*

* Johannes Voggenhuber legte sein Nationalratsmandat am 13. 3. 1996 zurück und war seit 1. 1. 1995 Mitglied des Europäischen Parlaments.

22 Mag. Johann Maier trat am 14. 3. 1996 für den ausgeschiedenen Sozialminister Franz Hums ein, der zwischen 15. 1. 1996 und 13. 3. 1996 auf einem Salzburger Mandat Mitglied des Nationalrates war.

23 Ab 4. 7. 1998 Freiheitliche Partei Österreichs (FPÖ) – Die Freiheitlichen

XXI. Gesetzgebungsperiode (Wahl: 3. 10. 1999)

Freiheitliche Partei Österreichs

Hermann BÖHACKER, Steuerberater, Bergheim
Helmut HAIGERMOSER, Kaufmann, Elsbethen*
Franz HORNEGGER, Landwirt, Untertauern
Mag. Eduard MAINONI, Angestellter, Salzburg

* Helmut Haigermoser wurde auf der Liste des Bundeswahlvorschlages gewählt. Er schied am 19. 2. 2002 aus und wurde am 27. 2. 2002 vom Tiroler Klaus Wittauer ersetzt.

Sozialdemokratische Partei Österreichs

Mag. Johann MAIER, Leiter der AK-Konsumentenberatung, Salzburg
Stefan PRÄHAUSER, Geschäftsführer, Wals-Siezenheim*
Annemarie REITSAMER, Landesfrauengeschäftsführerin, St. Gilgen*
Emmerich SCHWEMLEIN, Berufsschullehrer, Bruck an der Großglocknerstraße

* Stefan Prähauser trat am 1. 3. 2001 für die am 28. 2. 2001 ausgeschiedene Annemarie Reitsamer ein.

Österreichische Volkspartei

Peter HAUBNER, Marketingleiter, Salzburg*
Mag. Hans LANGREITER, Landesbeamter, Maria Alm am Steinernen Meer**
Dr. Günther LEINER, Chefarzt, Bad Hofgastein**
Dkfm. Dr. Günther PUTTINGER, Gastronom, Fuschl am See*
Georg SCHWARZENBERGER, Landwirt, St. Veit im Pongau

* Peter Haubner trat am 3. 12. 2001 für den am 30. 11. 2001 ausgeschiedenen Dkfm. Dr. Günther Puttinger ein.

** Mag. Hans Langreiter trat am 6. 11. 2001 für den am 31. 10. 2001 ausgeschiedenen Dr. Günther Leiner ein.

XXII. Gesetzgebungsperiode (Wahl: 24. 11. 2002)

Österreichische Volkspartei[24]

Franz Xaver Böhm, Unternehmer, Salzburg
Franz Essl, Urbanbauer, Tamsweg
Peter Haubner, Marketingleiter, Salzburg
Mag. Hans Langreiter, Landesbeamter, Maria Alm am Steinernen Meer
Konrad Steindl, Unternehmer, Plainfeld

Sozialdemokratische Partei Österreichs

Mag. Johann Maier, Leiter der AK-Konsumentenberatung, Salzburg
Stefan Prähauser, Geschäftsführer, Salzburg
Erika Scharer, AMS-Geschäftsstellenleiterin, Kaprun

*Freiheitliche Partei Österreichs***

Markus Fauland, Berufsoffizier, Adnet*
Mag. Eduard Mainoni, Angestellter, Salzburg*

* Markus Fauland trat am 7. 7. 2004 für den ausgeschiedenen Mag. Eduard Mainoni (Eintritt in die Bundesregierung) ein.

** Sowohl Markus Fauland als auch Mag. Eduard Mainoni traten dem am 17. 4. 2005 gegründeten »Bündnis Zukunft Österreich« (BZÖ) bei.

Die Grünen – Grüne Alternative Salzburg

Heidemarie Rest-Hinterseer, Bewährungshelferin, Dorfgastein

24 Zwischen 20. 12. 2002 und 4. 3. 2003 war die Spitzenkandidatin im Wahlkreis 5, Dr. Benita Ferrero-Waldner, auf einem Mandat des Bundeswahlvorschlages Mitglied des Nationalrates. Ihre Nachfolge trat am 5. 3. 2003 Herta Mikesch an.

XXIII. Gesetzgebungsperiode (Wahl: 1. 10. 2006)

Österreichische Volkspartei

Dr. Andrea Eder-Gitschthaler, Versicherungsangestellte, Wals-Siezenheim
Franz Essl, Urbanbauer, Tamsweg
Peter Haubner, Marketingleiter, Salzburg
Konrad Steindl, Unternehmer, Plainfeld

Sozialdemokratische Partei Österreichs

Mag. Rosa Lohfeyer, AHS-Lehrerin, St. Johann im Pongau*
Mag. Johann Maier, Leiter der AK-Konsumentenberatung, Salzburg
Stefan Prähauser, Geschäftsführer, Salzburg
Erika Scharer, AMS-Geschäftsstellenleiterin, Kaprun*

* Mag. Rosa Lohfeyer trat am 7. 2. 2007 für die ausgeschiedene Erika Scharer ein

Die Grünen – Grüne Alternative

Mag. Birgit Schatz, Landesgeschäftsführerin, Salzburg

Freiheitliche Partei Österreichs

Dr. Robert Aspöck, Rechtsanwalt Salzburg

Salzburger Bundesräte seit 1920

Erste Republik

1920 bis 1922

Johann Lackner, Großgrundbesitzer, Reitdorf bei Altenmarkt im Pongau (CSP)
Dr. Franz Rehrl, Landesbeamter, Salzburg (CSP)
Robert Preussler, Redakteur, Salzburg (SDAP)

1922 bis 1927

Daniel Etter, Domkapitular, Salzburg (CSP)
Dr. Franz Rehrl, Landesbeamter, Salzburg (CSP)
Robert Preussler, Redakteur, Salzburg (SDAP)

1927 bis 1932

Josef Hauthaler, Wirt, Viehhausen (CSP)
Dr. Franz Rehrl, Landesbeamter, Salzburg (CSP)
Robert Preussler, Redakteur, Salzburg (SDAP)

1932 bis 1934

Friedrich Gugg, Gastwirt, Straßwalchen (CSP)* ***
Dr. Franz Rehrl, Landesbeamter, Salzburg (CSP)
Alois Weidenhillinger, Werkführer, Salzburg (SDAP)**
Bartholomäus Fersterer, Landwirt, Saalfelden am Steinernen Meer (LB)***
Karl Scharizer, Gauleiter, Salzburg (NSDAP)* ***

* Die NSDAP bekämpfte die Wahl von Friedrich Gugg zum Bundesrat erfolgreich beim Verfassungsgerichtshof und entsandte am 6. 12. 1932 Karl Scharizer an dessen Stelle. Mit Landesverfassungsgesetz vom 30. 6. 1933 über das Ruhen der Mandate der Nationalsozialistischen Deutschen Arbeiterpartei (Hitlerbewegung), LGBl. Nr. 66/1933, wurde das Bundesratsmandat für ruhend erklärt. Durch die Aberkennung der österreichischen Bundesbürgerschaft am 5. 9. 1933 war sein Mandat im Bundesrat endgültig erloschen.

** Mit Verordnung der Bundesregierung vom 16. 2. 1934, BGBl. Nr. 100/1934, wurden die Mandate der Sozialdemokratischen Arbeiterpartei Österreichs als erloschen erklärt.

*** Mit Wirkung vom 25. 4. 1934 wurden Friedrich Gugg und Bartholomäus Fersterer zu Bundesräten ernannt. Sie traten somit die Nachfolge der ausgeschiedenen Bundesräte Karl Scharizer und Alois Weidenhillinger an.

Zweite Republik

1945 bis 1949

Dipl.-Ing. Albert Hochleitner, Ministerialrat, Salzburg (ÖVP)*
Josef Prechtl, Kaufmann, Salzburg (ÖVP)*
Josef Rehrl, Landesbeamter, Salzburg (ÖVP)
Franz Mosshammer, Bundesbahnbediensteter, Bischofshofen (SPÖ)

* Josef Prechtl trat am 17. 11. 1948 für den ausgeschiedenen Dipl.-Ing. Albert Hochleitner ein.

1949 bis 1954

Friedrich Gugg, Gastwirt, Straßwalchen (ÖVP)
Johann Ober, Frankbauer, Seekirchen am Wallersee (ÖVP)
Josef Brunauer, Postbeamter, Salzburg (SPÖ)*
Franz Mosshammer, Bundesbahnbediensteter, Bischofshofen (SPÖ)*

* Josef Brunauer trat am 18. 6. 1953 für den am 8. 6. 1953 ausgeschiedenen Franz Moßhammer ein.

1954 bis 1959

Friedrich Gugg, Gastwirt, Straßwalchen (ÖVP)
Johann Ober, Frankbauer, Seekirchen am Wallersee (ÖVP)
Josef Brunauer, Postbeamter, Salzburg (SPÖ)*
Karl Steinocher, Bundesbahnbeamter, Salzburg (SPÖ)*

* Karl Steinocher trat am 31. 5. 1957 für den ausgeschiedenen Josef Brunauer ein.

1959 bis 1964

Friedrich Gugg, Präsident der Kammer der gewerblichen Wirtschaft Salzburg, Straßwalchen (ÖVP)
Christian Pongruber, Landwirt, Bergheim bei Salzburg (ÖVP)*

Hermann RAINER, Direktor der Landwirtschaftskrankenkasse, Salzburg (ÖVP)*
Ernst HALLINGER, Bauelektriker und Landesparteisekretär, Salzburg (SPÖ)

* Christian Pongruber trat am 28. 12. 1959 für den ausgeschiedenen Hermann Rainer ein.

1964 bis 1969

Dkfm. Dr. Hans HEGER, Außenhandelskaufmann, Salzburg (ÖVP)**
Friedrich GUGG, Präsident der Kammer der gewerblichen Wirtschaft Salzburg, Straßwalchen (ÖVP)**
Johann MAYER, Gendarmeriebeamter, Anthering (ÖVP)*
Christian PONGRUBER, Landwirt, Bergheim bei Salzburg (ÖVP)*
Ernst HALLINGER, Bauelektriker und Landesparteisekretär, Salzburg (SPÖ)

* Johann Mayer trat am 19. 7. 1965 für den ausgeschiedenen Christian Pongruber ein.
** Dkfm. Dr. Hans Heger trat am 22. 12. 1966 für den ausgeschiedenen Friedrich Gugg ein.

1969 bis 1974

Dkfm. Dr. Hans HEGER, Außenhandelskaufmann, Salzburg (ÖVP)
Johann MAYER, Gendarmeriebeamter, Anthering (ÖVP)
Leopold WALLY, Hauptschuldirektor, Salzburg (SPÖ)

1974 bis 1979

Dkfm. Dr. Hans HEGER, Außenhandelskaufmann, Salzburg (ÖVP)
Johann MAYER, Gendarmeriebeamter, Anthering (ÖVP)
Wolfgang RADLEGGER, Landesparteisekretär, Grödig (SPÖ)*
Leopold WALLY, Hauptschuldirektor, Salzburg (SPÖ)*

* Wolfgang Radlegger trat am 25. 1. 1978 für den am 11. 1. 1978 verstorbenen Leopold Wally ein.

1979 bis 1984

Dkfm. Dr. Helmut FRAUSCHER, Kaufmann, Salzburg (ÖVP)*
Dkfm. Dr. Hans HEGER, Außenhandelskaufmann, Salzburg (ÖVP)*
Johann MAYER, Gendarmeriebeamter, Anthering (ÖVP)
Peter KÖPF, Landesparteisekretär, Salzburg (SPÖ)
Ricky VEICHTLBAUER, Hausfrau, Salzburg (SPÖ)**

* Dkfm. Dr. Helmut Frauscher trat am 1. 7. 1980 für den ausgeschiedenen Dkfm. Dr. Hans Heger ein.

** Auf Grund des Ergebnisses der Volkszählung 1981 erhielt Salzburg einen zusätzlichen Sitz im Bundesrat, den Ricky Veichtlbauer am 31. 3. 1982 antrat.

1984 bis 1989

Ludwig Bieringer, Bundesheerbediensteter, Wals-Siezenheim (ÖVP)
Dkfm. Dr. Helmut Frauscher, Kaufmann, Salzburg (ÖVP)
Peter Köpf, Versicherungsdirektor, Salzburg (SPÖ)
Josef Weichenberger, Landessekretär des ÖGB, Salzburg (SPÖ)

1989 bis 1994

Ludwig Bieringer, Bundesheerbediensteter, Wals-Siezenheim (ÖVP)*
Martin Forsthuber, Geschäftsführer des Salzburger Seniorenbundes, Salzburg (ÖVP)**
Dkfm. Dr. Helmut Frauscher, Kaufmann, Salzburg (ÖVP)**
Wolfgang Saliger, Angestellter, Plainfeld bei Salzburg (ÖVP)*
Peter Köpf, Versicherungsdirektor, Salzburg (SPÖ)***
Stefan Prähauser, Landesparteisekretär, Wals-Siezenheim (SPÖ)***
Mag. Georg Lakner, Mittelschullehrer, Hof bei Salzburg (FPÖ)****

* Ludwig Bieringer trat am 20. 3. 1991 für den ausgeschiedenen Wolfgang Saliger ein.

** Martin Forsthuber trat am 20. 10. 1993 für den ausgeschiedenen Dkfm. Dr. Hans Frauscher ein.

*** Stefan Prähauser trat am 7. 2. 1990 für den ausgeschiedenen Peter Köpf ein.

**** Mag. Georg Lakner trat 1993 aus der FPÖ aus und gehörte ab dem 15. 2. 1993 keiner Fraktion des Bundesrates, aber vom 15. 2. 1993 bis 23. 11. 1993 dem Parlamentsklub des Liberalen Forums an.

1994 bis 1999

Ludwig Bieringer, Bundesheerbediensteter, Wals-Siezenheim (ÖVP)
Aloisia Fischer, Bäuerin, Piesendorf (ÖVP)*
Ing. Georg Leberbauer, Pensionist, Wald im Pinzgau (ÖVP)*
Stefan Prähauser, Landesparteisekretär, Wals-Siezenheim (SPÖ)
Andreas Eisl, Landwirt, St. Georgen bei Salzburg (FPÖ)

* Aloisia Fischer trat am 24. 4. 1996 für den am 3. 4. 1996 ausgeschiedenen Ing. Georg Leberbauer ein.

1999 bis 2004

Ludwig BIERINGER, Bundesheerbediensteter, Wals-Siezenheim (ÖVP)
Josef SALLER, Hauptschuldirektor i. R., Bischofshofen (ÖVP)
Manfred GRUBER, Technischer Beamter – Telekom Austria, Bad Gastein (SPÖ)*
Stefan PRÄHAUSER, Landesparteisekretär, Wals-Siezenheim (SPÖ)*
Dr. Robert ASPÖCK, Rechtsanwalt, Salzburg (FPÖ)**
Mag. Eduard MAINONI, Geschäftsführer, Salzburg (FPÖ)**

* Manfred Gruber trat am 1. 3. 2001 für den am 28. 2. 2001 ausgeschiedenen Stefan Prähauser ein.
** Dr. Robert Aspöck trat am 10. 11. 1999 für den am 28. 10. 1999 ausgeschiedenen Mag. Eduard Mainoni ein.

2004 bis lfd.

Manfred GRUBER, Technischer Beamter – Telekom Austria, Bad Gastein (SPÖ)
Mag. Susanne NEUWIRTH, HTL-Lehrerin, Salzburg (SPÖ)
Ludwig BIERINGER, Bundesheerbediensteter i. R., Wals-Siezenheim (ÖVP)
Josef SALLER, Hauptschuldirektor i. R., Bischofshofen (ÖVP)

Landesregierungen seit 1918

Provisorische Landesregierung (3. 11. 1918–7. 11. 1918)*

Präsidenten der provisorischen Landesversammlung:
Johann Lackner, Großgrundbesitzer, Reitdorf bei Altenmarkt im Pongau (CSP)
Max Ott, Bürgermeister der Landeshauptstadt, Salzburg (DF)
Robert Preussler, Redakteur, Salzburg (SDAP)

Weitere Mitglieder des Landesrates:
Daniel Etter, Kapitularkanonikus, Mattsee (CSP)
Alois Hölzl, Großgrundbesitzer, Saalfelden am Steinernen Meer (CSP)
Dr. Alois Rottensteiner, Rechtsanwalt, Salzburg
Alois Winkler, Domscholastikus, Salzburg (CSP)
NN (CSP)
NN (CSP)
Ing. Karl Irresberger, Fabrikdirektor i. R., Salzburg (DF)
Dr. Arthur Stölzel, Rechtsanwalt, Salzburg (DF)
Hans Wagner, Redakteur, Salzburg (DF)
Josef Breitenfelder, Oberwerkmann der Staatsbahnen, Salzburg (SDAP)
Josef Witternigg, Redakteur, Salzburg (SDAP)

* Auf Grund des Auftrages des Vollzugsausschusses der provisorischen Nationalversammlung vom 29. 10. 1918, in den Ländern provisorische Landesversammlungen einzusetzen und provisorische Landesverfassungen zu erlassen, konstituierte sich auf Basis einer Parteienvereinbarung am 3. 11. 1918 unter dem Vorsitz von Johann Lackner, Robert Preußler und Max Ott die provisorische Landesversammlung. Aus der Landesversammlung wurde am gleichen Tag ein aus 14 Mitgliedern bestehender Landesrat gebildet, der die Aufgaben des bisherigen Landesausschusses übernehmen sollte. Die Zusammensetzung erfolgte auf Grundlage des Ergebnisses der Reichsratswahlen 1911, wodurch die Christlichsozialen sieben, die Deutschfreiheitlichen vier und die Sozialdemokraten drei Mitglieder stellten. Zwei christlichsoziale Mitglieder des Landesrates waren anlässlich der Konstituierung noch nicht bekannt.

Provisorische Landesregierung (7. 11. 1918–29. 11. 1918)*

Präsidenten der provisorischen Landesversammlung: Alois Winkler, Domscholastikus, Salzburg (CSP) Max Ott, Bürgermeister der Landeshauptstadt, Salzburg (DF) Robert Preussler, Redakteur, Salzburg (SDAP)
Präsidenten-Stellvertreter der provisorischen Landesversammlung: Josef Breitenfelder, Oberwerkmann der Staatsbahnen, Salzburg (SDAP) Ing. Karl Irresberger, Fabrikdirektor i. R., Salzburg (DF) Johann Lackner, Großgrundbesitzer, Reitdorf bei Altenmarkt im Pongau (CSP)
Landesräte: Bartholomäus Angelberger, Holzhändler, Salzburg (CSP) Daniel Etter, Kapitularkanonikus, Mattsee (CSP) Alois Hölzl, Großgrundbesitzer, Saalfelden am Steinernen Meer (CSP) Dr. Franz Rehrl, Landeskommissär, Salzburg (CSP) Wilhelm Schernthanner, Buchdrucker, Salzburg (CSP) Dr. Arthur Stölzel, Rechtsanwalt, Salzburg (DF) Hans Wagner, Redakteur, Salzburg (DF) Josef Witternigg, Redakteur, Salzburg (SDAP)
* Anlässlich der ersten Vollsitzung der provisorischen Landesversammlung am 7. 11. 1918 wurde die Parteienvereinbarung auf eine gesetzliche Basis gestellt und förmliche Wahlen durchgeführt. Entgegen der ursprünglichen Festlegung wurde seitens der Christlichsozialen nicht Johann Lackner, sondern Alois Winkler als Präsident der Landesversammlung in Vorschlag gebracht. An Stelle von Dr. Alois Rottensteiner wurde Wilhelm Schernthanner in den Landesrat entsandt.

Provisorische Landesregierung (29. 11. 1918–23. 4. 1919)*

Landeshauptmann Alois Winkler, Domscholastikus, Salzburg (CSP)
Landeshauptmann-Stellvertreter: Max Ott, Bürgermeister der Landeshauptstadt, Salzburg (DF) Robert Preussler, Redakteur, Salzburg (SDAP) Dr. Arthur Stölzel, Rechtsanwalt, Salzburg (DF)
Landesräte: Daniel Etter, Kapitularkanonikus, Mattsee (CSP) Julius Haagn, Kaufmann, Salzburg (DF) Johann Lackner, Großgrundbesitzer, Reitdorf bei Altenmarkt im Pongau (CSP) Dr. Franz Rehrl, Landeskommissär, Salzburg (CSP) Wilhelm Schernthanner, Buchdrucker, Salzburg (CSP) Josef Witternigg, Redakteur, Salzburg (SDAP)
* Mit Gesetz vom 14. November 1918 (StGBl. Nr. 24/1918) betreffend die Übernahme der Staatsgewalt in den Ländern kam es zu einer Neuordnung der Landesorgane, die mit Beschluss der provisorischen Landesversammlung vom 29. 11. 1918 in Salzburg umgesetzt wurde. Die Landesregierung bestand nunmehr aus dem Landeshauptmann, seinen drei Stellvertretern sowie aus sechs Landesräten.

Landesregierung (23. 4. 1919–4. 5. 1922)

Landeshauptmann Ing. Oskar Meyer, Landesbeamter, Salzburg (CSP)*		
Landeshauptmann-Stellvertreter Robert Preussler, Redakteur, Salzburg (SDAP)	Landeshauptmann-Stellvertreter Dr. Franz Rehrl, Landesbeamter, Salzburg (CSP)*	Landeshauptmann-Stellvertreter Max Ott, Kaminkehrermeister, Salzburg (GDVP)
Landesräte: Josef Breitenfelder, Werkmeister, Salzburg (SDAP) Anton Christoph, Notar, Salzburg (GDVP)** (23. 6. 1919–4. 5. 1922) Karl Emminger, Werkführer, Salzburg (SDAP) Daniel Etter, Domkapitular, Salzburg (CSP)* Johann Lackner, Großgrundbesitzer, Reitdorf bei Altenmarkt im Pongau (CSP) (23. 4. 1919–30. 11. 1920) Michael Neureiter, Dechant, St. Johann im Pongau (CSP)* (30. 11. 1920–4. 5. 1922) Wilhelm Schernthanner, Korrektor, Salzburg (CSP)*		
* Die christlichsozialen Regierungsmitglieder traten am 16. 12. 1921 in Folge des so genannten »Halleiner Kirchenstreits« geschlossen von ihren Ämtern zurück und wurden am 10. 1. 1922 wiedergewählt. ** Der bei der konstituierenden Sitzung als Landesrat vorgeschlagene Hans Prodinger wurde von den anderen Parteien – insbesondere von den Sozialdemokraten – nicht akzeptiert. Deshalb wurde die Wahl des sechsten Landesrates bis auf weiteres ausgesetzt. Erst am 23. 6. 1919 erfolgte die Wahl des Kompromisskandidaten Anton Christoph.		

Landesregierung (4. 5. 1922–4. 5. 1927)

<table>
<tr><td colspan="2">Landeshauptmann
Dr. Franz Rehrl, Landesbeamter, Salzburg (CSP)</td></tr>
<tr><td>Landeshauptmann-Stellvertreter
Robert Preussler, Redakteur, Salzburg (SDAP)</td><td>Landeshauptmann-Stellvertreter
Michael Neureiter, Dechant, St. Johann im Pongau (CSP)</td></tr>
<tr><td colspan="2">Landesräte:
Ing. Rudolf Brauneis, Direktor der Landwirtschaftsschule Winklhof, Oberalm (CSP)
Karl Emminger, Werkführer, Salzburg (SDAP)
Dr. Otto Troyer, Rechtsanwalt, Salzburg (DNSAP)*</td></tr>
<tr><td colspan="2">* Die Wahl von Dr. Otto Troyer zum Mitglied der Landesregierung ist darauf zurückzuführen, dass die Wahlvereinbarung zwischen den Christlichsozialen, dem Freiheitlichen Salzburger Bauernbund und der Deutschen nationalsozialistischen Arbeiterpartei zumindest 14 Mandate für die Christlichsozialen vorsah. Auf Grund des Wahlergebnisses erreichten die Christlichsozialen jedoch nur 12 Mandate, wodurch zur Umsetzung der Vereinbarung ein Mandatsverzicht von zwei Nationalsozialisten (Leopold Malina und Dr. Otto Troyer) erforderlich wurde. Im Gegenzug wurde Dr. Troyer von den Christlichsozialen als Landesrat nominiert.</td></tr>
</table>

Landesregierung (4. 5. 1927–27. 5. 1932)

<table>
<tr><td colspan="2">Landeshauptmann
Dr. Franz Rehrl, Landesbeamter, Salzburg (CSP)</td></tr>
<tr><td>Landeshauptmann-Stellvertreter
Robert Preussler, Redakteur, Salzburg (SDAP)</td><td>Landeshauptmann-Stellvertreter
Michael Neureiter, Domkapitular, Salzburg (CSP)</td></tr>
<tr><td colspan="2">Landesräte:
Ing. Rudolf Brauneis, Direktor der Landwirtschaftsschule Winklhof, Oberalm (CSP)
Karl Emminger, Werkführer, Salzburg (SDAP)</td></tr>
<tr><td colspan="2">Mit der 3. Landes-Verfassungsgesetznovelle wurde die Zahl der Mitglieder der Landesregierung von bisher sechs auf fünf reduziert (LGBl. Nr. 1/1926).</td></tr>
</table>

Landesregierung (27. 5. 1932*–26. 2. 1934)

<table>
<tr><td colspan="2">Landeshauptmann
Dr. Franz Rehrl, Landesbeamter, Salzburg (CSP)</td></tr>
<tr><td>Landeshauptmann-Stellvertreter
Robert Preussler, Redakteur, Salzburg (SDAP)**
(27. 5. 1932–16. 2. 1934)</td><td>Landeshauptmann-Stellvertreter
Michael Neureiter, Domkapitular, Salzburg (CSP)
(27. 5. 1932–19. 1. 1934)
Dr. Adolf Schemel, Oberregierungsrat, Salzburg (CSP)
(19. 1. 1934–26. 2. 1934)</td></tr>
<tr><td colspan="2">Landesräte:
Karl Emminger, Werkführer, Salzburg (SDAP)**
(27. 5. 1932–16. 2. 1934)
Josef Hauthaler, Bauer und Gastwirt, Viehhausen (CSP)***
(19. 1. 1934–26. 2. 1934)
Dr. Franz Ropper, Rechtsanwalt, Salzburg (NSDAP)***
(27. 5. 1932–30. 6. 1933)</td></tr>
<tr><td colspan="2">* Obwohl der Landtag am 19. 5. 1932 zu seiner konstituierenden Sitzungen zusammentrat, erfolgte die Wahl der Landesregierung erst am 27. 5. 1932, weil man sich über die Person des Landeshauptmannes nicht einigen konnte.
** Mit Verordnung der Bundesregierung vom 16. 2. 1934, BGBl. Nr. 100/1934, wurden die Regierungssitze der Sozialdemokratischen Arbeiterpartei Österreichs für erloschen erklärt.
*** Der Regierungssitz der NSDAP wurde mit Landesverfassungsgesetz vom 30. 6. 1933 über das Ruhen der Mandate der Nationalsozialistischen Deutschen Arbeiterpartei (Hitlerbewegung), LGBl. Nr. 66/1933, für ruhend erklärt. Den freien Sitz in der Landesregierung übernahm am 19. 1. 1934 Josef Hauthaler.</td></tr>
</table>

Landesregierung (26. 2. 1934–1. 11. 1934)*

<table>
<tr><td colspan="2">Landeshauptmann
Dr. Franz Rehrl, Landesbeamter, Salzburg (CSP)</td></tr>
<tr><td>Landeshauptmann-Stellvertreter
Dr. Adolf Schemel, Hofrat, Salzburg (CSP)</td><td>Landeshauptmann-Stellvertreter
Dr. Alois Wagenbichler, Arzt, Bad Gastein (CSP)</td></tr>
<tr><td colspan="2">Landesräte:
Josef Hauthaler, Bauer und Gastwirt, Viehhausen (CSP)
Mathias Hutter, Hinterweglehenbauer, Pfarrwerfen (CSP)
Josef Knosp, Bundesbahnbeamter, Gnigl (CSP)
Josef Schliesslberger, Industrieller, Salzburg (CSP)</td></tr>
<tr><td colspan="2">* Mit Landesverfassungsgesetz vom 26. 2. 1934, LGBl. Nr. 47/1934, wurden die Mandate jener Mitglieder der Landesregierung, die auf Grund des Verhältniswahlrechtes gewählt wurden, für erloschen erklärt. Die Zahl der Mitglieder der Landesregierung wurde auf sieben erhöht. Gleichzeitig übertrug der Landtag seine verfassungsmäßigen Rechte, insbesondere das Recht der Gesetzgebung, an die Landesregierung.</td></tr>
</table>

Ständische Landesregierung (1. 11. 1934–12. 3. 1938)*

<table>
<tr><td>Landeshauptmann
Dr. Franz Rehrl, Landesbeamter, Salzburg</td></tr>
<tr><td>Landesstatthalter
Dr. Alois Wagenbichler, Arzt, Bad Gastein</td></tr>
<tr><td>Landesräte:
Josef Hauthaler, Bauer und Gastwirt, Viehhausen
(1. 11. 1934–13. 12. 1937)
Isidor Griessner, Landarbeiter, Fusch an der Großglocknerstraße
(16. 2. 1938–12. 3. 1938)
Robert Nussbaumer, Goldarbeiter, Salzburg
Dr. Adolf Schemel, Hofrat, Salzburg
Josef Schliesslberger, Industrieller, Salzburg</td></tr>
<tr><td>* Mit Verordnung der Landesregierung vom 14. September 1934, LGBl. Nr. 116/1934, wurde die auf ständischer Grundlage beruhende Landesverfassung 1934 mit Wirkung vom 1. 11. 1934 in Kraft gesetzt. Gleichzeitig trat die Landesverfassung 1921 außer Kraft.</td></tr>
</table>

Landesregierung (12. 3. 1938–31. 3. 1940)*

Landeshauptmann
Dipl.-Ing. Anton Wintersteiger, Gauleiter, Salzburg (NSDAP)
(12. 3. 1938–22. 5. 1938)
Dr. Friedrich Rainer, Gauleiter, Salzburg (NSDAP)
(22. 5. 1938–31. 3. 1940)

Landeshauptmann-Stellvertreter**	Landesstatthalter
Dipl.-Ing. Anton Wintersteiger, Gauleiter, Salzburg (NSDAP) (22. 5. 1938–31. 3. 1940)	Dr. Albert Reitter, Rechtsanwalt, Salzburg (NSDAP)*** (13. 3. 1938–30. 9. 1939)

Landesräte:
Dr. Erich Gebert, Kammeramtdirektor-Stellvertreter, Salzburg (NSDAP)
Paul Krennwallner, Bauer, Salzburg-Itzling (NSDAP)***
(13. 3. 1938–30. 9. 1939)
Anton Resch, Werkmeister i. R., Bad Gastein (NSDAP)***
(13. 3. 1938–30. 9. 1939)
Karl Springenschmid, Fachlehrer, Salzburg (NSDAP)

* Dipl.-Ing. Anton Wintersteiger wurde am Abend des 12. 3. 1938 von Bundeskanzler Dr. Arthur Seyss-Inquart auf Grundlage der Landesverfassung 1934 zum Landeshauptmann ernannt. Am 13. 3. 1938 ernannte Wintersteiger die Mitglieder der neuen Landesregierung. Durch die Ernennung der Reichsstatthalter mit Wirkung vom 1. 4. 1940 wurden die letzten Reste des österreichischen Verfassungssystems beseitigt.

** Auf Grund der Ermächtigung des § 2 der Verordnung vom 30. 4. 1938 über das Gesetzgebungsrecht im Lande Österreich (Gesetzblatt für das Land Österreich Nr. 111/1938) wurde die Funktion des Landeshauptmann-Stellvertreters geschaffen (Verordnungsblatt für den Amtsbereich des Landeshauptmannes für Salzburg, Nr. 3/1938).

*** Mit Wirkung vom 1. 10. 1939 wurde Dr. Albert Reitter zum Regierungspräsidenten ernannt. Gleichzeitig mit Dr. Reitter wurden auch die Landesräte Paul Krennwallner und Anton Resch aus ihren Regierungsfunktionen entlassen, weil diese auf Grund der fortschreitenden Umgestaltung des Landes immer mehr an Kompetenzen verloren hatten. Innerhalb der neuen Gauverwaltung nahmen sie vergleichbare Positionen ein.

Provisorische Landesregierung (23. 5. 1945–12. 12. 1945)*

Landeshauptmann Dr. Adolf Schemel, Landesbeamter, Salzburg (ÖVP)
Landeshauptmann-Stellvertreter Anton Neumayer, Landesbeamter, Salzburg (SPÖ)
Landesräte: Herbert Gross, Kaufmann, Salzburg (parteilos) Bartholomäus Hasenauer, Landwirt, Maishofen (ÖVP) Hans Meissnitzer, Elektromeister, Salzburg (KPÖ) Franz Peyerl, Buchhalter, Salzburg (SPÖ)

* Die provisorische Landesregierung wurde auf Grund einer Parteienvereinbarung zwischen ÖVP, SPÖ und KPÖ gebildet und von der US-amerikanischen Militärregierung am 23. 5. 1945 als solche anerkannt. Die Ausstellung der Ernennungsdekrete erfolgte mit Datum vom 10. 6. 1945, deren Übergabe am 22. 6. 1945. Die Militärbehörden akzeptierten nur die Ernennung des Landeshauptmannes und seines Stellvertreters, lehnten aber die Bestellung von Landesräten vorerst ab. Die Landesräte wurden zu Abteilungsleitern (»Head of Department«) ernannt. Funktional waren sie jedoch als Landesräte anzusehen und wurden auch in der schriftlichen Mitteilung der provisorischen Landesregierung an die Bundesregierung in Wien vom 24. 5. 1945 als solche bezeichnet.

Landesregierung (12. 12. 1945–1. 12. 1949)

Landeshauptmann Dipl.- Ing. Albert Hochleitner, Ministerialrat, Salzburg (ÖVP) (12. 12. 1945–4. 12. 1947) Josef Rehrl, Landesbeamter, Salzburg (ÖVP) (22. 12. 1947–1. 12. 1949)	
Landeshauptmann-Stellvertreter Anton Neumayr, Landesbeamter, Salzburg (SPÖ) (12. 12. 1945–26. 4. 1946) Franz Peyerl, Buchhalter, Salzburg (SPÖ) (26. 4. 1946–1. 12. 1949)	Landeshauptmann-Stellvertreter Dr. Adolf Schemel, Landesbeamter, Salzburg (ÖVP)
Landesräte: Bartholomäus Hasenauer, Landwirt, Maishofen (ÖVP) Franz Peyerl, Buchhalter, Salzburg (SPÖ) (12. 12. 1945–26. 4. 1946) Heinz Kraupner, Cafetier, Salzburg (SPÖ) (26. 4. 1946–5. 5. 1948) Ludwig Bogner, Bundesbahnbediensteter, Salzburg (SPÖ) (5. 5. 1948–29. 6. 1949) Josef Weisskind, Kaufmann, Salzburg (SPÖ) (14. 7. 1949–1. 12. 1949)	

Landesregierung (1. 12. 1949–11. 12. 1954)

Landeshauptmann Dr. Josef Klaus, Rechtsanwalt, Salzburg (ÖVP)	
Landeshauptmann-Stellvertreter Franz Peyerl, Buchhalter, Salzburg (SPÖ)	Landeshauptmann-Stellvertreter Bartholomäus Hasenauer, Landwirt, Maishofen (ÖVP)
Landesräte: Florian Groll, Major a. D., Salzburg (WdU) Josef Weisskind, Kaufmann, Salzburg (SPÖ)	

Landesregierung (11. 12. 1954–2. 7. 1959)

Landeshauptmann Dr. Josef Klaus, Rechtsanwalt, Salzburg (ÖVP)	
Landeshauptmann-Stellvertreter Franz Peyerl, Buchhalter, Salzburg (SPÖ)	Landeshauptmann-Stellvertreter Bartholomäus Hasenauer, Landwirt, Maishofen (ÖVP)
Landesräte: Josef Horak, Gewerkschaftssekretär, Salzburg (SPÖ) (11. 12. 1954–31. 1. 1956) Josef Kaut, Chefredakteur, Salzburg (SPÖ) (31. 1. 1956–2. 7. 1959) Walter Leitner, Industrieangestellter, Salzburg (FPÖ) Hermann Rainer, Direktor, Salzburg (ÖVP) Josef Weisskind, Kaufmann, Salzburg (SPÖ)	
Mit einer Novelle zum Landes-Verfassungsgesetz (LGBl. Nr. 79/1954) wurde die Zahl der Mitglieder der Landesregierung von bisher fünf auf sieben erhöht.	

Landesregierung (2. 7. 1959–19. 6. 1964)

<table>
<tr><td colspan="2">Landeshauptmann
Dr. Josef Klaus, Rechtsanwalt, Salzburg (ÖVP)
(2. 7. 1959–10. 4. 1961)
Dipl.-Ing. DDr. Hans Lechner, Landesbeamter, Salzburg (ÖVP)
(17. 4. 1961–19. 6. 1964)</td></tr>
<tr><td>Landeshauptmann-Stellvertreter
Franz Peyerl, Buchhalter, Salzburg (SPÖ)</td><td>Landeshauptmann-Stellvertreter
Bartholomäus Hasenauer, Landwirt, Maishofen (ÖVP)
(2. 7. 1959–31. 3. 1963)
Michael Haslinger, Buchsachverständiger, Zell am See (ÖVP)
(3. 4. 1963–19. 6. 1964)</td></tr>
<tr><td colspan="2">Landesräte:
Dipl.-Ing. DDr. Hans Lechner, Landesbeamter, Salzburg (ÖVP)
(2. 7. 1959–17. 4. 1961)
Michael Haslinger, Buchsachverständiger, Zell am See (ÖVP)
(17. 4. 1961–3. 4. 1963)
Rupert Wolfgruber, Landwirt, Göming (ÖVP)
(3. 4. 1963–19. 6. 1964)
Josef Kaut, Chefredakteur, Salzburg (SPÖ)
Walter Leitner, Industrieangestellter, Salzburg (FPÖ)
Josef Weisskind, Kaufmann, Salzburg (SPÖ)</td></tr>
</table>

Landesregierung (19. 6. 1964–14. 5. 1969)

Landeshauptmann Dipl.-Ing. DDr. Hans Lechner, Landesbeamter, Salzburg (ÖVP)	
Landeshauptmann-Stellvertreter Franz Peyerl, Buchhalter, Salzburg (SPÖ) (19. 6. 1964–3. 11. 1966) Karl Steinocher, Bundesbahnbeamter, Salzburg (SPÖ) (3. 11. 1966–14. 5. 1969)	Landeshauptmann-Stellvertreter Michael Haslinger, Buchsachverständiger, Zell am See (ÖVP)
Landesräte: Josef Kaut, Chefredakteur, Salzburg (SPÖ) Walter Leitner, Industrieangestellter, Salzburg (FPÖ) Josef Weisskind, Kaufmann, Salzburg (SPÖ) Rupert Wolfgruber, Landwirt, Göming (ÖVP)	

Landesregierung (14. 5. 1969–22. 5. 1974)

Landeshauptmann Dipl.-Ing. DDr. Hans Lechner, Landesbeamter, Salzburg (ÖVP)	
Landeshauptmann-Stellvertreter Karl Steinocher, Bundesbahnbeamter, Salzburg (SPÖ)	Landeshauptmann-Stellvertreter Michael Haslinger, Buchsachverständiger, Zell am See (ÖVP) (14. 5. 1969–11. 7. 1973) Dr. Wilfried Haslauer, Kammeramtsdirektor, Salzburg (ÖVP) (11. 7. 1973–22. 5. 1974)
Landesräte: Walter Leitner, Industrieangestellter, Salzburg (FPÖ) Dr. Herbert Moritz, Chefredakteur, Salzburg (SPÖ) Hans Pexa, Angestellter, Puch bei Hallein (SPÖ) Rupert Wolfgruber, Landwirt, Göming (ÖVP)	

Landesregierung (22. 5. 1974–16. 5. 1979)

<table>
<tr><td colspan="2">Landeshauptmann
Dipl.-Ing. DDr. Hans Lechner, Landesbeamter, Salzburg (ÖVP
(22. 5. 1974–20. 4. 1977)
Dr. Wilfried Haslauer, Kammeramtsdirektor, Salzburg (ÖVP)
(20. 4. 1977–16. 5. 1979)</td></tr>
<tr><td>Landeshauptmann-Stellvertreter
Karl Steinocher, Bundesbahnbeamter, Salzburg (SPÖ)
(22. 5. 1974–2. 11. 1976)
Dr. Herbert Moritz, Chefredakteur, Salzburg (SPÖ)
(2. 11. 1976–16. 5. 1979)</td><td>Landeshauptmann-Stellvertreter
Dr. Wilfried Haslauer, Kammeramtsdirektor, Salzburg (ÖVP)
(22. 5. 1974–20. 4. 1977)
Dr. Hans Katschthaler, Direktor des Musisch-Pädagogischen Realgymnasiums, Salzburg (ÖVP)
(20. 4. 1977–16. 5. 1979)</td></tr>
<tr><td colspan="2">Landesräte:
Walter Leitner, Industrieangestellter (FPÖ)
(22. 5. 1974–24. 1. 1978)
Dr. Sepp Baumgartner, Professor an der Pädagogischen Akademie, Salzburg (FPÖ)
(25. 1. 1978–16. 5. 1979)
Rupert Wolfgruber, Landwirt, Göming (ÖVP)
(22. 5. 1974–20. 4. 1977)
Dipl.-Ing. Anton Bonimaier, Direktor, Wals-Siezenheim (ÖVP)
(20. 4. 1977–16. 5. 1979)
Dr. Hans Katschthaler, Direktor des Musisch-Pädagogischen Realgymnasiums, Salzburg (ÖVP)
(22. 5. 1974–20. 4. 1977)
Dkfm. Dr. Albert Steidl, Steuerberater, Leogang (ÖVP)
(20. 4. 1977–16. 5. 1979)
Dr. Herbert Moritz, Chefredakteur, Salzburg (SPÖ)
(22. 5. 1974–2. 11. 1976)
Sepp Oberkirchner, Gewerkschaftssekretär, Salzburg (SPÖ)
(2. 11. 1976–16. 5. 1979)</td></tr>
</table>

Landesregierung (16. 5. 1979–16. 5. 1984)

<table>
<tr><td colspan="2">Landeshauptmann
Dr. Wilfried Haslauer, Kammeramtsdirektor, Salzburg (ÖVP)</td></tr>
<tr><td>Landeshauptmann-Stellvertreter
Dr. Herbert Moritz, Chefredakteur,
Salzburg (SPÖ)</td><td>Landeshauptmann-Stellvertreter
Dr. Hans Katschthaler, Direktor
des Musisch-Pädagogischen
Realgymnasiums, Salzburg (ÖVP)</td></tr>
<tr><td colspan="2">Landesräte:
Dr. Sepp Baumgartner, Professor an der Pädagogischen Akademie, Salzburg (FPÖ)
(16. 5. 1979–15. 3. 1983)
Sepp Wiesner, Holzkaufmann, Mattsee (FPÖ)
(16. 3. 1983–16. 5. 1984)
Dipl.-Ing. Anton Bonimaier, Direktor, Wals-Siezenheim (ÖVP)
(16. 5. 1979–15. 3. 1983)
Dipl.-Ing. Friedrich Mayr-Melnhof, Land- und Forstwirt, Grödig (ÖVP)
(16. 3. 1983–16. 5. 1984)
Sepp Oberkirchner, Gewerkschaftssekretär, Salzburg (SPÖ)
Wolfgang Radlegger, Landesparteisekretär, Grödig (SPÖ)</td></tr>
</table>

LANDESREGIERUNG (16. 5. 1984–3. 5. 1989)

<table>
<tr><td colspan="2">Landeshauptmann
Dr. Wilfried HASLAUER, Kammeramtsdirektor, Salzburg (ÖVP)</td></tr>
<tr><td>Landeshauptmann-Stellvertreter
Dr. Herbert MORITZ, Chefredakteur,
Salzburg (SPÖ)
(16. 5. 1984–10. 9. 1984)
Wolfgang RADLEGGER,
Landesparteisekretär, Grödig (SPÖ)
(19. 9. 1984–3. 5. 1989)</td><td>Landeshauptmann-Stellvertreter
Dr. Hans KATSCHTHALER, Direktor
des Musisch-Pädagogischen
Realgymnasiums, Anif (ÖVP)</td></tr>
<tr><td colspan="2">Landesräte:
Dr. Arno GASTEIGER, Journalist, Salzburg (ÖVP)
Dipl.-Ing. Friedrich MAYR-MELNHOF, Land- und Forstwirt, Grödig (ÖVP)
(16. 5. 1984–7. 1. 1986)
Ing. Bertl GÖTTL, Landwirtschaftlicher Fachschuloberlehrer, Wals-Siezenheim (ÖVP)
(8. 1. 1986–3. 5. 1989)
Sepp OBERKIRCHNER, Gewerkschaftssekretär, Salzburg (SPÖ)
Wolfgang RADLEGGER, Landesparteisekretär, Grödig (SPÖ)
(16. 5. 1984–19. 9. 1984)
Dr. Othmar RAUS, Gewerkschaftssekretär, Salzburg (SPÖ)
(19. 9. 1984–3. 5. 1989)</td></tr>
</table>

LANDESREGIERUNG (3. 5. 1989–2. 5. 1994)

<table>
<tr><td colspan="2">Landeshauptmann
Dr. Hans KATSCHTHALER, AHS-Direktor, Anif (ÖVP)</td></tr>
<tr><td>Landeshauptmann-Stellvertreter
Wolfgang RADLEGGER,
Landesparteisekretär, Grödig (SPÖ)
(3. 5. 1989–12. 9. 1989)
Gerhard BUCHLEITNER,
Gewerkschaftssekretär, Salzburg (SPÖ)
(13. 9. 1989–2. 5. 1994)</td><td>Landeshauptmann-Stellvertreter
Dr. Arno GASTEIGER, Journalist,
Salzburg (ÖVP)</td></tr>
<tr><td colspan="2">Landesräte:
Ing. Bertl GÖTTL, Landwirtschaftlicher Fachschuloberlehrer, Wals-Siezenheim (ÖVP)
(3. 5. 1989–11. 12. 1991)
Rupert WOLFGRUBER jun., Landwirt, Göming (ÖVP)
(11. 12. 1991–12. 5. 1994)
Dr. Othmar RAUS, Gewerkschaftssekretär, Salzburg (SPÖ)
Volker WINKLER, Installateurmeister, Rauris (FPÖ)
(3. 5. 1989–21. 10. 1992)
Dr. Karl SCHNELL, Arzt, Saalbach-Hinterglemm (FPÖ)
(21. 10. 1992–2. 5. 1994)
Dr. Gerheid WIDRICH, praktische Ärztin, Salzburg (ÖVP)</td></tr>
</table>

Landesregierung (2. 5. 1994–27. 4. 1999)

Landeshauptmann Dr. Hans Katschthaler, AHS-Direktor, Anif (ÖVP) (2. 5. 1994–24. 4. 1996) Dr. Franz Schausberger, Universitätsdozent, Salzburg (ÖVP) (24. 4. 1996–27. 4. 1999)	
Landeshauptmann-Stellvertreter Gerhard Buchleitner, Gewerkschaftssekretär, Salzburg (SPÖ)	Landeshauptmann-Stellvertreter Dr. Arno Gasteiger, Journalist, Salzburg (ÖVP)
Landesräte: Rupert Wolfgruber jun., Landwirt, Göming (ÖVP) (2. 5. 1994–22. 4. 1997) Josef Eisl, Landwirt, St. Gilgen-Abersee (ÖVP) (23. 4. 1997–27. 4. 1999) Dr. Othmar Raus, Gewerkschaftssekretär, Salzburg (SPÖ) Dr. Karl Schnell, Arzt, Saalbach-Hinterglemm (FPÖ) (2. 5. 1994–24. 10. 1997) Dipl.-Vwt. Margot Hofer, Hausfrau, Salzburg (FPÖ) (12. 11. 1997–27. 4. 1999) Dr. Robert Thaller, Notariatsanwärter, Salzburg (FPÖ)	

Landesregierung (27. 4. 1999–28. 4. 2004)

<table>
<tr><td colspan="2">Landeshauptmann
Dr. Franz Schausberger, Universitätsdozent, Salzburg (ÖVP)</td></tr>
<tr><td>Landeshauptmann-Stellvertreter(in)
Gerhard Buchleitner,
Gewerkschaftssekretär, Salzburg (SPÖ)
(27. 4. 1999–25. 4. 2001)
Mag. Gabi Burgstaller,
Konsumentenberaterin, Salzburg (SPÖ)
(25. 4. 2001–28. 4. 2004)</td><td>Landeshauptmann-Stellvertreter
Dr. Arno Gasteiger, Journalist,
Salzburg (ÖVP)
(27. 4. 1999–9. 2. 2000)
Wolfgang Eisl, Steuerberater, St. Gilgen
(ÖVP)
(9. 2. 2000–28. 4. 2004)</td></tr>
<tr><td colspan="2">Landesräte:
Mag. Gabi Burgstaller, Konsumentenberaterin, Salzburg (SPÖ)
(27. 4. 1999–25. 4. 2001)
Walter Blachfellner, ÖGB-Vorsitzender, Werfen (SPÖ)
(25. 4. 2001–28. 4. 2004)
Josef Eisl, Landwirt, St. Gilgen-Abersee (ÖVP)
Dr. Maria Haidinger, Gynäkologin, Salzburg (ÖVP)
Dr. Othmar Raus, Gewerkschaftssekretär, Salzburg (SPÖ)</td></tr>
<tr><td colspan="2">Mit LGBl. Nr. 25/1999 wurde das Landes-Verfassungsgesetz 1945 tiefgreifend novelliert und als Landes-Verfassungsgesetz 1999 wieder verlautbart. Wesentlicher Inhalt der Novelle war die Abschaffung der Konzentrationsregierung oder des so genannten Regierungsproporzes. Bis 1999 waren alle Landtagsparteien nach Maßgabe ihrer Mandatsstärke auch in der Landesregierung vertreten. Seit 1999 wird die Landesregierung nach dem Mehrheitsprinzip auf der Grundlage freier Vereinbarung zwischen den Landtagsparteien gebildet.</td></tr>
</table>

Landesregierung (28. 4. 2004–lfd.)

<table>
<tr><td colspan="2">Landeshauptfrau
Mag. Gabi Burgstaller, Konsumentenberaterin, Hallein (SPÖ)</td></tr>
<tr><td>Landeshauptmann-Stellvertreter
Dr. Wilfried Haslauer jun.,
Rechtsanwalt, Salzburg (ÖVP)</td><td>Landeshauptmann-Stellvertreter
Dr. Othmar Raus,
Gewerkschaftssekretär, Salzburg (SPÖ)</td></tr>
<tr><td colspan="2">Landesräte:
Walter Blachfellner, ÖGB-Vorsitzender, Werfen (SPÖ)
Dr. Erwin Buchinger, AMS-Landesgeschäftsführer, Salzburg (SPÖ)
(28. 4. 2004–10. 1. 2007)
Erika Scharer, Geschäftsstellenleiterin des AMS, Kaprun (SPÖ)
(7. 2. 2007–)
Doraja Eberle, Dipl. Sozialarbeiterin, Grödig (ÖVP)
Josef Eisl, Landwirt, St. Gilgen-Abersee (ÖVP)</td></tr>
</table>

Landtagswahlen 1919 bis 2004

Erste Republik[25]

Landtagswahlen am 6. April 1919				
	Stimmen	%	Mandate	Regierungssitze
Gültige	81. 210			
Christlichsoziale Partei	36. 857	45,38%	19	5
Sozialdemokratische Partei	24.010	29,57%	12	3
Freiheitliche Bürger-, Bauern- und Arbeiterpartei	9. 255	11,40%	5	2
Pinzgauer Wirtschaftspartei	2. 955	3,64%	1	-
Deutsche Arbeiterpartei	2. 703	3,33%	1	-
Freiheitlicher Salzburger Bauernbund	2. 684	3,31%	1	-
Deutschfreiheitlicher Volksverein	2. 509	3,09%	1	-
Unabhängige Wirtschaftspartei	237	0,29%	-	-

Landtagswahlen am 9. April 1922				
	Stimmen	%	Mandate	Regierungssitze
Gültige	95. 825			
Christlichnationale Wahlgemeinschaft	53. 925	56,27%	16	4
Sozialdemokratische Partei	33.082	34,52%	10	2
Großdeutsche Volkspartei	8. 818	9,20%	2	-

25 Wahlergebnisse 1919 bis 1932 entnommen aus: Statistik der Landtagswahlen im Jahre 1919, hrsg. von der Statistischen Zentralkommission, Wien 1920 (= Beiträge zur Statistik der Republik Österreich, Heft 3); Salzburger Wacht, 11. April 1922; Ausweis über die Ergebnisse der Nationalratswahlen 1930 mit Gegenüberstellung zu den Landtagswahlen 1927 und den Nationalratswahlen 1927, hrsg. vom Land Salzburg, o.O., o.J.; Salzburger Landesarchiv (SLA), Briefe von Landeshauptmann Dr. Rehrl 1919–1938, Kt. 105

Landtagswahlen am 3. April 1927				
	Stimmen	%	Mandate	Regierungssitze
Gültige	115.027			
Christlichsoziale Partei	55. 863	48,57%	13	3
Sozialdemokratische Partei	36. 431	31,67%	9	2
Großdeutsche und Nationalsozialisten	13. 245	11,51%	3	-
Salzburger Landbund	7. 968	6,93%	1	-
Wirtschaftlicher Ständebund	1. 517	1,32%	-	-

Landtagswahlen am 24. April 1932				
	Stimmen	%	Mandate	Regierungssitze
Gültige	116. 328			
Christlichsoziale Partei	44. 113	37,92%	12	3
Sozialdemokratische Partei	29. 810	25,63%	8	2
NSDAP-Hitlerbewegung	24. 125	20,74%	6	1
Unabhängige Bauern- und Ständevertretung	7. 374	6,34%	-	-
Heimatschutz	5. 530	4,75%	-	-
Kommunisten	3. 126	2,69%	-	-
Großdeutsche Volkspartei	2. 250	1,93%	-	-

Zweite Republik[26]

Landtagswahlen am 25. November 1945				
	Stimmen	%	Mandate	Regierungssitze
Gültige	125. 934			
ÖVP	71. 380	56,68%	15	3
SPÖ	49. 773	39,52%	10	2
KPÖ	4. 781	3,80%	1	-

26 Wahlergebnisse 1945 bis 2004 entnommen aus: Ergebnisse der Landtagswahl vom 7. März 2004/Josef Raos, Amt der Salzburger Landesregierung, Landesstatistischer Dienst, Salzburg 2004. In dieser Publikation finden sich auch alle Wahlergebnisse seit 1945.

Landtagswahlen am 9. Oktober 1949				
	Stimmen	%	Mandate	Regierungssitze
Gültige	170. 158			
ÖVP	74. 257	43,64%	12	2
SPÖ	57. 139	33,58%	9	2
WdU*	31. 553	18,54%	5	1
KPÖ*	5. 811	3,42%	-	-
4. Partei	945	0,56%	-	-
Demokratische Union (DU) Dobretsberger	453	0,27%	-	-

* Wahlpartei der Unabhängigen
** Kommunistische Partei Österreichs und Linkssozialisten (Linksblock)

Landtagswahlen am 17. Oktober 1954				
	Stimmen	%	Mandate	Regierungssitze
Gültige	172. 903			
ÖVP	79. 391	45,92%	15	3
SPÖ	66.019	38,18%	13	3
WdU*	22. 787	13,18%	4	1
V.O.**	4.012	2,32%	-	-
FSÖ***	694	0,40%	-	-

* Wahlpartei der Unabhängigen
** Wahlgemeinschaft Österreichische Volksopposition
*** Wahlgemeinschaft Salzburger Heimatliste – Freiheitliche Sammlung Österreichs

Landtagswahlen am 10. Mai 1959				
	Stimmen	%	Mandate	Regierungssitze
Gültige	191. 709			
ÖVP	82. 942	43,26%	14	3
SPÖ	73. 999	38,60%	13	3
FPÖ	30. 915	16,13%	5	1
KLS*	3. 430	1,79%	-	-
Salzburger Heimatliste (SHL)	423	0,22%	-	-

* Kommunisten und Linkssozialisten

Landtagswahlen am 26. April 1964				
	Stimmen	%	Mandate	Regierungssitze
Gültige	200. 917			
ÖVP	90. 206	44,90%	15	3
SPÖ	82. 177	40,90%	13	3
FPÖ	23. 788	11,84%	4	1
EFPÖ**	2. 384	1,19%	-	-
KLS*	2. 362	1,18%	-	-

* Kommunisten und Linkssozialisten
** Europäische Föderalistische Partei Österreichs und Parteifreie

Landtagswahlen am 23. März 1969				
	Stimmen	%	Mandate	Regierungssitze
Gültige	212. 252			
ÖVP	86. 439	40,72%	13	3
SPÖ	85. 775	40,41%	13	3
FPÖ	38. 202	18,00%	6	1
KPÖ	1. 466	0,69%	-	-
MRF*	370	0,17%	-	-

* A. Glantschnig für Menschlichkeit, Recht und Freiheit in Österreich

Landtagswahlen am 31. März 1974				
	Stimmen	%	Mandate	Regierungssitze
Gültige	220. 430			
ÖVP	103. 991	47,18%	18	4
SPÖ	79. 771	36,19%	13	2
FPÖ	34.099	15,47%	5	1
KPÖ	2. 569	1,17%	-	-

Landtagswahlen am 25. März 1979				
	Stimmen	%	Mandate	Regierungssitze
Gültige	231. 427			
ÖVP	105.073	45,40%	17	3
SPÖ	90. 449	39,08%	14	3
FPÖ	30. 703	13,27%	5	1
VBI*	4. 256	1,84%	-	-
KPÖ	946	0,41%	-	-

* Vereinigte Bürgerinitiativen »Rettet Salzburg« – Bürgerliste

Landtagswahlen am 25. März 1984				
	Stimmen	%	Mandate	Regierungssitze
Gültige	241. 621			
ÖVP	121. 183	50,15%	19	4
SPÖ	84. 729	35,07%	13	3
FPÖ	21.095	8,73%	4	-
GABL*	10. 304	4,26%	-	-
GRÜNE**	3. 215	1,33%	-	-
KPÖ	1.095	0,45%	-	-

* Grün-Alternative-Bürgerliste Salzburg
** Die Grünen Österreichs – GRÜNE

Landtagswahlen am 12. März 1989				
	Stimmen	%	Mandate	Regierungssitze
Gültige	246. 666			
ÖVP*	108. 456	43,97%	16	4
SPÖ**	77.081	31,25%	12	2
FPÖ	40. 375	16,37%	6	1
BL***	15. 171	6,15%	2	-
VGÖ****	4. 350	1,76%	-	-
KPÖ	1. 233	0,50%	-	-

* Österreichische Volkspartei Landeshauptmann Dr. Wilfried Haslauer
** Sozialistische Partei Österreichs Landeshauptmann-Stellvertreter Wolfgang Radlegger
*** Bürgerliste Salzburg-Land, Grüne
**** Vereinte Grüne Österreichs – Grüne

Landtagswahlen am 13. März 1994				
	Stimmen	%	Mandate	Regierungssitze
Gültige	255. 638			
ÖVP*	98. 676	38,60%	14	3
SPÖ**	69. 146	27,05%	11	2
FPÖ	49. 827	19,49%	8	2
BL***	18. 590	7,27%	3	
Liberales Forum – Heide Schmidt	14. 737	5,76%	-	-
ÖABP****	4. 662	1,82%	-	-

* Österreichische Volkspartei Landeshauptmann Dr. Hans Katschthaler
** Sozialdemokratische Partei Österreichs Landeshauptmann-Stellvertreter Gerhard Buchleitner
*** Bürgerliste
**** Österreichische Autofahrer- und Bürgerinteressens-Partei

Landtagswahlen am 7. März 1999				
	Stimmen	%	Mandate	Regierungssitze
Gültige	252. 605			
ÖVP*	97. 890	38,75%	15	4
SPÖ**	81. 704	32,34%	12	3
FPÖ	49. 457	19,58%	7	-
Die Grünen	13. 610	5,39%	2	-
Liberales Forum – Heide Schmidt	9. 242	3,66%	-	-
Christlichsoziale Union Österreichs (CSUÖ)	702	0,28%	-	-

* Salzburger Volkspartei – Landeshauptmann Dr. Franz Schausberger
** Sozialdemokratische Partei Österreichs – Landeshauptmann-Stellvertreter Gerhard Buchleitner

Landtagswahlen am 7. März 2004				
	Stimmen	%	Mandate	Regierungssitze
Gültige	276. 192			
SPÖ*	125. 382	45,40%	17	4
ÖVP**	104. 723	37,92%	14	3
FPÖ***	24.077	8,69%	3	-
Die Grünen – die Grüne Alternative	22.080	7,99%	2	-

* Sozialdemokratische Partei Österreichs – Gabi Burgstaller
** Salzburger Volkspartei – Landeshauptmann Dr. Franz Schausberger/Dr. Wilfried Haslauer
*** Freiheitliche Partei Salzburg – Dr. Karl Schnell

Nationalratswahlen 1919 bis 2006

Erste Republik[27]

Wahlen zur Konstituierenden Nationalversammlung am 16. Februar 1919			
	Stimmen	%	Mandate
Gültige	103. 466		
Christlichsoziale Partei	43. 600	42,14%	3
Sozialdemokratische Partei	31. 641	30,58%	2
Demokratische Ständevereinigung	12. 336	11,92%	1
Freiheitlicher Salzburger Bauernbund	8. 507	8,22%	1
Deutsche Arbeiterpartei	7. 382	7,13%	-

Nationalratswahlen am 17. Oktober 1920			
	Stimmen	%	Mandate
Gültige	91. 622		
Christlichsoziale Partei	43. 471	47,45%	4
Sozialdemokratische Partei	25. 448	27,77%	2
Großdeutsche Volkspartei	21. 583	23,56%	2
Kommunistische Partei	852	0,93%	-
Deutschösterreichische Bauernpartei	268	0,29%	

27 Wahlergebnisse 1919 bis 1930 entnommen aus: Die Wahlen für die konstituierende Nationalversammlung, hrsg. von der Statistischen Zentralkommission, Wien 1920 (= Beiträge zur Statistik der Republik Österreich, Heft 2); Gegenüberstellung der Wahlergebnisse für die konstituierende Nationalversammlung und die Landtage 1919 nach Gemeinden, hrsg. von der Statistischen Zentralkommission, Wien 1920 (= Beiträge zur Statistik der Republik Österreich, Heft 4); Statistik der Nationalratswahlen des Jahres 1920, hrsg. von der Statistischen Zentralkommission, Wien 1921 (= Beiträge zur Statistik der Republik Österreich, Heft 11); Salzburger Volksbote, 28. Oktober 1923; Statistisches Handbuch für die Republik Österreich, hrsg. vom Bundesamt für Statistik, V. Jahrgang, Wien 1924; Ausweis über die Ergebnisse der Nationalratswahlen 1930 mit Gegenüberstellung zu den Landtagswahlen 1927 und den Nationalratswahlen 1927, hrsg. vom Land Salzburg, o.O., o.J.

Nationalratswahlen am 21. Oktober 1923			
	Stimmen	%	Mandate
Gültige	110.010		
Christlichsoziale Partei	62. 102	56,45%	4
Sozialdemokratische Partei	30. 958	28,14%	1
Großdeutsche Volkspartei	10. 952	9,96%	1
Landbund für Österreich und Hausbesitzer	5. 600	5,09%	-
Kommunistische Partei	313	0,28%	-
Kaisertreue Volkspartei	75	0,07%	-

Nationalratswahlen am 27. April 1927			
	Stimmen	%	Mandate
Gültige	120. 775		
Einheitsliste	72. 906	60,37%	4
Sozialdemokratische Partei	38. 992	32,28%	2
Landbund für Österreich	7. 565	6,26%	-
Völkisch-Sozialer Block	577	0,48%	-
Ude-Verband gegen Korruption	408	0,34%	-
Kommunistische Partei	327	0,27%	-

Nationalratswahlen am 9. November 1930			
	Stimmen	%	Mandate
Gültige	123. 148		
Christlichsoziale Partei	51. 136	41,52%	4
Sozialdemokratische Partei	36. 900	29,96%	2
Nationaler Wirtschaftsblock und Landbund (Dr. Johannes Schober)	15. 634	12,70%	1
Heimatblock	7.058	5,73%	1
Landbund für Österreich	6. 758	5,49%	-
NSDAP-Hitlerbewegung	4. 537	3,68%	-
Kommunistische Partei	755	0,61%	-
Österreichische Volkspartei	370	0,30%	-

Zweite Republik[28]

Nationalratswahlen am 25. November 1945			
	Stimmen	%	Mandate
Gültige	126. 390		
ÖVP	71. 631	56,67%	4
SPÖ	49. 965	39,53%	2
KPÖ	4. 794	3,79%	-

Nationalratswahlen am 9. Oktober 1949			
	Stimmen	%	Mandate
Gültige	172.060		
ÖVP	75. 215	43,71%	3
SPÖ	57. 752	33,57%	2
WdU	31. 919	18,55%	2
KPÖ*	5. 759	3,35%	-
Vierte Partei (Ergokraten)	949	0,55%	-
Demokratische Union	466	0,27%	-
* Kommunistische Partei Österreichs und Linkssozialisten (Linksblock)			

Nationalratswahlen am 22. Februar 1953			
	Stimmen	%	Mandate
Gültige	186.020		
ÖVP	79. 128	42,54%	3
SPÖ	65. 871	35,41%	3
WdU	35. 269	18,96%	1
VO*	5. 251	2,82%	-
Überparteiliche Einigung der Mitte	501	0,27%	-
* Wahlgemeinschaft Österreichische Volksopposition			

28 Wahlergebnisse 1945 bis 2006 entnommen aus: Ergebnisse der Nationalratswahl am 1. 10. 2006/Josef Raos, Amt der Salzburger Landesregierung, Landesstatistischer Dienst, Salzburg 2006. In dieser Publikation finden sich alle Wahlergebnisse seit 1945.

Nationalratswahlen am 13. Mai 1956			
	Stimmen	%	Mandate
Gültige	191. 745		
ÖVP	90. 517	47,21%	3
SPÖ	69. 147	36,06%	3
FPÖ	27. 664	14,43%	1
KLS*	4. 414	2,30%	-
Sonstige**	3	0,00%	-

* Kommunisten und Linkssozialisten
** Parlamentarische Vertretung der Wahlverhinderten, Nichtwähler und ungültigen Stimmen in Österreich

Nationalratswahlen am 10. Mai 1959			
	Stimmen	%	Mandate
Gültige	196. 404		
ÖVP	86. 875	44,23%	3
SPÖ	75. 966	38,68%	3
FPÖ	29. 869	15,21%	1
KLS*	3. 694	1,88%	-

* Kommunisten und Linkssozialisten

Nationalratswahlen am 18. November 1962			
	Stimmen	%	Mandate
Gültige	205. 497		
ÖVP	94. 666	46,07%	4
SPÖ	79.020	38,45%	3
FPÖ	28. 185	13,72%	1
KLS*	3. 626	1,76%	-

* Kommunisten und Linkssozialisten

Nationalratswahlen am 6. März 1966			
	Stimmen	%	Mandate
Gültige	217. 530		
ÖVP	104. 552	48,06%	4
SPÖ	78. 564	36,12%	3
FPÖ	27. 154	12,48%	1
DFP*	7. 260	3,34%	-

* Demokratische Fortschrittliche Partei (DFP) – Liste Franz Olah

Nationalratswahlen am 1. März 1970	Stimmen	%	Mandate
Gültige	229. 763		
ÖVP	100. 186	43,60%	3
SPÖ	97. 698	42,52%	3
FPÖ	29. 850	12,99%	1
KPÖ	1. 360	0,59%	-
DFP*	432	0,19%	-
MRF**	237	0,10%	-

* Demokratische Fortschrittliche Partei (DFP) – Wahlgemeinschaft Franz Olah
** Adolf Glantschnig – Für Menschlichkeit, Recht und Freiheit in Österreich

Nationalratswahlen am 10. Oktober 1971	Stimmen	%	Mandate
Gültige	227. 199		
SPÖ	102. 668	45,19%	4
ÖVP	96. 669	42,55%	4
FPÖ	26. 103	11,49%	1
KPÖ	1. 759	0,77%	-

Nationalratswahlen am 5. Oktober 1975	Stimmen	%	Mandate
Gültige	240. 870		
SPÖ	106. 977	44,41%	4
ÖVP	102. 507	42,56%	4
FPÖ	29. 194	12,12%	1
KPÖ	1. 752	0,73%	-
Liste Steinacher Franz	440	0,18%	-

Nationalratswahlen am 6. Mai 1979	Stimmen	%	Mandate
Gültige	254. 849		
SPÖ	114. 510	44,93%	4
ÖVP	109. 676	43,04%	4
FPÖ	29.084	11,41%	1
KPÖ	1. 579	0,62%	-

Nationalratswahlen am 24. April 1983			
	Stimmen	%	Mandate
Gültige	268. 750		
ÖVP	123. 901	46,10%	5
SPÖ	111.064	41,33%	4
FPÖ	21. 384	7,96%	1
VGÖ*	7. 378	2,75%	-
ALÖ**	3. 904	1,45%	-
KPÖ	1. 119	0,42%	-

* Vereinte Grüne Österreichs – Liste Tollmann
** Alternative Liste Österreich

Nationalratswahlen am 23. November 1986			
	Stimmen	%	Mandate
Gültige	270. 805		
ÖVP	110. 880	40,94%	4
SPÖ	99. 515	36,75%	4
FPÖ	43.026	15,89%	2
Die Grüne Alternative – Liste Freda Meissner-Blau	15. 996	5,91%	1
KPÖ	1. 388	0,51%	-

Nationalratswahlen am 7. Oktober 1990			
	Stimmen	%	Mandate
Gültige	262. 206		
SPÖ	99. 193	37,83%	4
ÖVP	84. 241	32,13%	3
FPÖ	53. 878	20,55%	3
Die Grüne Alternative – Grüne im Parlament	19.087	7,28%	1
VGÖ*	3. 325	1,27%	-
WGÖ**	1. 491	0,57%	-
KPÖ	991	0,38%	-

* Vereinte Grüne Österreichs – Das Umwelt-Bürgerforum
** Wahlplattform der Grauen Österreichs

Nationalratswahlen am 9. Oktober 1994			
	Stimmen	%	Mandate
Gültige	268. 279		
SPÖ	83. 256	31,03%	3
ÖVP	77. 768	28,99%	3
FPÖ	64. 182	23,92%	2
Die Grünen – Die Grüne Alternative	21. 841	8,14%	1
Liberales Forum – Heide Schmidt (LIF)	17.038	6,35%	1
NEIN*	2. 408	0,90%	-
CWG**	1. 420	0,53%	-
VGÖ***	366	0,14%	-

* Nein – Bürgerinitiative gegen den Verkauf Österreichs
** Christliche Wählergemeinschaft
*** Vereinte Grüne Österreichs – Liste Adi Pinter

Nationalratswahlen am 17. Dezember 1995			
	Stimmen	%	Mandate
Gültige	288.053		
SPÖ	93. 822	32,57%	3
ÖVP	83. 785	29,09%	3
FPÖ	73.053	25,36%	2
Liberales Forum – Heide Schmidt (LIF)	17. 582	6,10%	1
Die Grünen – Die Grüne Alternative	16. 108	5,59%	1
NEIN*	3. 133	1,09%	-
KPÖ	570	0,20%	-

* Bürgerinitiative Nein zur EU – Austritt jetzt

Nationalratswahlen am 3. Oktober 1999			
	Stimmen	%	Mandate
Gültige	276. 455		
FPÖ	81. 148	29,35%	4
SPÖ	80.047	28,95%	3
ÖVP	76. 961	27,84%	3
Die Grünen – Die Grüne Alternative Salzburg	23. 200	8,39%	-
Liberales Forum – Heide Schmidt (LIF)	10. 581	3,83%	-
Die Unabhängigen – Liste Lugner (DU)	1. 703	0,62%	-
Christliche Wählergemeinschaft (CWG)	1.017	0,37%	-
NEIN*	957	0,35%	-
KPÖ	841	0,30%	-

* Nein zur NATO und EU Neutrales Österreich Bürgerinitiative

Nationalratswahlen am 24. November 2002			
	Stimmen	%	Mandate
Gültige	297. 813		
ÖVP	138. 924	46,65%	5
SPÖ	91. 674	30,78%	3
FPÖ	31. 949	10,73%	1
Die Grünen – Die Grüne Alternative Salzburg	30. 848	10,36%	1
Die Liberalen – Liberales Forum (LIF)	3. 159	1,06%	-
KPÖ	1. 259	0,42%	-

Nationalratswahlen am 1. Oktober 2006			
	Stimmen	%	Mandate
Gültige	282. 415		
ÖVP	110. 727	39,21%	4
SPÖ	80. 400	28,47%	3
Die Grünen – Die Grüne Alternative	35. 239	12,48%	1
FPÖ	34. 596	12,25%	1
MATIN*	8. 890	3,15%	-
BZÖ**	8. 826	3,13%	-
KPÖ	2. 125	0,75%	-
NFÖ***	1. 612	0,57%	-

* Liste Dr. Martin – Für Demokratie, Kontrolle, Gerechtigkeit
** Die Freiheitlichen – Liste Westenthaler – BZÖ
*** EU-Austritt – Neutrales Freies Österreich

Europawahlen[29]

Wahlen zum Europäischen Parlament am 13. Oktober 1996		
	Stimmen	%
Gültige	220. 881	
FPÖ	69. 106	31,29%
ÖVP	65. 644	29,72%
SPÖ	54. 752	24,79%
Die Grünen – Die Grüne Alternative	16. 778	7,60%
Liberales Forum – Heide Schmidt (LIF)	9. 710	4,40%
Die Neutralen – Bürgerinitiative (N)	2. 384	1,08%
Forum-Handicap	1. 817	0,82%
KPÖ	690	0,31%

Wahlen zum Europäischen Parlament am 13. Juni 1999		
	Stimmen	%
Gültige	146. 852	
ÖVP*	48. 236	32,85%
SPÖ	40. 461	27,55%
FPÖ	35. 152	23,94%
Die Grünen – Die Grüne Alternative	15. 657	10,66%
Liberales Forum (LIF)	3. 698	2,52%
CSA**	2. 966	2,02%
KPÖ	682	0,46%

* Österreichische Volkspartei – Ursula Stenzel
** Christlich Soziale Allianz (Liste Karl Habsburg)

29 Ergebnisse der Europawahl am 13. 6. 2004/Josef Raos, Amt der Salzburger Landesregierung, Landesstatistischer Dienst, Salzburg 2004. In dieser Publikation finden sich auch alle Wahlergebnisse seit 1996.

Wahlen zum Europäischen Parlament am 13. Juni 2004		
	Stimmen	%
Gültige	140. 377	
ÖVP*	49. 390	35,18%
SPÖ	37. 218	26,51%
Martin**	21. 704	15,46%
Die Grünen – Die Grüne Alternative	21. 352	15,21%
FPÖ	9. 703	6,91%
Linke***	1.010	0,72%

* Österreichische Volkspartei – Liste Ursula Stenzel
** Liste Dr. Hans-Peter Martin – Für echte Kontrolle in Brüssel
***Opposition für ein solidarisches Europa – Europäische Linke, KPÖ, Unabhängige

Wahl- und Gesetzgebungsperioden

Wahl- und Gesetzgebungsperioden des Landtages

Provisorische Landesversammlung: 3. 11. 1918 bis 21. 4. 1919
Konstituierender Landtag (1. Wahlperiode): 23. 4. 1919 bis 3. 5. 1922
2. Wahlperiode: 4. 5. 1922 bis 3. 5. 1927
3. Wahlperiode: 4. 5. 1927 bis 18. 5. 1932
4. Wahlperiode: 19. 5. 1932 bis 31. 10. 1934
Ständischer Landtag: 22. 11. 1934 bis 12. 3. 1938
1. Gesetzgebungsperiode (5. Wahlperiode): 12. 12. 1945 bis 30. 11. 1949
2. Gesetzgebungsperiode (6. Wahlperiode): 1. 12. 1949 bis 10. 12. 1954
3. Gesetzgebungsperiode (7. Wahlperiode): 11. 12. 1954 bis 1. 7. 1959
4. Gesetzgebungsperiode (8. Wahlperiode): 2. 7. 1959 bis 18. 6. 1964
5. Gesetzgebungsperiode (9. Wahlperiode): 19. 6. 1964 bis 13. 5. 1969
6. Gesetzgebungsperiode (10. Wahlperiode): 14. 5. 1969 bis 21. 5. 1974
7. Gesetzgebungsperiode (11. Wahlperiode): 22. 5. 1974 bis 15. 5. 1979
8. Gesetzgebungsperiode (12. Wahlperiode): 16. 5. 1979 bis 15. 5. 1984
9. Gesetzgebungsperiode (13. Wahlperiode): 16. 5. 1984 bis 2. 5. 1989
10. Gesetzgebungsperiode (14. Wahlperiode): 3. 5. 1989 bis 1. 5. 1994
11. Gesetzgebungsperiode (15. Wahlperiode): 2. 5. 1994 bis 26. 4. 1999
12. Gesetzgebungsperiode (16. Wahlperiode): 27. 4. 1999 bis 27. 4. 2004
13. Gesetzgebungsperiode (17. Wahlperiode): 28. 4. 2004 bis …

Gesetzgebungsperioden des Nationalrates

Provisorische Nationalversammlung: 21. 10. 1918 bis 16. 2. 1919
Konstituierende Nationalversammlung: 4. 3. 1919 bis 9. 11. 1920
I. Gesetzgebungsperiode: 10. 11. 1920 bis 20. 11. 1923
II. Gesetzgebungsperiode: 20. 11. 1923 bis 18. 5. 1927
III. Gesetzgebungsperiode: 18. 5. 1927 bis 1. 10. 1930
IV. Gesetzgebungsperiode: 2. 12. 1930 bis 2. 5. 1934
Haus der Bundesgesetzgebung (Ständisches Parlament)
V. Gesetzgebungsperiode: 19. 12. 1945 bis 8. 11. 1949
VI. Gesetzgebungsperiode: 8. 11. 1949 bis 18. 3. 1953

VII. Gesetzgebungsperiode: 18. 3. 1953 bis 8. 6. 1956
VIII. Gesetzgebungsperiode: 8. 6. 1956 bis 9. 6. 1959
IX. Gesetzgebungsperiode: 9. 6. 1959 bis 14. 12. 1962
X. Gesetzgebungsperiode: 14. 12. 1962 bis 30. 3. 1966
XI. Gesetzgebungsperiode: 30. 3. 1966 bis 31. 3. 1970
XII. Gesetzgebungsperiode: 31. 3. 1970 bis 4. 11. 1971
XIII. Gesetzgebungsperiode: 4. 11. 1971 bis 4. 11. 1975
XIV. Gesetzgebungsperiode: 4. 11. 1975 bis 4. 6. 1979
XV. Gesetzgebungsperiode: 5. 6. 1979 bis 18. 5. 1983
XVI. Gesetzgebungsperiode: 19. 5. 1983 bis 16. 12. 1986
XVII. Gesetzgebungsperiode: 17. 12. 1986 bis 4. 11. 1990
XVIII. Gesetzgebungsperiode: 5. 11. 1990 bis 6. 11. 1994
XIX. Gesetzgebungsperiode: 7. 11. 1994 bis 14. 1 1996
XX. Gesetzgebungsperiode: 15. 1 1996 bis 28. 10. 1999
XXI. Gesetzgebungsperiode: 29. 10. 1999 bis 19. 12. 2002
XXII. Gesetzgebungsperiode: 20. 12. 2002 bis 29. 10. 2006
XXIII. Gesetzgebungsperiode: 30. 10. 2006 bis …

Literaturauswahl und Fotonachweis

Literaturauswahl

10 Jahre Aufbau 1945–1955. Salzburg-Kleinod von Österreich, Salzburg 1955

25 Jahre Aufbau und Fortschritt. Das Bundesland Salzburg 1945–1970. Eine Dokumentation, Salzburg 1970

Aglas, Erwin H.: Die Zweite Österreichische Republik und ihre Repräsentanten. Politische Leistung im Spiegel des wirtschaftlichen Erfolges, Wien-Linz 1960

Biographisches Handbuch der österreichischen Parlamentarier 1918–1998, hrsg. von der Parlamentsdirektion, Wien 1998

Dachs, Herbert/Gerlich, Peter/Müller, Wolfgang C. (Hrsg.): Die Politiker der Zweiten Republik. Karrieren und Wirken bedeutender Persönlichkeiten, Wien 1995

Dachs, Herbert/Hanisch, Ernst/Floimair, Roland/Schausberger, Franz (Hrsg.): Die Ära Haslauer. Salzburg in den 70er und 80er Jahren, Wien 2001 (= Schriftenreihe des Forschungsinstitutes für politisch-historische Studien der Dr.-Wilfried-Haslauer-Bibliothek, Band 13)

Dachs, Herbert: Das politische, soziale und wirtschaftliche System im Bundesland Salzburg. Festschrift zum Jubiläum »40 Jahre Salzburger Landtag in der Zweiten Republik«, Salzburg 1985 (= Salzburg Dokumentationen Nr. 87)

Daten + Fakten, Bundesland Salzburg, hrsg. von Roland Floimair (= Salzburg Informationen), Salzburg 1984, 1990, 1992, 1995, 1999 und 2004

DHV 25 Jahre in Salzburg 1905/1930, hrsg. von der DHV Ortsgruppe Salzburg, o.O., o.J.

Enderle-Burcel, Gertrude: Christlich-Ständisch-Autoritär. Mandatare im Ständestaat 1934 bis 1938, Wien 1991

Fallend, Franz: 70 Jahre Salzburger Landesverfassung. Genese – Reformen – Analyse, Salzburg 1991 (= Salzburg Dokumentationen Nr. 102)

Freund, Fritz: Der österreichische Nationalrat. Ein biographisch-statistisches Handbuch 1920–1922, Wien 1920

Handbuch des österreichischen National- und Bundesrates 1945 nach dem Stande vom Juni 1946, Wien 1946

Hanisch, Ernst: Die sozialdemokratische Fraktion im Salzburger Landtag 1918–1934, in: Botz, Hautmann, Konrad, Weidenholzer (Hrsg.): Bewegung und Klasse. Studien zur österreichischen Arbeitergeschichte, Wien-München-Zürich 1979, S. 247–268

Hanisch, Ernst: Gau der guten Nerven. Die nationalsozialistische Herrschaft in Salzburg 1938–1945, Salzburg-München 1997

Hanisch, Ernst: Zur Frühgeschichte des Nationalsozialismus in Salzburg (1913–1925), in: MGSLK 117 (1977), Salzburg 1978, S. 37–1410

Hanisch, Ernst: Die Christlich-soziale Partei für das Land Salzburg 1918–1934, in: MGSLK 124 (1984), Salzburg 1984, S. 477–496

Höbelt, Lothar: Kornblume und Kaiseradler. Die deutschfreiheitlichen Parteien Altösterreichs 1882–1918, Wien 1993

Höbelt, Lothar: Von der Vierten Partei zur Dritten Kraft. Die Geschichte des VdU, Graz 1999

Hölzl, Ferdinand: Pinzgauer Parteienchronik, Band 1. Die Sozialdemokraten und Gewerkschaften, Zell am See 1983

Huber, Wolfgang (Hrsg.): Franz Rehrl, Landeshauptmann von Salzburg 1922–1938, Salzburg 1975

Huber, Wolfgang (Hrsg.): Landeshauptmann Klaus und der Wiederaufbau Salzburgs, Salzburg 1980

Hundert Jahre selbständiges Land Salzburg 1861–1961, hrsg. vom Salzburger Landtag, Salzburg 1961

Kammer für Arbeiter und Angestellte für Salzburg (Hrsg.): 80 Jahre Kammer für Arbeiter und Angestellte für Salzburg 1921–2001, Salzburg 2002

Karl, Hans: 100 Jahre Salzburger Bauernbund. Eine Chronik von 1906–2006, Salzburg 2006

Kaut, Josef: Der steinige Weg. Geschichte der sozialistischen Bewegung im Lande Salzburg, 2. Auflage, Salzburg 1982

Klieber, Rupert J.: Politischer Katholizismus in der Provinz. Salzburgs Christlichsoziale in der Parteienlandschaft Alt-Österreichs, Wien-Salzburg 1994 (= Publikationen des Instituts für Kirchliche Zeitgeschichte, Band 28)

Knauer, Oswald: Das österreichische Parlament von 1848–1966, Wien 1969

Köfner, Gottfried: Geschichte Salzburgs in den Jahren 1918/1919 unter besonderer Berücksichtigung des Problems der Lebensmittelversorgung, phil. Diss., Salzburg 1979

Kolmbauer, Johann: Die Gründung der ÖVP-Salzburg im Mai 1945, in: Salzburg. Geschichte & Politik, Salzburg 1991 (= Mitteilungen der Dr.-Hans-Lechner-Forschungsgesellschaft, 1. Jahrgang, Heft 2), S. 83–109

Kriechbaumer, Robert (Hrsg.): Die Ära Josef Klaus. Österreich in den »kurzen« sechziger Jahren, Wien-Köln-Weimar 1997 (= Schriftenreihe des Forschungsinstitutes für politisch-historische Studien der Dr.-Wilfried-Haslauer-Bibliothek, Band 7)

Kriechbaumer, Robert: Salzburgs Landeshauptleute der 2. Republik, Salzburg 2002 (= Salzburg Dokumentationen Nr. 113)

Krisch, Laurenz: Zersprengt die Dollfußketten. Die Entwicklung des Nationalsozialismus in Bad Gastein bis 1938, Salzburg 2003 (= Schriftenreihe des Forschungsinstitutes für politisch-historische Studien der Dr.-Wilfried-Haslauer-Bibliothek, Band 19)

Netsch, Ludwig: Die Salzburger Bürgermeister ab 1847: Dokumentation der Stadt Salzburg, Anhang: Bürgermeisterstellvertreter, Stadträte und Magistratsdirektoren ab 1945, Salzburg 1987

Netsch, Ludwig: Stadtchronologie ab 1945, 2 Bände, Salzburg 1981

Oberleitner, Wolfgang: Politisches Handbuch Österreichs 1945–1972, Wien 1972

Oberleitner, Wolfgang: Politisches Handbuch Österreichs 1945–1980, Wien 1981

Die ÖVP und ihre Mandatare (Nationalrat und Bundesrat), Wien 1946

Pagitz, Franz: 125 Jahre Handelskammer Salzburg, Salzburg 1975

Piringer, Kurt: Die Geschichte der Freiheitlichen. Beitrag der Dritten Kraft zur österreichischen Politik, Wien 1982

Reimann, Viktor: Die dritte Kraft in Österreich, Wien 1980

Resch, Anton (Hrsg.): Von der NS-Betriebszellenorganisation zur Deutschen Arbeitsfront, Gau Salzburg, Salzburg o.J.

Schausberger, Franz: Die Salzburger Landtagswahl vom 24. April 1932, 1. Teil, in: Salzburg. Geschichte & Politik, Salzburg 1991 (= Mitteilungen der Dr.-Hans-Lechner-Forschungsgesellschaft, 1. Jahrgang, Heft 2), S. 53–82

Schausberger, Franz: Im Dienste Salzburgs. Zur Geschichte der Salzburger ÖVP, Salzburg 1985 (= Veröffentlichung der Dr.-Hans-Lechner-Forschungsgesellschaft Salzburg Nr. 1)

Schausberger, Franz: Ins Parlament, um es zu zerstören. Das parlamentarische Agi(ti)eren der Nationalsozialisten in den Landtagen von Wien, Niederösterreich, Salzburg und Vorarlberg nach den Landtagswahlen 1932, Wien-Köln-Weimar 1995 (= Schriftenreihe des Forschungsinstitutes für politisch-historische Studien der Dr.-Wilfried-Haslauer-Bibliothek, Band 1)

Schausberger, Franz: Krise, Protest und Propaganda. Der Landtagswahlkampf 1932 im Bundesland Salzburg, in: Salzburg. Geschichte & Politik, Salzburg 1992 (= Mitteilungen der Dr.-Hans-Lechner-Forschungsgesellschaft, 2. Jahrgang, Heft 1), S. 5–90

Schausberger, Franz: Alle an den Galgen! Der politische »Takeoff« der »Hitlerbewegung« bei den Salzburger Gemeindewahlen 1931, Wien 2005 (= Schriftenreihe des Forschungsinstituts für Politisch-Historische Studien der Dr. Wilfried Haslauer-Bibliothek Salzburg, Band 26)

Standl, Josef A.: ... gib uns heute unser täglich Brot. Salzburger Bauern im Wandel der Zeit, Salzburg 1998

Voithofer, Richard: »Drum schließt Euch frisch an Deutschland an...« Die Geschichte der Großdeutschen Volkspartei in Salzburg 1920–1936, Wien 2000 (= Schriftenreihe des Forschungsinstitutes für politisch-historische Studien der Dr.-Wilfried-Haslauer-Bibliothek, Band 9)

Weissensteiner, Friedrich/Weinzierl, Erika: Die österreichischen Bundeskanzler. Leben und Werk, Wien 1983

Wiltschegg, Walter: Die Heimwehr. Eine unwiderstehliche Volksbewegung?, Wien 1985 (= Studien und Quellen zur österreichischen Zeitgeschichte, Band 7)

Zaisberger, Friederike/Heinisch, Reinhard R.: Leben über den Tod hinaus... Prominente im Salzburger Kommunalfriedhof, Salzburg 2006 (= Mitteilungen der Gesellschaft für Salzburger Landeskunde, 23. Ergänzungsband)

Zwink, Eberhard (Hrsg.): Zwink, Eberhard (Hrsg.): Die Ära Lechner. Das Land Salzburg in den sechziger und siebziger Jahren, Salzburg 1988 (= Schriftenreihe des Salzburger Landespressebüros, Sonderpublikationen Nr. 71)

Fotonachweis

Alle verwendeten Fotos wurden dankenswerterweise vom Salzburger Landtag mit freundlicher Genehmigung von Herrn Landtagsdirektor Hofrat Dr. Karl Edtstadler, vom Land Salzburg, Referat 2/08–Erwachsenenbildung und Bildungsmedien, und der Fachabteilung 0/3–Landespressebüro zur Verfügung gestellt. Die Bildunterschriften wurden entnommen aus: Hundert Jahre selbständiges Land Salzburg 1861–1961, hrsg. vom Salzburger Landtag, Salzburg 1961, Landtagswahl am 25. März 1979, Salzburg 1979 (= Salzburg Dokumentationen Nr. 37) und Dachs, Herbert: Das politische, soziale und wirtschaftliche System im Bundesland Salzburg. Festschrift zum Jubiläum »40 Jahre Salzburger Landtag in der Zweiten Republik«, Salzburg 1985 (= Salzburg Dokumentationen Nr. 87), wobei entsprechende Ergänzungen und Korrekturen vom Verfasser vorgenommen wurden. Die Bildunterschriften nach 1985 wurden vom Verfasser erstellt. Trotz umfangreicher Recherche konnte die Identität einiger weniger Personen – insbesondere bei den Fotos aus der 1. Republik – nicht geklärt werden.

Abkürzungen

ASG	Arbeitsgemeinschaft sozialistischer (sozialdemokratischer) Gemeindevertreter
ASKÖ	Arbeitsgemeinschaft für Sport und Körperkultur Österreichs
ASVÖ	Allgemeiner Sportverband Österreichs
AUVA	Allgemeine Unfallversicherungsanstalt
BM	Bundesministerium, Bundesminister(in)
BR	Bundesrat
BSA	Bund sozialistischer (sozialdemokratischer) Akademiker, Intellektueller und Künstler
BZÖ	Bündnis Zukunft Österreich (gegründet am 17. 4. 2005 als Abspaltung von der FPÖ)
CSP	Christlichsoziale Partei
DAF	Deutsche Arbeitsfront
DF	Deutschfreiheitliche
DNP	Deutschnationale Partei(en)
DNSAP	Deutsche Nationalsozialistische Arbeiterpartei (Schulz-Bewegung)
FCG	Fraktion christlicher Gewerkschafter
FPÖ	Freiheitliche Partei Österreichs
FSB	Freiheitlicher Salzburger Bauernbund
FSG	Fraktion sozialistischer (sozialdemokratischer) Gewerkschafter
GDVP	Großdeutsche Volkspartei
GSWB	Gemeinnützige Salzburger Wohnbaugesellschaft
HB	Heimatblock
k.k.	kaiserlich-königlich
k.u.k.	kaiserlich und königlich
KPÖ	Kommunistische Partei Österreichs
LB	Landbund für Österreich
LH	Landeshauptmann
LHF	Landeshauptfrau
LH-Stv.	Landeshauptmann-Stellvertreter(in)
LIF	Liberales Forum
LP	Landtagspräsident(in)
LR	Landesrat, Landesrätin
LVP	Landtagsvizepräsident

NSBO	Nationalsozialistische Betriebszellenorganisation
NSDAP	Nationalsozialistische Deutsche Arbeiterpartei (Hitler-Bewegung)
NSV	Nationalsozialistische Volkswohlfahrt
ÖAAB	Österreichischer Arbeiter- und Angestelltenbund
ÖBB	Österreichische Bundesbahnen
ÖGB	Österreichischer Gewerkschaftsbund
OP	ohne Parteizugehörigkeit
ÖVP	Österreichische Volkspartei
RFW	Ring Freiheitlicher Wirtschaftstreibender
SAFE	Salzburger Aktiengesellschaft für Elektrizitäts-(Energie)wirtschaft
SDAP	Sozialdemokratische Arbeiterpartei Österreichs
SPÖ	Sozialistische Partei Österreichs, ab 15. 6. 1991 Sozialdemokratische Partei Österreichs
StL	Ständischer Landtag
StP	Ständisches Parlament (Haus der Bundesgesetzgebung)
VdU	Verband der Unabhängigen
WdU	Wahlpartei der Unabhängigen

Schriftenreihe des Forschungsinstitutes für politisch-historische Studien der Dr.-Wilfried-Haslauer-Bibliothek

Hg.: Robert Kriechbaumer, Franz Schausberger, Hubert Weinberger.
Bände 11–20: hg. v. Wilfried Haslauer, R. Kriechbaumer u. H. Weinberger.

Eine Auswahl:

Bd. 27: Robert Kriechbaumer (Hg.)
„Dieses Österreich retten"
Protokolle der Christlichsozialen Parteitage der Ersten Republik
2006. 17 x 24 cm. 485 S. Gb.
ISBN 978-3-205-77378-8

Bd. 28: Herbert Dachs (Hg.)
Zwischen Wettbewerb und Konsens
Landtagswahlkämpfe in Österreichs Bundesländern 1945–1970
2006. 17 x 24 cm. 469 S. 56 s/w-Abb. u. zahlr. Tab. Br.
ISBN 978-3-205-77445-7

Bd. 29: Christian Dirninger, Jürgen Nautz, Engelbert Theurl, Theresia Theurl
Zwischen Markt und Staat
Geschichte und Perspektiven der Ordnungspolitik in der Zweiten Republik
2007. 17 x 24 cm. 555 S., zahlr. Tab. Gb.
ISBN 978-3-205-77479-2

Bd. 30: Heinrich G. Neudhart
Provinz als Metropole
Salzburgs Aufstieg zur Fachmesse-Hauptstadt Österreichs. Von den Anfängen bis Ende der 1970er Jahre
2006. 17 x 24 cm. 191 S. 27 s/w-Abb., 26 Tab. Br.
ISBN 978-3-205-77508-9

Bd. 31: Herbert Dachs, Roland Floimair, Herbert Moser, Franz Schausberger (Hg.)
Wolfgang Radlegger
Ein Mitgestalter seiner Zeit
2007. 17 x 24 cm. 191 S. 32 s/w-Abb., Gb.
ISBN 978-3-205-77590-4